Norw

Das Fjordland

Marie Helen Banck

Gratis-Download: Updates & aktuelle Extratipps der Autorin

Unsere Autoren recherchieren auch nach Redaktionsschluss
für Sie weiter. Auf unserer Homepage finden Sie Updates und
persönliche Zusatztipps zu diesem Reiseführer.

Zum Ausdrucken und Mitnehmen oder als kostenloser
Download für Smartphone, Tablet und E-Reader.
Besuchen Sie uns jetzt!
www.dumontreise.de/norwegen-fjordland

short.travel/vig7w

DUMONT
Reise-Taschenbuch

Inhalt

Unterwegs in Norwegens Fjordland

Stavanger

Bergen

Inhalt

Auf Entdeckungstour

Karten und Pläne

s. hintere Umschlagklappe

▶ Dieses Symbol im Buch verweist auf die
Extra-Reisekarte Norwegen – Das Fjordland

Liebe Leserin,
lieber Leser,

»Forventningens glede er den største gleden« (»Vorfreude ist die schönste Freude«), sagt sowohl der deutsche als auch der norwegische Volksmund. Mir fällt es schwer, das zu glauben, wenn der Tag der Abreise nur quälend langsam näher rückt. Dann kann ich es kaum erwarten, meinen Rucksack zu packen, um endlich wieder an Bord einer Fähre zu stehen, eine Hütte am Fjord zu beziehen, zum Fischen mit dem Nachbarn hinauszufahren. Die Norweger haben ein Wort dafür: reiselivet – Reiseleben.

Seit meiner frühesten Kindheit kehre ich immer wieder ins Fjordland zurück. Ich habe hier Fahrradfahren gelernt und meine ersten Fische gefangen, Heu geerntet und viele Hände voll sonnenwarmer Blaubeeren gepflückt. Das ist nun schon eine Weile her, aber ich kann mir nicht vorstellen, dass diese Region jemals ihren Reiz für mich verliert. Für mich gibt es nichts Schöneres, als von den Blumenwiesen am Fjord hinaufzuwandern ins karge Hochgebirge und der Spur der Rentiere auf der Vidda zu folgen.

Viele Norwegenfahrer teilen meine Begeisterung ebenso wie Magazine, Zeitungen und Internetforen, die das Fjordland regelmäßig mit Auszeichnungen überhäufen. Die Zeitung Chicago Tribune z. B. zählt die Fjorde zu den »21 Wundern der Erde«, das renommierte Reisemagazin National Geographic Traveler erklärte die Region bereits zum zweiten Mal wegen ihrer unberührten Natur zum besten Reiseziel der Welt.

Das Fjordland nur auf seine Naturschönheiten zu reduzieren, würde ihm aber nicht gerecht werden. Nicht nur der Geiranger- und der Nærøyfjord gehören zum Welterbe der UNESCO, sondern auch die schmalen Holzhäuser des Hanseviertels Bryggen in Bergen und die rund 800 Jahre alte Stabkirche in Urnes. In den Städten lernen Reisende eine weitere Facette Westnorwegens kennen, die der hochkarätigen Museen, schicken Glasarchitektur und heißer Jazzrhythmen. Ich wünsche Ihnen eine wunderbare Reise – God tur!

Ihre

Im Herzen des Fjordlands liegt der eindrucksvolle Sognefjord

Das Fjordland persönlich – meine Tipps

Nur wenig Zeit? Das Fjordland in Kürze

Zu Beginn des Sommers brechen viele routinierte Norwegenfahrer gen Norden auf und sind meist nicht gewillt nach Hause zurückzukehren, bis auch der letzte Tag des Jahresurlaubes verbraucht ist. Aber das Fjordland lohnt sich auch, wenn man nur wenig Zeit hat. Ein günstiger Flug nach Oslo oder Bergen, eine Panoramafahrt mit der Bergensbahn auf das Gebirgsplateau Hardangervidda, und der mehrtägige Wanderurlaub kann beginnen. Auch Bergen oder Stavanger eignen sich für einen Kurzurlaub. Die Städte sind gut mit öffentlichen Verkehrsmitteln zu erreichen und bieten eine Fülle an Kunst, Kultur und Kulinarischem. Wer alles – Städte, Berge, Fjorde, Gletscher – innerhalb von ein bis drei Tagen erleben will, dem empfiehlt sich die klassische Rundreise **Norway in a Nutshell.**

Die Fahrt beginnt in Bergen oder Oslo. Von **Bergen** aus fährt die Bergensbahn über die karge Hochebene Hardangervidda vorbei an Gletschern, Seen und weiten Ebenen via Finse, wo, wer mag, die Radtour auf dem **Rallarvegen** (s. Entdeckungstour S. 182) beginnt, bis nach **Myrdal**. Hier besteht Anschluss an die Flåmbahn, die langsam die 866 Höhenmeter bis an den Aurlandsfjord hinuntertuckert.

Flåm ist dann der Ausgangspunkt für eine spektakuläre Schiffsfahrt

Rundreise: Norway in a Nutshell

7

Das Fjordland persönlich – meine Tipps

durch den schmalen **Nærøyfjord**, der von der UNESCO zum Weltnaturerbe erklärt wurde. Im Fährort Gudvangen steigt man in den Bus um, der über 13 Haarnadelkurven ins Outdoormekka **Voss** führt.

Welche Sehenswürdigkeiten sollte man nicht verpassen?

Der Name der Region legt es bereits nahe – ein Reisender sollte nicht abfahren, ohne einen Fjord gesehen zu haben. Besonders imposant und als Weltnaturerbe ausgezeichnet sind der **Geirangerfjord** und der **Nærøyfjord**. Auch der **Lysefjord** beeindruckt durch sein Panorama, umso mehr, wenn man es sich durch eine Wanderung auf den berühmten **Preikestolen** oder den **Kjeragbolten** verdient hat. Während der Obstblüte im Mai gibt es kaum eine schönere Region als den **Hardangerfjord**. Beeindruckend sind

Sehenswertes im Fjordland

auch die Gletscher der Region: **Jostedalsbreen** und **Folgefonna**. Außerdem ist das Fjordland für seine Stabkirchen bekannt. Das älteste dieser architektonischen Meisterwerke ist die **Urnes Stavkyrkje** aus dem 11. Jh., die **Stabkirche in Borgund** gilt als die schönste.

Wo sind die schönsten Wandergebiete?

Schön zum Wandern ist es überall im Fjordland. Das Hochgebirgsplateau **Hardangervidda** bietet sich für mehrtägige Touren von Hütte zu Hütte an. Die Strecken sind zwar lang, aber wegen der geringen Höhenunterschiede gut machbar. Ganz anders in **Jotunheimen,** hier finden sich schroff aufragende Gipfel. Die Wanderungen sind anspruchsvoller, dafür aber auch landschaftlich dramatischer. Faszinierend ist die 140 km lange Tour rund um den Lysefjord. Auf der Strecke liegen auch der **Preikestolen** und der **Kjeragbolten,** zwei der beliebtesten und schönsten Tageswandertouren im Fjordland. Die 2009 eröffnete **Fjordroute** (s. S. 282), eine 190 km lange, markierte Wanderloipe im äußersten Norden des Fjordlandes, bietet beeindruckende landschaftliche Kontraste zwischen offenem Meer und karger Bergwelt; Startpunkt ist der Flughafen in Kristiansund. Für geführte Gletschertouren eignen sich besonders der **Jostedalsbreen** und der **Folgefonna**.

Auch für Reisende, die ihr Auto nur selten verlassen, findet sich eine nicht allzu anspruchsvolle Tour. Auf www.autowandern.com lassen sich Rundtouren für Autofahrer von und zurück zu Parkplätzen finden.

Welche Städte lohnen sich besonders?

Die unbestrittene Königin des Fjordlandes ist **Bergen**. Hier findet man auch das vielfältigste Angebot in Sa-

Auf einer Gletschertour erlebt man das leuchtende Blau dichten Gletschereises

chen Kunst, Kultur, Nachtleben und Shopping. Aber auch die Ölstadt **Stavanger** ist mit ihrer Mischung aus alten Holzhäuschen und moderner Architektur sehr reizvoll. Beide Städte eignen sich wegen ihrer günstigen Lage besonders gut als Ausgangspunkt für Ausflüge zum Hardanger- und Lysefjord. Ein ganz besonderes Flair strahlt **Ålesund** dank seiner wunderschönen Jugendstilbauwerke aus.

Welches sind die besten Museen?

Der Westen Norwegens beheimatet eine ganze Reihe lohnenswerter Museen, die mit beeindruckenden Gebäuden, interessanten Ausstellungen und modernen Konzepten aufwarten.

Das **Ölmuseum in Stavanger** (Norsk Oljemuseum) setzt sich interaktiv und lehrreich mit dem Rohstoff, der Norwegen reich gemacht hat, auseinander.

Regionales und historisches Gegenstück dazu ist das **Norsk Klippfiskmuseum in Kristiansund** (s. Entdeckungstour S. 278), das sich der Epoche in der norwegischen Geschichte widmet, in der der getrocknete Fisch das Exportgut Nummer eins war und bis nach Afrika verschifft wurde. Eine Schlüsselrolle dabei spielte die Hanse, die rund 400 Jahre in Bergen schaltete und waltete.

Im **Hanseatisk Museum von Bergen** (s. Entdeckungstour S. 160) lässt sich ein ehemaliges Hansekontor besichtigen. Die historischen Hallen gewähren einen guten Einblick in das disziplinierte Alltagsleben der deutschen Händler.

Für Kunstinteressierte absolut sehenswert ist der Munch-Raum im **Bergen Kunstmuseum**.

Das **Norsk Bremuseum in Fjærland** präsentiert auf sehr interessante Weise die Welt der Gletscher und setzt

Schöne Wandergebiete, lohnende Städte, Standorte der besten Museen

rechtzeitig studieren, da abgelegene Ziele außerhalb der Schulzeit bzw. in der Nebensaison mitunter nur selten angefahren werden. Das eigene Auto bietet mehr Flexibilität, und mehr als irgendwo anders gilt im Fjordland: Der Weg ist das Ziel. Die **nationalen Touristenstraßen** gehören zu den bedeutendsten Sehenswürdigkeiten des Landes. So führt beispielsweise die **Atlantikküstenstraße,** die viele kleine Inseln und Schären miteinander verbindet, streckenweise über das offene Meer. Abenteuerlich sind der serpentinenreiche **Trollstigen** und die oft bis weit in den Sommer von meterhohen Schneewänden gesäumte **Sognefjellstraße.** Mit dem eigenen Auto oder Fahrrad kann man spontan halten und bleiben, wo es am schönsten ist. Dafür kann man im Zug oder Bus die Landschaft herrlich entspannt und tatenlos durch große Panoramafenster genießen, und in den Städten spart man sich die oftmals mühsame Parkplatzsuche.

diese in den Kontext des globalen Klimawandels.

Doch es müssen nicht immer die großen, spektakulären Museen sein, im Fjordland gibt es viele **Heimatmuseen** *(bygdemuseer),* die keinen oder nur einen geringen Eintrittspreis verlangen. Sie erzählen vom Leben der Bauern in früheren Zeiten und sind meist sehr schön gelegen. Tiere, historisch gekleidete Fremdenführer und lebendige Traditionen, wie das Brotbacken, machen sie zudem äußerst kindertauglich.

Wie lässt sich das Fjordland am besten bereisen?

Der Westen Norwegens ist durch ein Netz von öffentlichen Verkehrsmitteln gut erschlossen. Mit Bus, Bahn und Fähre lassen sich fast alle Orte erreichen. Man sollte jedoch Fahrpläne

Wie läuft die Verständigung?

Wer Englisch spricht, wird im Fjordland keine Probleme haben, sich zu verständigen. In den größeren Touristeninformationen wird in der Regel auch Deutsch gesprochen. Und es gibt das vielerorts ausliegende Informationsmaterial über die Region, Städte und Museen fast immer auch in deutscher Sprache. Zudem sind die meisten Norweger sehr geduldig, wenn die Kommunikation mal etwas holprig verläuft. Allerdings wird es als unhöflich empfunden, wenn jemand ein Gespräch auf Deutsch beginnt und die Kenntnis der deutschen Sprache einfach voraussetzt. Es lohnt sich wirklich, einige norwegische Sätze zu lernen, wie: »*Unnskyld, jeg snakker ikke norsk*« (»Verzeihung, ich spreche kein Norwegisch«). Das zeigt guten Willen und wird gerne gehört. Am besten belegt man schon vor der Reise einen Norwegisch-Kurs. Allerdings findet der Unterricht meist in Bokmål statt, einer der zwei Schriftsprachen in Norwegen (s. S. 68), während im Fjordland meist Varianten des Nynorsk gesprochen werden. Aber die Unterschiede sind gering.

Und noch ein ganz persönlicher Tipp zum Schluss!

Für mich gibt es kaum etwas Schöneres, als eine Nacht in einer norwegischen Berghütte nach einer langen Wanderung. Viele der etwas abgelegenen Holzhütten in den Bergen sind sehr einfach eingerichtet, aber dafür umso gemütlicher. Die eintreffenden Wanderer holen Wasser aus dem nächsten Fluss, machen das Feuer an und kochen ihre mitgebrachten Tütensuppen. In den bewirtschafteten Hütten wird das Essen serviert, Lachs,

NOCH FRAGEN?
Die können Sie gern per E-Mail stellen, wenn Sie die von Ihnen gesuchten Infos im Buch nicht finden:
mbanck@dumontreise.de
info@dumontreise.de
Auch über eine Lesermail von Ihnen nach der Reise mit Hinweisen, was Ihnen gefallen hat oder welche Korrekturen Sie anbringen möchten, würden wir uns freuen.

Bergforelle oder Rentier mit Preiselbeeren. Danach werden bei Kerzenlicht und *hyttekos* (Hüttengemütlichkeit) die Wanderrouten diskutiert, Tipps gegeben und Freundschaften geschlossen.

Es muss nicht immer eines der bekannten Wandergebiete sein, fragen Sie einfach in der Touristinformation vor Ort nach einer schönen Wandertour – mit oder ohne Kinder – und nach einer Berghütte des regionalen Bergvereins.

Für Kunstinteressierte ein Muss – der Munch-Raum im Kunstmuseum von Bergen

11

Borestranda – wunderbar bei jedem Wetter, S. 94

Kjeragbolten – 1000 m überm Abgrund, S. 107

Lieblingsorte!

Bootfahren und Lesen – Fjærland Bokbyen, S. 209

Das Vestkapp – karg und stürmisch, S. 222

Utne Hotel – stilvoll genießen, S. 133

Sommerliche Schneelandschaft – Sognefjell, S. 195

Die Reiseführer von DuMont werden von Autoren geschrieben, die ihr Buch ständig aktualisieren und daher immer wieder dieselben Orte besuchen. Irgendwann entdeckt dabei jede Autorin und jeder Autor seine ganz persönlichen Lieblingsorte. Dörfer, die abseits des touristischen Mainstream liegen, eine ganz besondere Strandbucht, Plätze, die zum Entspannen einladen, ein Stückchen ursprünglicher Natur – eben Wohlfühlorte, an die man immer wieder zurückkehren möchte.

Astruptunet – verwunschene Idylle, S. 226

Ziegenalm Herdalssetra – entlegenes Paradies, S. 242

Schnellüberblick

Ålesund und Umgebung
Die Jugendstilstadt Ålesund lockt mit einem Panoramablick vom Aksla auf die Schärengürtel und die Gipfel der Sunnmøre-Alpen. Ganz nah kommt man den Papageientauchern auf der Vogelinsel Runde. S. 250

Die Küste von Sogn og Fjordane und der Nordfjord
An der zerklüfteten Westküste locken Bootsausflüge zu den Schäreninseln vor Florø und ein Abstecher zum rauen Vestkapp. Ganz in der Nähe liegt die Klosterinsel Selja im Meer. Verträumte Dörfer am Nordfjord und gewaltige Gletscherzungen prägen das Landesinnere. S. 210

Sognefjord
Norwegens längster Fjord am Fuß des mächtigen Jost•edalsbreen ist ein Fjord der Superlative – breit und karg an seinem Ausgang, wild und dramatisch im Inneren. Der berühmte Ferienort Balestrand und die älteste Stabkirche des Landes in Urnes machen ihn zum Reiseziel für Kulturinteressierte. S. 174

Bergen und Umgebung
Die regenreiche Kulturmetropole Bergen bezaubert durch ihre Schönheit und Lebensfreude. Das Hanseviertel Bryggen zählt mit seinen bunt gestrichenen Handelshöfen und Giebelhäusern zu den bedeutendsten Sehenswürdigkeiten Norwegens. S. 152

Ryfylkevegen und Haugaland
Mit dem Lysefjord und dem berühmten Preikestolen beginnt das Fjordland im Süden. Der Ryfylkevegen bietet malerische Fjordlandschaften, raue Fjellweiten und berühmte Lachsflüsse. Die lang gestreckte Insel Karmøy lockt mit lebendiger Wikingergeschichte. S. 100

Ålesund

Florø

Jostedalsbreen

Fjærland

Sognefjord

Voss

Utne

Bergen

Hardangerfjord

Odda

Gamle Skudeneshavn

Stavanger

14

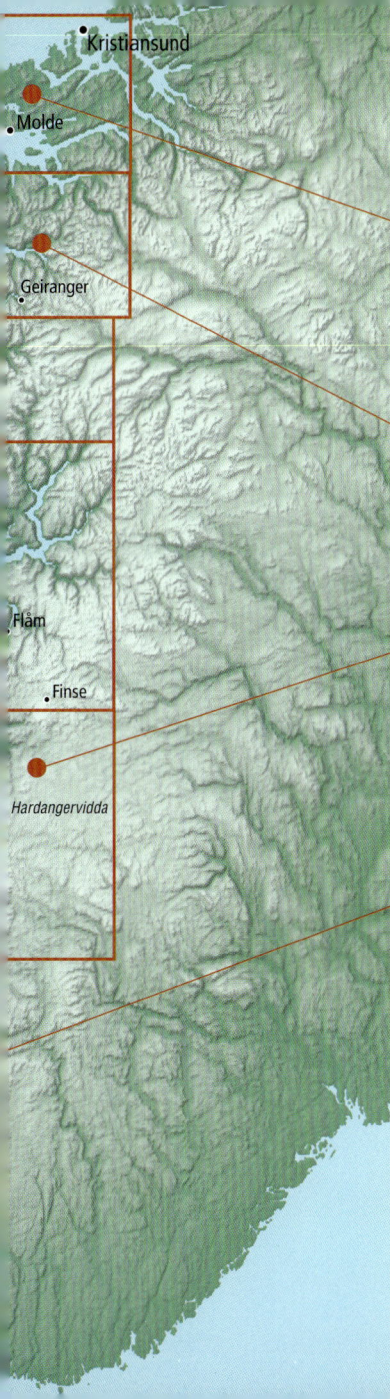

Kristiansund

Molde

Geiranger

Flåm

Finse

Hardangervidda

Von Molde nach Kristiansund

Von der Rosen- und Jazzstadt Molde gelangt man nach Kristiansund, das sich über
drei durch Brücken verbundene Inseln
erstreckt. Die Atlantikküstenstraße scheint
mitten durchs Meer zu führen. S. 266

Geirangerfjord und Trollstigen

Der Geirangerfjord ist der berühmteste der
Fjorde. Bei einer Bootsfahrt passiert man
sagenumwobene Wasserfälle, verlassene
Berghöfe und schroff abfallende Berge.
Über die Adlerstraße und den Trollstigen
geht es zu den Romsdalsalpen. S. 234

Hardangerfjord und Hardangervidda

Der ›König der Fjorde‹ ist berühmt für seine
blühenden Obstgärten am Fuß des Folgefonna, das milde Klima, die leuchtend
grünen Wiesenhänge und seine lebendigen
Kulturtraditionen. Die tundraartige Hochebene Hardangervidda lädt zu Fahrradtou-
ren und Wanderungen ein. S. 122

Stavanger und Umgebung

Die Ölmetropole Norwegens ist eine
multikulturelle Stadt mit alten Holzhäusern, modernen Glaspalästen und Villen im
Schweizer Stil. In Richtung Süden führt die
Nordseestraße nach Jæren zu langen Sandstränden und besten Surfspots. S. 80

Reiseinfos, Adressen, Websites

Von der Felskanzel Preikestolen blickt man kilometerweit in den Lysefjord

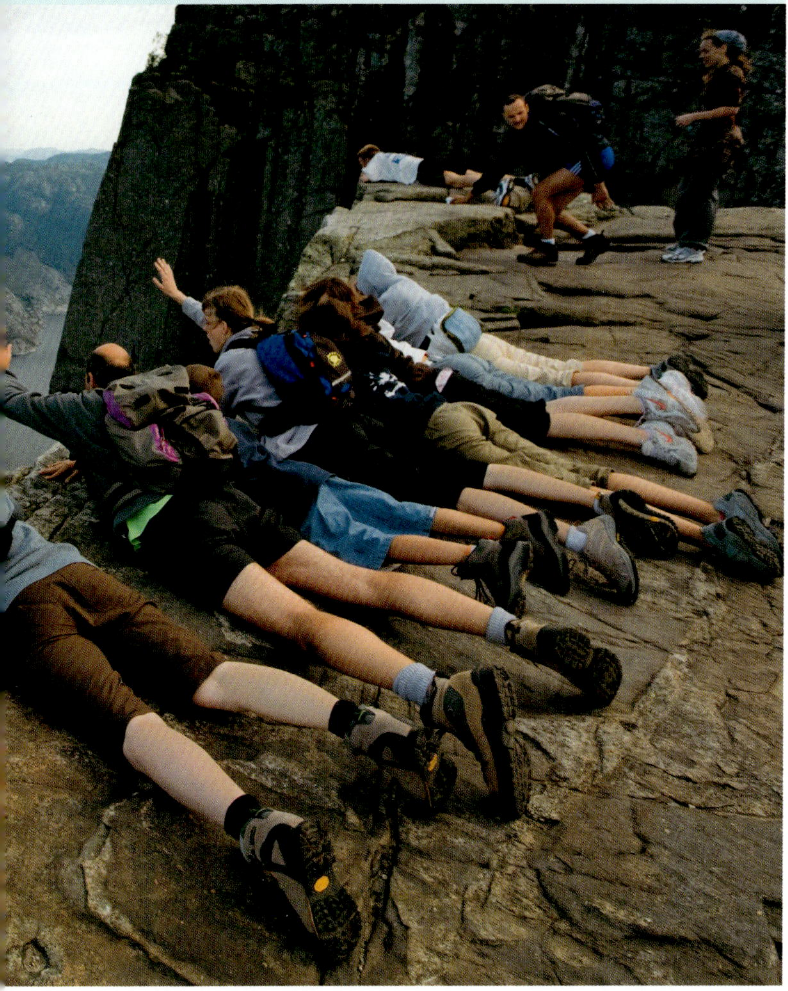

Informationsquellen

Infos im Internet

Norwegen und auch das Fjordland sind mit zahlreichen empfehlenswerten Internetpräsenzen im Web vertreten.

www.norwegen.no
Die offizielle Seite für Deutschland wartet mit unzähligen Infos zu Themen wie Gesellschaft, Politik, Kultur, aktuellen Ereignissen und Geschichte auf. Auch wer überlegt, in Norwegen zu arbeiten oder dorthin auszuwandern, findet hier Wissenswertes und Kontaktadressen.

www.visitnorway.com
Diese mehrsprachige offizielle Seite eignet sich mit vielen wissenswerten Fakten zu Anreise, Angeboten vor Ort, Aktivurlaub etc. besonders zur Reisevorbereitung. Hier kann man kostenlos die Broschüren »Der offizielle Norwegenkatalog« und »Fjord-Norwegen« als PDF-Dateien herunterladen.

www.fjordnorway.no
Dieses deutschsprachige Portal bietet Hintergrundwissen, Neuigkeiten und viele Links über das Fjordland.

www.heinzelnisse.info
Dieses nützliche Online-Wörterbuch ist in den letzten Jahren stark verbessert und durch ein Forum ergänzt worden.

www.regjeringen.no
Hier präsentiert sich das norwegische Ministerium für Auswärtige Angelegenheiten mit aktuellen Informationen zu Wirtschaft, Politik und Kultur.

www.reuber-norwegen.de
Die deutsche nicht-kommerzielle Seite über Norwegen beinhaltet viele Fotos, Infos, ein Verzeichnis der Inlandsfähren, eine umfangreiche Linksammlung und eine Liste der Webcams etc.

www.trolljenta-norwegenforum.info
Diese Seite ist mittlerweile eine der größten nicht-kommerziellen Tummelplätze für deutschsprachige Norwegenliebhaber und bietet neben vielen Infos ein sehr interessantes Forum.

www.norwegen-angelfreunde.de
Eine der beliebtesten Seiten zum Thema Angeln in Norwegen. Besonders das Forum wird stark frequentiert.

www.norwegen-freunde.com
Ein Muss für Norwegenfreunde ist diese Fanseite Norwegens. Hier findet man den Pilz des Monats, Informationen zum Angeln, Reiseberichte, eine riesige Sammlung von Musikrezensionen und ein gut besuchtes Forum.

www.westcoastpeaks.com
Listung fast aller westnorwegischen Gipfel mit Routenangabe, Fotos und Reisebeschreibungen (auf Englisch).

www.nordische-musik.de
Auf dieser Seite findet man Songs, Rezensionen, die CD des Monats und Konzerttermine von skandinavischen Bands aus allen Pop- und Rockgenres.

Gratis-Internetzugang
In den meisten größeren Städten bieten die Büchereien kostenlose Internetbenutzung. Mittlerweile gibt es in vielen Touristeninformationen gratis WLAN, ebenso wie in Cafés und Restaurants (nur für Gäste).

Fremdenverkehrsämter

... in Deutschland
**Norwegisches
Fremdenverkehrsamt**
Innovation Norway –
Büro Hamburg
Caffamacherreihe 5
20355 Hamburg
Tel. 040 22 94 15-0
www.visitnorway.com

... in Fjordnorwegen
In fast allen Ortschaften finden sich Touristeninformationen *(turistinformasjon)*, die meist sehr gut ausgestattet sind.

Fjord Norge AS
Torggaten 3
5014 Bergen
Tel. 0047 55 30 26 40
www.fjordnorway.no

Region Stavanger
Domkirkeplassen 3
4006 Stavanger
Tel. 0047 51 85 92 00
www.regionstavanger.com

**Hordaland og Bergen
Reiselivslag**
P.O. Box 4055
5835 Bergen
www.visitbergen.com

Sogn og Fjordane Tourist Board
P.O. Box 370
6782 Stryn
Tel. 0047 57 87 40 40
www.sfr.no

**Møre og Romsdal
Reiselivsråd**
Sandvegen 4
6413 Molde
Tel. 0047 71 24 50 80
www.visitmr.com

Lesetipps

Ebba D. Drolshagen: Gebrauchsanweisung für Norwegen. München 2007. Amüsant geschrieben, erklärt die Autorin Norwegens Bewohner mit ihren Gewohnheiten und Macken.

Jostein Gaarder: Sofies Welt. Roman über die Geschichte der Philosophie. München 1994. Mit dem Roman über zwei ungleiche Mädchen und einen geheimnisvollen Briefeschreiber gelang Gaarder der Durchbruch.

Jostein Gaarder, Klaus Hagerup: Bibi Bokkens magische Bibliothek. München 2001. Ein Jugendbuch, das mit einer fantastischen Entdeckungsreise in die Welt der Literatur auch Erwachsene unterhält. Ort des Geschehens ist u. a. das traditionsreiche Hotel Mundal in der Bücherstadt Fjærland.

Espen Søbye: Kathe – deportiert aus Norwegen. Berlin/Hamburg 2008. Nur fünf Tage blieben der 15-jährigen Kathe von ihrer Verhaftung am 26. Nov. 1942 in Oslo bis zu ihrem Tod im KZ Auschwitz-Birkenau. Der sorgfältig recherchierte, sehr sachlich gehaltene Titel thematisiert erstmals den Antisemitismus in Norwegen.

Mehrere Krimiautoren bieten sich als Urlaubslektüre an (s. auch S. 75).
Karin Fossum: Hauptkommissar Konrad Sejer ermittelt in der norwegischen Provinz: Der Mord an Harriet Krohn (2004), Wer anders liebt (2007), Schlafe, mein Prinzchen, schlaf ein (2014).
Jo Nesbø: In Oslo und rund um den Globus kommt Kommissar Harry Hole Verbrechern auf die Spur: Leopard (2010), Die Larve (2011), Kakerlaken (2007), Der Schneemann (2008), Koma (2013).
Kim Småge: Kommissarin Annekin Halvorsen löst die kompliziertesten Fälle in Trondheim: Mittsommer (2002), Zweitgesicht (2004), Ein kerngesunder Tod (1999), Die Containerfrau (2002).

Wetter und Reisezeit

Klima

Das Klima Norwegens ist milder, als viele wegen seiner nördlichen Lage erwarten. Der Golfstrom sorgt im Winter für ein eisfreies Meer, was sonst auf diesen Breitengraden nicht vorkommt. Im Sommer steigen die Temperaturen nicht selten auf 25–30 °C ansteigen, allerdings kann es auch wesentlich kühler bleiben. In Westnorwegen fällt im Vergleich zum Rest des Landes der meiste Niederschlag, besonders im Herbst und Winter. Eine genaue Wettervorhersage für ausgewählte Regionen gibt es auf der Internetseite: www.yr.no.

Reisezeiten

Frühjahr
Eher als die Wintermonate bieten sich wegen der längeren Tageszeiten der März und April zum Skilaufen an. Der Mai ist wegen der Obstbaumblüte, wenn die Berge noch tief verschneit sind, einer der schönsten Monate im Fjordland. Wandern im Fjell ist dann allerdings noch nicht möglich.

Sommer
In den Monaten von Juni bis August liegt die Hauptreisezeit. Dann sind auch die hochgelegenen Passstraßen und Gebirgsrouten in der Regel frei, wobei man sich nach den Verhältnissen vor Ort erkundigen sollte – nach einem schneereichen Winter kann das Hochgebirge noch bis weit in den Juni verschneit sein. Ein unvergessliches Erlebnis ist Skilaufen im Sommer mit Blick über die Fjorde (s. S. 32).

Herbst
Mit den ersten Frostnächten im September wird das Hochfjell in wunderschöne Farben getaucht. Es ist die beste Zeit zum Wandern. Im Oktober kommt es aber gelegentlich schon zu *kolonnekjøring* (Fahren in der Kolonne) über Hochgebirgspässe, und viele der DNT-Hütten sind nicht mehr bewirtschaftet.

Winter
Norwegens Fjell ist von Dezember bis Anfang Mai schneesicher, die Tage im Winter sind aber recht kurz. Die meisten Reisenden verbringen ihren Urlaub in einer gemütlichen Hütte und nutzen das Tageslicht für Langlauftouren.

Klimadiagramm Norwegen (Bergen)

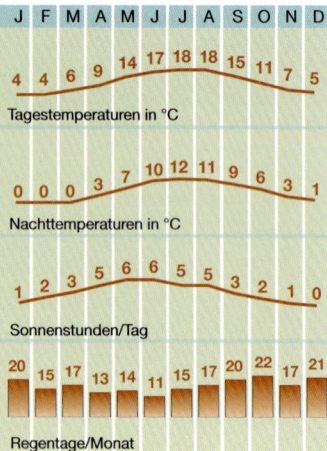

	J	F	M	A	M	J	J	A	S	O	N	D
Tagestemperaturen in °C	4	4	6	9	14	17	18	18	15	11	7	5
Nachttemperaturen in °C	0	0	0	3	7	10	12	11	9	6	3	1
Sonnenstunden/Tag	1	2	3	5	6	6	5	5	3	2	1	0
Regentage/Monat	20	15	17	13	14	11	15	17	20	22	17	21

Kleidung und Ausrüstung

Da das Wetter zwischen Fjord und Fjell auch im Sommer von heiß und windstill bis eiskalt und stürmisch schwanken

In Norwegen kann man auch im Sommer Ski fahren, hier am Folgefonna

kann, empfiehlt es sich, sich auf alle Witterungsbedingungen einzustellen. Wollpulli, winddichter Anorak und Mütze sind nicht nur für Gebirgstouren erforderlich. Wanderer benötigen feste Schuhe, gute Regenkleidung und für das Hochfjell auch Handschuhe und Schal. Denken sollte man an Hüttenschuhe (oder dicke Socken) für den Aufenthalt in Berghütten. Darüber hinaus sollten Badesachen, Sonnenmilch und Mückenschutz im Reisegepäck nicht fehlen. Praktisch sind ein Rucksack für Ausflüge, eine Taschenlampe für Höhlenbesichtigungen sowie ein Fernglas für Tierbeobachtungen.

Anreise und Verkehrsmittel

Einreisebestimmungen

Deutsche, Schweizer und österreichische Staatsbürger benötigen für die Einreise nach Norwegen einen gültigen Personalausweis oder Reisepass; für Kinder ist unabhängig vom Alter ein eigenes Reisedokument erforderlich. Kraftfahrzeuge müssen beim Grenzübertritt mit Nationalitätskennzeichen oder einer EU-Plakette versehen sein. Die Internationale Versicherungskarte (Grüne Karte) ist nicht erforderlich, wird aber empfohlen.

Zollbestimmungen
Es ist erlaubt, für den Eigenbedarf bestimmte Lebensmittel nach Norwegen einzuführen. Nur in begrenzten Mengen dürfen Fleisch, Milchprodukte und Kartoffeln mitgebracht werden. Tabak und Alkohol werden in Norwegen sehr hoch besteuert, entsprechend sind die Preise. Zollfrei sind für Personen ab 20 Jahren folgende Mengen: 1 l Spirituosen, 1,5 l Wein und 2 l Bier oder 3 l Wein und 2 l Bier. Ab 18 Jahren sind 200 Zigaretten oder 250 g andere Tabakwaren und 200 Blatt Zigarettenpapier erlaubt. Seit 2014 können statt der Tabakwaren zusätzlich 1,5 l Bier oder Wein eingeführt werden. Info: www.norwegen.no.

Mitnahme von Haustieren
Norwegen ist eines der wenigen europäischen Länder ohne Tollwut. Wer sein Haustier mit in den Urlaub nehmen möchte, muss einen EU-Heimtierausweis, eine Identifikationsmarke und einen gültigen Bluttest beim Zoll vorlegen. Die Formulare erhält man beim Tierarzt. Hunde müssen außerdem zwischen 2 und 5 Tage vor der Einreise einer Bandwurmkur unterzogen werden.

Anreise

… mit dem Flugzeug
Internationale Flughäfen im Fjordland sind Bergen und Stavanger. U. a. fliegen folgende Fluggesellschaften das Fjordland direkt an:
SAS: www.scandinavian.net
Norwegian Air: www.norwegian.no
Lufthansa: www.lufthansa.com
KLM: www.klm.com
Ryanair: www.ryanair.com. Zielflughafen im Fjordland ist Haugesund (z. B. von London Stansted).

Auch von der norwegischen Hauptstadt Oslo aus kann man alle Großstädte des Landes erreichen, u. a. gibt es täglich mehrere Flüge nach Stavanger, Haugesund, Bergen, Ålesund und Kristiansund. Für eine Übersicht empfiehlt sich www.booknorway.com. Vor allem im Sommer sind viele Rabatte möglich.

… mit der Bahn
Mit dem Zug gelangt man über Hamburg nach Kopenhagen, von wo täglich Züge und mehrmals die Woche Expresszüge über die Øresundbrücke nach Göteborg und Oslo fahren.

Es gibt zahlreiche **Rabatte und Vergünstigungen,** u. a. Scanrail-Pass und Interrail. Infos erhält man bei der Deutschen Bahn (www.bahn.de), der Österreichischen Bundesbahn (www.oebb.at), der Schweizer Bundesbahn (www.sbb.ch) sowie auf www.scanrail.de oder www.interrailnet.com.

… mit dem Bus
Von einigen Städten in Deutschland und der Schweiz bestehen Expressbus-

verbindungen nach Norwegen: u. a. Hamburg–Stavanger, Köln–Hamburg–Oslo. Hauptanbieter für Busfahrten ist die Deutsche Touring, die mit Nor-Way Bussekspress zusammenarbeitet. **Eurolines:** www.eurolines.de.

Flixbus fährt u. a. von Berlin und vielen anderen deutschen Städten Kopenhagen und Malmö an. Von dort kann man mit dem Zug oder Bus weiter nach Oslo reisen, www.flixbus.de.

… mit Auto und Fähre

Seit der Eröffnung der Øresundverbindung zwischen Dänemark und Schweden im Sommer 2000 ist es möglich, ohne Fährfahrt nach Norwegen zu gelangen. Wegen der Mautpreise (Infos unter: www.oeresundsbron.com) führt das allerdings nicht zu einer Ersparnis. Dem Fjordland näher kommt man mit einer Schiffsverbindung von der Nordspitze Dänemarks. Die einzige Direktverbindung ins Fjordland bietet das Unternehmen Fjordline, das nicht wie die übrigen Anbieter in Südnorwegen landet, sondern Stavanger und Bergen anläuft. Ausführliche Informationen sind über das Norwegische Fremdenverkehrsamt (s. S. 19), im Reisebüro oder direkt bei den Reedereien erhältlich.

Color Line: Tel. 0431 730 01 00, www.colorline.de.

DFDS Seaways: Tel. 040 389 03 71, www.dfdsseaways.de.

Fjordline: Tel. 03821 709 72 10, www.fjordline.de.

Stena Line: Tel. 0180 60 20 100 (0,20 €/Min.), www.stenaline.de.

Die Postschiffe der Hurtigruten verbinden die Küstenorte Westnorwegens

Kystlink: Tel. 0421 176 03 62, www.kystlink.de.
Scandlines: Tel. 0381 77 88 77 66, www.scandlines.de.

Öffentliche Verkehrsmittel im Fjordland

Vor Ort hat man es im Fjordland wie in Norwegen insgesamt leicht: Kostenlose Fahrplanhefte mit Abfahrtszeiten der Fähren, Expressboote, Busse und Bahnen sind bei den Touristenbüros in den Regionen erhältlich. Infos: Tel. 177, www.fjord1.no oder www.rutebok.no.

Inlandsflüge

Die Fluggesellschaften SAS, Braathens, Widerøe und Norwegian Air Shuttle bedienen den innernorwegischen Flugverkehr. Eine Übersicht über die Strecken findet sich auf www.booknorway.com.

Im Winter gesperrte Straßen

Die Zeiträume variieren nach Dauer des Winters. Bei ungünstiger Witterung kann es auch auf ganzjährig geöffneten Straßen zu Sperrungen bzw. zum Kolonne fahren *(kolonnekjøring)* hinter einem Schneepflug kommen. Für mehr Infos: Straßendienst Tel. 175 (in Norwegen), 0047 81 54 89 91 (aus dem Ausland). Im Fjordland sind eine Reihe von Straßen wie folgt gesperrt:
R 13 Gaularfjell ca. Jan.–April
R 55 Sognefjell ca. Nov.–April
R 63 Geirangerstraße ca. Nov.–April
R 63 Trollstigen ca. Okt.– Ende Mai
R 258 Alte Strynfjellstraße ca. Nov.–Mai
R 520 Breiborg–Røldal Jan.–Mai
Årdal–Turtagrø Ende Okt.–Ende Mai
Aurlandvegen/Snøvegen Aurland–Erdal Nov.–Mai
Brokke–Suleskar Dez.–Mai

SAS, Tel. 05 400 (in Norwegen), Tel. 01805 11 70 02 (0,14 €/Min. aus Deutschland), www.flysas.com.
Widerøe's Flyselskap AS, Tel. 81 00 12 00 (in Norwegen), 0047 75 80 35 68 (aus dem Ausland), www.wideroe.no.
Norwegian Air Shuttle, Tel. 81 52 18 15 (in Norwegen), Tel. 0047 21 49 00 15 (aus dem Ausland), www.norwegian.no.

Bahn

Die Norwegische Staatsbahn (NSB) bietet mehrere Pässe an (u. a. den ScanRail Pass), von denen einige bereits in Deutschland erworben werden müssen. Außerdem gibt es den Interrail Norwegen Pass. Info bei der Deutschen Bahn oder bei NSB (www.nsb.no).

Von Oslo aus führen mehrere Panorama-Bahnstrecken ins Fjordland.
Sørlandsbanen: Oslo–Kristiansand–Stavanger, 8 Std.
Bergensbanen: Oslo–Geilo–Finse–Myrdal–Bergen, 6,5 Std.
Flåmbanen: Myrdal–Flåm, 1 Std.
Raumabanen: Oslo–Dombås–Åndalsnes, 5,5 Std.

Bus

Überlandbusse verbinden alle größeren Städte Norwegens. Die größte Busgesellschaft des Landes ist **Nor-Way Bussekspress,** Tel. 81 54 44 44, www.nor-way.no. Außerdem: **Lavprisekspressen,** Tel. 67 98 04 80, www.lavprisekspressen.no.

Fähre/Expressboot

Autofähren ergänzen das durch Fjorde unterbrochene Straßennetz. Die größten Reedereien sind: Fjord1, Tel. 177, www.fjord1.no, und Nordled AS, Tel. 51 86 87 00 , www.norled.no. Platzreservierungen sind allerdings nur bei sehr wenigen Verbindungen möglich. Expressboote (Hurtigbåt,

Snøggbåtrute) verkehren zwischen allen größeren Küsten- und Fjordorten.

Hurtigruten

Die Fahrt mit dem Postschiff der Hurtigruten ist eine wunderbare Seereise, die norwegischen Küstenalltag mit Kreuzfahrtgenüssen kombiniert. Täglich verkehren Schiffe auf der Strecke Bergen–Kirkenes mit folgenden Stopps im Fjordland: Florø, Måløy, Torvik, Ålesund, Geiranger (Sommer), Molde und Kristiansund. **Norwegische Schifffahrtsagentur (NSA),** Große Bleichen 23, 20354 Hamburg, Tel. 040 87 40 83 58, www.hurtigruten.de.

Autofahren

Das Mitführen des deutschen Führerscheins genügt. Auch tagsüber muss in Norwegen mit Abblendlicht gefahren werden. Es gelten Geschwindigkeitsbeschränkungen: in Ortschaften Tempo 50 km/h, auf Landstraßen 80 km/h, auf einigen Schnellstraßen 90 km/h. Die Alkoholgrenze liegt bei 0,2 Promille. Um zu vermeiden, dass sich auf Gebirgsstraßen – besonders hinter Wohnmobilen – lange Staus bilden, gehört es in Norwegen zum guten Ton, in den Haltebuchten zu stoppen und die folgenden Fahrzeuge vorbeizulassen.

Pannenhilfe: Bei Autopannen hilft der NAF (Norges Automobil Forbund). Der NAF unterhält auf den Hauptstrecken Notrufsäulen und von Mitte Juni bis Mitte August vor allem auf den Passstraßen einen regelmäßigen Patrouillendienst (Pannenhilfe für ADAC-Mitglieder zu reduzierten Preisen). **Norges Automobil Forbund (NAF),** Østensjøveien 14, P.O. 6682, 0609 Oslo, Tel. 92 60 85 05, www.naf.no (nur auf Norwegisch); Notruf: Tel. 08505 (24-Std.-Dienst).

Der Weg ist das Ziel

Wer im Fjordland Urlaub macht, sollte es nicht eilig haben. In Kurven schlängeln sich die Straßen hinauf ins Gebirge und entlang der Fjordufer, nicht wenige enden einfach am Wasser. Dann heißt es sich einreihen und auf die Fähre warten … Von insgesamt 18 geplanten **nationalen Touristenstraßen** (Fertigstellung 2020) führen zehn durch das Fjordland. Sie sind mit einem Symbol – einem nordischen Knoten – gekennzeichnet (www.nasjonaleturist veger.no).

Mautstraßen: Zur Finanzierung aufwendiger Straßenbauprojekte (Tunnel, Brücken), aber auch wegen der hohen Instandhaltungskosten wird bei einigen Straßen eine Weggebühr *(bompenger, avgift)* erhoben. Auflistung der Mautstrecken unter www.autopass.no. Immer mehr **Mautstationen** funktionieren automatisch, das Nummernschild wird elektronisch erfasst. Touristen müssen sich unter www.autopass.no mit ihrer Kreditkarte spätesten 14 Tage vor Antritt der Reise registrieren. Bestätigung ausdrucken und mitführen.

Wohnwagen: Viele Straßen, die am Fjord entlangführen, sind eng und kurvig. Einige sind nicht für Wohnwagen geeignet, darunter der Geirangervegen und der Trollstigen. Eine Liste besonders enger, kurviger Straßen enthalten der »Fjord Norwegen Reiseguide« und die Website www.fjordnorway.com.

Autovermietung: Leihwagenfirmen sind in allen größeren Ortschaften zu finden, vermietet wird allerdings meist nur an Personen über 25 Jahre; Adressen sind bei den Touristeninfos oder im Internet unter *bilutleie* (Autoverleih) zu finden.

Übernachten

Hotels

Hotelübernachtungen sind nicht billig. An Wochenenden und in den Sommerferien werden die Preise jedoch erheblich gesenkt. Viele Hotels haben sich zu Ketten mit Rabattsystemen zusammengeschlossen. Besitzern von Hotelpässen, z. B. dem **Fjordpass** (www.fjordpass.no), wird im Sommer bis zu 50 % Preisnachlass gewährt. In der Hochsaison empfiehlt es sich, im Voraus zu buchen.

Historische Hotels
Ein besonderes Erlebnis ist der Aufenthalt in einem historischen Hotel: Sie entstanden in der Zeit von 1830 bis 1939. Bei den 31 Hotels und 13 Restaurants reicht die Bauart vom Schweizer Stil in Holz bis zum Jugendstil in Stein. **De Historiske Hotel**, P.O. Box 196 Sentrum, N-5804 Bergen, Tel. 0047 55 31 67 60, www.dehistoriske.com.

Gästehäuser, Turistheime und Pensionen

Preiswerter als die recht teuren Hotels sind Gasthäuser (*gjestgiveri/gjestehus*), Turistheime, Berggasthöfe (*fjellstue*) und Pensionen (*pensjon*). Gasthäuser und Pensionen verfügen generell über einen soliden Standard. Bei manchen befinden sich Du-

sche und Toilette auf dem Flur und es gibt lediglich ein Waschbecken im Zimmer. Generell ist das Frühstück inklusive. Etwas einfacher sind die Turistheime und Berggasthöfe, die häufig neben Einzel- und Doppelzimmern auch Mehrbettzimmer vermieten. Die sogenannten Sommerhotels sind in den Semesterferien vermietete Studentenwohnheime mit Gemeinschaftsküche.

Bed & Breakfast und Privatzimmer

Der Standard der Bed & Breakfasts variiert von der komfortablen Anlage bis zur einfachen Unterkunft. Die Mehrzahl der B & B's sind sind persönliche, geschmackvolle Häuser oder Hütten. Informationen unter: www. bbnorway.com. Zimmer in Privathäusern sind als *værelser, rom* oder *overnatting* ausgewiesen.

Jugendherbergen

Die Familien- und Jugendherbergen, in Norwegen *vandrerhjem* oder *vandrarheim* genannt, haben allgemein einen sehr hohen Standard. Menschen jeden Alters sind willkommen. Häufig steht für die Zubereitung eigener Mahlzeiten eine Gästeküche zur Verfügung. Wer plant, öfters in Jugendherbergen zu nächtigen, sollte einen internationalen Jugendherbergsausweis besitzen oder eine Mitgliedschaft beim norwegischen Herbergsverband in Erwägung ziehen. Infos unter:
Norske Vandrerhjem, PB 53 Nydalen, N-0409 Oslo, Tel. 0047 23 12 45 10, www.hihostels.no.

Bei Norwegern übernachten
Eine tolle Möglichkeit, einen Einblick in den norwegischen Alltag zu erhalten, sind die privaten Zimmer oder ganzen Wohnungen, die über www. airbnb.de angeboten werden.

Viele Hütten liegen einsam in einer fantastischen Landschaft

Hütten und Ferienhäuser

Ferienhäuser und -hütten gibt es in allen Lagen, Ausstattungen und Preiskategorien. Die Hochsaisonpreise im Sommer und um Ostern liegen deutlich über denen in der Nebensaison. Eine große Auswahl an Hütten und Ferienhäusern bietet u. a. Novasol in Deutschland (Tel. 040 23 88 59 82, www.novasol.de).

Ferien auf dem Bauernhof

Ferien auf dem Bauerhof sind nicht nur eine günstige Alternative, sondern auch eine Gelegenheit, das Landleben und traditionelle Speisen, die vor Ort produziert werden, kennenzulernen. Insgesamt bieten 500 Höfe in ganz Norwegen Übernachtungsmöglichkeiten an. Informationen und Onlinekatalog findet man auf der Website von Norsk Bygdeturisme & Gardsmat, www.hanen.no.

Camping/Campinghütten

Obwohl wildes Campen offiziell weiterhin erlaubt ist, sind doch die Zeiten vorbei, in denen man sein Zelt irgendwo in der Landschaft aufschlagen konnte. Wohnmobile dürfen auf Rastplätzen entlang der Straße nicht über Nacht stehen! Es mangelt nicht an Campingplätzen. Die Preise für die Campingübernachtung mit Wohnmobil oder Zelt variieren je nach Sterneklasse zwischen 80 und 400 NOK pro Wohneinheit. Eine Karte mit einem aktuellen Verzeichnis der durchweg schön gelegenen Plätze sowie Entsorgungsstationen für Wohnmobilabwässer kann man über das Norwegische Fremdenverkehrsamt (s. S. 19) anfordern. Es gibt auch eine Karte aller NAF-Campingplätze. Informationen erhält man bei:
Reiselivsbedriftenes Landsforening, P.O. 5465 Majorstua, 0305 Oslo, Tel. 22 12 36 43, www.camping.no.

Essen und Trinken

Bodenständig bis global – Norwegens Küche

Die norwegische Küche ist nicht unbedingt für ihre kulinarische Raffinesse bekannt. Die meisten Gerichte sind deftig und etwas fade. Schmackhafte Abwechslung bieten die Regionalküchen, die frische Produkte aus der Umgebung verwenden. Mit weit mehr Finesse gehen die Starköche des Landes vor. Viele von ihnen kombinieren die norwegischen mit internationalen Rezepten – ein Konzept, das aufgeht und mit dem sie auf dem internationalen Parkett unzählige Preise abräumen.

Essen gehen

(Gourmet-)Restaurants sind in Norwegen dünn gesät und die Preise schwindelerregend. Bezahlbar sind die Mahlzeiten in den *cafeterias* – Gaststätten mit Selbstbedienung– die norwegische Hausmannskost anbieten. Aufgetischt werden meist große Portionen zum ordentlich Sattwerden: Kartoffeln, dazu Fleisch mit brauner oder Fisch mit weißer Soße und Gemüsebeilage heißt die Devise. Das Straßenbild beherrschen die *gatekjøkken*, Schnellimbisse mit dem üblichen internationalen Fastfood wie Pommes, Hamburger und Hot Dogs *(pølser med brød)*.

Die Mahlzeiten

Der Tag beginnt mit einem reichhaltigen Frühstück *(frokost)*. In den Hotels findet man üppige Büfetts mit verschiedenen Brot-, Käse- und Wurstsorten, Cornflakes, Müsli, Eiern, Marmelade sowie diversen Fischspezialitäten. Mittags gibt es zum *lunsj* nur eine Kleinigkeit oder ein paar belegte Brote. Die warme Hauptmahlzeit, *middag,* wird in der Regel am späten Nachmittag bzw. Abend eingenommen. In Hotels und Cafeterias wird sie zwischen 17 und 21 Uhr serviert. *Dagens rett* oder *dagens middag* sind Tagesgerichte zu relativ günstigen Preisen. Das kalte Abendessen wird auch *kveldsmat* genannt. Ganz wichtig ist in Norwegen, dass man sich statt vor dem Essen einen guten Appetit zu wünschen, danach bedankt: *Takk for maten!* (Danke für das Essen).

Fisch in allen Variationen

Der Weg vom Kutter in die Küche ist im Fjordland kurz, und so ist Fisch in jeglicher Form auf den Speisekarten zu finden: gebraten, gedünstet, gegrillt oder geräuchert. Lachs und Forelle, auch Hering, Seelachs und Dorsch werden mit Kartoffeln und zerlassener Butter serviert. Sehr verbreitet sind diverse Fischprodukte, deren Grundlage aus gehackter Fischmasse besteht, wie *fiskepudding* (Fischteig, mit Kartoffelmehl gebunden, in einer Kastenform gekocht), *fiskeboller* (verwendet wird der gleiche Teig wie vorgenannt, aber in Klößchenform) und *fiskekaker,* die ähnlich zubereitet in der Pfanne gebraten werden. Ein Geschmacks- und Geruchserlebnis der besonderen Art ist der *lutefisk,* in einer Lauge aus Pottasche eingeweichter Stockfisch, der gerne zu Weihnachten serviert wird.

Auf jedem *frokostbord* (Frühstücksbüfett) findet man alle Arten von Heringszubereitungen: in süßer Senf- oder Tomatensauce, süß mariniert mit

Zwiebelringen, Lorbeer und Pfefferkörnern. Zum *lunsjbord* um die Mittagszeit gehört *rakfisk* – Forellen, die drei Monate in einer Salzlake gelegen haben – sicherlich nicht jedermanns Geschmack. Auf der Zunge zergeht dagegen *gravlaks med sennepsaus,* in Salz, Zucker, weißen Pfefferkörnern und viel Dill eingelegter Wildlachs.

Ren, Elch & Co.

Ren *(reinsdyr)* und Elch *(elg)* stehen in Norwegen auf der Speisekarte. Dazu werden meist Preiselbeeren *(tyttebær)* gereicht. Hammelfleisch gibt es in allen Variationen. Nach einem langen Tag in den Bergen wird man *fårikål* (Hammel mit Weißkohl) schätzen. Eine beliebte Spezialität ist *spekemat* – eine Schlachtplatte mit Schafswurst und Rentierschinken. Gern gesehen auch zu Festtagen ist *pinnekjøtt* – gesalzene und geräucherte Lammrippen. Zu allen Speisen wird *flatbrød* gereicht, eine Art hauchdünnes Knäckebrot.

Rømmegrøt und weitere Spezialitäten

Vor allem auf dem Land wird gern das Nationalgericht *rømmegrøt* angeboten, ein mit Zucker und Zimt bestreuter, heißer Brei, der – regional verschieden – aus saurer Sahne, Milch (süßer Sahne) und Mehl (Grieß) zubereitet wird. Mit Butter bestrichen und Zucker bestreut werden *lefse,* eine aus Kartoffeln, Mehl und Fett gebackene Fladenspezialität.

Eine typisch norwegische Käsespezialität ist der *geitost* – ein aus karamellisierter Ziegen- und Kuhmilch hergestellter Käse mit süßlichem Geschmack. Die milderen Varianten heißen *brunost* und *mysost.* Streng, würzig und nicht jedermanns Geschmack ist der knotig aussehende *gammelost* (alter Käse). Diese Käsesorte wurde schon um das Jahr 1000 in einer Saga erwähnt. Man schneidet den Käse in dünne Scheiben und serviert ihn auf frischem Brot mit Butter, etwas Sauerrahm und Preiselbeeren.

Getränke

Kaffee wird in Norwegen zu jeder Tages- und Nachtzeit getrunken, meist sehr dünn und häufig schwarz. In vielen Restaurant bezahlt man nur die erste Tasse und kann sich dann unbegrenzt nachschenken. Zum Essen werden meist Wasser oder die allgemein bekannten Softdrinks getrunken. Gute Fruchtsäfte gibt es relativ selten, da die meisten im Handel erhältlichen Sorten mit ihrem hohen Zucker- und niedrigen Fruchtgehalt eher an Brause erinnern.

Alkoholische Getränke sind sehr teuer und nur in speziellen Läden, den *vinmonopole,* zu bekommen. Einzige Ausnahme ist Bier, das auch in Supermärkten in verschiedenen Varianten von 0,7 % Vol. erstanden werden kann. Eine sehr beliebte Spirituose ist der Kümmelschnaps Aquavit (lat.: *aqua vitae,* Wasser des Lebens). Ein besonderes Aroma hat der Linie-Aquavit. Er reift wie vor 200 Jahren während einer 19-wöchigen Seereise in Eichenfässern, die ehemals für die Sherryreifung genutzt wurden. Die Schiffe kreuzen bei der Fahrt die Äquatorlinie, da der Klimawechsel, laut Hersteller, entscheidend den Geschmack beeinflusst. In Norwegen wird Aquavit bei Zimmertemperatur genossen, während er im Ausland normalerweise eisgekühlt getrunken wird. Mit Vorsicht zu genießen ist der *hjemmebrent,* selbstgebrannter Schnaps, der bis zu 90 % Vol. hat.

Aktivurlaub, Sport, Wellness

Angeln

Ein Blick auf die Landkarte lässt keinen Zweifel daran, dass Westnorwegen ein Paradies für Angler ist: eine Küstenlinie von fast 60 000 km (inklusive Inseln), mehr als 130 Lachsflüsse und Tausende von Binnenseen.

Das Fischen im Meer steht allen frei und kostet nichts. Für das Süßwasserangeln – auf Lachs, Meerforelle und Seesaibling – muss zusätzlich zum Angelschein eine Fischereiabgabe *(fiskeavgift)* bezahlt werden. Sie kann per SMS, im Internet oder per vorgedruckter Zahlkarte entrichtet werden, die es in allen Postämtern gibt, Infos: **www. inatur.no.** Daneben ist für private und öffentliche Binnengewässer der Erwerb eines Angelscheins *(fiskekort)* erforderlich, dessen Preis von Gültigkeitsdauer, Größe des Gebiets sowie Fischart und -qualität abhängt; Angelscheine gibt es in Sportgeschäften und Touristeninformationen, an Kiosken, in Hotels und auf Campingplätzen. In der Regel kann man zwischen Tages-, Zweitages-, Wochen- und Saisonscheinen wählen.

Im Meer dominieren Dorsch, Köhler, Lengfisch, Schellfisch und Makrele, im Süßwasser Forellen und Saiblinge. An vielen Orten gibt es organisierte Angelfahrten, und es werden Boote und Angelausrüstungen vermietet. Hinweise zum Thema Angeln erhält man über das Norwegische Fremdenverkehrsamt (s. S. 19), bei Norges Jeger- og Fiskeforbund, www.njff.no.

Fischereibestimmungen

Die Fischereibestimmungen findet man unter www.dirnat.no. Die Behörden fordern jeden Angler dazu auf, die auch für Berufsfischer geltenden Vorschrif-

ten zur Mindestgröße der Fische einzuhalten. Seit 2010 gelten südlich des 62. Breitengrades folgende Mindestmaße: Dorsch 40 cm, Schellfisch 31 cm, Heilbutt 80 cm, Scholle 29 cm (westlich von Lindnes), weitere Informationen unter www.fdir.no/fritidsfiske. Ein Gesetz verbietet die Ausfuhr von mehr als 15 kg Fisch oder Fischprodukten pro Person aus Norwegen.

Bergwandern

Die westnorwegischen Fjell-Landschaften sind ein Traum für jeden Bergwanderer. Ein dichtes Netz von markierten Wanderpfaden und Hütten durchzieht alle wichtigen Regionen. Die Pfade sind mit Steinhaufen und/oder roten T's markiert.

Wanderkarten im Maßstab 1: 50 000 oder 1:100 000 sind vor Ort erhältlich oder können beim DNT (s. S. 31) oder bei der **Mollenhauer & Treichel GbR,** www.mapfox.de, bestellt werden. Auf www.fylkesatlas.no findet man eine sehr gute Karte. Es heißt zwar ›nur für Sogn und Fjordane‹, aber die Karte lässt sich auf jedes Gebiet in Fjordnorwegen verschieben und sogar bearbeiten.

Von Hütte zu Hütte

Sehr beliebt sind mehrtägige Wanderungen in die Nationalparks Hardangervidda und Jotunheimen. Die Hardangervidda ist wegen der geringen Höhenunterschiede auch für Anfänger geeignet, während das gebirgigere Jotunheimen und erst recht das angrenzende Breheimen höhere Anforderungen an die Kondition stellen.

Die meisten Hütten werden vom norwegischen Wanderverein (DNT, Den Norske Turistforening) und des-

sen regionalen Gebirgsvereinen unterhalten. Es gibt drei Kategorien von Hütten: bewirtschaftete, unbewirtschaftete, aber mit Proviant ausgestattete, und Hütten ohne Proviant. Zu beachten ist, dass man für Hütten der letzten beiden Kategorien einen Schlüssel braucht (erhältlich beim DNT). In der Hochsaison sind die Hütten meist auch so zugänglich. Der DNT verschickt Infomaterial mit Tourenvorschlägen für mehrtägige Wanderungen, Angaben über Hütten und Entfernungen:
Den Norske Turistforening (DNT), Youngstourget 1, 0181 Oslo, Tel. 40 00 18 68, www.turistforeningen.no. DNT-Vertretung in Deutschland: Helga Rahe, Tel. 0251 32 46 08, www.huettenwandern.de.

Bei der Organisation von Touren hilft die Seite www.godtur.no (nur auf Norwegisch). Die beste Internetseite zum Planen von Wanderungen ist www.ut.no mit konkreten Tourenvorschlägen und sehr guten Karten.

Bei der Vorbereitung einer Hochgebirgstour sollte an der Ausrüstung nicht gespart werden, denn sie muss auch rauen Wettereinbrüchen standhalten. Bedenken Sie, dass auch im Juni viele Pfade noch verschneit und die im Winter demontierten Brücken noch nicht wieder begehbar sind.

Gletscherwandern

Gletscherwanderungen gehören zu den schönsten Erlebnissen eines Fjordlandurlaubs. Geführte Touren werden in der Sommersaison täglich auf Ausläufern des Jostedalsbreen (s. Jostedal/Nigardsbreen, Olden/Briksdalsbreen), auf den Folgefonna (s. Odda und Jondal) sowie den Hardangerjøkulen auf der Hardangervidda (s. Finse) angeboten. Die Touren variieren, was Dauer und Schwierigkeitsgrad angeht: Einige

Grandiose und geschützte Natur
Sieben **Nationalparks** liegen im oder grenzen ans Fjordland, darunter die Nationalparks Jostedalsbreen, Hardangervidda und Folgefonna. Wanderer sind willkommen. Markierte Wanderwege führen zu bewirtschafteten und unbewirtschafteten Hütten. Nähere Information gibt es beim Direktorat für Naturverwaltung und -bewirtschaftung: www.dirnat.no/nasjonalparker. Außerdem unter www.jostedal.no, www.jostedalsbre.no, www.hardangervidda.com, www.folgefonna.info.

sind geeignet für Familien, andere für erfahrene Eiskletterer.

Nur in Begleitung ortskundiger Führer! Von Touren auf eigene Faust ist dringend abzuraten. Gletscher sind in Bewegung, bis zu 2 m pro Jahr. Dabei können tiefe Spalten entstehen, die auf den ersten Blick unsichtbar sind. Wichtig sind feste Bergschuhe. Ausrüstung wie Seil und Eispickel können beim Veranstalter geliehen werden.
Folgefonni Breførerlag, 5627 Jondal, Tel. 55 29 89 21, www.folgefonni-breforarlag.no.
Jostedalsbreen Nasjonalparksenter, 6799 Oppstryn, Tel. 91 58 00 78, www.jostedalsbre.no.
Breheimsenteret Jostedalen, 6871 Jostedalen, Tel. 57 68 32 50, www.jostedal.com.
Norsk Bremuseum, 6848 Fjærland, Tel. 57 69 32 88, www.bre.museum.no.

Radwandern

Stiftelsen Sykkelturisme (www.cycling norway.no) bietet auf ihrer Internetseite eine Fülle an Infos, inklusive Tourenvorschlägen. Auf www.visitnorway.com kann man sich die kostenlose Broschüre »Radfahren in Norwegen« herunterladen. Hervorragend ist die Website mit Infos über zwei Radwandertouren im Fjordland. Die bestens ausgeschilderte Nordsjøruta (Nordseeroute) führt entlang Rogalands Küste von Flekkefjord nach Haugesund (Rogaland ist ein Teil der internationalen North Sea Cycle Route, www.northsea-cycle.com).

Der im Zusammenhang mit dem Bau der Bergensbahn entstandene Rallarvegen (s. S. 182) verläuft auf der ehemaligen Bahnarbeiterstrecke über die Hardangervidda. Start ist Haugastøl (900 m über dem Meeresspiegel), Ziel das im Aurlandsfjord gelegene Flåm. Das Kartenmaterial inkl. Wegbeschreibung für beide Radtouren ist vor Ort in allen Touristeninfos sowie über Nordis (s. S. 30) erhältlich.

Reiten

Überall in Norwegen bieten Reitzentren Reitunterricht, Pferdeverleih und organisierte Tages- oder Wochentouren. Das **Norsk Fjordhestsenter** (norwegisches Fjordpferd-Zentrum), 6770 Nordfjordeid, Tel. 57 86 48 00, www.norsk-fjordhestsenter.no) informiert über das Fjordpferd und bietet Ausritte und Hüttenvermietung an.

Segeln

Mit Ausnahme einiger weniger Küstenabschnitte ist der westnorwegischen Küste ein breiter Schärengürtel vorgelagert, der ideal zum Segeln ist, weil er vor den Unbilden des offenen Meeres schützt. Einige prachtvolle alte Segelschiffe bieten Seetörns an, darunter die Chr. Radich, Sørlandet und Statsråd Lehmkuhl (www.radich.no, www.sorlandet.org, www.lehmkuhl.no).

Tauchen

Die westnorwegische Küste bietet Tauchern im europäischen Vergleich sehr sauberes und klares Wasser und eine üppige Unterwasserflora und -fauna. Ferner lockt sie mit unzähligen Schiffswracks vor der Küste. Im Küstengebiet findet man viele Taucherzentren (dykkersenter/-klubb), die Ausrüstungsverleih, Kurse und großteils auch Unterkünfte anbieten. Infos in den Touristenbüros und über den Dachverband norwegischer Taucher: **Norges Dykkeforbund**, Ullevål Stadion, 0840 Oslo, Tel. 21 02 97 42, www.ndf.no.

Wintersport

Obwohl seit einigen Jahren der Abfahrtsski stark im Kommen ist, gilt Norwegen immer noch als klassisches Langlaufland. Ein Netz präparierter Loipen umgibt alle größeren Ortschaften und führt im Fjell von Hütte zu Hütte (z. B. auf der Hardangervidda oder in Jotunheimen). Größere Skiliftanlagen gibt es in mehreren westnorwegischen Regionen, beispielsweise in Voss.

Informationen zu den Skigebieten und Unterkünften erhält man im »Winterkatalog Norwegen«, den man über das Norwegische Fremdenverkehrsamt (s. S. 19) beziehen kann.

Feste und Unterhaltung

Traditionelle Feste

Russ

Gegen Anfang Mai beenden die angehenden Abiturienten in Norwegen ihre Prüfungen. In den Wochen davor wird ausgelassen Russ gefeiert. Häufig kauft sich eine Klassenstufe ein Russauto, kürt Russprinzessin und -prinz, spielt den jüngeren Mitschülern Streiche und gibt rauschende Russfeste. Zu erkennen sind die Feiernden an meist roten oder blauen Hüten, Hosen oder Röcken, die oft mit Mottos und Sprüchen bemalt sind. Die Tradition, die bis ins 17. Jh. zurückgeht und ursprünglich den Universitätsabschluss zelebrierte, war einst in vielen europäischen Ländern verbreitet, ist heute aber nur noch in Norwegen zu finden.

Hurra for 17. Mai

Die Norweger haben ein erfrischend ungebrochenes Verhältnis zu ihrer Flagge. An Feier- und Festtagen weht sie als stattliche Flagge am Fahnenmast vor vielen Häusern. So auch am norwegischen Nationalfeiertag, an dem die Annahme der Verfassung am 17. Mai 1814 gefeiert wird. Es ist ein Tag, an dem Tracht getragen wird, in jeder Region eine andere. Sie wird aus gewebten Wollstoffen gefertigt, in den reichen Bauerntälern auch mit kunstvollem Silberschmuck verziert. 1870 wurde die farbenfrohe Hardangertracht zur Nationaltracht erkoren. Höhepunkt der Feierlichkeiten sind die farbenfrohen Umzüge der Kinder, die ihrer Freude mit Flaggeschwenken und lauten »Hurra

An Sankthansaften (Mittsommer) wird draußen gefeiert – wo sonst!

Festkalender

Januar/Februar
Operaen i Kristiansund: Ende Jan.–Mitte Feb. Opernfestwochen, www.oik.no.

März
Romsdalsvinter: Ende März in Åndalsnes. Der ›aktive Winter‹ wird gefeiert: Skiwanderungen, Klettern, Konzerte u. v. m., www.romsdalsvinter.no.

Mai/Juni
Maijazz: Anfang Mai in Stavanger. Jazzfestival, www.maijazz.no.
Nationalfeiertag: 17. Mai. In allen Orten Kinderumzüge und Feiern.
Festspillene i Bergen (Bergen International Festival): Mai/Juni, www.fib.no.
Bergenfest: im Juni in Bergen. Popmusikfestival, www.bergenfest.no.
Vikingfestivalen: Anfang Juni, Karmøy, www.vikingfestivalen.no. Märkte, historisches Essen, Schlachten und Wikinger.
Sankthansaften: Johannisnacht vom 23. auf den 24. Juni.

Juli
FørdeFestivalen: Monatsanfang, in Førde. Volks- und Weltmusikfestival, www.fordefestival.no.
Molde Jazz: 3. Woche in Molde. Internationales Jazzfestival, www.moldejazz.no.
St. Olav's Tag: 29. Juli. Tod des Heiligen Olav. Vielerorts Feiern und Lagerfeuer.

August
Matfestivalen: Monatsende, in Ålesund. Gourmetfestival mit den norwegischen Kochmeisterschaften, www.matfestivalen.no.

September/Oktober
Numusic Festival: Anfang Sept. in Stavanger. Alternative elektronische Musik und Kunst, www.numusic.no.
Bergen Internasjonale Filmfestival: letzte September-Woche in Bergen. Filme und Dokumentationen aus aller Welt, www.biff.no.

for 17. mai«-Rufen (gesprochen: söttenne maij) Ausdruck verleihen.

Mittsommer – Sankthansaften
In der Johannisnacht vom 23. auf den 24. Juni, einem der längsten Tage des Jahres nahe der Sommersonnenwende, wird in Norwegen der Sankthansaften – auch Jonsok (Johanniswache) genannt – gefeiert. Ursprünglich wurde Johannes des Täufers gedacht und zu seinen Ehren eine Pilgerfahrt zu Kirchen und heiligen Quellen unternommen. Eines der wichtigsten Pilgerziele im Fjordland war die Stabkirche in Røldal, deren Kreuz heilende Kräfte besitzen soll. Heute werden im ganzen Land große Lagerfeuer angezündet, viel *brennevin* getrunken und hier und dort zum *gamaldans* (alter Tanz) geladen, was sich auch unter jungen Leuten (auf dem Land) großer Beliebtheit erfreut. Die alten Volkstänze waren der Springar und der Halling. Ab dem 19. Jh. kamen der Walzer, der Rheinländer und die Polka dazu.

Kinderhochzeiten im Hardanger
Im Hardanger finden an Sankthansaften traditionelle Kinderhochzeiten statt. In der Regel sind es kleine Hochzeiten mit einem oder zwei Brautpärchen. Üppig sind die Tafelfreuden, abends wird dann im Schein

des Johannisfeuers am Fjord getanzt. Kinder führen Tänze vor, singen und spielen. Vorher ordnet sich der Hochzeitszug, der auf einer festgelegten Route durch das Dorf zieht und von einem Spielmann, nicht selten einem Mädchen, mit schön verzierter Hardangerfiedel *(hardingfele)* angeführt wird. Braut und Bräutigam folgen, hinter ihnen die Brautjungfern und die Kinder des Ortes. Die Braut trägt eine reich geschmückte Krone, die über viele Generationen weitergereicht wird, und die Hardangertracht.

Das ›schräge Gegniddel‹ der Hardangerfidel mit vier Griff- und vier Resonanzsaiten ist nicht unbedingt jedermanns Sache. Doch bei den Volksfesten wie den Kinderhochzeiten im Hardanger ist es nach wie vor nicht wegzudenken. Um 1900 übernahm das im Klang vollere Akkordeon die dominierende Rolle im Volkstanz.

St. Olavs Tag

Am 29. Juli erinnert man sich an König Olav Haraldsson, der an diesem Tag im Jahre 1030 in der Schlacht bei Stiklestad fiel (s. S. 65) und später heilig gesprochen wurde. Früher war der St. Olav's Tag gerade in Westnorwegen ein wichtiger religiöser Feiertag, an dem St. Olav zu Ehren Feuer entfacht wurden. Im heute protestantischen Norwegen würdigt man besonders seine Verdienste als Bekehrer und Einiger Norwegens mit Trinkgelagen.

Weihnachten

Weihnachten wird in der Familie gefeiert, der Tannenbaum ist u. a. geschmückt mit norwegischen Fahnengirlanden. Statt des Weihnachtsmanns kommt der Nisse, seit Urzeiten Beschützer von Haus und Hof. Als Dank stellt man ihm am Weihnachtsabend eine Schale Hafer- oder Reisbrei hin. Auf keinen Fall will man es

sich mit ihm verderben, denn fühlte er sich übergangen, könnte er viel Ärger bereiten.

Festivals

Fast das ganze Jahr über finden Musik-, Theater- und Filmfestivals im Fjordland statt. Klassisch und doch ausgelassen geht es im Februar bei den **Opernfestwochen in Kristiansund** zu. Die Aufführungen finden auch an ungewöhnlichen Orten wie dem Sundboot und in Pubs statt. International bekannte Popmusikgruppen reisen zum **Bergenfest** im Juni in Bergen an. Die renommierten **Festspiele Bergens** finden Ende Mai, Anfang Juni statt (s. auch S. 76) und bieten klassische Musikkonzerte, Theater, Ballett und Performing Arts.

Dem Jazz gewidmet sind **Maijazz** in Stavanger und **Molde Jazz** im Juli in Molde, das älteste internationale Jazzfestival Europas. Während des Festivals in Stavanger treten vor allem nationale und regionale Künstler auf, in Molde ist das Programm international. Volkstümliche Melodien erklingen alljährlich im Juli in Førde beim **Internationalen Volksmusikfestival**. Die Teilnehmenden kommen aus rund 20 Ländern. Elektronischer Sound ist im September beim **Numusic Festival** in Stavanger zu hören. Beim **Internationalen Filmfestival** in Bergen Ende September werden 100 Filme und Dokumentationen gezeigt.

Norwegische Festivals im Internet
Auf der Internetseite **www.norway festivals.com** findet man ausführliche Informationen zu den wichtigsten norwegischen Musik-, Literatur-, Film- und Theaterfestivals.

Reiseinfos von A bis Z

Ärztliche Versorgung

Mit der von den gesetzlichen Krankenkassen in Deutschland ausgegebenen Europäischen Krankenversicherungskarte (EHIC) können Sie auch in Norwegen direkt zu allen Vertragsärzten gehen. Allerdings sind Zuzahlungen gesetzlich vorgesehen und zahnärztliche Behandlungen werden nicht übernommen. Zum Abschluss einer zusätzlichen Reisekrankenversicherung wird deshalb geraten.

Im Telefonbuch auf der zweiten Seite findet man Adressen von Krankenhäusern *(sjukehus/sykehus)*, Ärzten *(legevakt, legesenter/legekontor)* und Zahnärzten *(tannleger)*. Alle Ärzte sprechen englisch, viele auch deutsch.

Alkohol

Wein und Spirituosen sind in Norwegen keine Supermarktware und nur in größeren Städten in speziellen Läden, den Vinmonopolet A/S, erhältlich. Bier gibt es mittlerweile in den meisten Geschäften. Die Preise liegen deutlich über dem deutschen Niveau.

Apotheken

Apotheken gibt es in allen größeren Städten. In Ortschaften ohne Apotheke bekommt man medizinische Präparate im *medisin-utsalg* (Medizin-Verkauf), der häufig einem Supermarkt angeschlossen ist. Medikamente sind nur gegen Vorlage eines Rezeptes eines norwegischen Arztes erhältlich. Es empfiehlt sich deshalb, eine Reiseapotheke für den persönlichen Bedarf mitzunehmen.

Diplomatische Vertretungen

Deutsche Botschaft
Oscars gate 45, 0244 Oslo
Tel. 23 27 54 00 (Mo–Do 8–12, 13–15.30, Fr 8–12 Uhr)
www.oslo.diplo.de
Mo–Fr 8.30–11.30 Uhr
Honorarkonsulate in Ålesund, Bergen, Haugesund, Stavanger

Österreichische Botschaft
Thomas Heftyes gate 19–21
0244 Oslo
Tel. 22 54 02 00 (Mo–Fr 9–16.30 Uhr)
www.bmeia.gv.at/botschaft/oslo
Mo–Fr 10–12 Uhr

Schweizer Botschaft
Bygdøynesveien 13
0244 Oslo
Tel. 22 54 23 90, Helpline:
Tel. 0041 800 24 73 65 (24 Std.)
www.eda.admin.ch/oslo

Feiertage

1. Januar: Neujahr
Gründonnerstag
Karfreitag
Ostermontag
1. Mai: Tag der Arbeit
17. Mai: Nationalfeiertag
Christi Himmelfahrt
Pfingstmontag
25./26. Dez.: Weihnachten

Geld

Norwegen ist kein Euro-Land, gezahlt wird mit Norwegischen Kronen (NOK) und Øre (1 Krone = 100 Øre). 1 € = ca. 9,24 NOK; 1 NOK= ca. 0,11 €, 1 SFr =

ca. 8,43 NOK, 1 NOK = ca. 0,12 SFr (Stand Herbst 2015). Aktueller Wechselkurs unter: www.oanda.com.

Bargeld wechseln kann man in Banken, teils auch in Postämtern. Geldautomaten für Bankkarten gibt es in fast jedem Ort. Postsparbücher werden nicht akzeptiert. Mit den gängigen Kreditkarten kann man nahezu überall bezahlen (in Hotels, Restaurants, Geschäften, bei Autovermietern, Fluggesellschaften), allerdings nicht an allen Tankstellen. Visa ist sehr verbreitet, auch American Express, Mastercard und Diners Club sind geläufig.

Medien

Fernsehen und Radio

Im norwegischen Fernsehen werden Spielfilme, Krimis und Kinofilme in Originalsprache mit norwegischen Untertiteln gesendet.

Auf Radio-Kurzwelle zu empfangen sind:
Deutsche Welle: Programmheft www.dw-world.de.
Deutschlandradio: Programmübersicht Tel. 0221 345 18 31, www.dradio.de.

Zeitungen und Zeitschriften

Im Sommer sind alle großen deutschen Zeitungen/Zeitschriften an den größeren Kiosken und das ganze Jahr über an den Hauptbahnhöfen der Städte erhältlich. Die am weitesten verbreitete norwegische Tageszeitung ist Aftenposten. Wer zu Hause schon mal anlesen mag, *på norsk,* versteht sich: www.aftenposten.no. Gut verständlich ist die in einfachem Norwegisch verfasste Wochenzeitschrift Klartale: www.klartale.no, die auch als *podcast* erscheint.

Notruf

Feuerwehr *(brann):* 110
Polizei *(politi):* 112

Krankenwagen *(ambulanse):* 113
NAF-Notrufzentrale (24-Std.-Pannendienst): 085 05
Notruf für Boote: 120
Sperrnotruf für Handys, Bank-/Kreditkarten: +49 116 116.

Post und Porto

Briefmarken erhält man in Postämtern, viele Poststellen sind in Supermärkte bzw. Geschäfte integriert. Aber auch Hotels und Kioske dürfen Postwertzeichen verkaufen. Die norwegische Post bietet zwei Beförderungsarten mit unterschiedlichen Tarifen an: A-Post (Luftpost) gelangt in 2–4 Tagen nach Deutschland, Österreich und in die Schweiz, B-Post (Landweg) gilt erst ab Einlieferung von 20 und mehr Briefen und kann länger dauern (5–7 Tage).

Rauchen

In allen öffentlichen Gebäuden, in Verkehrsmitteln und am Autosteuer (innerhalb von Ortschaften) ist das Rauchen verboten. Außerdem herrscht Rauchverbot auf allen Inlandsflügen der Scandinavian Airlines.

Reisen mit Handicap

Viele öffentliche Einrichtungen, aber auch Hotels und Campingplätze haben sich auf die Bedürfnisse von Rollstuhlfahrern eingestellt. Die norwegische Eisenbahn (NSB) ist behindertengerecht eingerichtet, ebenso sind die neuesten Fähren und Hurtigruten-Schiffe u. a. mit Fahrstühlen ausgestattet.

Reiseinformationen für Reisende mit Behinderung bietet der norwegische Sozialverband auch in deutscher Sprache:
Norges Handikapforbund, Postboks 9217 Grønland, 0134 Oslo, Tel. 24 10 24 00, www.nhf.no.

Tummeln sich besonders gerne in norwegischen Souvenirläden: Trolle

Reisekasse und Preise

Norwegen ist kein preiswertes Reiseland. Für das **Doppelzimmer** in einer Pension zahlt man 600 NOK, in einem 4-Sterne-Hotel 1600 NOK. Die Durchschnittspreise für **Lebensmittel** und alle Arten von **Dienstleistungen** liegen um einiges höher als in Deutschland. ›Spitze‹ sind auch die Preise in **Restaurants**. Ein Hauptgericht kostet in einem Mittelklasserestaurant ca. 200 NOK, ein Menü in einem Gourmetrestaurant ca. 1000 NOK. Auf keinen Fall sollte man auf den Genuss lokaler Spezialitäten verzichten. Spätestens auf dem Heimweg sollte man zuschlagen. Bei *flatbrød, geitost, moltebærsyltetøy* und *laks* kann man zu Hause in Urlaubserinnerungen schwelgen.

Ein echter Kostenfaktor sind **Alkohol und Zigaretten,** wer diese einführen möchte, sollte allerdings die Zollbestimmungen beachten (s. S. 22). Für ein Glas Bier oder Wein im Restau-

rant muss man ca. 60 NOK berappen. Einzuplanen sind auch **Mautgebühren** (s. S. 25) für einige der Tunnel und Brücken, vor allem, wenn man bei einem Tagesausflug zweimal (hin und zurück) bezahlen muss. **Eintritte** in Museen schlagen ebenfalls kräftig zu Buche, sie liegen bei 40–100 NOK für Erwachsene.

Sicherheit

Die Kriminalitätsrate liegt in Norwegen unter der mitteleuropäischer Länder. Die Zeiten, in denen die Haustüren und Autos unverschlossen blieben, sind aber vorbei – das gilt vor allem für Touristengebiete. Vollgepackte Autos, Koffer und Rucksäcke sollte man nicht unbewacht stehen lassen.

Souvenirs

In den meisten größeren Orten in Norwegen gibt es Kunstgewerbe-Geschäfte *(husfliden)* mit traditionellen Produkten: Strickwaren (Norweger-pullover und -jacken, Handschuhe), Trolle, Holzschnitzereien, Besteck … Ein Tipp für diejenigen, die nach einer Reihe verregneter, kalter, ungemütli-cher Urlaubstage beginnen, sich heim-lich auf die Kerzenzeit und Weihnach-ten zu freuen: Ein großes Angebot an Kunsthandwerk und norwegischer Weihnachtsherrlichkeit findet man bei Audhild Viken in den Kunstgewer-beläden auf Bryggen in Bergen sowie in Skei i Jølster. Eine Riesenauswahl Kerzen gibt es im Lysegården in Ska-ret bei Molde.

Tax free

Wer Waren im Wert von mindestens 315 NOK kauft, erhält in vielen Ge-schäften Tax-Free-Schecks (achten Sie auf das Schild ›Norway-Tax-Free‹, mit denen man vor der Ausreise auf Fähren, Flugplätzen und an größe-ren Grenzübergängen einen Teil der bezahlten Mehrwertsteuer zurückbe-kommt. Die Ware darf vor der Ausrei-se noch nicht in Gebrauch genommen worden sein. Bei der Ausreise muss man den Scheck und die gekauften Gegenstände vorlegen.

Telefonieren

Vorwahl Deutschland: 0049
Vorwahl Österreich: 0043
Vorwahl Schweiz: 0041
Vorwahl Norwegen: 0047

Telefonieren kann man in Norwe-gen vom Telegrafenamt *(tele;* nicht von der Post!) oder von Telefonzel-len. In jeder Telefonzelle hängt eine verständliche Gebrauchsanleitung in deutscher Sprache. Münztelefo-ne nehmen sowohl Kronenstücke als auch Euromünzen. Kartentelefone gibt es seit 2008 nicht mehr, dafür ak-zeptieren viele öffentliche Telefone Kreditkarten.

Ortskennzahlen gibt es in Norwe-gen nicht. Alle Telefonnummern ha-ben acht Zahlen, die alle gewählt wer-den müssen, egal ob man sich im Ort selbst befindet oder von außerhalb anruft.

Die Norweger sind ein Handy-Volk, sie nutzen das Mobiltelefon im Fjell und auf dem Wasser, der Empfang ist selbst in abgelegenen Gegenden mit starken Mobilfunksendern abgedeckt.

Trinkgeld

Norwegen ist kein ausgesprochenes Trinkgeldland. In der Gastronomie, beim Taxifahren und im Hotelgewer-be ist es aber üblich, die Summe auf-zurunden.

Spartipps

Am meisten Geld kann bei Übernach-tungen gespart werden, z. B. mit dem Hotelpass **Fjordpass** (s. S. 26). Meh-rere Hotelketten bieten auch eigene Rabattpässe an (www.choicehotels. no, www.bestwestern.no, www.radis sonblu.com, www.rica.no). Bei Jugend-herbergen lässt sich mit den interna-tionalen Jugendherbergsausweis Geld sparen. Studenten ist anzuraten, sich einen **internationalen Studentenaus-weis** zu besorgen (Infos unter www. isic.de), wenn der nationale Studen-tenausweis kein Lichtbild hat. Sie erhalten dann nicht nur Rabatte in Museen, sondern auch bei Bus- und Zugfahrten. Wer mehrere Wanderun-gen von Hütte zu Hütte plant, sollte eine **Mitgliedschaft beim DNT** (www. huettenwandern.de, s. auch S. 31) in Erwägung ziehen. In Bergen empfiehlt sich die **BergensKortet** (s. S. 159) beim Besuch mehrerer Museen.

Panorama – Daten, Essays, Hintergründe

Zu einer gewaltigen Wand türmen sich die Eismassen des Nigardsbreen auf

Daten und Fakten

Lage: Das Fjordland umfasst die westlichen Provinzen (Vestlandet) Norwegens – Rogaland, Hordaland, Sogn og Fjordane und Møre og Romsdal.

Fläche: 58 471 km²; Norwegen insgesamt ca. 323 800 km² (ohne Spitzbergen und die Insel Jan Mayen)

Einwohner: ca. 1,35 Mio.; Norwegen gesamt ca. 5 Mio.

Städte: Bergen (ca. 275 000 Einw.), Stavanger (ca. 132 000 Einw.), Ålesund (ca. 46 000 Einw.), Haugesund (ca. 36 500 Einw.), Molde (ca. 26 400 Einw.), Kristiansund (ca. 24 500 Einw.)

Amtssprache: Norwegisch (Bokmål und Nynorsk)

Währung: NOK (Norwegische Krone); 1 NOK = 100 Øre; 1 € = ca. 9 NOK

Zeitzone: MEZ, im Sommer MESZ

Geografie und Natur

Die Landschaft Westnorwegens ist sehr vielfältig. Die Küste mit ihren Schären und Inseln ist so stark gegliedert wie sonst keine auf der Welt. Bis zu 200 km ragen die Fjorde ins Landesinnere, wo sich das *fjell* (Gebirge) mit einigen der höchsten Gipfeln und größten Gletschern nach Osten anschließt. Die Süd-Nord-Ausdehnung des Fjordlands zwischen Stavanger im Süden und Kristiansund im Norden beträgt ca. 500 km, die West-Ost-Achse zwischen der Atlantikküste und dem *fjell* nur 100–150 km.

Lediglich 3–4 % der Landfläche Norwegens sind landwirtschaftlich nutzbar. Etwa 15 % bedecken Nutzwälder, der Rest (fast 80 %) sind Fels und Schotter, Gebirgswald, Moore und Gletscher, im Fachjargon Öd- oder Unland genannt. Das ebene und fruchtbare Land konzentriert sich in Westnorwegen auf die Küstenregion. Die Baumgrenze, die im äußersten Schärenbereich bei unter 100 m liegt, steigt auf dem Weg ins Landesinnere bis auf 800 m an. Am waldreichsten ist die niederschlagsreiche mittlere Zone, in der die feuchtigkeitsliebende Fichte gedeiht.

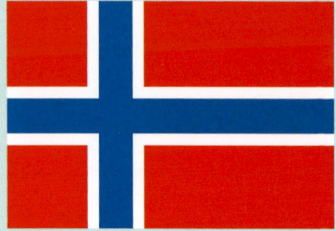

Geschichte

In der Wikingerzeit (793–1066) waren es vor allem Westnorweger und Dänen, die übers Meer zu den Britischen Inseln, nach Island, Grönland und von dort weiter an die Küste Nordamerikas zogen. Dabei traten sie sowohl als geschickte Händler als auch als brutale Plünderer auf. Als der erste Einiger mehrerer Landesteile gilt Harald Schönhaar (Hårfagre). Im 10./11. Jh. wird Norwegen unter seinen Nachfolgern Olav Tryggvason und Olav Haraldsson christianisiert.

Die im 14. Jh. gegründete Kalmarer Union fasste Dänemark, Schweden und Norwegen zu einem Reich zusammen. Nach ihrem Zerfall wurde Norwegen zunehmend abhängiger von Dänemark und verlor seine Eigenständigkeit. 1815 wurde das Land nach der Niederlage im Napoleonischen Krieg an Schweden abgetreten. Die Norweger erklärten am 17. Mai (Nationalfeiertag) desselben Jahres ihre Selbstständigkeit, die aber erst 1905 realisiert wurde. In den beiden Weltkriegen war

Norwegen neutral, trotzdem wurde es 1940 von den Deutschen überfallen und besetzt. Nach dem Zweiten Weltkrieg stagnierte Norwegens Wirtschaft, was sich durch Erdölfunde in der Nordsee schlagartig änderte. Heute genießt das Land einen der höchsten Lebensstandards der Welt.

Staat und Politik

Norwegen ist eine konstitutionelle Erbmonarchie, auf parlamentarisch-demokratischer Basis regiert. Die Königsfamilie nimmt in erster Linie repräsentative Aufgaben wahr. Die politische Macht liegt beim Parlament, dem Storting, das alle vier Jahre gewählt wird. Seit der Wahl 2013 regiert eine Koalition aus der konservativen Høyre und der rechtspopulistischen Fremskrittspartiet mit Erna Solberg als Ministerpräsidentin. Norwegen ist UNO- und NATO-Mitglied.

Wirtschaft und Tourismus

Norwegen ist einer der größten Erdgasexporteure der Welt und ein bedeutender Erdöllieferant. Im eigenen Land wird fast der gesamte Energiebedarf durch Wasserkraft gedeckt. Norwegen hat keine Atomkraftwerke. Im Primärsektor – Land- und Forstwirtschaft sowie Fischerei – sind heute nur noch 3,2 % der Norweger beschäftigt, über 76 % arbeiten im Dienstleistungssektor. Ungefähr jeder zehnte Arbeitsplatz lässt sich dem Tourismus zurechnen, dem nach dem Ölgeschäft profitabelsten Wirtschaftszweig. Trotz enger wirtschaftlicher Verflechtungen mit der EU ist Norwegen kein EU-Mitglied. In zwei Referenden, 1972 und 1994, lehnte die Bevölkerung den EU-Beitritt ab.

Bevölkerung und Religion

Gerademal 25 % der 4,9 Mio. Norweger leben in ländlichen Gebieten. Der Großteil (75 %) der Bevölkerung ist in den größeren Städten wohnhaft.

Etwa 60 % der Bevölkerung gehören der evangelisch-lutherischen Staatskirche an, deren formales Oberhaupt der König ist.

Sprache

Im Norwegischen gibt es kein gesprochenes Hochnorwegisch. Die Sprache ist bestimmt durch regional unterschiedliche Dialekte, die auch im Radio und Fernsehen zu hören sind. Sie basieren auf einer der zwei gleichgestellten Schriftsprachen: Bokmål und Nynorsk (s. S. 68). Obwohl nur 10–15 % der Bevölkerung Nynorsk sprechen, erscheinen alle offiziellen Dokumente zweisprachig.

Norwegen Fjordland

Norwegische See · Trondheim
Kristiansund
Molde · Møre og Romsdal
Ålesund · Åndalsnes
Florø · Førde · Lillehammer
Sogn og Fjordane · Sogndal
Bergen
Voss
Hordaland · Odda · Oslo
Haugesund
Rogaland
Stavanger
Nordsee · Skagerrak

Vor- und Frühgeschichte

Ab 9000 v. Chr.
Mit dem Rückzug der Gletscher nach dem Ende der letzten Eiszeit vor ca. 10 000 Jahren dringt die steinzeitliche Fosna-Kultur (nach dem ersten Fundort bei Kristiansund benannt) in das süd- und mittelnorwegische Küstengebiet vor. Das Binnenland ist noch von einer dicken Eisschicht bedeckt.

4000 v. Chr.
Rentierjäger gelangen bis weit ins Landesinnere. Sie hinterlassen Felszeichnungen, die vermutlich im Zusammenhang mit Kulthandlungen entstehen.

3000–1500 v. Chr.
Eine zunehmende Klimaverbesserung begünstigt die Entwicklung von Ackerbau und Viehzucht in der jüngeren Steinzeit. Vor allem Jæren sowie breite Küstenstreifen am Hardanger- und Sognefjord sind dicht besiedelt.

1500–300 v. Chr.
Felszeichnungen aus der Bronzezeit beweisen die Kenntnis von Rad, Wagen und Pflug und belegen die Bedeutung der Boote für den Fischfang und Handel, der vermutlich bereits bis weit über den Polarkreis reicht.

Ab 500 v. Chr.
Zu Beginn der Eisenzeit erfolgt bereits die Verhüttung von Eisenerz: Werkzeuge aus Eisen ermöglichen eine Verbesserung im Schiffs- und Hausbau sowie die Ausweitung der Siedlungsräume durch großflächige Rodungen. Aufgrund einer mehrere Jahrhunderte anhaltenden Klimaverschlechterung, die zur europäischen Völkerwanderung führt, müssen viele Siedlungen wieder aufgegeben werden.

Wikingerzeit und Wandel zum Königreich

793–1066
In der Wikingerzeit ziehen die Skandinavier, vor allem Westnorweger und Dänen, übers Meer; Island, die Westküste Grönlands und zeitweise auch Neufundland werden besiedelt. Ursache für den Aufbruch der Wikinger, die sich auch im heutigen England, Irland, Frankreich, auf den Färöern und Orkneys niederlassen, sind u. a. Mangel an kultivierbarem Land, aber auch Machtkämpfe der durch Plünderungs- und Handelsfahrten reich gewordenen Häuptlinge.
In der Seeschlacht am Hafrsfjord um 872 vereint Harald Hårfagre (Schönhaar) erstmals die vielen norwegischen Herrschaftsgebiete zu einem Reich. Unter seinen Nachfolgern Olav Tryggvason und Olav Haraldsson wird Norwegen im 10./11. Jh. christianisiert.

13. Jh.
Unter Håkon Håkonsson (1217–1263) erlebt Norwegen eine Blütezeit, erreicht Macht und Ansehen. Der Königssitz wird von Trondheim nach Bergen verlegt. Um 1250 schließt der König einen Handelsvertrag mit

der Hansestadt Lübeck. Die ersten deutschen Kaufleute lassen sich in Bergen nieder. Ab Mitte des Jahrhunderts werden in Westnorwegen zahlreiche Klöster von überwiegend aus England stammenden Benediktinern, Zisterziensern und Augustinern gegründet.

Unionszeit

14. Jh. Ein Jahrhundert des Niedergangs: Die 1319 mit Schweden und 1380 mit Dänemark geschlossene Union untergräbt langsam die politische Selbstständigkeit Norwegens. Der Schwerpunkt des politischen und wirtschaftlichen Lebens verlagert sich nach Ostnorwegen. Oslo wird Hauptstadt, Bergen bleibt aber der wichtigste Handelsort des Landes. Zu Anfang des Jahrhunderts wird das Hanseatische Kontor gegründet; und nach der Pest, die fast die Hälfte der norwegischen Bevölkerung dahinrafft, übernimmt die Deutsche Hanse den gesamten norwegischen Handel. Mit der Kalmarer Union 1397 wird Skandinavien (Dänemark, Schweden, Norwegen) zu einem Reich zusammengefasst.

15./16. Jh. Auch nach dem Zerfall der Union (1523) bleibt Norwegen mit Dänemark verbunden, gerät aber zunehmend in die Position einer machtlosen Kolonie. 1536 wird das Königreich Norwegen per Edikt abgeschafft: Es soll nur noch ein Teil Dänemarks sein; der Reichsrat wird aufgelöst. In der ersten Hälfte des 16. Jh. verliert die Hanse ihre Privilegien. Der Handel gelangt allmählich wieder in die Hand norwegischer Kaufleute.

17. Jh. Ein Jahrhundert des wirtschaftlichen Aufschwungs. Die Fisch- und Holzexporte nach England und Holland nehmen zu. Auch der Binnenhandel blüht: Fisch und Salz werden von Siedlungen an den Fjordenden über die Berge nach Südostnorwegen gebracht, Getreide und Felle gehen den umgekehrten Weg.

18. Jh. Seit der Jahrhundertmitte verfügt Norwegen über eine starke Handelsflotte (600 Schiffe), die sich bis zum Ende des Jahrhunderts noch verdoppelt. Vor allem durch die Kriege zwischen Preußen, Österreich und anderen europäischen Ländern – Dänemark-Norwegen blieb neutral – werden große Gewinne erzielt. Norwegen ist wieder zu einer Seefahrernation geworden. Der Wunsch nach Unabhängigkeit wächst.

19. Jh. Von 1807 bis 1814 kämpft Norwegen in den Napoleonischen Kriegen mit Dänemark auf der Seite der Franzosen gegen Großbritannien. Im Frieden zu Kiel wird Dänemark 1814 gezwungen, Norwegen an Schweden abzutreten. Die Norweger weigern sich, dies anzuerkennen. In Eidsvoll (östlich von Oslo) verkündet die neu gegründete Nationalversammlung am 17. Mai des gleichen Jahres eine neue Verfassung, die Norwegen zum selbstständigen Königreich mit einem Parlament *(stor-*

ting) erklärt. Obwohl die Loslösung von Schweden erst 1905 erfolgt, feiern die Norweger den 17. Mai als Nationalfeiertag.

Aufgrund des enormen Bevölkerungswachstums verschlechtern sich die Lebensbedingungen. Viele Norweger sehen in der Auswanderung nach Amerika ihre Rettung. Bis zum Ersten Weltkrieg emigrieren ca. 750 000 Norweger. Heute gibt es in den USA etwa genauso viele norwegischstämmige Amerikaner wie Norweger in Norwegen.

Kongerike Norge – Das unabhängige Norwegen

1905 Endgültige Lösung von Schweden. Norwegen wird wieder ein freies, unabhängiges Königreich mit einem Parlament.

1914–1918 Im Ersten Weltkrieg bleibt Norwegen neutral.

1939–1945 Im Zweiten Weltkrieg wird Norwegen trotz Neutralitätserklärung von den Deutschen besetzt; König und Regierung fliehen nach England ins Exil. Zahlreiche Küstenstädte wie Kristiansund und Molde werden tagelang bombardiert. Im Verlauf des Krieges wird die norwegische Widerstandsbewegung stärker, aber erst das Kriegsende bringt die Befreiung Norwegens.

1949 Norwegen ist Gründungsmitglied der NATO.

1962 und 1967 Norwegen bewirbt sich um die Mitgliedschaft in der Europäischen Gemeinschaft (EG, heute EU). Beide Bewerbungen werden von Frankreich abgelehnt.

Ab 1969 Erste erfolgreiche Ölbohrungen. Die reichen Öl- und Gasvorkommen und die damit verbundenen Industriezweige verhelfen Norwegen zu Wohlstand. Vor allem im Fjordland geht der Ölsegen mit einer massiven Landflucht einher. Viele zieht es in die florierenden Städte.

1972 In einer Volksabstimmung lehnen 53 % der Norweger die 1970 erneut beantragte und bereits vereinbarte EG-Mitgliedschaft ab. Vor allem Fischer und Bauern fürchten den Beitritt, da ihre subventionierten Produkte im geeinten Europa kaum konkurrenzfähig wären.

1992 Im Mai unterzeichnet Norwegen das Abkommen über den Europäischen Wirtschaftsraum (EWR) zwischen den EFTA-Staaten und der EG, das zwei Jahre später in Kraft tritt. Gleichzeitig bewirbt sich Norwegen zum vierten Mal um die EU-Mitgliedschaft.

1994 Insgesamt 52,3 % der Wähler stimmen bei einem erneuten Referendum gegen den EU-Beitritt Norwegens.

Die norwegische Königsfamilie (von li. nach re.): Kronprinz Håkon mit Frau Mette-Marit, Königin Sonja, König Harald

Jüngste Entwicklungen und Ereignisse

2000   In Lærdal wird der längste Straßentunnel der Welt (24,5 km) eröffnet.

2003   EU-Osterweiterung, Gerüchte über einen Antrag Islands auf EU-Mitgliedschaft und der viel zu hohe Kurs der norwegischen Krone führen zum Meinungsumschwung in Hinblick auf einen EU-Beitritt. Laut Umfragen sind 58 % der Norweger jetzt dafür, 29 % dagegen.

2005   17. Mai: Norwegens 100-jähriges Jubiläum als eigenständiges Land.

2008   Die Region Stavanger wird Europäische Kulturhauptstadt. Die Arbeitslosenquote beträgt zu Beginn des Jahres 2,1 %. Mehr als jedes dritte Unternehmen beschäftigt Arbeitskräfte aus EU-Ländern. Aufgrund der weltweiten Finanzkrise stellt die Regierung 50 Mrd. NOK für norwegische Exportbetriebe zur Verfügung und gewährt dem vom Staatsbankrott bedrohten Island einen Kredit von 500 Mio. Euro.

2010   Norwegen hat sich nach Ansicht der Regierung von der Wirtschaftskrise erholt.

2013   Die Arbeiterpartei wird bei der Parlamentswahl von einer Koalition der Konservativen und der rechtspopulistischen Fortschrittspartei abgelöst.

2016   Drei Bauvorhaben im Rahmen des Projekts »Nationale Touristenstraßen« werden fertiggestellt: die Service- und Informationsanlage bei den Zinkminen im Allamannajuvet sowie die Aussichtsplattformen im Gaularfjell und über dem Wasserfall Vøringsfossen.

Zwischen Meer und Gletscher – Norwegens Fjordland

Nur an wenigen Orten der Welt finden sich so spektakuläre Landschaftspanoramen wie in Norwegens Fjordland. An Bord einer großen Fjordfähre kann man sie in meditativem Tempo an sich vorüberziehen lassen.

Am Beginn der Fährfahrt ragen schroffe Felswände zu beiden Seiten des Fjords abweisend in die Höhe, hier und da stürzen Wasserfälle in Kaskaden herab und über allem glitzern die weißen Kappen der Gletscher in der Ferne. Schon nach der nächsten Biegung, in einem anderen Seitenarm, wechselt der Fjord seinen Charakter. Die engen Ufer weiten sich zu breiten fruchtbaren Äckern und grünen Wiesen, auf denen Obstbäume blühen und kleine bunte Bauernhöfe stehen.

Auch eine Autofahrt durch das Fjordland hat ihren Reiz: Gut ausgebaute Straßen folgen dem Verlauf des Ufers und steigen vom Fjordende in Serpentinen über verschiedene Pässe hinauf ins Hochgebirge. Atemberaubend: der Blick zurück ins tiefe Fjordtal.

Schärenküste

Alle Fjorde beginnen am Meer, in unzähligen Verästelungen schneiden sie sich von dort ins Land hinein. Keine Küste der Welt ist so stark gegliedert wie die norwegische. Bezieht man die Fjordufer ein, erreicht die 2532 km lange Küstenlinie von Nord nach Süd stattliche 25 148 km. Tausende Schären, bewohnte und unbewohnte kleine Inseln, ragen zwischen Stavanger und Kristiansund zum Teil nur wenige Meter aus dem Wasser. Sie sind Teil der dem Gebirge vorgelagerten Küstenplattform, der sogenannten Strandplate. Dieser durch die Schären geschützte Küstenbereich ist ein viel befahrener Seefahrtsweg. Kreuzfahrtschiffe, Frachter, aber auch das Postschiff und viele Freizeitkapitäne nutzen den Schutz der Schären.

Fjorde

In der äußerst verwirrenden, während der Eiszeiten gestalteten Küstentopografie lassen sich neben vielen kleineren sechs große Fjordsysteme unterscheiden: Boknafjord, Hardangerfjord, Sognefjord, Nordfjord, Storfjord und Romsdalsfjord. Vom breiten, mit unzähligen Inseln durchsetzten Boknafjord im Südwesten zweigen im weiten Umland von Stavanger zahlreiche Fjordarme ab, u. a. der schluchtartige Lysefjord mit dem berühmten Felsmassiv Preikestolen. Der weiter nördlich gelegene Hardangerfjord (179 km lang), der sich bis an den Fuß der Hardangervidda, des größten Hochgebirgsplateaus Europas, verzweigt, fasziniert durch die Kontraste zwischen blühenden Fjordufern und den

Postkartenpanorama am Geirangerfjord

48

verschneiten Höhen des Folgefonna, Norwegens drittgrößtem Gletscher. Superlative bietet der Sognefjord, mit 204 km der längste und mit 1308 m auch der tiefste aller norwegischen Fjorde. Seine Arme erstrecken sich bis zum Massiv des Jostedalsbreen, an dessen nördliche Gletscherzungen auch die Ausläufer des 106 km langen Nordfjords heranreichen. Einer der berühmtesten Fjorde ist der schmale Geirangerfjord, ein Seitenarm des weit verzweigten Storfjords, südlich von Ålesund. Weniger berühmt, doch sehr reizvoll präsentieren sich Molde- und Romsdalsfjord vor der grandiosen Kulisse der Sunnmøre-Alpen.

Entstehung der Fjorde

Fjord bedeutet ebenso wie Förde oder das englische *firth* nichts anderes als Fahrwasser. Fjorde haben sich überall dort gebildet, wo während der Eiszeit Gletscher vom Gebirge hinunter-

drängten und in den Gezeitenbereich des Meeres gerieten, so auch in Chile, Neuseeland und Alaska. In Grönland ist das heute noch der Fall.

Die Eismasse, die Norwegen und seine Gebirgszüge bedeckte, drängte – den Gesetzen der Schwerkraft folgend – dorthin, wo Platz war. Die von den Bergen hinabführenden V-förmigen Flusstäler boten sich als Eisstraßen an und wurden durch die mitgeführten Kiese und Gerölle zu breiten Trogtälern ausgehobelt. Als dann vor etwa 10 000 Jahren die letzte Eiszeit zu Ende ging und die gewaltigen Eismassen schmolzen, stieg der Meeresspiegel. Die überfluteten Trogtäler wurden zu Meeresarmen. Sie reichen dort am weitesten ins Land, wo die Gebirge des Hinterlandes am höchsten sind.

Vom Fjord zum Fjell

So ist die westnorwegische Fjordlandschaft gerade deswegen spektakulär,

Reizvolles Segel- und Paddelrevier: die Schärenküste

weil das Gewirr der blauen Meeresarme in ein Gebirge *(fjell)* eingegraben ist. Der Anstieg vom Fjordufer bis in die Höhen verläuft oft so abrupt, dass die Fjorde zum Teil direkt unterhalb einiger der höchsten Gipfel und größten Gletscher Norwegens liegen. Vom Hochgebirge stürzen Wasserfälle *(foss)* in die tiefen Täler.

Die imponierendste Bergkette des Fjordlands zieht sich halbkreisförmig um die inneren Arme des Sognefjords herum und besteht aus Breheimen, dem Heim der Gletscher, und Jotunheimen, dem Heim der Riesen. Mit seinen über 2200 m hohen Gipfeln zählt Jotunheimen zu den gewaltigsten Gebirgslandschaften Skandinaviens. Zwischen dem Sognefjord im Süden und dem Nordfjord im Norden erstreckt sich der Jostedalsbreen, mit ca. 480 km² der größte Plateaugletscher des europäischen Festlandes, dessen zahlreiche Gletscherzungen sich bis weit in die Täler ziehen. Die wilden Romsdalsalpen, die direkt vom gleichnamigen Fjord

Kleine Landkartenkunde

Um Karten und Schilder besser zu verstehen, ist es hilfreich, folgende norwegischen Begriffe zu kennen:

bekk	Bach
bre, fonn, jøkul	Gletscher
dal	Tal
elv	Fluss
fjell	Berg, Gebirge
haug	Hügel, Anhöhe
hav/sjø	Meer/See
myr	Moor
seter, støl	Alm
tind, top	Gipfel
tun, gard/gård	Hof
vatn	Binnensee
vidde	Hochebene
vik, våg	Bucht
øy	Insel

steil aufsteigen, bilden mit der bis zu 1800 m hohen Bergkette Trolltindane und dem Romsdalshorn (1550 m) Norwegens Bergsteiger- und Kletterzentrum. Am Westufer des Sørfjords, einem Arm des Hardangerfjords, erhebt sich die gletscherbedeckte Halbinsel Folgefonn (1660 m).

Weite Vidde

Die mit einer Fläche von 8000 km² größte Hochebene Europas, die Hardangervidda (*vidde* = Weite, Hochebene), erstreckt sich östlich von Sørfjord und Eidfjord. Rund 3400 km² des zwischen 1100 und 1400 m hohen Plateaus wurden 1981 zum Nationalpark erklärt, wobei 70 % der Gesamtfläche sich in Privatbesitz befinden. Im Nordwesten der Hardangervidda dominiert der 1862 m hohe Gletscher Hardangerjøkulen die karge, bis in den Sommer schneebedeckte Gebirgslandschaft.

Obstblüte am Fjord

Berühmt ist das Fjordland für die nördlichsten Obstpflanzungen der Welt. Das milde Klima im Fjordinneren begünstigt den Anbau von Äpfeln, Birnen, Kirschen, Pflaumen und Beerenfrüchten. Vor allem am Hardanger- und am Sognefjord bieten die Obstplantagen im Frühjahr eine einzigartige Blütenpracht.

Der nördlichste Obstanbau der Welt

Im Fjordland wächst die Hälfte aller norwegischen Obstbäume sowie etwa ein Viertel aller Beerenbüsche. Und das, obwohl Norwegens Fjordland auf den gleichen Breitengraden wie Süd- und Mittelgrönland liegt. Wie können hier so kälteempfindliche Kostbarkeiten wie Kirschen oder Erdbeeren

gedeihen, fragt man sich. Der Golfstrom macht es möglich: Er sorgt für gemäßigte Temperaturen wie etwa in Norddeutschland und ausreichend Niederschlag. Obwohl sich Norwegens Vestland in Nord-Süd-Richtung über fünf Breitengrade erstreckt, verblasst der klimatische Nord-Süd-Gegensatz gegenüber den gravierenderen Ost-West- Unterschieden.

Beste Qualität

Im Innern der windgeschützten Fjorde finden sich regelrechte Klimaoasen mit ca. 170 Wachstumstagen im Jahr, in denen neben dem Anbau von Apfel- und Kirschbäumen sogar die Kultivierung von Aprikosen und Pfirsichen möglich ist. Um die Erdbeerpflanzen im Winter vor Frost zu schützen, werden zunehmend Abdeckfolien eingesetzt. Die Qualität der im Freiland produzierten Obstsorten, besonders ihr Geschmack, übertrifft die der mittel- und südeuropäischen Kollegen. Zu verdanken ist dies den relativ kühlen Nächten sowie den milden und vor allem langen Tagen im Sommerhalbjahr. Einige Erdbeersorten weisen sogar einen deutlich höheren Vitamin-C-Gehalt auf. So kommt es auch, dass die Nachfrage nach norwegischem Obst weiter steigt.

Wilder Beerengenuss

Ohne landwirtschaftliche Pflege gedeiht oberhalb der Fjordhänge im waldlosen Hochfjell die Moltebeere, deren Frucht wie eine orangefarbene Brombeere aussieht und die nur für den Verzehr vor Ort gepflückt werden darf. Ihr hoher Vitamin-C-Gehalt machte sie in früheren Zeiten besonders wertvoll als Winternahrung. Da die Beeren auch Benzoesäure ent-

Sprudelnder Hardanger

Nicht nur Äpfel, auch frisch gepresster Apfelsaft und sprudelnder Apfelwein gehören seit Jahrhunderten auf den Tisch der Höfe am Fjord, doch aufgrund der strengen Alkoholgesetze stellten die Obstbauern im Hardanger die offizielle Produktion von Cidre im Jahr 1926 ein. So mancher Betrieb ließ fortan den Leichtprozentigen heimlich im Keller gären. Erst in den 1990er-Jahren wurde die offizielle Produktion wieder aufgenommen, und einige Betriebe wagten sogar den Einstieg in die professionelle Herstellung. Ein Wagnis, das sich gelohnt hat. Der Hardanger Cidre findet reißenden Absatz. Wegen seines Alkoholgehalts von 10,5 % Vol. führen ihn nur Hotels und Restaurants mit Schankrecht oder die staatlichen *vinmonopoler*. Das sprudelnde Vergnügen ist nicht ganz billig, eine 0,75-Liter-Flasche kostet 150 NOK.

halten, die Schimmel und Gärung verhindert, konnten sie gut gelagert werden. Ein Korb Moltebeeren war wohl auf zahlreichen Wikingfahrten mit an Bord.

Mein Tipp

Auf keinen Fall verpassen: Norsk Eplekake
Nach einer Wanderung durch das verschneite Fjell geht nichts über ein Stück warmen Apfelkuchen aus aromatischen Fjordäpfeln. Viele Cafés und Restaurants im Fjordland führen den norwegischen Kuchenklassiker. Besonders empfehlenswert ist der Apfelkuchen im **Steinstø Fruktgard** mit einem Schlag Sahne (s. S. 146).

Hardangervidda – im Reich des wilden Ren

Die einzigen wilden Rentiere Norwegens leben nicht in Nordnorwegen, wie viele vermuten würden, sondern auf der Hardangervidda. Die tundraähnliche Gebirgshochebene bietet ihnen auch im Winter ausreichend frisches Futter.

Sanft geschwungene Hügel erstrecken sich bis zum Horizont, dazwischen liegen riesige, von unzähligen Schneeflecken und Seen durchsetzte ebene Flächen. Gelegentlich streifen Rentierherden durch die menschenleere Weite. Die offene Landschaft der Hardangervidda, die heute Wanderer begeistert, lockte mit ihrem Wildbestand schon vor Jahrtausenden Menschen an.

Begehrtes Jagdwild

Die ersten Jäger gelangten wahrscheinlich vor 7000 Jahren dem Ren folgend auf die Hardangervidda. Rentiere waren ihre bevorzugte Beute, da die Hirschart ihnen sowohl Fleisch und Fell als auch Geweihe und Knochen für die Herstellung von Werkzeugen lieferte. Neben den Resten von etwa 250 steinzeitlichen Lagerstätten hat man unzählige Waffen und Reste von Fanganlagen entdeckt. Mit Hilfe trichterförmiger Steinmauern trieben die Steinzeitmenschen die Rentiere in tiefe Gruben und schlachteten sie dort ab. Vermutlich bestimmte der Zug der Herden ihr nomadisches Leben.

Zähmungsversuche

Im 18. Jh. wurde die Fallgrubenjagd auf Rentiere offiziell verboten, da das Wildern in Südnorwegen kurz vor dem Aussterben stand. Stattdessen versuchte man sich an der Rentierzucht, wie die Samen sie bereits seit dem 17. Jh. in Nordnorwegen betrieben. Allerdings kam es Mitte des 19. Jh. immer öfter zu Streitigkeiten zwischen den Rentierbesitzern und Almbewirtschaftern, weshalb die Rentiere fortan aus den Almgebieten ferngehalten werden mussten. In den 1950er-Jahren wurde schließlich der letzte große domestizierte Rentierbestand aufgelöst.

Erneute Auswilderung

Den Herden aus der aufgegebenen Rentierzucht boten sich auf der Hardangervidda optimale Lebensbedingungen, zumal ihre natürlichen Feinde wie Wolf, Luchs und Vielfraß der Ausrottung entgegensahen. Hatte es 1930 nur etwa 1500 wilde Rentiere auf der Gebirgshochebene gegeben, so zählte man Mitte der 1960er- und zu Beginn der 1980er-Jahre über 26 000 Tiere. Um die im Dovrefjell beobachtete Überweidung der Flechtenheide durch Rentiere auf der Vidda zu vermeiden, wurde der Rentierbestand allerdings durch intensive Bejagung wieder reduziert. In den Jahren 2001/2002 lag der Bestand nur noch bei 4000 Tieren. Neuere Zählungen per Flugzeug haben ergeben, dass sich die Bestandsgröße auf der Hardangervidda mittlerweile erholt hat und inzwischen wieder bei 6000 bis 7000 Tieren liegt. Die Rentiere sind sehr scheu und meist nur aus weiter Ferne am Rande größerer Schneefelder zu entdecken. Man muss dabei genau hinsehen, denn vor den grauen Felsen heben sie sich kaum von der Landschaft ab.

Andere arktische Tiere

Nicht nur Rentieren bietet die Hardangervidda beste Lebensbedingungen, auch viele andere arktische Tiere wie der Polarfuchs oder die Schneeule sind auf ihr beheimatet. Unter den 120 hier lebenden Vogelarten finden knapp 20 auf der Hochebene ihr südlichstes Verbreitungsgebiet. Typische Tundravögel sind die Ohrenlerche, die Schneeammer, das Odinshühnchen und der für seine Zutraulichkeit be-

Frischkost auch im Winter
Rentiere sind die einzige Hirschart, bei der auch die Weibchen ein Geweih tragen. Von insgesamt 20 Rentier-Unterarten sind drei ausgerottet und sechs stark gefährdet. Die (Er-)Haltung von Rentieren in Zoos ist schwierig, da ihnen dort Flechten, Blätter, Pilze und Gräser, die in ihren natürlichen Lebensräumen auch im Winter – durch den Schnee konserviert – ausreichend vorhanden sind, als Nahrung fehlen. Deshalb leiden sie in Gefangenschaft an Vitaminmangel, werden selten älter als zehn Jahre und bringen nur wenig Junge zur Welt.

rühmte Mornellregenpfeifer. In den einsamen, von Gletschern gekrönten Fjellheiden und Mooren leben Schneehasen, Lemminge, Hermeline und die fast ausgestorbenen Vielfraße.

Rentiere ziehen zwischen Sommer- und Winterweiden hin und her

Zwischen Wildwasser und Aquakultur – Lachse

Nur wenige Wochen im Jahr dürfen Lachse geangelt werden

Der Wildlachsbestand ist gefährdet, heißt es schon seit Jahrzehnten. Erst setzte den schmackhaften Raubfischen der saure Regen zu, jetzt sind es ausgebüxste Artgenossen aus den Fischfarmen, die ihr Überleben bedrohen.

Früher galt Lachs als Edelspeise für Festtage, heute liegen Räucherlachsfilets zum Tiefpreis bei Discountern im Kühlregal, und man verzehrt sie zu jeder Gelegenheit. Schon lange wird die Nachfrage nach Lachs nicht mehr durch die Wildbestände gedeckt. Fischfarmen haben das Lachsgeschäft übernommen und sollten indirekt dazu beitragen, dass sich wieder häufiger Wildlachse in den Gewässern tummeln. Unbedachte Auswirkungen der Aquakultur haben aber bisher die Erfolge vereitelt.

Angelbegeisterte Lords

Bereits im 19. Jh. war Lachs ein sehr begehrter Speisefisch. Seine Beliebtheit begründete den ersten exklusiven Angeltourismus in Norwegen. Englische Adlige reisten mitsamt Frauen, Kindern und Dienerschaft an, um Lachse zu angeln. Einer der ersten war Lord Archer, der so begeistert von dem üppigen Vorkommen an Lachsen im Suldal war, dass er die Fischrechte an ›seinem‹ Fluss gleich für Jahrzehnte erwarb. Ihm folgten andere, sie bauten prächtige Villen wie Montagu Richard Waldo Sibthorp. Der Engländer mit dem klangvollen Namen ließ 1884 das Lachsschloss Lakseslottet Lindum erbauen, das heute ein Hotel ist (www.lakseslottet.no). Doch die lachsreichen Zeiten sind lange vorbei.

Übersäuerte Gewässer

Seit einem Jahrhundert fällt saurer Regen aus gelösten Abgasen der westeuropäischen Industrienationen auf Norwegen. In vielen Lachsflüssen starb der silberne Edelfisch durch Übersäuerung aus und mit ihm verschwanden die lukrativen Angelgäste.

In den 1980er-Jahren begann man in Norwegen, nach Gegenmaßnahmen zu suchen: Die Kalkung der Flüsse schien die Lösung des Problems, denn Kalk ist in der Lage, die giftige Säure in den Gewässern zu neutralisieren. Seitdem leiten Mühlen das Mineral vollautomatisch in die norwegischen Gewässer, wobei die notwendigen Mengen vom Computer berechnet werden. Ein Großteil der enormen Kosten trägt der Staat. Aus den Kassen der Tourismusbranche, der Fischereirechtseigner und Kraftwerksbetreiber fließen weitere Gelder, mit denen die Wiederansiedlung von Tieren und Pflanzen gefördert wird. Bruthäuser wurden entlang der Flüsse errichtet und Hindernisse im Fluss für den ungehinderten Aufstieg der Lachse beseitigt. Die Anstrengungen haben sich gelohnt. In vielen Flüssen, in denen der König der Fische schon ganz ausgestorben war, hat er sich wieder angesiedelt.

Feinde aus den Fischfarmen

Für den Wildlachs ist der Kampf ums Überleben aber noch nicht vorbei: Parasiten und Krankheiten machen ihm seit einiger Zeit massiv zu schaffen. Schuld daran sind die seit den 1970er-Jahren entlang der gesamten Fjordküste in Betrieb genommenen Fischfarmen.

Hier hatten Parasiten wie die sogenannte Lachslaus bei den dicht in ihren Käfigen gedrängten Lachsen leichtes Spiel und infizierten oft die gesamte Farm. Die kleine, eineinhalb Zentimeter lange Krebsart nistet sich in der Schleimhaut der Fische ein und ernährt sich von deren Blut. Von fünf Lachsen überlebt nur einer den Befall durch Lachsläuse, die am lebenden Fisch

Lebenszyklus der Lachse

Ihre ersten Lebensjahre verbringen Wildlachse im Süßwasser, um dann ins nährstoffreichere Meer weiterzuziehen. Die rote Färbung des Lachsfleisches entsteht dort durch ihr bevorzugtes Futter: die Meereskrebse. Einem inneren Wandertrieb folgend, streben die ausgewachsenen Laichfische nach 2–3 Jahren im Meer erneut ihrem Heimatfluss zu, den sie am Geruch erkennen. Dabei variieren ihre Wanderleistungen zwischen 40 und 100 km pro Tag. Im Fjord halten sie sich so lange auf, bis sie sich vom Salz- auf das Süßwasser umgestellt haben. Um in ihre Brutreviere zu gelangen, müssen die Lachse allerlei Hindernisse wie Stromschnellen und bis zu 2 m hohe Wasserfälle überwinden, die sie mit ebenso eleganten wie kraftvollen Sprüngen meistern. Nach der mehrwöchigen Wanderung geben sich die Lachse dann ganz Revierkämpfen und dem Brutgeschäft hin. In Vertiefungen im kiesigen Grund legen die weiblichen Tiere 10 000–20 000 Eier, die von den Männchen anschließend besamt werden. Im April oder Mai des Folgejahres schlüpfen die Jungen. Nach dem Laichen gehen die meisten Elterntiere zugrunde, nur wenige wandern ins Meer zurück.

knabbern und dadurch die Gefahr von Folgeinfektionen mit Viren und Bakterien deutlich erhöhen. Angelockt vom Futter, das durch die Gitter der im offenen Wasser verankerten Netzkäfige in den Fjord sinkt, halten sich Wildlachse gerne in der Umgebung der Fischfarmen auf und stecken sich an.

Schwächung des Genpools

Darüber hinaus brechen jedes Jahr Hunderttausende von Zuchtlachsen aus ihren Gehegen aus. Oft zerstören sie den Laich ihrer wilden Artgenossen und ersetzen ihn durch ihren eigenen, der nicht so widerstandsfähig ist. Auch die Paarung beider genetisch bereits weit voneinander entfernten Lachsarten bedeutet eine Gefährdung des sensiblen Ökosystems. Mischlingsnachfahren haben eine um 30 % geringere Chance, die ersten Lebensjahre zu erreichen. Als ausgewachsene Fische pflanzen sie sich weniger fort und sind anfälliger für Krankheiten. Kein Wunder, dass die Wildlachsbestände in

Lachse beobachten
Wer Lachse aus nächster Nähe sehen möchte, ohne sie am Haken zu haben, sollte sich zum **Wildlachszentrum in Lærdal** (www.norsk-villakssenter.no, s. S. 187) oder zum **Lachsstudio in Sand** (s. S. 110) begeben. In beiden Einrichtungen ist es möglich, durch Glaswände den Lachs beim Schwimmen über eine Lachstreppe und beim Springen zu beobachten. Zusätzlich wird Wissenswertes über den Raubfisch, seine Wanderung ins Meer und vieles mehr vermittelt.

Lachse angeln
Für das Angeln in Süßgewässern braucht man eine lokale Lizenz, die vor Ort u. a. bei Tankstellen und Campingplätzen erhältlich ist. Zusätzlich muss eine Fischereigebühr bezahlt werden, entweder online (http://fiskeravgift.miljodirektoratet.no) oder in norwegischen Postämtern. Durch die dramatischen Rückgänge in den Lachsbeständen werden einige Lachsflüsse seit 2008 nicht zum Angeln freigegeben, bei anderen wurden Fangzeit und Quote begrenzt, im Zuge dessen findet die »Catch and release«-Methode (›fangen und zurücksetzen‹) immer mehr Befürworter.

den letzten Jahren wieder dramatisch zurückgegangen sind. Dem WWF zufolge war 2007 das schlechteste Lachsjahr seit über 100 Jahren. Flüsse, in denen noch ausnahmslos wilde Lachse schwimmen, gibt es gar nicht mehr. In einigen liegt der Anteil der Zuchtlachse sogar bei 90 %, landesweit stammt in Norwegen bereits jeder vierte ›Wildlachs‹ aus einer Fischfarm.

Verbesserungen in der Aquakultur

Die Begleiterscheinungen der Massentierhaltung wie Parasitenbefall und Krankheiten waren auch für die norwegischen Unterwasserbauern eine Herausforderung. In den Anfangsjahren verfütterten sie Unmengen von Antibiotika und begründeten damit den Ruf der Zuchtlachse, Mastschweine der Meere zu sein. Seit den vehementen Protesten von Verbraucher-

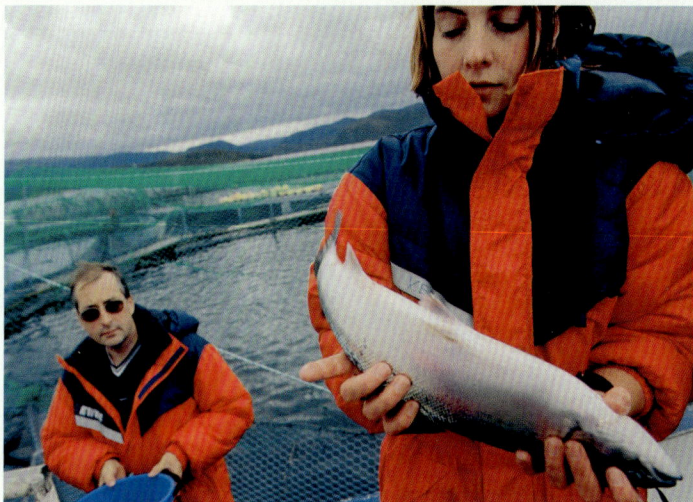

Lachsfarmer prüfen den Gesundheitszustand ihrer Fische täglich

schützern ist viel gelernt und verändert worden. Die Fischdichte in den Käfigen wurde auf weniger als die Hälfte reduziert, Hormone sind verboten, und es wird kein Säugetier- und Geflügelmehl verfüttert. Lediglich 1 % der ursprünglichen Antibiotikamenge kommt noch zum Einsatz.

Die Technik der Lachsfarmen ist mittlerweile beeindruckend ausgereift: Das Futter rieselt computergesteuert in die Käfige und ist so dosiert, dass nur noch geringe Mengen davon in das umliegende Gewässer entweichen, Unterwasserkameras beobachten die zappelnden Meeresbewohner, und Spezialschläuche saugen sie zur gegebenen Zeit zur Schlachtung aus den Netzgehegen. In Fischfabriken werden sie filetiert, tiefgefroren und anschließend vakuumverpackt in alle Welt exportiert. Die Hauptabnehmer norwegischer Fischprodukte sind Dänemark, Russland, Frankreich und Japan.

Vegetarische Raubfische erwünscht

Entgegen den Prognosen der Fischindustrie hat die Massenproduktion von Lachs in Aquakulturen das Problem der Überfischung der Weltmeere nicht reduziert, denn Lachse sind Raubfische und verschlingen, um 1 kg Gewicht zuzulegen, das Vielfache an Beute. So enden Greenpeace zufolge bereits 40 % der jährlichen Fangmenge als Fischmehl in Fischfarmen, um die gezüchteten Artgenossen, darunter Lachse, aber mittlerweile auch viele Dorsche, so effizient wie möglich zu mästen. Um diese Fehlentwicklung abzumildern, besteht in einigen westnorwegischen Betrieben bereits die Hälfte des Futters aus Raps- und Sonnenblumenöl, Mais und Soja, doch vollständig wird man den Lachs nicht zum Vegetarier umziehen können.

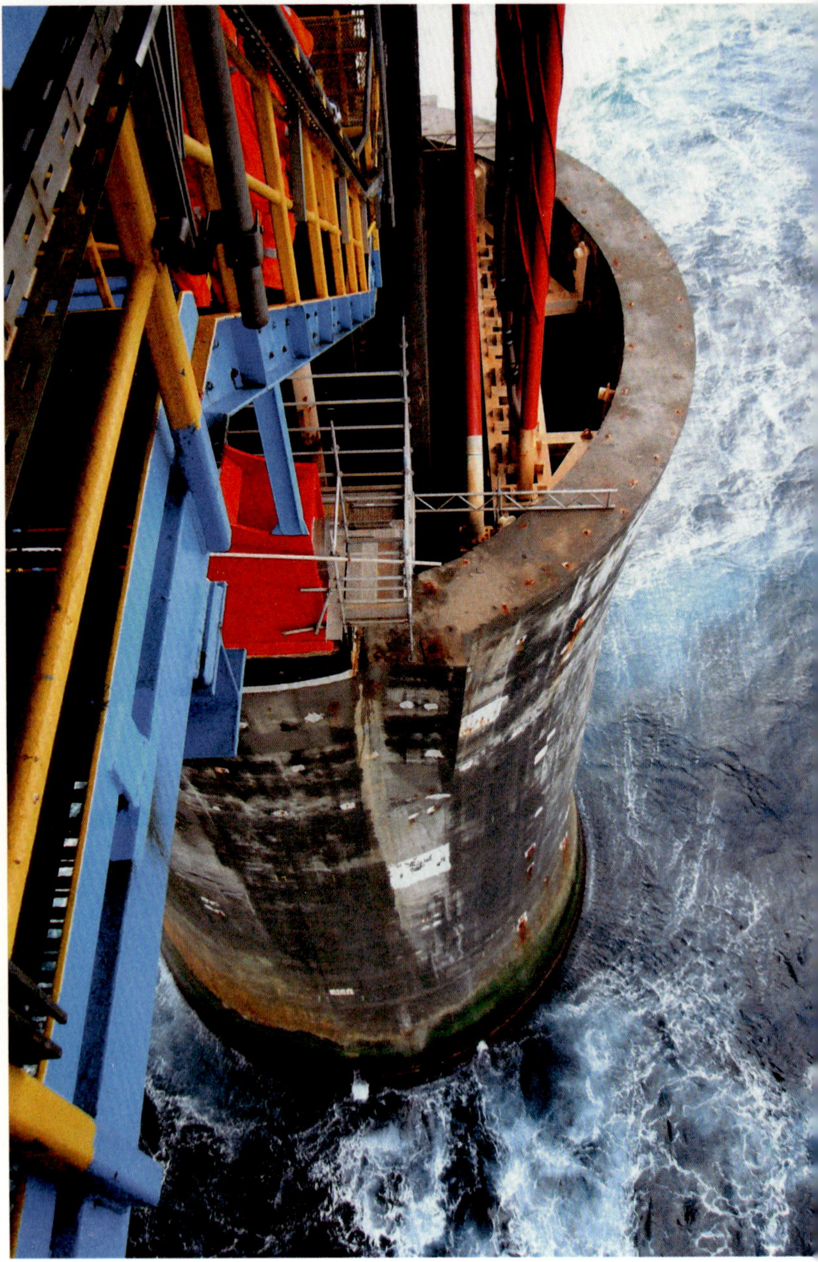

Reich, reicher, Norwegen. Seit 40 Jahren schwimmt das Land buchstäblich im Öl und damit im Geld. Doch statt es mit vollen Händen auszugeben, beeindrucken die Norweger durch eine intelligente Sparpolitik und Investitionen in produktive Wirtschaftszweige – beste Voraussetzung, um auf Dauer reich zu bleiben.

Ein modernes Märchen

Es war einmal ein kleines, wunderschönes, aber bitterarmes Land namens Norwegen. Dort lebten Bauern und Fischer einfach und bescheiden,

Giganten im Meer

Norwegen war einst einer der größten Erdölexporteure der Welt und spielt nach wie vor besonders im Bereich Erdgasförderung eine bedeutende Rolle. Das Erdgas gelangt von den Förderanlagen über ein Rohrleitungssystem nach West- und Südeuropa, wobei Deutschland Hauptabnehmer ist. Das Rohöl wird per Schiff in alle Welt transportiert. Aufgrund von erhöhten Produktionskosten, sich dem Ende zuneigenden Bohrfeldern und dem Ausbleiben neuer Ölfunde wird Norwegen immer mehr zu einem Gas- statt Ölförderland. Dennoch werden noch neue Plattformen gebaut.

Die sparsamen Ölscheichs

unbemerkt von den großen Wirtschaftsmächten. Doch dann kam der 2. August 1969, an dem erstmals das ›schwarze Gold‹ in 4500 m Tiefe vor Norwegens Küste gefunden wurde. Begünstigt durch die Ölkrise von 1973 ergoss sich ein märchenhafter Reichtum über das Land. Immer neue Förderfelder wurden erschlossen, deren Namen eine bemerkenswerte Vorliebe der Ölmanager für nordische Sagen und Mythen erkennen lassen. Die Gottheiten Thor und Frigg, Balder und Odin und sogar dessen Pferd Sleipner standen namentlich Pate wie auch Askeladden, das männliche norwegische Aschenputtel.

Betonfuß der Gasplattform Sleipner A vor Stavanger

Die Ausmaße der gigantischen Förderanlagen übersteigen jedes Vorstellungsvermögen. Mit den Wohnplattformen, Arbeitsschiffen, Helikopterdecks, Lagerstätten, Verladestationen und Pipelineanschlüssen bilden sie regelrechte Städte auf dem Meer. Die erste Generation von Bohrplattformen hat bereits ausgedient. Unter enormem finanziellem Aufwand müssen sie demontiert und entsorgt werden. Tommeliten (= der kleine Däumling), von 1988 bis 1998 in Betrieb, wurde 2001 auseinandergenommen und teilweise wiederverwertet, so wurde der Stahl u. a. zu Nägeln verarbeitet. Das Modell des Däumlings, das beim Bau der Anlage entstand, ist in dem 2001 eröffneten Norsk Oljemuseum in Stavanger zu sehen. Das Museum übernahm auch die älteste Generation

Norsk Oljemuseum in Stavanger

Direkt am Hafen von Stavanger beherbergt ein futuristischer Bau das **Norwegische Ölmuseum** (Norsk Oljemuseum, s. S. 87). Neben einer Fülle von Informationen kann man hier das beengte und gefährliche Leben auf einer Ölplattform nachempfinden. Auch für Kinder gibt es Aktivitäten, wie die Möglichkeit, auf der Bohrinsel Småtroll (kleiner Troll) Ölarbeiter zu spielen. Informationen im Internet auch auf Deutsch unter: www.norskolje.museum.no.

von Installationen – kulturhistorische Schätze aus der Pionierzeit des Offshore-Abenteuers.

Kluge Vorsorge

Von Beginn an hat sich der norwegische Staat bemüht, nicht einem ungehemmten Ölrausch zu erliegen, und als Erstes die drückenden Staatsschulden abgetragen, die heute bei null Kronen liegen, was seinesgleichen in Europa sucht. Mit Hilfe des Ölgeldes versuchte man, die Magnetwirkung der Ölzentren, allen voran Stavangers, zu bremsen: Angeschlagene Wirtschaftszweige wurden subventioniert, die Exportwirtschaft gestärkt, in Forschung und langfristige Arbeitsplätze investiert und das Sozial- und Gesundheitswesen ausgebaut. Immer wieder ist aber auch von der Zeit nach dem Öl die Rede. Die Zeit wird kommen, wenn die Quellen in der Nordsee versiegen, und es wird geschätzt, dass das bereits in wenigen Jahrzehnten der Fall sein wird. Ob dann eine

florierende Festlandsindustrie den Wohlfahrtsstaat finanzieren kann, ist die Frage. 1990 beschloss das norwegische Parlament die Einrichtung eines Petroleumfonds – Obligationen und Aktien für Zeiten, in denen man Rücklagen braucht, um Renten und Gesundheitsversorgung für eine ständig älter werdende Bevölkerung zu sichern. Seit 2006 heißt der Fond offiziell Staatlicher Pensionsfond.

Die Norweger selbst merken in ihrem Alltag nicht allzu viel von dem Ölsegen, da nur 1,4 % der Beschäftigten direkt in der Ölbranche tätig sind. Ihnen fehlt angesichts der Petromilliarden, die jährlich in die Staatskassen fließen, bisweilen das Verständnis für das überaus sparsame Haushalten der Politiker. Doch selbst wenn über Haushaltslöcher geklagt wird, sind sich Regierung und fast alle Oppositionsparteien einig, dass weiter gespart werden muss, um Wirtschaft und Arbeitsplätze nicht zu gefährden. Dieses Vorgehen ist ungewöhnlich, doch es funktioniert: Die prognostizierten Arbeitslosenzahlen für 2015 liegen bei 3,8 %.

Ölförderung kontra Umweltschutz

Die norwegischen Bohrinseln gelten als die sichersten der Welt. Die Umweltauflagen und technologischen Vorgaben durch das norwegische Erdöl- und Energieministerium sind die strengsten weltweit, und der Beginn der Förderung ist erst dann möglich, wenn glaubhaft bewiesen wird, dass die Kriterien vollständig erfüllt werden.

Nichtsdestoweniger hat die Ölverschmutzung im norwegischen Teil der Nordsee laut Berichten der staatlichen Umweltbehörde in den vergangenen Jahren zugenommen. Das Öl gelangt bei der Förderung, aber auch durch Reinigungsprozesse und Unfälle ins Meer, pro Jahr rund 8000 t. Als Hauptursache gilt das zunehmende Alter der Produktionsanlagen: Die ältesten Komplexe sind für den Großteil der Verunreinigungen verantwortlich. Erhebliche Mengen schädlichen Kohlendioxids fallen auch bei der Erdgasproduktion an, außerdem beeinträchtigt der Lärm bei Probebohrungen Kommunikation und Orientierungssinn von Delfinen und Walen. Nun soll in Nordnorwegen und in der Barentssee gebohrt werden. Umweltschützer protestieren, die Region sei ökologisch extrem sensibel, das Öl soll in der Erde bleiben, das erwirtschaftete Geld würde ohnehin nur auf die hohe Kante gelegt. Doch angesichts der immer schneller versiegenden Ölfelder wird die Suche vorangetrieben.

Mit Energie in die Zukunft

Vorausschauend hat die norwegische Regierung in den vergangenen Jahren einen Forschungsfonds für erneuerbare Energien aufgelegt. 2009 wurden die ersten schwimmenden Windmühlen im Rahmen eines Pilotprojektes in Zusammenarbeit mit Deutschland vor der norwegischen Küste errichtet. Beim technischen Know-how können die Energiekonzerne auf ihre Erfahrungen in der Öl- und Gasförderung zurückgreifen. Der Prototyp eines Osmosekraftwerks, das den unterschiedlichen Salzgehalt von Süß- und Meerwasser zur Energieerzeugung nutzt, ging sogar schon 2009 ans Netz – bei erfolgreicher Weiterentwicklung sicher ein Exportschlager von morgen.

Im Ölmuseum in Stavanger dreht sich alles um den fossilen Brennstoff

Die Wikingerzeit – von heidnischen Häuptlingen zum christlichen König

Ein ungewöhnliches Denkmal erhebt sich am Hafrsfjord in der Nähe von Stavanger (s. Foto). Drei monumentale Schwerter stecken dort im Felsen (Sverd i Fjell) und erinnern an die blutige Schlacht, mit der König Harald Hårfagre am Ende des 9. Jh. Norwegen zum Königreich vereinte.

Beginn der Wikingerzeit

Als in den meisten Ländern Europas bereits Könige und Kaiser mit eiserner Hand regierten, wurde Norwegen noch immer von einer Vielzahl von Kleinkönigen und Häuptlingen beherrscht. Viele von ihnen gingen zeitweise, manche dauerhaft auf Wikingfahrt, wie sie die Beutezüge entlang den Küsten nannten. 793 überfielen Schwerter schwingende Nordmänner das berühmte und reiche Inselkloster Lindisfarne in Northumbrien vor der Nordostküste Englands – für viele Historiker der Beginn der Wikingerzeit. Im Verlauf des 9. und 10. Jh. plünderten die nordischen Horden die Küsten Westeuropas bis hinunter nach Gibraltar, sie griffen Nordafrika an und drangen ins Mittelmeer vor.

Ein König für alle

In der norwegischen Heimat spitzten sich unterdessen, gegen Ende des 9. Jh., die Machtkämpfe zu. Nach der erfolgreichen Schlacht am Hafrsfjord (wahrscheinlich zwischen 885 und 890) unterwarf Harald Hårfagre (Schönhaar) das Land und degradierte die Bewohner von freien Bauern zu steuerpflichtigen Untertanen. In der

64

Skaldendichtung und in den mittelalterlichen Sagas wird Harald als erster Einheitskönig Norwegens genannt.

Wie weit sich seine Herrschaft erstreckte, lässt sich kaum sagen. Durch Enteignung und Konfiszierung weiter Ländereien vor allem im Südwesten des Landes schuf er eine stabile finanzielle Grundlage für seine Herrschaft. In Westnorwegen ›versorgte‹ er sich mit fünf großen Königshöfen, darunter Avaldsnes auf Karmøy (s. S. 118). Die mittelalterlichen Islandsagas berichten von vielen, die Haralds Tyrannei so unerträglich fanden, dass sie es vorzogen, über das Meer nach Westen zu ziehen. Die Besiedlung Islands durch die Norweger erreichte ihren Höhepunkt. Zuvor hatten sich die Nordmänner schon in England, in der Normandie, auf den Färöern, den Orkney- und Shetlandinseln niedergelassen. Von Island aus erreichten sie Grönland und fast 500 Jahre vor Kolumbus die nordamerikanische Küste. Als Händler befuhren sie die Handelsrouten zwischen Grönland und dem Schwarzen Meer und stießen auf Expeditionen bis nach Bagdad vor.

Mit Gewalt zum Christentum

Gegen Ende des 10. Jh. nahm Olav Tryggvason (963–1000), ein Nachfahre Harald Schönhaars, auf einer seiner zahlreichen Wikingfahrten in England das Christentum an. Mit Waffengewalt versuchte er daraufhin, Norwegen erneut zu einigen und das Christentum einzuführen. Durch die Hand seiner Feinde fiel er im Jahre 1000 in der Seeschlacht von Svolder. Auch Olav Haraldsson (995–1030), ebenfalls ein Nachfahre Harald Schönhaars, strebte nach einer langen Reihe lukrativer Raubzüge die Einigung und Christianisierung Norwegens an. Er wurde aus Norwegen vertrieben, floh nach Gardarike (Russland) und wurde 1030 bei seiner Rückkehr von aufständischen Bauern und Häuptlingen in Stiklestad (Trøndelag) erschlagen. Bald nach seinem Tod wurde Olav zum Märtyrer stilisiert und heilig gesprochen.

Unabhängiges Königreich

Nach der Schlacht von Stiklestad fiel Norwegen in den Machtbereich Knuts des Großen, des Herrschers von England und Dänemark. Als Knut 1035 starb, wurde Olavs Sohn Magnus zum norwegischen König gekrönt. Norwegen bildete endgültig ein unabhängiges, christliches Königreich, dessen Nationalheiliger Olav in ganz Europa verehrt wurde. Die Wikingerzeit gehörte der Vergangenheit an.

Wikinger im Fjordland
Wikingerinseln: Im Nordvegen Historiesenter auf **Karmøy** (s. S. 116) ist die Welt der Wikingerhäuptlinge, im rekonstruierten Wikingerhof auf **Bukkøy** (s. S. 118) der Alltag der Bauern und Fischer dokumentiert. Beim Wikingerfestival im Juni können Sie bei Wikingergelagen Wikingerkost probieren, den Wikingermarkt besuchen oder an einer Schlacht teilnehmen (s. S. 119, www.vikingfestivalen.no).
Wikingerschiff in Borgund: Am Museumskai des Sunnmøre Museums liegt die Rekonstruktion eines Wikingerschiffs vor Anker. Im Sommer nimmt es Reisende mit hinaus aufs Meer (s. S. 259).

Norwegen unter dem Hakenkreuz

Trotz seiner Neutralität wurde Norwegen im Zweiten Weltkrieg von den Deutschen überfallen. Über 10 000 Norweger verloren während des Krieges, im Kampf, im Widerstand oder in Gefangenschaft, ihr Leben. Viele Städte wurden vor allem im Norden des Landes zerstört, im Fjordland waren es Åndalsnes und Molde.

Der Überfall

Am 9. April 1940 marschierten die Deutschen im Rahmen der Operation Weserübung überfallartig in das neutrale Norwegen ein und besetzten es. Noch am Abend der Invasion erklärte Vidkun Quisling, der Führer der unbedeutenden norwegischen Nazipartei Nasjonal Samling (NS), die alte Regierung für abgesetzt und rief sich selbst zum Regierungschef aus. Sein Name steht bis heute in vielen Sprachen als Synonym für Landesverräter. Nach dem Krieg wurde Quisling von den Norwegern verurteilt und hingerichtet.

Anfang Juni 1940 kapitulierten die letzten in Norwegen verbliebenen Streitkräfte, die vor allem in Nordnorwegen heftigen Widerstand geleistet hatten. Der König und die Regierung gingen nach London ins Exil. Die norwegische Armee, die größtenteils mit der Regierung geflohen war, wurde der britischen Armee unterstellt und war damit Teil der alliierten Kriegsführung.

Die Besatzungszeit

Um Unruhe zu vermeiden und die Wirtschaft anzukurbeln, wurde noch im April 1940 der in Norwegen unbeliebte Quisling abgesetzt und ein Administrationsrat ernannt, der die Zusammenarbeit zwischen den Besatzern und der norwegischen Wirtschaft organisieren sollte. Daraufhin wurde Josef Terboven durch Hitler zum Reichskommissar für Norwegen ernannt. Seine Regierung bestand bis auf wenige Ausnahmen nur aus NSDAP-Mitgliedern. Die deutschen Soldaten waren angehalten, die Norweger, die nach Hitlers Rassenlehre ein hochstehendes Kulturvolk, eine besonders reine nordische Rasse verkörperten, respektvoll zu behandeln. Auf Störungen jedoch reagierte die Besatzungsmacht mit Gewalt und Terror und viele Widerstandskämpfer wurden durch Folter und Hinrichtung umgebracht.

Der Widerstand

Die Norweger leisteten während der gesamten Besatzungszeit mehr oder weniger aktiven Widerstand. Widerstandsaktionen im Land richteten sich in erster Linie gegen die norwegischen Nazis und erst zweitrangig gegen die Deutschen. Immer wieder versuchten aber auch Norweger, vor allem junge Männer, über das Meer nach Großbritannien zu fliehen, um sich dort den

norwegischen Streitkräften anzuschließen. Von den fünf illegalen Gruppen,
die von 1940 bis 1942 zwischen Bergen
und Ålesund Englandfahrten organisierten, flogen alle ohne Ausnahme
durch Denunzianten und Spitzel der
Gestapo auf. Von den schätzungswei-
se 20 000 Menschen, die mit der Herstellung und Verbreitung illegaler Zeitungen beschäftigt waren, wurden
3000–4000 verhaftet und zum Tode
verurteilt.

Ende des Krieges und Nachkriegszeit

Am 8. Mai 1945 erfolgte die Kapitu-
lation des ›Herrenvolkes‹. Vor allem
in Nordnorwegen hinterließen die
Deutschen eine Spur der Verwüstung,
ganze Städte wurden dort im Zuge der
Politik der Verbrannten Erde dem Erd-
boden gleichgemacht. Einem schweren
Schicksal sahen die 10 000 *tyskebarn*
(deutsche Kinder) nach dem Abzug
der deutschen Besatzungsmacht entgegen. Kinder der Schande wurden
sie genannt, denn Norwegerinnen,
die sich mit Soldaten der feindlichen
Armee eingelassen hatten, galten als
Verräterinnen. Sie wurden oft kahl
geschoren und öffentlich gedemü-
tigt. Noch heute ist die Geschichte der
tyskebarn ein heikles Thema in Norwegen, das in den letzten Jahre aber
verstärkt in die Öffentlichkeit drängt.
Eine sehr persönliche Geschichte
vom ländlichen Norwegen erzählt der
westnorwegische Schriftsteller Edvard
Hoem in seinem Buch »Die Geschichte
von Mutter und Vater« (Insel 2007),
dessen Schwester ein sogenanntes
tyskebarn ist. Behutsam und intensiv
beschreibt er das Leben seiner Eltern
und öffnet dabei ein Tor in das Norwegen der Nachkriegszeit.

Deutsch-norwegische Beziehungen

Bis zum Zweiten Weltkrieg galt
Deutschland in Norwegen als kulturel-
les Vorbild. Kaum ein Künstler, ob Maler, Musiker oder Literat, konnte in der
nationalromantischen Epoche in Norwegen etwas werden, wenn er nicht
erst in Deutschland entdeckt wurde.
Mit dem Überfall auf das neutrale
Norwegen durch die Wehrmacht ver-
schwand das positive Deutschlandbild.
Bis heute sind die Verbrechen der NS-
Zeit nicht vergessen, aber mittlerweile
nimmt Deutschland im norwegischen
Bewusstsein eher den Platz eines wichtigen Handels- und Tourismuspartners
ein. Sehr positiv wird es aufgenommen, wenn Deutsche sich bemühen,
die norwegische Sprache zu lernen.

Stätten des Widerstandes

Bryggen Theta Museum (Enhjør-
ningsgården, Bryggen, Tel. 55 55
20 80, Juni–Aug. Di, Sa, So 14–16
Uhr): Das Museum in Bergen befindet sich hinter dem Hansemu-
seum am Ende knarrender, steiler
Treppen. Im Zweiten Weltkrieg
gab es hier einen Raum, den die
Theta-Mitglieder, eine Gruppe
norwegischer Widerstandskämpfer,
als Treffpunkt nutzten. 1942 wurde
der Raum bei einem deutschen
Angriff zerstört und nach der Rekonstruktion 1983 als Widerstands-
museum eröffnet.

Nordsjøfartsmuseet (s. S. 173):
Das Nordseefahrtsmuseum in
Telavåg erzählt die Geschichten
der Widerständler, die sich nach
England aufmachten, um sich den
britischen Truppen anzuschließen.

Ein Land, zwei Sprachen

Die norwegischen Zeitungen erscheinen in Bokmål

Seit 1885 gibt es in Norwegen zwei offiziell anerkannte Schriftsprachen, Riksmål und Landsmål wurden sie damals genannt, Bokmål und Nynorsk heißen sie heute. Beide haben ihre Befürworter, und beide werden von Seiten des Staates gehegt und gepflegt. Ein teurer Unsinn, meinen die Kritiker.

Nynorsk und Bokmål

Heute sprechen etwa 17 % der Norweger Nynorsk – die meisten davon leben im Fjordland. Nynorsk gilt als die Sprache der Landkultur. Bokmål wird als die Sprache der Städter, der Industrie und Wirtschaft sowie der Presse angesehen, obwohl beide Varianten im Rundfunk und Fernsehen vertreten sind. 25 % aller Sendungen müssen in Nynorsk gesendet werden. Formulare gibt es in zweisprachigen Ausgaben, und selbst auf Briefmarken und Geldscheinen findet man neben Norge auch die Bezeichnung Noreg.

Zwei fast gleiche Sprachen

Außergewöhnlich an der Mehrsprachensituation in Norwegen ist, dass es sich bei beiden Sprachen um Varianten mit im Grunde minimalen Unterschieden handelt. Die beiden Sprachen sind sich so ähnlich, dass sich die norwegische Bevölkerung ohne Probleme miteinander verständigen kann. Und doch müssen alle offiziellen Dokumente, alle Schulbücher usw. zweisprachig erscheinen, das schreibt das Gesetz vor. Nicht alle

Norweger sind von diesem Aufwand begeistert und bezeichnen die gesetzlich verordnete Zweisprachigkeit als Unsinn, da die Mehrheit der Bevölkerung ja Bokmål spreche. Ein Vertreter dieser Meinung kommentierte erbost, dass Norwegen in seiner Geschichte von zwei ernst zu nehmenden Katastrophen heimgesucht worden sei: »von der Pest und von Ivar Aasen« – dem Vater des Nynorsk.

Die Gegner der Zweisprachigkeit schätzen die Lage jedoch realistisch ein: Norwegen wird weiterhin zwei Sprachen haben. Das Land ist reich, es kann sich zwei Sprachen leisten. Mit der Eröffnung des Nynorsk-Kultursenters im Jahre 2000 auf dem Hof von Ivar Aasen in Ørsta südlich von Ålesund hofft man, dass das Interesse an Nynorsk und damit der Anteil an Nynorsk-Sprachigen wieder wachsen wird. Immerhin ließ sich der Staat den spektakulären Neubau 53 Mio. Kronen kosten. Um die norwegische Sprachsituation zu verstehen, muss man bis ins Mittelalter zurückgehen.

Ein Land – keine Schriftsprache

Nach einer kulturellen und politischen Blütezeit im 13. Jh., in der im Norden Familien- und Königssagas, Helden- und Götterlieder auf Altnordisch erzählt und niedergeschrieben wurden, begannen für Norwegen im 14. Jh. 400 dunkle Jahre, während derer das Land seine Eigenständigkeit einbüßte und als dänische Provinz sein Dasein fristete. Als Mitte des 14. Jh. die Pest rund die Hälfte der norwegischen Bevölkerung und etwa 80 % des norwegischen Adels auslöschte, übernahmen die Dänen nach und nach alle Schlüsselpositionen in Verwaltung

und Politik. Dänisch wurde Amts- und Schriftsprache und nach der Reformation im Jahre 1537 auch Kirchensprache. Als 1814 das Nationalgefühl erheblich gestärkt und die Union mit Dänemark aufgelöst wurde, besaß Norwegen keine eigene Schriftsprache mehr.

Ein Problem – zwei Lösungen

Der Dichter Henrik Wergeland (1808–1845) war einer der ersten, der sich für eine norwegische Sprachreform engagierte. Er plädierte für eine auf der Grundlage des Dänischen gebeugte norwegische Schriftsprache. Der Sprachgelehrte P. A. Munch (1810–1863) argumentierte dagegen. Ausgangspunkt sollte vielmehr ein norwegischer Dialekt sein, und die notwendigen Ergänzungen sollten aus dem Altnordischen entnommen werden. Seine Vorstellungen realisierte Ivar Aasen (1813–1896), ein Bauernsohn aus Ørsta. Vier Jahre lang reiste er kreuz und quer durch Norwegen und sammelte Worte und Redewendungen der verschiedensten Regionen. 1848 verfasste er eine norwegische Grammatik und gab zwei Jahre später ein Wörterbuch heraus: das Landsmål (mål = Sprache), das heutige Nynorsk war geboren. Aber auch die ›dänische Richtung‹ entwickelte sich: Angesichts der Schwierigkeiten der Norwegisch sprechenden Schulkinder mit der dänischen Schriftsprache erfolgten immer wieder konkrete Anpassungen an die gesprochene Sprache – so kristallisierte sich allmählich das Riksmål, heute Bokmål genannt, heraus. Durch mehrere Rechtschreibreformen Anfang des 20. Jh. glichen sich die beiden Sprachvarianten einander weiter an.

Draußen zu Hause –
Outdoor-Nation Norwegen

Norweger lieben es, draußen zu sein. Es heißt, sie könnten Ski fahren, bevor sie laufen gelernt haben. Auch das Königspaar verbringt seinen Urlaub in der Natur: zu Ostern auf Skiern und im Sommer wandernd im norwegischen Fjell. Zur Eröffnung des Natursenters der Hardangervidda in Eidfjord spendierte Königin Sonja ihre viel genutzten Wanderstiefel als Ausstellungsstück.

Hütte am Fjord oder in den Bergen

Statistisch gesehen, besitzt jede zweite norwegische Familie eine *hytte*, sei es am Fjord, am See oder in den Bergen. Es sind noch vielfach bescheidene kleine Holzhütten, die ältesten mit Toilette draußen im Herzhäuschen unter einer knorrigen Kiefer, ohne Strom und fließend Wasser. Die Einrichtung besteht häufig aus schlichten Holzsesseln mit gewebten Wollstoffen als Bezug und einem *jøtul* – einem kleinen, gusseisernen Ofen, der, angeheizt mit getrockneter Birkenrinde, die Hütte auch im Winter schnell erwärmt. An der Hüttenwand hängt die Angel, in einer Abseite lagert trockenes Holz, im Vorratsschrank eine Tüte Kaffee, ein bisschen Zucker und eine Tütensuppe. Immer häufiger gibt es auch größere Häuser mit mehreren Gästezimmern, Bad und Toilette, die den Namen Hütte kaum noch verdienen. Allen gemein aber ist eine Lage in freier Natur. Man zieht die Wanderschuhe an, schnallt die Skier an, macht die Angel fertig und nimmt den Korb zum Blaubeeren sammeln – das Paradies liegt direkt vor der Tür.

Ein Hauch Nostalgie

In den meisten norwegischen Haushalten, auch in denen in der Stadt oder zumindest bei den Eltern oder Großeltern, findet man Schlafsäcke und Wanderstiefel. Fast alle Städter haben Familienangehörige auf dem Land, die trotz moderner Zeiten oft noch ein wenig so leben wie früher. Dazu schrieb Hans Magnus Enzensberger, der mehrere Jahre in Norwegen lebte, in seinem Buch »Ach Europa!« sinngemäß: Was ihn an der am Rande Europas liegenden Gesellschaft verblüffe, sei ein »unbewußtes Kunststück, das ihr in den letzten 170 Jahren immer wieder gelungen ist«, der Zeit hinterher und zugleich voraus zu sein. Damit trifft er den Kern. Die Norweger zählen zu den modernsten Nationen der Welt, aber sie lieben und leben ihre alten Traditionen und die Nähe zur Natur.

Allemannsretten

Ausdruck der Naturverbundenheit der Norweger ist das *allemannsretten* (Jedermannsrecht). Es gewährt jedem Menschen – nicht nur den Norwegern – den freien Zugang zu Land und Wasser, das nicht als Privatbesitz zu erkennen ist bzw. mindestens 150 m von einem Wohnhaus entfernt liegt. Dort darf man wandern, Ski fahren, baden, Pilze und Beeren sammeln, soviel man mag. Davon ausgenommen ist einzig in manchen Regionen die Moltebeere (s. S. 53), die nur für den sofortigen Verzehr gepflückt werden darf.

Nordische Lebensart

In Norwegen hat die Outdoor-Kultur sogar einen Namen: *friluftsliv!* Dabei handelt es sich nicht nur um eine Vokabel, die man sich für einen Norwegenurlaub merken sollte, sondern um ein philosophisches Konzept und eine Lebensauffassung. Frei übersetzt bedeutet *friluftsliv* Leben unter freiem Himmel und beinhaltet neben dem Aufenthalt in der Natur die Ausübung von Aktivitäten sowie eine umweltbezogene Einstellung als wichtigen Teil des Lebens. Die Idee ist in ganz Skandinavien bekannt, wird aber vornehmlich in Norwegen gelebt, wo selbst der Sportunterricht an den Schulen zu 25 % aus Freiluftaktivitäten besteht, es viele Draußen- und Waldkindergärten gibt und an Volkshochschulen und sogar Universitäten *friluftsliv*-Seminare auf den Kurslisten stehen. Zusammengefasst ist *friluftsliv* »ein reiches Leben mit einfachen Mitteln« (Arne Næss). Zu den zwölf größten norwegischen *friluftsliv*-Organisationen gehört auch der 1868 gegründete Norwegische Touristenverein (DNT).

Geniestreich in Holz – norwegische Architektur

Über Jahrhunderte, sogar Jahrtausende war Holz das wichtigste Baumaterial des Nordens. Aus ihm entstanden Wohnhäuser, die Stabkirchen und im 19. Jh. die Villen reicher Geschäftsleute im Schweizer Stil. Mit originellen Konstruktionen setzen norwegische Architekten die Holzbautradition im 21. Jh. fort.

Christliche Architektur mit heidnischen Relikten

Es wird geschätzt, dass etwa die Hälfte der 2000 Sakralbauten, die im Mittelalter in Norwegen entstanden, Stabkirchen *(stavkirke, stavkyrkje)* waren. Nur noch 30 dieser reinen Holzbauten aus der Zeit zwischen 1130 und 1300 existieren. Dass die Bekehrung zum Christentum nicht die völlige Abkehr vom alten Glauben bedeutete und die alten Vorstellungen von guten und bösen Geister noch tief verwurzelt waren, offenbaren heidnisch anmutende Details dieser christlichen Gotteshäuser. Zu den typischen Verzierungen gehören Odinsköpfe, in die Ornamentik eingearbeitete Midgardschlangen oder furchteinflößende Drachenköpfe an den Giebeln.

Tragendes Konstruktionselement der Stabkirchen ist das *stavverk* (*stav* = Mast, Stab) mit bis zu 9 m hohen hölzernen Säulen, die sich um den rechteckigen Hauptraum der Kirche gruppieren und die in einem auf einem Steinfundament ruhenden Rahmen fest verankert

sind. Auf den Säulen thront die hoch aufragende Dachkonstruktion, die oft in mehrere Stockwerke gestaffelt und mit schindelgedeckten Pult- bzw. Satteldächern versehen ist. Um die ganze Kirche führt ein überdachter Laufgang, der *svalgang.* Er schützte nicht nur den Kern der Kirche vor den Unbilden des Wetters, sondern diente darüber hinaus als Ort, in dem die Waffen abgelegt, aber auch Neuigkeiten ausgetauscht und Geschäfte getätigt wurden. Im Inneren der Stabkirchen war es ursprünglich finster, denn durch die winzigen Bullaugen hoch oben unterm Dach drang kaum Licht ein – alle größeren Fenster sind spätere Zusätze. Die Stabkirche in Borgund gilt als die schönste und ursprünglichste Norwegens, die in Urnes ist die älteste erhaltene.

Villen im Schweizer Stil

Gegen Mitte des 19. Jh. gewann in der norwegischen Architektur eine Stilrichtung an Einfluss, die der traditionellen Freude an der Schnitzkunst fantastische Ausdrucksmöglichkeiten bot: der ›Schweizer Stil‹. Ursprünglich aus der Alpenregion kommend, bildete er den Ausgangspunkt für einen neuen nationalen Holzstil. Vor allem Villen wurden großzügig mit verzierten Geländern und Balkonen, Erkern und Giebeln ausgestattet. Aber auch einfache Wohnhäuser und öffentliche Gebäude, z. B. Bahnhöfe, wurden im Schweizer Stil erbaut. Bezaubernd sind die sogenannten historischen Hotels in Norwegen, unter ihnen gibt es charmante kleine wie das Visnes Hotel in Stryn oder große wie das Kvikne's Hotel in Balestrand, Nordeuropas größtes Holzgebäude.

Verbundholz im 21. Jh.

Norwegische Architekten werden heute wegen ihrer originellen Holzbauweise weltweit geschätzt. Ein von ihnen viel genutzter Baustoff ist verleimtes und laminiertes Kiefernholz, sogenanntes Brettschichtholz, das überraschend leicht, aber extrem stabil ist. Es verleiht dem Design von Privathäusern, öffentlichen Gebäuden und sogar Brücken eine typisch nordische Prägung. Häufig wird das Holz mit anderen Baumaterialien wie Stein und Glas kombiniert und fügt sich in vielen Fällen geschickt in die umliegende Landschaft ein. Eines der herausragenden Beispiele für die aktuelle norwegische Holzarchitektur ist das Hauptgebäude des Internationalen Osloer Flughafens in Gardermoen – die weltweit größte Konstruktion aus laminiertem Holz. 2015 wird in Bergen »Treet« (Der Baum), das mit 51 m höchste Holzhochhaus der Welt, fertiggestellt.

Holzarchitektur im Fjordland
Stabkirchen: in Røldal, Fantoft, Borgund, Hopperstad (in Vik), Kaupanger, Undredal, Urnes, Grip (Insel Grip), Kvernes, Røvden (Romsdalsfjord). Eine Karte gibt es unter: www.stavkirke.org.
Hotels im Schweizer Stil: in Balestrand, Lærdal, Husum, Fortun, Fjærland, Stryn. Infos und Buchungen unter: www.dehistoriske.no.
Moderne Holzbauten: Hauptfeuerwehrwache (Hovedbrannstasjonen) in Bergen, Besucherzentrum der Stabkirche in Borgund, Jostedalbreheimsenteret, Preikestolen Fjellstue.

Der Holzbau ermöglicht ungewöhnliche Formen: Stabkirche Hopperstad in Vik

Mord am Fjord –
Norwegen im Krimifieber

Anne Holt, eine der erfolgreichsten norwegischen Krimiautorinnen, ist Juristin

Die Norweger sind krimiverrückt wie kaum ein anderes Volk. Bevorzugt lesen sie heimische Autoren, die ihre Täter im alltäglichen Milieu morden lassen. Besonders zu Ostern, das viele Norweger auf einer Hütte in den Bergen verbringen, scheint das Land nichts anderes zu lesen. In dieser Zeit kommen auch die neuen Krimis in die Buchhandlungen.

Påskekrimi –
der Osterkrimi

Der Brauch des sogenannten Osterkrimis begann vor etwa 80 Jahren, als unmittelbar vor Ostern in mehreren norwegischen Zeitungen Artikel mit der Überschrift erschienen: »Raubüberfall auf die Bergensbahn!« Die

Zeilen darunter machten in Wahrheit Reklame für einen Kriminalroman und bewirkten einen reißenden Absatz des beworbenen Buches – die Tradition der Osterkrimis war geboren. Zu den führenden norwegischen Kriminalbuchautoren gehören Anne Holt, Karin Fossum und Jo Nesbø, deren Kommissare alle in der Gegend um Oslo auf Verbrecherjagd gehen.

Eingeschneit in Finse

Eine Ausnahme macht ein Roman von Anne Holt, die nicht nur als Anwältin und Journalistin arbeitete, sondern für ein paar Monate sogar norwegische Justizministerin war. Tatort und einziger Schauplatz des 2008 auf Deutsch erschienenen Titels »Der norwegische Gast« ist das unzugängliche Bergdorf Finse: Als ein Zug auf dem Weg nach Bergen auf der Hardangervidda entgleist, finden die Passagiere Zuflucht im nahen Hotel 1222. Eingeschlossen vom Schnee und dem Wüten eines Jahrhundertorkans geschehen zwei Morde. Gegen ihren Willen wird die querschnittsgelähmte Kommissarin Hanne Wilhelmsen zur Ermittlerin – eine Hommage an den klassischen Kriminalroman.

der im Leben gescheiterte Mann immer auch etwas Verständnis aufbringt. Schlechtes Wetter, der eine oder andere Schluck Aquavit und Dialoge prägen die Varg-Veum-Romane mehr als reine Action.

In den vergangen Jahren wurden im deutschen Fernsehen u.a. Verfilmungen der Staalesen-Krimis »Bittere Blumen« und »Dornröschen schlief wohl hundert Jahr« (Filmtitel »Das vermisste Mädchen« und »Dunkle Geschäfte«)

Tatort Fjordland

Es gibt ihn aber, den Fjordlandkrimi: Wie viele seiner nordischen Kollegen beobachtet der in Bergen geborene und dort auch wohnhafte Gunnar Staalesen den (west-)norwegischen Alltag sehr genau und kritisch. Sein Privatdetektiv Varg Veum, ein ehemaliger Sozialarbeiter mit dem rauen Charme eines Humphrey Bogart und dem Herzen eines Robin Hood, kämpft in Stavanger und Bergen gegen Korruption und Umweltverbrechen. Gut ein Dutzend Varg-Veum-Titel sind bisher auf Deutsch erschienen, zuletzt »Wie in einem Spiegel« (2002/2004) und »Von Angesicht zu Angesicht« (2004/2006). Chronisch pleite, schnoddrig und im Dauerclinch mit Kommissar Hamre verfolgt Varg Veum (sowohl Varg als auch Veum bedeuten Wolf) seit Mitte der 1970er-Jahre als Einzelgänger die Aufklärung von Verbrechen, für deren Täter und Motive

ausgestrahlt. Sie boten neben dem attraktiven, in Norwegen sehr beliebten Schauspieler Trond Espen Seim als Varg Veum auch beeindruckende Bilder von Fjordlandschaften.

Denkmal für den Wolf

Bei so viel auch internationalem Erfolg ließ die Ehrung nicht lange auf sich warten: Am 15. Oktober 2008 wurde in Bergen eine Varg-Veum-Skulptur enthüllt – genau an dem Geburtstag des fiktiven Privatdetektivs. Lebensgroß und locker lehnt er nun im Eingangsbereich des Strandhotels. Den Romanen zufolge hat er sein Büro an eben dieser Adresse: Strandkaien 2. Bei der feierlichen Enthüllung wurde der desillusionierte, aber idealistische Privatermittler von den honorigen Rednern als einer der großen Söhne der Stadt gepriesen.

Nordische Impulse –
die Festspiele in Bergen

Seit 1953 finden die bedeutendsten Festspiele Norwegens in Bergen statt: die Festspillene i Bergen. Während der Festspielwochen von Ende Mai bis Anfang Juni bieten weltweit bekannte Künstler das Beste aus den Bereichen Musik, Ballett, Literatur, Performing Arts und Theater dar.

Die Festivalleitung hat sich seit der Gründung der Festspiele zum Ziel gesetzt, Impulse auszusenden und trotz des internationalen Ruhms der Festspiele, innovativ und skandinavienorientiert zu bleiben. Und obwohl das Festival wie die Musik- und Kulturszene einem steten Wandel ausgesetzt ist, so sind es doch Norwegens Ikonen wie Edvard Grieg, Oe Bull und Henrik Ibsen, die nach wie vor im Focus stehen.

Liebling der Nation – Edvard Grieg

Ein fester Bestandteil der Festspiele sind die Konzerte in Troldhaugen, einer Villa, die Edvard Grieg (1843–1907) außerhalb von Bergen nach eigenen Entwürfen errichten ließ (s. S. 166).

Szene aus dem Ibsenstück »Brand« bei den Festspielen in Bergen 2008

Hier lebte und komponierte der gebürtige Bergener seine von der Landschaft Fjordnorwegens und der norwegischen Volksmusik inspirierten Werke. Anfang 1874 machte er sich auf den Vorschlag Henrik Ibsens daran, das Theaterstück »Peer Gynt« zu vertonen – es wurde ein Welterfolg.

www.fib.no
Auf der Website der Festspiele finden Sie die nächsten Termine, das jeweils aktuelle Programm und Infos zum Kartenkauf auf Norwegisch und Englisch.

Meistergeiger Ole Bull

Auf der Insel Lysøen südlich von Bergen liegt eine weitere Konzertstätte der Festspiele, der Wohnsitz des Meistergeigers Ole Bull (1810–1880). Seine Villa, die nur mit dem Boot zu erreichen ist, ist so eigenwillig, wie es ihr Erbauer war, und vereint maurische und europäische Stilrichtungen (s. S. 173). Schon in der Kindheit galt Ole Bull (1810–1880) als Wundergeiger und spielte bereits mit acht Jahren trotz seiner amateurhaften Technik die erste Geige bei der Bergener Harmonie-Vereinigung.

Skeptiker Henrik Ibsen

Gefördert durch Ole Bull und selbst Förderer Edvard Griegs ist Henrik Ibsen (1828–1906) der dritte im Bunde norwegischer Größen, die den Festspielen in Bergen ihr Profil verleihen. In jedem Jahr steht mindestens eine spektakuläre Neuinszenierung eines Ibsenstücks auf dem Programm. 2007 war es der von Grieg vertonte Welterfolg »Peer Gynt«, die Geschichte eines egozentrischen Draufgängers, der sich erst nach zahlreichen Abenteuern seiner geliebten Solveig erinnert und zu ihr zurückkehrt. Auch über 100 Jahre nach seinem Tod ist die tiefe Skepsis des Dramatikers gegenüber der Gesellschaft noch brandaktuell.

Einzigartig – norwegischer Jazz

Wer glaubt, der einzig hörbare Jazz komme aus den USA, sollte sich unbedingt auf dem Jazzfestival Nattjazz (www.nattjazz.no) in Bergen umhören, das seit 1973 parallel zu den Festspielen veranstaltet wird. In den 1970er-Jahren verhalfen Musiker wie Jan Garbarek, Jon Christensen, Arild Andersen, Terje Rypdal und Karin Krog dem norwegischen Jazz zu internationalem Ansehen. Berühmt machte und macht die Jazzer aus dem hohen Norden bis heute, dass sie selten in der reinen Form verharren und sich meist im Crossover mit anderen Musiktraditionen und Genres weiterentwickeln. Die Bandbreite der Klanglandschaften, die dabei entstehen, reichen von Jazz mit afrikanischen und arabischen Melodien oder norwegischem Gesang bis zu Kompositionen mit Schlagereinschlag oder reinen Materialgeräuschen von Holz, Stein und Knochen. Zu den erfolgreichsten norwegischen Jazzmusikern der letzten Jahre zählen neben der Sängerin Rebekka Bakken der Pianist Bugge Wesseltoft, der klassischen Jazz mit elektronischer Musik verbindet. Gerade diese Vielfalt und Progressivität der Jazzkünstler ist exemplarisch für die verschiedenen Veranstaltungen von Nattjazz – sie senden neue Impulse aus und sind dabei doch typisch norwegisch.

Unterwegs in Norwegens Fjordland

Bergens altes Hanseviertel gehört bereits seit 1979 zum UNESCO-Welterbe

Stavanger und Umgebung

Highlight!

Stavanger: Die Kulturhauptstadt 2008 ist eine reizvolle und kontrastreiche Stadt mit liebevoll restaurierter Holzarchitektur, geschäftigem Hafen, mittelalterlichem Dom und kinderfreundlichem Ölmuseum. Stavanger ist außerdem Ausgangspunkt für spektakuläre Ausflüge, etwa zum Preikestolen und zum Lysefjord. S. 82

Auf Entdeckungstour

Rettende Feuer – Leuchttürme in Jæren: Die für Seefahrer sehr gefährliche Küste Jærens machte schon früh ein Netz von Leuchttürmen notwendig. Heute sind die Kulturdenkmäler für Besucher zugänglich und locken mit Ausstellungen, Panoramaaussichten und Übernachtungsmöglichkeiten. S. 96

Gamle Stavanger

Stavanger

Leuchttürme in Jæren

Kultur & Sehenswertes

Konservenmuseum: Das Hermetikk-museum in Gamle Stavanger befindet sich in einer alten Fischfabrik und erzählt die Stadtgeschichte. **1** S. 83

Norwegisches Ölmuseum: Die Architektur ist umstritten, der Name klingt nicht gerade vielversprechend – und doch sollte man das Oljemuseum nicht verpassen. Naturwissenschaftliche und historische Aspekte der Erdölförderung werden modern, interaktiv und lehrreich inszeniert. **5** S. 87

Aktiv unterwegs

Fjord-Sightseeing: Während das Ausflugsboot durch den Lysefjord schippert, bieten sich Ausblicke auf Berge, Wasserfälle und den Preikestolen, der über dem Fjord aufragt. **1** , **2** S. 91

Per Fahrrad zu den Sverd i Fjell: An der Møllebukta, einer beliebten Badebucht, stecken drei »Schwerter im Fels«. S. 93

Genießen & Atmosphäre

Gamle Stavanger: Bezaubernd ist der älteste Teil der Stadt mit liebevoll gepflegten weißen Holzhäusern aus dem 18. und 19. Jh. Enge gepflasterte Gassen und altmodische Gaslaternen erinnern an lang vergangene Zeiten. S. 83

Abends & Nachts

Café Sting: Das Sting ist eine Institution in Stavangers Kultur- und Nachtleben. Der legendäre Club am Valbergtårnet veranstaltet Festivals wie die Knoblauchwoche, bietet Livemusik und leckeres Essen. **4** S. 89

Cementen: Zwischen Büchern und alten Plakaten genießt man bei einem relativ ›günstigen‹ Bier die gemütliche Stimmung. Wer mit etwas Glück einen Fensterplatz ergattert hat, kann über den Vågen blicken und Schiffe und Jachten beobachten. **1** S. 91

Stavanger und Umgebung

Die »Ölmetropole Europas« ist nicht nur die modernste und kulturell vielfältigste Stadt des Landes, sondern auch eine der ältesten und kann auf eine bewegte Geschichte zurückblicken. Wie kaum eine andere schafft sie es, provinziell und international, verschlafen und hipp, altbacken und modern zu sein. Stavanger ist Vielfalt – komprimiert auf kleinstem Raum. Mit kaum mehr als 132 000 Einwohnern ist die Stadt auf eine angenehme Art übersichtlich und daher gut zu Fuß zu erkunden. Stavanger liegt inmitten spektakulärer Landschaften. Die

Infobox

Stavanger Turistinformasjon
Domkirkeplassen 3, Tel. 51 85 92 00, Juni–Aug., tgl. 9–20, sonst Mo–Fr 9–16, Sa 9–14 Uhr.
www.regionstavanger.com: Die sehr informative und schön gestaltete offizielle Website für die Region Stavanger, Sandnes und Jæren bietet auch auf Deutsch unzählige Informationen, Fakten, Links und Tipps zu Stavanger, u. a. sogar Speisekarten mit Preisen.

Anreise und Weiterkommen
Der Flughafen liegt 12 km südlich der Stadt in Sola. Der Zug- und Busbahnhof am Südende des Breiavatnet ist etwa zehn Gehminuten vom Vågen (Bucht) entfernt, gute Fernbusanbindung mehrmals täglich. Fähren gehen in alle Himmelsrichtungen. Die Fähre der Touristenroute zum Lysefjord fährt tgl. ab Fiskepiren.
Fahrplanauskunft: Für Nah-/Fernbusse, Schiffe, Züge in Rogaland, Tel. 177; wenn man nicht im Rogaland ist: Tel. 81 50 01 82, im Internet Infos unter www.kolumbus.no.

Stadt, die auch als Tor ins Reich der Fjorde bezeichnet wird, ist ein beliebter Ausgangspunkt für Bootsfahrten in den Lysefjord und zum Preikestolen. Südlich von Stavanger liegt das Flachland Jæren, das bekannt ist für seine langen weißen Sandstrände, die zu Norwegens besten Spots für Wellenreiter, Kite- und Windsurfer zählen. Die klaren, häufig wechselnden Lichtverhältnisse inspirierten viele berühmte norwegische Maler, Schriftsteller und Kunsthandwerker. Jæren ist eine der Kernregionen der norwegischen Agrarproduktion, in der neben dem Futterpflanzenanbau und der Milchviehhaltung auch Treibhauskulturen eine wichtige Einnahmequelle bilden.

Stavanger! ► B 11

Die zu Beginn des 12. Jh. gegründete Hauptstadt Rogalands am südlichen Ende des Fjordlands ist eine reizvolle und kontrastreiche Kulturmetropole mit liebevoll restaurierter Holzarchitektur, einem geschäftigen Hafen, mittelalterlichem Dom und futuristisch anmutendem Ölmuseum. Altes und Neues liegen dicht beieinander. Obwohl Stavanger zu Beginn des 12. Jh. zum Bischofssitz ernannt wurde, entwickelte sich die junge Stadt nur langsam. Die Konkurrenz des mächtigen Hanseaten Bergen und des königlich-dänischen Kristiansand im Süden war zu groß. Als 1633 zahlreiche mittelalterliche Bauten in Flammen aufgingen, wurde der Bischofssitz kurzerhand nach Kristiansand verlegt. Erst Mitte des 19. Jh. sorgten in Küstennähe riesige Heringsschwärme dafür, dass sich Stavanger in Rekordzeit zu einer blühenden Fischerei- und Handelsstadt entwickelte. Die ersten anderthalb Jahrzehnte nach dem Zweiten Weltkrieg waren schwierig, doch dann entdeckte man in der Nordsee ergiebige Erdölquellen. In den folgenden Jahren entwickelte sich Stavanger zum Zentrum der Ölindustrie, die Tausende neuer Arbeitsplätze bot. Heute ist sie Norwegens viertgrößte Stadt. Der mit dem schwarzen Gold verbundene Reichtum wurde zum Nutzen der Stadt nicht nur in den Bau neuer Betonburgen und Glaspaläste, sondern ebenso in die Restaurierung der alten Viertel gesteckt.

Grandios ist die Umgebung Stavangers, nicht nur als Eingangstor ins Reich der Fjorde. In Richtung Süden führt der Nordsjøvegen (die Nordseestraße) durch die Landschaft Jæren mit Norwegens längsten Sandstränden. Tagesausflüge führen in den Lysefjord und zum Preikestolen (s. S. 91).

Altstadt

Westlich des Vågen erstreckt sich die Altstadt **Gamle Stavanger**, in der sich die typischen weiß gestrichenen Holzhäuser aus dem ausgehenden 18. und dem 19. Jh. aneinanderreihen. Enge gepflasterte Gassen und altmodische Gaslaternen stimmen nostalgisch. Hier gibt es auch kleine, schöne Galerien und Kunstgewerbeläden.

Hermetikmuseum 1
Øvre Strandgate 88–90, www.museumstavanger.no, tgl. 10–16 Uhr, Sept.–Mitte Mai Di–Fr 11–15, Sa, So 11–16 Uhr; Erw. 80 NOK, Kinder 40 NOK, Führungen auf Anfrage
Mitten im alten Stavanger lohnt das **Konservenmuseum** einen Besuch. Das Museum ist in einer rekonstruierten Fabrik untergebracht, in der eindrucksvoll dargestellt wird, wie die Sprotten- und Sardinenproduktion in der Zeit von 1880 bis 1930 ausgesehen hat.

Innenstadt

Der Binnensee Breiavatnet und die Hafenbucht Vågen liegen mitten in Stavanger und bieten gute Orientierungspunkte. Zwischen ihnen erhebt sich der Dom, ein guter Ausgangsort für eine Stadtbesichtigung. Von hier blickt man auf das bunte Treiben des Marktes, wo eine verlockende Vielfalt an Gemüse, Fisch und Blumen angeboten wird, im Hintergrund der Vågen, Stavangers Hafen und das Herz der Stadt mit Segelbooten, Fähren und Ausflugsdampfern.

Maritime Museum 2
Nedre Strandgate 17/19, Mitte Juni–Sept. Fr–Mi 10–16, Do 10–19, sonst Di, Mi, Fr 11–15, Do 11–19, Sa, So 11–16 Uhr, Erw. 80, Kinder 40 NOK
Das Maritime Museum von Stavanger ist in den zwei einzigen vollständig er-

Mein Tipp

Broken Column
Ein bemerkenswertes Skulpturenprojekt prägt Stavangers Stadtbild. Es besteht aus 23 gegossenen Metallfiguren, die über die ganze Stadt verteilt sind. Die von Antony Gormley entworfenen Menschengestalten sind, wie der Künstler selbst, 1,95 m groß. Die erste Skulptur steht im Rogaland Kunstmuseum auf einer Höhe von über 40 m. Die letzte befindet sich auf einer Schäre im Hafenbecken bei Natvigs Minde und überragt den Meeresspiegel nur noch um 46 cm. Dem Eisenmann steht hier das Wasser bis zur Brust. In der Touristeninformation ist ein Plan erhältlich, in dem alle Statuen verzeichnet sind.

Kulturskole

Ny Konserthuset i Stavanger

Bjergstedveien

Uelands gate

Danmark England

Børevigå

Borgermester Meddelthons gate

Rosenbergbak.

Nedre Strandgate

Skansekaien

Skansegata

Nordbøgata

Havneringen

Bade gg.ga

Valbergata

Øvre Holmegate

Nedre Holmegate

Østervåg

KAMPEN

Løkkeveien

Sverdrupsgate

Blidensolstr.

Clausegt.

Mellomstr.

Strandkaien

Blaue Promenade

Vågen

Valbergjet

Kirkegata

Bakkegt.

Breigata

Tanke Svilands gt.

Seehusens gate

Rudlå

Andasmauet

Haugvaldstads gate

Adlandsn.

Tidesmauet

Tidegeilen gt.

Øvre Strandg.

Skagen

Øvre Holmegate

Steinkargata

Holebergg.

Kulturhus

Sølvberggata

Søregata

Nygata

Stokkaveien

Midgata

Murgata

Møllegata

Oscars gate

Løkkeveien

Olav Kyrres gate

Lars

Nedre Strandgate

Fjordtouren-Terminal

Gjeste-havn

Skagenkaien

Skagen

Sundtebak.

Prostebak.

Kirkegata

Laugmannsgt.

Brønngata

Steingata

Wessels gate

Lovdahls gate

Henrik Steffens gate

Peder Claussøns gt.

Løwolds gate

Hetlervigs gt.

Torget

Kongsgårdbakken

Schølzgate

Johann Gjøsteins Plass

Klinkenbergata

Haakon VII's gt.

Byparken

Friedhof

Eiganes Gravlund

Alexander Kiellands gt.

Ny Olavskleiv

Olavskleivå

Ny Olavskleiv

Breiavatnet

Erling Skjalgssons gt.

Eiganesveien

Niels Jules gate

Jens Zetlitz gate

Løkkeveien

Engelsminnegata

St. Olavs gate

Kannikb.

Ny Knud Holms gt.

Olav V's gate

Jernbaneveien

Kongsgata

EIGANES

Eiganestunnelen (2019)

Prinsens g.

Oscars gate

St Svithuns

Prestegårdsb.

Kannikgata

Bahnhof

509

Teaterveien

Dronningens gate

Wessels gate

Madlaveien

Kannikgata

Peter Klows gate

Museg ata

44

Stavanger

Sehenswert
1 Hermetikkmuseum
2 Maritime Museum
3 Domkirke
4 Valbergtårnet
5 Norsk Oljemuseum
6 Roots of the Vikings
7 Villa Ledaal
8 Villa Breidablikk
9 Arkeologisk Museum
10 Stavanger Museum (MUST)
11 Stavanger Kunstmuseum

Übernachten
1 Skagen Brygge Hotell
2 Skansen Hotel & Giestehus
3 Stavanger Bed & Breakfast
4 Vandrerhjem Mosvangen
5 Stavanger Lille Hotel
6 Camping Mosvangen

Essen & Trinken
1 Sørensens Dampskips-expedition
2 Sjøhuset Skagen
3 Phileas Fogg
4 Café Sting

Einkaufen
1 Øvre Holmgate
2 Obst- und Gemüsemarkt
3 Fischhalle
4 Oleana
5 Magasinblaa
6 Tvedtsenter
7 Fretex

Aktiv
1 , 2 Bootstouren, Autofähre
3 Kongeparken

Abends & Nachts
1 Cementen
2 Checkpoint Charlie
3 Newsman
4 The Irishman
5 Café Akvariet

Map labels
0   150   300 m

Haugesund, Bergen
Østre Havn
Kjeringholmen
Steinkarkaien
Geoparken
Østervågkaien
Schnellboot-Terminal
Jorenholmen
Tau, Lysebotn
Bekhuskaien
Fähr-Terminal
Fiskepiren
Lars Oftedals Plass
Blaue Promenade
Bøddeldamm
Verksgata
Verksalmenningen
509
509
Sangesands gt.
Almenningsgt.
Bakergt.
Rosenkildegt.
Verksgata
Smalg.
Nedre Blåsenb.
Klubbgata
Nykirkebak.
A.B.C. Gate
Vinkelgt.
Store Skippergate
Lille Skippergt.
St. Hans gt.
Hospitalsgt.
St Petri
Pedersgata
Brødregata
Midre Dalgate
Øvre Dalgate
Nedre Dalgate
Risbakken
Fjellsm.
Normannsgata
Åsigata
Smedgt.
Pedersbak.
Hetlandsgata
Tårngata
Bläsenborg
Sigbjørn Obstfelders Plass
Kirkestien
Stubben
Kirkebakken
Store Skippergt.
Hetland
Kyviksmarka
Karlsminnegt.
Kyviksjer
Bergelandsgata
Vaisenhusgata
Privatgt.
Breibakken
Langgata
Vår Frues Pl.
Lysef Jordgata
STORHAUG
Kongsteinsgata
Stiftelsesgata
Erichstrups gate
Bergelandstunel
Sven Oftedals Plass
Saudagata
Sandeidgata
Storhaugveien
Hjelmelandsgate
Opheimsgate
Jelsgata
Lyder Sagens gate
Birkelands gate
Hundvågtunnelen (2018)
Sandsgata
Vikedalsgata
Lagård Gravlund

haltenen Kaufmannshöfen der Stadt untergebracht, die zwischen 1770 und 1840 entstanden. Zwei historische Segelboote und zahlreiche andere interessante Exponate illustrieren 200 Jahre maritime Geschichte, bereichert um wechselnde Ausstellungen, die auch für Kinder konzipiert werden.

Domkirke 3
Håkon VII gate, Juni–Aug. tgl. 11–19, sonst Mo–Sa 11–16, So 10–13 Uhr
Der zu Beginn des 12. Jh. im anglonormannischen Stil errichtete Dom ist dem englischen Heiligen Svithun geweiht. Nach einem Brand im Jahre 1272 wurden Turm und Chor im gotischen Stil erneuert. Der Dom gilt neben dem Nidarosdom in Trondheim als der besterhaltene und prächtigste mittelalterliche Sakralbau Norwegens. Eine der ältesten Kostbarkeiten ist ein steinernes Taufbecken aus gotischer Zeit. Ein Großteil des Interieurs stammt aus der Barockzeit, die reich geschnitzte barocke Kanzel z. B. aus dem Jahr 1658.

Valbergtårnet 4
Valberget 4, Mitte Juni–Mitte Aug. tgl. 11–15 Uhr, Erw. 40 NOK
Vom ehemaligen Brandwachturm Valbergtårnet kann man die Aussicht über den Hafen genießen. Er wurde von 1850 bis 1853 als Ausgucktturm der Stadtwächter errichtet und beherbergt im zweiten Stock ein kleines **Wächtermuseum**. Vom ersten Stock hat man einen tollen Blick auf die Stadt.

Norsk Oljemuseum 5
Kjeringholmen, Tel. 51 93 93 00, www.norskolje.museum.no, Juni–Aug. tgl. 10–19, sonst Mo–Sa 10–16,

Stavangers touristisches Zentrum am Vågen lädt zum Verweilen ein

So 10–18 Uhr, Erw. 100, Kinder 50 NOK; s. auch S. 62
Das **Norwegische Ölmuseum** im Hafen von Stavanger dokumentiert die Entstehung des Erdöls und die Geschichte der Ölindustrie. Ein faszinierendes Museum, auch für Kinder, z. B. können sie auf der Plattform Småtroll (kleiner Troll) Ölarbeiter spielen. Café mit Blick auf die Hafeneinfahrt.

Roots of the Vikings 6
Østervågkaien 39, Tel. 48 20 00 10, www.rootsotv.no, Mo, Di 11–16, Mi–So 12–16 Uhr, Erw. 70, Kinder 50 NOK
In dem 1862 erbauten Seehaus befindet sich eine interaktive Ausstellung (Dauer: 25 Min.) und Multimediapräsentation rund um das Thema Wikinger. Ein Souvenirshop bietet Kunsthandwerk und Ausstattung für neuzeitliche Wikinger.

Südlich des Breiavatnet

Südlich des Binnensees Breiavatnet wird die Stadt sehr viel grüner und ruhiger. Inmitten von Grünanlagen liegen die sehenswerten Villen Ledaal und Breidablikk. Östlich davon lohnen mehrere interessante Museen einen Besuch.

Villa Ledaal 7
Eiganesveien 45, Buslinie S 27, Juni–Aug. tgl. 10–16, sonst So 11–16 Uhr, Erw. 80, Kinder 40 NOK
Etwa zehn Gehminuten westlich des Zentrums stehen die Patrizierhäuser Ledaal und Breidablikk. Die Villa Ledaal, die zwischen 1799 und 1803 als repräsentativer Sommersitz der einflussreichen Familie Kielland erbaut wurde, beherbergt im zweiten und dritten Stock persönliche Gegenstände des Dichters Alexander Kielland, der allerdings nie selbst auf Ledaal gewohnt hat. Der Herrensitz dient heu-

Museumspass MUSTpass
Der MUSTpass erlaubt an 4 Tagen Eintritt in alle zum Stavanger Museum (kurz: MUST) gehörenden Stätten u.a.: Stavanger Museum, Konserven- und Maritime Museum, Kunstmuseum, Kindermuseum, Utsteinkloster, Villa Ledaal und Villa Breidaablikk (Fam. 400 NOK, Erw. 160 NOK, Kinder 80 NOK, www.museumstavanger.no).

te als Residenz des Königs bei seinen Aufenthalten in Stavanger.

Villa Breidablikk 8
Eiganesveien 40, Juni–Aug. tgl. 10–16, sonst So 11–16 Uhr, Erw. 80 NOK, Kinder 40 NOK
Gegenüber von Ledaal liegt die von einem englischen Park mit exotischen Bäumen umgebene Villa, ein Hauptwerk des Historismus in Skandinavien. Sie wurde 1881 von dem Reeder Lars Berentsen errichtet und gehört zu den prächtigsten norwegischen Patrizierhäusern. Im Stallmuseum sind landwirtschaftliche Geräte untergebracht.

Arkeologisk Museum 9
Peder Klows gate 30a, http://am.uis.no, Juni–Aug. Mo–Fr 10–16, Sa, So 11–16 Uhr, sonst Di 11–20, Mi–Sa 11–15, So 11–16 Uhr, Erw. 50 NOK, Kinder 20 NOK
Das **Archäologische Museum** ist in einem ehemaligen Meiereigebäude untergebracht. Modern und übersichtlich wird hier die Natur- und Kulturgeschichte Rogalands dargestellt. Es gibt außerdem ein Café, einen Kinderspielraum und eine kleine Bibliothek.

Stavanger Museum (MUST) mit Barnemuseum 10
Muségata 16, www.museumstavanger.no, Juni–Aug. Fr–Mi 10–16, Do 10–19, sonst Di, Mi 11–15, Do 11–19, Fr 11–16, Sa, So 10–16 Uhr, Erw. 80 NOK, Kinder 40 NOK
Das Gebäude teilen sich das **Stavanger Museum** mit Ausstellungen zur Kunst, Kultur und Fauna Rogalands und das **Kindermuseum** mit den Schwerpunkten Spielzeug, Geburt und Kindheit.

Stavanger Kunstmuseum 11
Henrik Ibsens gate 55, www.museumstavanger.no, Juni–Aug. Di, Mi 10–16, Do 10–19, Fr–So 10–16 Uhr, sonst Di, Mi 11–16, Do 11–19, Fr–So 11–16 Uhr, Erw. 80 NOK, Kinder 40 NOK
Am Mosvatnet im Südwesten des Stadtzentrums (E 39) liegt dieses architektonisch reizvolle, moderne Museum. Die Kollektion umfasst etwa 2300 Bilder überwiegend norwegischer Künstler des 19. und 20. Jh. Schöne Landschaftsmalerei bietet die umfangreiche Sammlung des Künstlers Lars Hertervig.

Übernachten

Edel – **Skagen Brygge Hotell 1**: Skagenkaien 30, Tel. 51 85 00 00, www.nordicchoicehotels.no, EZ 1080 NOK, DZ 1180 NOK. Schön eingerichtetes Hotel im Speicherhaus-Stil am Vågen mit 110 Zimmern.
Gemütlich – **Skansen Hotel og Giestehus 2**: Skansegata 7, Tel. 51 93 85 00, www.skansenhotel.no, EZ ab 545, DZ 645 NOK. Kleines Hotel (28 Zi.) in zweistöckigem Altbau, nahe Hafen, Rezeption im benachbarten Victoria Hotel.
Einfach – **Stavanger Bed & Breakfast 3**: Vikedalsgata 1a, Tel. 51 56 25 00, www.stavangerbedandbreakfast.no, EZ 690 NOK, DZ 790 NOK, inklusive Frühstück und frischen Waffeln am Abend. Zentral gelegene Pension mit 35 Betten.
Außerhalb – **Jugendherberge Vandrerhjem Mosvangen 4**: Henrik Ibsen gate 19, Tel. 51 54 36 36, www.vandrerhjem.no, Schlafplatz 200 NOK,

DZ ab 545 NOK ohne Frühstück. Recht komfortabel, 3 km südlich des Zentrums. Bademöglichkeit im See. Es gibt zwei kleine Gästeküchen und eine Einkaufsmöglichkeit in der Nähe.

Komfortabel – **Stavanger Lille Hotel 5**: Madlaveien 7, Tel. 51 53 43 27, www. slh.no. saisonabhängig DZ 940 NOK, EZ 670 NOK. Angenehmes Hotel in Zentrumsnähe, Parken gratis, WLAN.

Am See – **Camping Mosvangen 6**: Tjensvoll, Tel. 51 53 29 71, www.mosvangen camping.no, ab Bahnhof Bus 3, 4, 9, 10 Richtung Mosvangen, April–Okt. Hütten ab 500 NOK/Tag. Am Mosvatnet neben der Jugendherberge, Beachvolleyballfeld und Kinderspielplatz.

Familiär – **Bed & Breakfast Circle Stavanger:** www.thompsons-bed-and-break fast.com. Privatzimmer sind oft interessanter als anonyme Hotelzimmer. Einige Perlen (v. a. in Gamle Stavanger) bietet Bed & Breakfast Circle Stavanger. Broschüren der einzelnen Gastgeber gibt es in der Touristeninformation.

Essen & Trinken

Östlich des Vågen befindet sich in einem Gewirr aus engen Gassen und Gässchen das lebhafte, für Autos gesperrte Geschäftszentrum der Stadt. In diesem Viertel sowie in den einstigen Speichern und Wohnhäusern der Hafenstraße Skagenkaien und der parallel dazu verlaufenden Gasse Skagen findet man eine Vielzahl gemütlicher Restaurants, Kneipen und Bars.

Gourmet – **Sørensens Dampskipsexpedition 1**: Skagenkaien 26, Tel. 51 84 38 20, www.herlige-restauranter.com. Köstlichkeiten zum Mittag ab 159 NOK, Hauptgerichte ab ca. 285 NOK. Die Wände sind vom Boden bis zur Decke gefüllt mit alten Fotografien, Karten, Sammlerstücken aus aller Welt. Norwegische und internationale Feinschmeckerküche mit frischen Zutaten.

Mein Tipp

Krabben essen am Hafen

Die frischesten und leckersten Krabben findet man in Stavanger und anderen Städten direkt am Hafen. Noch auf dem Kutter kochen die Fischer die frisch gefangenen Meeresköstlichkeiten. Bereits nach wenigen Minuten im brodelnden Wasser nehmen die Krabben die typische rosa Färbung an. Man kann die *reker* nur mit etwas Zitrone genießen oder, wie die Norweger, mit Zitrone beträufeln und mit Mayonnaise auf frischem Brot verzehren. Falls das Pulen noch Probleme bereitet: Man nehme Kopf- und Schwanzende der Krabbe, verdrehe beide auf Höhe des dritten Ringes von hinten gegeneinander, bis es knackt, und ziehe erst den unteren und dann mit einer Drehung den oberen Teil der Hülle ab. Wer den Dreh raus hat, gewinnt rasch an Schnelligkeit und hat eine reelle Chance, satt zu werden.

Maritim – **Sjøhuset Skagen 2**: Skagenkaien 16, Tel. 51 89 51 80, www.sjohusetskagen.no. Lunch ab 179 NOK, Hauptgerichte ab 235 NOK. Norwegische und internationale Küche in einem alten Hafenspeicher von 1770. Verwinkeltes Ambiente auf mehreren Ebenen mit vielen Nischen, kleinen Zimmerchen. Hier kann man Bacalao (Klippfisch) probieren.

International – **Phileas Fogg – Around the World in 80 days 3**: Skagen 27, Tel. 51 53 70 50, www.phileasfogg.no. Mittagsgerichte ab 169 NOK. Eine bei Touristen beliebte kulinarische Weltreise von Neapel über Singapur nach Mexiko in angenehmem Ambiente.

Kult – **Café Sting 4**: Valberget 3, Tel. 99 11 38 78, www.cafesting.no,

Mo–Sa ab 11.30 Uhr, So ab 14 Uhr. Ab 89 NOK. Gemütliche Café-Kneipe am Valbergtårnet, man kann draußen sitzen (Abendsonne). Galerie, Bühne, reichhaltige Küche mit internationalen Speisen, z. B. kreolische Pasta und spanische Tapas; Veranstaltungen, Livemusik, viel Jazz, Lesungen; die aktuellen Termine findet man im Internet.
Blumen und Büfett – **Flor og Fjære:** Tel. 51 11 00 00, www.florogfjaere.no. Sommerangebot 990 NOK fürs Büfett inkl. Besichtigung des Gartens und Transport per Boot. Das hochgepriesene Gartenrestaurant auf der Nordseite der Palmeninsel Sør-Hidle ist von Stavanger aus nur per Boot in 20 Min. zu erreichen, Mitte Mai–Mitte Sept., Mo–Sa Abfahrt ab Skagenkaien.

Einkaufen

An Einkaufsmöglichkeiten herrscht kein Mangel, die Preise toppen aber möglicherweise noch die ohnehin hohen norwegischen Durchschnittspreise. Die wichtigsten, zum Teil autofreien Einkaufsstraßen liegen zwischen dem Dom und dem Hafen.
Obst, Gemüse und Fisch – Zwischen Dom und Vågen gibt es täglich (außer sonntags) einen **Obst- und Gemüsemarkt** 2 . Direkt am Vågen liegt die gläserne **Fischhalle** 3 , wo fangfrische Meeresfrüchte angeboten werden.
Strickwaren – **Oleana** 4 : Kirkegata 31, Tel. 51 89 48 04, www.oleana.no. Bereits vielfach ausgezeichnet für gutes Design, bietet Oleana typisch Norwegisches in bester Qualität.
Einkaufszentren – **Magasinblaa** 5 : Verksgata 2, www.magasinblaa.no. 22 Geschäfte und Restaurants. **Tvedtsenter** 6 : Lagerveien 1–9, www.tvedtsenteret.no. Alle großen Marken und Norwegens größtes Schuhgeschäft.
Second Hand – **Fretex** 7 : Breigata 20, Tel. 51 89 40 33, www.fretex.no. Hier verkauft die Heilsarmee unter junger Leitung Gebrauchtes für den guten Zweck. Die Preise sind erfrischend günstig, und es finden sich immer wieder potenzielle Lieblingsstücke.

Øvre Holmegate 1
Stavangers bunteste und vielleicht interessanteste Straße ist die Øvre Holmegate: bunt angestrichene Häuser, kultige Cafés und Kneipen und ›etwas andere‹ Läden mit Secondhand- und alternativer Mode.

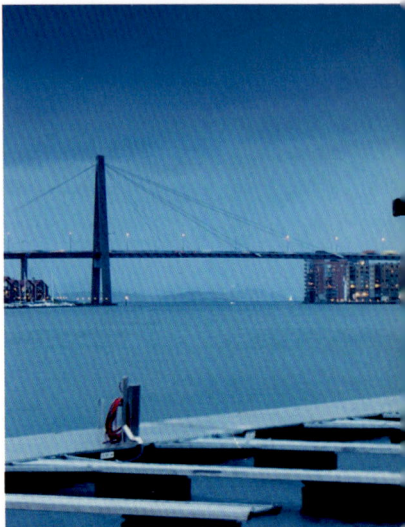

Aktiv

Stadtrundfahrt – **www.citysightseeing.no/stavanger:** alle 30 Min., Tagesticket Erw. 250, Kinder 130 NOK. Der **Hop-on-Hop-off-Bus** passiert viele Sehenswürdigkeiten. An jedem Stopp kann man ein- oder auszusteigen.

Von Beginn an heftig umstritten: der futuristisch anmutende Bau des Ölmuseums

Fjord-Sightseeing – **Bootstouren** zum Lysefjord und Preikestolen von verschiedenen Anbietern, ab Skagenkaien **1** oder Fiskepiren **2** , Dauer 3–4 Std., Erw. 420–450 NOK, Kinder 260–280 NOK. Buchung über die Touristeninformation oder bei den Anbietern: Clipper Fjord Sightseeing AS, Skagenkaien 18, Tel. 51 89 52 70, www.rodne.no; Norled, Tel. 51 86 87 00, www.norled.no.

Touristenroute Lysefjord – **Autofähre** **2** Stavanger–Lauvik–Lysebotn, Juni–Aug. 1 x tgl. ab Fiskepiren, Autoplätze müssen reserviert werden, Tel. 57 63 14 00, www.fjord1.no, Erw. 290 NOK, Kinder 130 NOK. Die Route führt vorbei am Preikestolen, man muss nur den Kopf in den Nacken legen. Diese attraktive ›Kreuzfahrt‹ bietet sich als Tagesausflug von Stavanger an. Zurück geht es via Sirdal und das Hunnedalen nach Ålgård und über die E 39 nach Stavanger.

Freizeitpark – **Kongeparken** **3** : Ålgard, Tel. 81 52 26 73, www.konge parken.no, Ende April–Mitte Sept. tgl. 10–18, sonst 10–16 Uhr; Auto: E 39, Bus von Sandnes und Stavanger zum Kongeparken, Erw. 389, Kinder 329 NOK, Kinder kleiner als 90 cm frei. Der größte Freizeitpark Westnorwegens, der Königspark, wartet u. a. auf mit Achterbahn, Schokoladenfabrik, Bauernhof mit Tieren und Westernstadt.

Abends & Nachts

Blick auf Vågen – **Cementen** **1** : Nedre Strandgate 25, Tel. 51 56 78 00, www.cementen.no. Kneipe voller Bücher und alter Plakate. Um 23 Uhr öffnet der zum Cementen gehörige Club nebenan.

Rockig – **Checkpoint Charlie Hardrock Café** **2** : Lars Hertervigs gate 5, Tel. 51 53 22 45, www.checkpoint.no. Der Treff für Freunde von alternativer Musik und Hard Rock. Meist mit guter Livemusik von eher unbekannten lokalen Bands.

Up to date – **Newsman** **3**: Skagen 14, Tel. 51 84 38 80. Café/Kneipe im Stil der 1950er-Jahre, dekoriert mit Zeitungsartikeln aus zwei Jahrhunderten; Zeitungen liegen aus, im Fernseher läuft CNN.

Livemusik – **The Irishman** **4**: Høleberggata 9, Tel. 51 89 41 81, www. harbourfolkband.com/irishman.html. Mo–Mi ab 17, Do, Fr ab 15, Sa ab 13, So ab 15 Uhr. Irischer Pub mit Livemusik (Do ab 21, Sa ab 15 Uhr), hinter dem Kulturhaus auf dem Sølvberggata.

Studententreff – **Café Akvariet** **5**: Studentersamfunnet, Ny Olavskleiv 16, Tel. 51 56 44 44, www.folken.no, Mo–Sa ab 18 Uhr. Treffpunkt der Studentenszene, auch Filmabende und Livemusik, vergleichsweise erschwingliches Bier.

Infos & Termine

Verkehr

Flug: Mehrmals tgl. Flüge von/nach Kristiansand, Sandefjord, Trondheim, Bergen, Oslo; Flughafenbus vom Busbahnhof beim Bhf. Stavanger alle 15 Min.

Fahrplanauskunft: Für Nah-/Fernbusse, Schiffe, Züge in Rogaland, Tel. 177; wenn man nicht in Rogaland ist: Tel. 81 50 01 82, im Internet: www.kolumbus.no.

Zug: mehrmals tgl. Stavanger–Kristiansand–Oslo und Stavanger–Egersund.

Bus: Der Busbahnhof liegt direkt am Bahnhof. Busse nach Bergen, Haugesund, Kristiansand, Tønsberg, Oslo.

Schnellboot: vom Schnellbootterminal Sauda (4 x tgl.), Jelsa (Suldal) (4 x tgl.), Hjelmeland über Fister (3 x tgl.) und nach Sandeid (3 x wöchentl.).

Fähren: vom Fährterminal Richtung Osten (Ryfylke mit Preikestolen): nach Tau ca. 28 x tgl., 40 Min.; Lauvvik–Oanes ca. 30 x tgl., 10 Min. Stavanger–Lauvvik–Lysebotn, 1 x tgl., 4 Std. Fähren Richtung Norden: Mekjarvik (Randaberg)–Kvitsøy, 8 x tgl., 30 Min.; Mortavika (Rennesøy)–Årsvågen (Bokn), 38 x tgl., 22 Min., Sand–Ropeid 29 x tgl., 10 Min.

Termine

Berühmt ist Stavanger für sein lebendiges Kulturleben mit etwa 30 Festivals im Jahr, u. a.:

Den Store Norske Humorfestivalen: Sept., www.humorfestivalen.no. Großes Norwegisches Humorfestival, vielfältiges Programm mit Revuen, Straßenkünstlern, Kindershows.

International Chamber Music Festival: Aug., www.icmf.no. Kammermusik auf höchstem Niveau.

West Coast Festival of Numusic and Art: Sept., www.numusic.no. Alternative, elektronische Musik und Nuart.

Blink Skifestival: Juli, www.blinkfestivalen.no. Sommerbiathlon durch Sandnes mit den Größen des Sports.

Gladmatfestival: Juli, www.gladmat. no. Hier dreht sich alles um Essen und Kultur.

Kapittel: Sept., www.kapittel.com. Internationales Literaturfestival für Meinungsfreiheit.

Ausflüge

Die Ausflugsziele in der Nähe von Stavanger sind am einfachsten mit dem Auto zu erreichen. Die Palette des Sehenswerten ist vielfältig und reicht von einem hässlichen Turm mit der schönsten Aussicht über einen eisenzeitlichen Hof bis zu einem mittelalterlichen Kloster.

Ullandhaugtårnet ▶ B 11

Die Aussichtsplattformen sind stets zugänglich; Café im unteren Teil, nur So. Bus 4, 6, 7 bis Ullandhaug
Auf dem Weg zum eisenzeitlichen Hof, ca. 3 km vom Zentrum, passiert man die Ausfahrt zum **Aussichtsturm** Ullandhaugtårnet, der in dem Wäldchen Sørmarka südwestlich der Stadt

steht. Von dem beeindruckend hässlichen Turm hat man den spektakulärsten Ausblick auf die Stadt und das Meer.

Eisenzeitlicher Hof ▶ B 11

www.jernaldergarden.no, auf der E 39 Richtung Sandnes, Abfahrt ausgeschildert, oder Bus 4, 6, 7 bis Ullandhaugveien, Ende Mai–Ende Sept. So 11–16, Mitte Juni–Mitte Aug. tgl. 11–16 Uhr, Erw. 50 NOK, Kinder 20 NOK

Südlich von Stavanger lohnt der Jernaldergården in Ullandhaug einen Besuch, eine am originalen Standort rekonstruierte Hofanlage. Die niedrigen grasbedeckten Häuser liegen direkt unterhalb einer Reihe nüchterner Hochhäuser. Auf dem 1967/68 ergrabenen Hof lebten nach Schätzungen der Archäologen zwischen 350 und 550 n. Chr. etwa 25 Menschen, die Kühe und Schafe hielten, aber auch Gerste und Hafer anbauten.

Sverd i Fjell ▶ B 11

Mit dem Auto über die R 509 und die E 39, Bus S 29 vom Zentrum Stavangers

Am Ufer der **Møllebukta** am Nordufer des Hafrsfjord sieht man drei riesige **Schwerter im Berg** stecken. Das Reichsdenkmal erinnert an die Einigung Norwegens durch Harald Hårfagre (Schönhaar), der gegen Ende des 9. Jh. in der Schlacht im Hafrsfjord den entscheidenden Sieg über die konkurrierenden Kleinkönige errang und damit zumindest die Küste im Südwesten und Teile des Binnenlands unter seiner Herrschaft vereinte. Die Møllebukta ist auch ein beliebter Badeplatz.

Per Fahrrad zu den Sverd i Fjell

Stavanger lässt sich wunderbar mit dem Fahrrad entdecken. Ausleihen kann man sich die Räder in der Touristeninformation, die auch Karten mit verschiedenen Touren bereithält. Ein lohnender, etwa 30-minütiger Ausflug (eine Strecke) führt vom Zentrum (Tou-

Per Fahrrad zu den Sverd i Fjell

Lieblingsort

Borestranda – wunderbar bei jedem Wetter ▶ A 12

Es gibt sie, jene fast tropischen Tage, an denen man einfach nur Lust hat auf Meer und Strand. Einer der schönsten und nicht allzu bekannten Strände ist der Borestrand mit Blick auf den Leuchtturm Feistein Fyr. Der weiße Sandstrand und die Dünen begeistern nicht nur die einheimischen Wellenreiter und Kitesurfer, auch der König, der gelegentlich zum Angeln hierherkommt, weiß die einmalige Landschaft zu schätzen. Ein völlig anderes, aber nicht minder reizvolles Gesicht bekommt der Borestrand bei Sturm, wenn der Wind heult und die Wellen hochpeitscht.

risteninfo, Cityplan Stavanger, s. S. 84) über die Straßen Kongsgata, Håkon VIIs gate, Eiganesveien und schließlich über den Madlaveien (R 510) am Mosvatnet entlang Richtung Sola bis zur **Møllebukta**. Die Møllebucht ist ein im Sommer beliebtes Bade- und Naherholungsgebiet der Bevölkerung von Stavanger. Hier stehen drei mächtige Schwerter im Fels – das Reichsdenkmal **Sverd i Fjell** (s. S. 93). Ein geschichtsträchtiger Ort zum Picknicken und Baden.

Utstein Kloster ▶ B 11

Anfahrt auf der E 39, Mosterøyveien 801, 4156 Mosterøy, www.museum stavanger.no/museene/utstein-kloster, Mitte Mai–Mitte Sept. Mo–Sa 10–16, So 12–17, sonst nur So 12–17 Uhr, Erw. 80 NOK, Kinder 40 NOK, Cafeteria

Norwegens besterhaltene Klosteranlage liegt auf Mosterøy strategisch günstig am alten Schifffahrtsweg zwischen Stavanger und dem Karmsund. Im 9. Jh. residierte hier König Harald Hårfagre (Schönhaar). Im 13. Jh. kam der Königshof mit seinen Ländereien in den Besitz des Olavsklosters in Stavanger, dessen Ordensbrüder sich an den Bau eines Klosters machten, zu dem im 16. Jh. ca. 50 Höfe in Jæren gehörten. Heute finden hier Seminare, Kongresse und Konzerte statt.

Infos

Auto: Nach Mortavik gelangt man von Stavanger durch die zwei Rennfast-Tunnel (5830 m und 4390 m, keine Maut).

Jæren ▶ A/B 12

Südlich von Stavanger führt die nationale Touristenstraße (R 44) direkt an der Küste entlang durch die Landschaft Jæren. Bei regnerischem, nasskaltem Wetter wirkt die flache Gegend trostlos. Bei jeder Wind- und Wetterlage reizvoll ist jedoch der breite feinsandige Küstenstreifen. Die Leuchttürme von Jæren, Friluftsfyret Kvassheim, Obrestad Fyr, Feistein Fyr und Tungenes Fyr wurden in den letzten Jahren teilweise renoviert und avancierten zu beliebten Touristenzielen. Viele von ihnen bieten Übernachtungsmöglichkeiten, Kunst- und Kulturausstellungen und Cafés (s. Entdeckungstour S. 96).

Übernachten

Grandioser Strand – **Brusand Camping:** in Brusand (▶ B 12), Tel. 93 62 58 23, www.brusand-camping.no, ganzjährig, ab 500 NOK. Viele Hütten für 4–8 Pers., viele Dauercamper, keine Zelte. Spielplatz.
Im Naturschutzgebiet gelegen – **Ogna Camping:** in Sirevåg (▶ B 12), Varden, am Sandstrand, Tel. 51 43 82 42, www.ognacamping.no, ganzjährig Hütten für 6 bis 8 Pers., ab 500 NOK. Spielplatz.

Aktiv

Badestrände
Die zusammen ca. 70 km langen und bis zu 650 m breiten Strände von Jæren stehen seit 1977 unter Naturschutz. Sie gehören zu den längsten und beliebtesten Sandstränden in Norwegen. Für seine Schönheit ausgezeichnet wurde der **Solastrand** (▶ A 11) herrlich sind aber auch **Borestranda** (▶ A 12, s. Lieblingsort S. 94), **Orrestrand** (▶ A 12) und die Strände in der **Ognabucht** (▶ B 12). Hier tummeln sich Surfer und Badeurlauber. Achtung: tückische Strömungsverhältnisse – vorab bei Einheimischen informieren! ▷ S. 99

Auf Entdeckungstour:
Rettende Feuer – Leuchttürme in Jæren

Entlang der bestens ausgeschilderten Nordseeroute liegen vier Leuchttürme, die zur Sicherung des Schiffsverkehrs an der Küste beitragen. Sie erzählen packende Geschichten von wilden Stürmen, tragischen Unglücken und dem schwierigen Leben der Leuchtturmwärter.

Reisekarte: ▶ B 11 – A 12
Dauer: Auto 1 Tag, Fahrrad 2–3 Tage
Planung: Kvassheim, www.frilufts fyret-kvassheim.no, Ende Juni–Mitte Aug. So–Fr 11–17, sonst So und Fei 11–17 Uhr; **Obrestad,** Ende Juni–Ende Aug. Di–So 12–17, sonst So 12–17 Uhr. Erw. 30 NOK, Kinder frei; **Tungenes:** Mitte Juni–Mitte Aug. tgl. 12–16, sonst So 12–16 Uhr, Erw. 70 NOK, Kinder 30 NOK; **Feistein,** Besuch oder Übernachtung (ab 250 NOK) nach Absprache: Tel. 51 42 98 00

Reisenden wird auffallen, dass die Berge in Jæren, anders als im Rest Norwegens, ein ganzes Stück landeinwärts liegen. Diese Tatsache machte die raue Küste von Jæren in alten Zeiten zu einer der gefährlichsten des Landes, denn damals war es in Norwegen eine gängige Methode der Navigation, sich an den Bergen der Küste zu orientieren. Wegen des Mangels an markanten Orientierungspunkten und der schwierigen Strömungsverhältnisse konnten Steuermänner leicht in die

Irre und mitsamt ihrer Besatzung ins Verderben geführt werden. Im 19. Jh. wurde deshalb damit begonnen, die Küstenschifffahrt durch den Bau von Leuchttürmen sicherer zu machen. Heute, in Zeiten der modernen Navigation, haben sie ihre Bedeutung für die Seefahrt eingebüßt, dafür aber einen festen Platz in der Geschichte und Kultur Jærens eingenommen.

Ein schwieriges Leben

In den Leuchttürmen erfährt man, wie das Leben der Leuchtturmwärter einst aussah. Bis in die 1950er-Jahre wurde ein Leuchtturm von einer, mitunter auch von mehreren Familien betrieben. Alle mussten mit anpacken, um das Erlöschen des lebensrettenden Feuers zu verhindern. Die Leuchtfeuer in Jæren waren als Arbeitsplatz besonders begehrt, weil sie fast alle auf dem Festland und nicht mitten im Meer lagen – eine Tatsache, die das Leben deutlich erleichterte. Mit der Einführung des Schichtsystems, bei dem sich mehrere Männer die Aufsicht über ein Leuchtfeuer teilten, zogen die Familien landeinwärts. Heute sind alle Leuchttürme unbemannt, teilweise aber immer noch in Betrieb. Die meisten stehen unter Denkmalschutz und beherbergen Cafés und kleine Museen.

Ein Fenster zum Meer

Der Leuchtturm **Friluftsfyret Kvassheim** (fyr = Feuer) liegt im Süden von Jæren. Gebaut 1912, war er bis 1990 bemannt. In dem ehemaligen Maschinenhaus befindet sich seit der Renovierung ein Aufenthaltsraum mit einem Panoramafenster, das einen schönen Ausblick über die umliegenden Felder und das Meer ermöglicht. Man kann sein eigenes nistepakken (Proviantpaket) mitbringen oder Selbstgebackenes, Kaffee und Erfrischungsgetränke im **Café** kaufen.

Die zwei Nebengebäude zeigen wechselnde **Kunstausstellungen** sowie eine **Dauerausstellung** zu den Leuchtturmwärtern (mit ausschließlich norwegischer Beschilderung). Ein Informationszentrum über Jæren und den Kvassheimer Leuchtturm ist in Planung.

Alte und neue Zeiten

Das **Obrestad Fyr** besteht aus dem Leuchtturm, dem Haus des Leuchtturmwärters, einem Bedienstetengebäude und dem Wohnhaus der Familie. Im Zweiten Weltkrieg integrierten die deutschen Besatzer den Leuchtturm in ihre Küstenverteidigung und versahen ihn auf der Rückseite mit einem Aussichtsturm, auf dem man dann 1950 das Leuchtfeuer installierte. Nach 118 Jahren bemannten Betriebes funktioniert der Leuchtturm seit 1991 vollautomatisch. Vieles blieb in Obrestadt in seinem ursprünglichen Zustand erhalten und die zurückgelassenen Alltagsgegenstände erwecken den Anschein, als könne der letzte Wärter Rolf Kristensen jede Minute durch die Tür treten und seiner Arbeit wieder nachgehen. In dem Raum, in dem das **Café** untergebracht ist, finden sich noch heute zurückgelassene Werkzeuge und alte Ölbehälter.

Seitdem das Gebäude 1998 unter Denkmalschutz gestellt wurde, fungiert es als **Museum** und präsentiert wechselnde Ausstellungen, die den Alltag der Leuchtturmwärter und das Leben der Soldaten im Zweiten Weltkrieg dokumentieren. Zudem besteht die Möglichkeit, in den Nebengebäuden zu **übernachten** (Information im Hå Gamle Prestegård s. S. 99).

werden mochte, wenn bei Sturm die Wellen gegen das Gebäude donnerten. 1923 wurde in einer Auflistung der norwegischen Leuchttürme vermerkt, dass der Wärter auf Feistein besonders starke Nerven haben müsse. Mitunter zwang ihn die launische Nordsee, tagelang zu warten, bis das Wetter ihm erlaubte, die Insel zu verlassen. Das kann auch heute noch passieren. Wer Lust auf eine **Übernachtung** hat, sollte sich im Vorfeld bei der Gemeinde Klepp (Tel. 51 42 98 00) erkundigen. Übernachten kann man auf Feistein in der Zeit von Mitte Mai bis Mitte September.

Kunst und Kaffee

Am nördlichsten Punkt Jærens befindet sich der **Tungenes Fyr.** Der 1828 errichtete und bis 1984 betriebene Leuchtturm ist auf Besucher bestens eingestellt. Im sanierten **Haus des Wärters,** das nach der Restaurierung sein Aussehen aus den 1930er-Jahren wiedererlangt hat, können kleine Köstlichkeiten zu annehmbaren Preisen erstanden werden. So lässt sich zwischendurch Kraft schöpfen für die Ausstellungen im Leuchtturm und seinen Nebengebäuden.

Für große und kleine Besucher interessant sind das **Leuchtturm- und Seefahrtsmuseum** sowie die **Oskar-Sørreime-Sammlung** mit Arbeiten des 1919 in Stavanger geborenen Malers und Zeichners Oskar Sørreime. Der Künstler und seine Frau stifteten die Werke der Gemeinde Randaberg.

In der Nähe des Turms erinnern alte **Beobachtungs- und Geschützstellungen** an die Zeit der deutschen Besatzung. In den Jahren 1940 bis 1945 waren hier in Tungenes wegen der strategisch günstigen Lage bis zu 40 Soldaten der deutschen Wehrmacht untergebracht.

Einsames Idyll

Etwas verlassen steht er da – der **Feistein Fyr** auf seiner kleinen, felsigen Insel (der einzigen der Gemeinde), die scheinbar nur eine Handbreit über den Meeresspiegel hinausragt. Der Leuchtturm ist nur für Übernachtungsgäste geöffnet, kann aber gut von Klepp oder Sele vom Strand aus gesehen werden. Der ursprünglich 1859 erbaute Leuchtturm war nur eine einfache Holzkonstruktion, sodass dem Wärter angst und bange

Wandern auf dem Kongevegen

Die Strecke folgt dem alten Königsweg, einem markierten, 10 km langen Wanderweg, vom **Kvassheim Fyr** (▶ B 12, s. S. 97) zum **Hå Gamle Prestegård** (s. rechts). Er führt immer in Meeresnähe an den verschiedenen Sehenswürdigkeiten vorbei, u. a. dem **Grødaland Bygdetun** (▶ B 12, im Sommer tgl. 12–16 Uhr, Vor- und Nachsaison So 12–16 Uhr, Erw. 30 NOK, Kinder frei), einem typischen Jæren-Hof aus dem frühen 18. Jh.

Fahrradtour auf der Nordsjøruta

www.bike-norway.com, www.nord seestrasse.de, www.northsea-cycle. com
Der Fahrradweg Nordsjøruta führt stets an der Nordseeküste entlang und auch durch Jæren. Die Route von **Ogna** (▶ B 12) ganz im Süden Jærens bis nach **Haugesund** (▶ A 10) ist 296 km lang und enthält nur wenige Steigungen (Höhenunterschied 300 m). Eine ausführliche Broschüre gibt es in der Touristeninformation oder etwas teurer auf der oben genannten Internetseite. Sie bietet detaillierte Etappenangaben, gibt Hinweise zu Sehenswürdigkeiten und zahlreiche Übernachtungstipps.

Orre ▶ A 12

Im **Friluftshuset** (Nähe Orrestrand, www.jarenfri.no, So–Fr 11–17, sonst nur So und Fei 11.30–16 Uhr, Eintritt frei) findet man eine Dokumentation der Versuche, die bedrohten Dünenlandschaften Jærens vor der Zerstörung zu bewahren. Die Dünengebiete sind eine Landschaftsform, die leicht aus dem Gleichgewicht zu bringen ist. Durch die zunehmende Beschädigung der Pflanzendecke, z. B. durch die kreuz und quer über die Sanddünen

verlaufenden Touristenpfade, boten sich den orkanartigen Stürmen des letzten Jahrzehnts empfindliche Angriffsflächen. Bei der großen Beliebtheit der Strandgebiete ist heute schon abzusehen, dass der Jærensand wie schon im 18. Jh. in Bewegung geraten wird. Damals verschwanden Höfe und kultiviertes Ackerland unter dem Flugsand.

Hå ▶ A 12

Im sehr schön restaurierten **Hå Gamle Prestegård** (Mitte Mai–Aug. tgl. 11–17, sonst tgl. 11–15 Uhr Uhr, Erw. 60 NOK, Kinder frei), dem **Alten Pfarrhof** der Küstengemeinde Hå, aus der zweiten Hälfte des 18. Jh. werden kunst- und kulturgeschichtliche Ausstellungen gezeigt.

Am Geröllstrand in unmittelbarer Nähe des Pfarrhofs befindet sich ein Feld mit ca. 60 **Grabhügeln** aus der Zeit um 500 n. Chr. Auch kann man einen weiteren Hof am Kongevegen besichtigen, der einen guten Eindruck vom Leben in vorindustrieller Zeit vermittelt.

Nærbø ▶ B 12

Bei Nærbø liegt mit dem **Vitengarden** (Wissensgarten) der Hauptsitz des **Jaermuseet** (Kvivagen 99, 2 km von der R 44, www.jaermuseet.no, Ende Juni–Mitte Aug. tgl. 10–16, So 12–17, sonst tgl. 10–15, So 12–17 Uhr, Eintritt Erw. 120 NOK, Kinder 60 NOK, inkl. Tungenes Fyr, s. S. 98, und weitere Außenstellen/Tag). Der Museumshof, auf dem alte Haustierrassen gehalten werden, dokumentiert die Geschichte der norwegischen Landwirtschaft, aktives Lernen steht im Vordergrund, mit interaktiven Experimenten zum täglichen Leben.

Ryfylkevegen und Haugaland

Highlight!

Preikestolen: Er ist die Perle des Lysefjords und bietet mit seinem Plateau eine perfekte Aussichtsplattform. Selbst den steilen Anstieg nimmt man gerne in Kauf, um in schwindelerregender Höhe den spektakulären Blick in den 600 m tiefen Abgrund und über den Fjord genießen zu können. S. 103

Auf Entdeckungstour

Auf den Spuren der Wikinger: In Avaldsnes, wo einst der erste Königshof Norwegens von dem legendären Harald Schönhaar gegründet wurde, lassen sich heute noch viele Zeugnisse der Vergangenheit finden. Das historische Museum vor Ort dokumentiert vor allem die Welt der Häuptlinge und Könige, wohingegen die rekonstruierte Wikingersiedlung den Alltag der Bauern und Fischer veranschaulicht. S. 116

Allmannajuvet

Lachssafari
Suldalslågen

Avaldsnes

Utsira

Auf den Spuren der Wikinger

Karmøy

Gamle Skudeneshavn

Lysefjord

Stavanger   **Preikestolen**   Kjeragbolten

Kultur & Sehenswertes

Zinkmuseum: In der Schlucht Allmanna-juvet liegen die Tunnel der ehemaligen Zinkmine tief im Berg. Stararchitekt Peter Zumthor schuf hier eine ganz besondere Museumsanlage. S. 111

Gamle Skudeneshavn: Weiße Holz-häuser, alte Bootsschuppen, Packhäuser und Boote prägen das alte Skude-neshavn. S. 114

Aktiv unterwegs

Wanderung zum Kjeragbolten: Das Ziel einer ca. 2,5-stündigen Wande-rung ist ein kreisrunder Stein, der in einer Felsspalte eingeklemmt rund 1000 m über dem Lysefjord ›hängt‹. S. 107

Lachssafari: Mit Schnorchelbrille und Überlebensanzug den Suldalslågen hi-nunterzutreiben, ist überaus spannend. Flache Passagen wechseln mit uner-gründlichen Tiefen, und Lachse schnel-len auf dem Weg zu ihren Laichgrün-den vorbei. S. 112

Genießen & Atmosphäre

Badebuchten auf Karmøy: An der Westküste der Insel liegen mehrere schöne Sandstrände. Die versteckten Buchten bieten einsame Plätze zum Entspannen, Baden und Ballspielen. S. 118

Inselausflug nach Utsira: Auf Utsira, einer idyllischen Insel und Norwegens kleinster Kommune, scheinen die Uh-ren langsamer zu ticken. Hier gibt es wenige Autos, kaum Einkaufsmög-lichkeiten und keine Clubs, dafür aber jede Menge Natur. Zur Vogelzugsai-son zieht es Ornithologen aus ganz Europa hierher. S. 121

Abends & Nachts

Ausgehmöglichkeiten sind in dieser Region des Fjordlands kaum vor-handen.

Ryfylkevegen

Der Ryfylkevegen (R 13), der von Oanes nach Røldal am Übergang zum
Hardanger führt, gehört zu den ersten
nationalen Touristenstraßen des Landes. Landschaftlich vereint der rund
250 km lange Weg alles, was man von
Norwegen erwartet: Fjorde, Lachsflüsse, tosende Wasserfälle, sanfte Wiesen
und malerische Dörfer. Mehrsprachige
Schilder verweisen auf Sehenswürdigkeiten und kulturelle Besonderheiten,
sie informieren über Anbaumethoden,
alte Handwerkstechniken und Traditionen. Zu den berühmtesten Attraktionen gehören zweifelsfrei der Lysefjord
und der Preikestolen, die von Stavanger
aus auch einen Tagesausflug lohnen.
Von hier verläuft der teils enge und
steile Ryfylkevegen durch eine mannigfaltige Fjord- und Berglandschaft,
vorbei an kulturellen Kleinoden nach
Sand, wo der Lachsfluss Suldalslågen in
den Sandsfjord mündet. Hier teilt sich
der Ryfylkevegen. Von Ropeid führt die
schmale Straße hoch über dem Fjord
eng am Berg entlang bis nach Sauda
und von dort durch enge, dramatische Schluchten auf dem im Sommer
oft noch verschneiten Røldalvegen bis
ins Hochgebirge. Die andere Variante
folgt der Uferline des Sees Suldalsvatnet, begibt sich dann in das wilde,
schluchtartige Brattlandsdalen entlang
des Røldalvatnet nach Røldal, wo der
Ryfylkevegen endet.

Infobox

Sehr gutes Infomaterial (dt.) über das
Ryfylke gibt es in allen umliegenden
Touristenbüros oder über **Reisemål Ryfylke AS,** im Spa Hotell Velvære, Hjelmeland, Tel. 51 75 95 10, www.ryfylke.
com. Fotos und Infos zum Ryfylkevegen
bietet www.nasjonaleturistveger.no.

Anreise und Weiterkommen
Will man mit öffentlichen Verkehrsmitteln zum Preikestolen, nimmt man von
Tau aus den **Bus.** Im Sommer fährt er im
Anschluss an die **Fähre** aus Stavanger
(s. S. 92) zur Preikestolhütte, Rückfahrt am Nachmittag. Der Aufenthalt
reicht zur Besteigung des Preikestolen.
Zwischen Tau und Hjelmeland verkehrt
u. a. **Bus** 104 (viele Zwischenstopps). In
Hjelmeland ist der Ryfylkevegen durch
den Jøsenfjord unterbrochen. Hier setzt
eine **Fähre** nach Nesvik (s. S. 109) über.

Lysefjord ▶ B/C 11

Mit dem Lysefjord und dem berühmten Preikestolen beginnt das Fjordland
im Süden. Der Lysefjord schneidet ca.
40 km tief in eine spektakuläre Gebirgswelt ein, deren blank gescheu-
erte (*lys* = hell) Felswände über weite
Strecken steil zum Wasser hin abfallen,
sodass für Ansiedlungen wenig Platz
blieb. Viele Höfe sind heute verlassen.
Von Stavanger folgt man der E 39, ab
Sandnes führt die R 13 nach Lauvvik,
wo die Fähre nach Oanes ablegt.

Lysefjordsenter ▶ B 11

*Oanes, Forsand, Tel. 51 70 31 23,
www.lysefjordsenteret.no, Mitte
Juni–Mitte Aug. tgl. 12–17, sonst So,
Fei 12–17 Uhr*
Kurz hinter dem Fähranleger von **Oa-
nes** liegt das Lysefjordsenter. Neben
Informationen zu der gesamten Region
gibt es eine Präsentation der Kulturge-

schichte und Geologie des Fjords. Nördlich von Oanes führt seit 1999 eine Brücke über den Lysefjord nach Forsand.

Landapark ▶ B 11

Fossanmoen, Tel. 95 42 84 51, www. landapark.no, im Sommer tgl. 12–16 Uhr, Erw. 70 NOK, Kinder 60 NOK, Sa u. So (12–16 Uhr) sind Aktivitätstage 3 km südöstlich von Forsand befindet sich mit dem **Museumsdorf Landa** eine rekonstruierte **Vorzeitsiedlung**. Ausgrabungen haben ergeben, dass hier Menschen von der Bronzezeit um 1500 v. Chr. bis zur Völkerwanderungszeit um 600 n. Chr. gelebt haben. Es werden verschiedene Aktivitäten wie Reiten, Bogenschießen und Schmuckherstellung für Groß und Klein angeboten.

Übernachten

Komfortable Hütten – **Lysefjord Hyttegrend:** ▶ B 11, Forsand, Jørpeland, Tel. 51 70 07 50, www.lysefjord-hyttegrend. no, 2–9 Pers. 730–1370 NOK. Schöne Ferienhütten direkt am Lysefjord gelegen; Bootsverleih und Angelmöglichkeit.
Kinderparadies – **Landapark Camping:** s. o. Schöner Platz auf dem Gelände des Museumsdorfes, unter deutscher Leitung; Hütten in Planung, Übernachtung im Bronzezeithaus möglich, Kajak-, Bootsverleih, Angeltouren.

Aktiv

Kajakverleih & Kajaktouren – **Lysefjorden Opplevelser:** ▶ B 11, Forsand, Tel. 97 73 74 48, www.lysefjordkajakk.com. Abenteuerliche Fjord- und Bergsafaris in ganz Ryfylke, Fjordrafting und Kajakverleih. Kosten z. B. 550 NOK für eine zweieinhalbstündige, geführte Kajaktour.

Infos

Lysefjordsenter: ▶ B 11, Oanes, Forsand, Tel. 51 70 36 60, www.ryfylke. com, Ende Juni–Anf. Aug. Mo–Fr 8–17, Sa, So 12–18, sonst Mo–Fr 8–15 Uhr. Ausstellung, Besichtigungstouren, Restaurant, Bademöglichkeit, Park, Kunstgewerbe-, Souvenirladen, Bootsverleih.
Fähre: Lauvvik–Oanes, ca. 30 x tgl., 10 Min.

Preikestolen❗ ▶ B 11

Wanderung ab Parkplatz (Gebühr) Preikestolhytta zum Plateau und retour, hin und zurück ca. 4 Std., plus

Wanderung auf den Preikestolen

Rast- und Fotozeit; gute Kondition und festes Schuhwerk erforderlich, da der Aufstieg steil und steinig ist; Proviant und Wasser nicht vergessen, kein Kiosk!

»Wenn der Preikestolen herunterstürzt, wird Stavanger ins Meer gespült«, heißt es in einer alten Sage, und man glaubt es sofort, wenn man die mächtige Felskanzel erblickt, die in schwindelerregender Höhe über dem Lysefjord aufragt.

Vom Parkplatz führt der Weg durch Wald bergauf (Markierung rotes T). Man passiert ein kleines Feuchtgebiet und steigt durch eine steile, mit Geröll gefüllte Rinne hoch zu einem Felsplateau mit kleinen Seen, von wo aus man schließlich die Kanzel des Preikestolen erreicht. Die Aussicht von dem fast quadratischen (25 x 25 m) Felsplateau über den Lysefjord ist fantastisch, das Heranrobben an die gut 600 m senkrecht abstürzende Felskante auch für Schwindelfreie aufregend. Trotz des Touristenandrangs (pro Jahr ca. 150 000 Wanderer) sollte man den Aufstieg unbedingt angehen. Die Tour ist machbar, sollte aber nicht unterschätzt werden.

Übernachten

Typisch norwegisch – **Preikestolhytta, Preikestolen Fjellstue:** 8 km südlich von Jørpeland, am Weg zum Preikestolen, Tel. 51 74 20 74, www.preikestolen-fjellstue.no, Juni–Aug., Übernachtung in dem 2009 errichteten innovativen Holzbau Fjellstue, DZ inkl. Frühstück ab 1495 NOK, Preikestolhytta ab 320 NOK/Pers. Grasbedeckte Jugendherberge mit Aussicht auf den Revsvatnet. 58 Betten, Kaminstube, Badeplatz mit Sandstrand, Angelmöglichkeit, Bootsverleih, Cafeteria. Der Parkplatz (Gebühr) vor der

Nervenkitzel am Preikestolen –
600 m tief fällt der Blick in den Lysefjord

Hütte ist Start der Wanderung auf den Preikestolen.

Ruhige Lage – **Preikestolen Camping:** Jørpeland, Tel. 48 19 39 50, www.preikestolencamping.com. Übernachtung Auto/Zelt 200 NOK, Erw. 40 NOK, Kinder 30 NOK. Ruhiger Platz an der Straße zur Preikestolhütte. Camping für Zelte und Wohnmobile, Badestelle am Fluss, Lebensmittel und Restaurant.

Infos

Fähre: Stavanger–Tau, ca. 28 x tgl., 40 Min.
Bus: s. Infobox S. 102

Lysebotn ▶ C 11

Von Stavanger bzw. von Lauvvik gelangt man im Sommer auf der Touristenroute mit der Fähre nach Lysebotn. Von hier führt der **Lysevegen**, eine fantastische Serpentinenstraße in 27 Haarnadelkurven über 900 m steil hinauf ins obere Sirdal (die Straße ist im Winterhalbjahr geschlossen, Weginfo Tel. 175). Alternativ kann man auch mit dem Auto von Stavanger aus in ca. 2,5 Stunden auf der R 45 und dann über den Lysevegen nach Lysebotn gelangen.

Übernachten

Vielseitig – **Lysebotn Tourist Camp:** Lysebotn, Tel. 97 51 16 51, www.visitkjerag.no, Hütten 790–1440 NOK, B & B DZ ab 890, Zimmer im Hostel ab 260 NOK. Großer Campingplatz für Zelte und Wohnmobile am Anleger in Lysebotn.

Øygardstøylen ▶ C 11

Wie ein Adlerhorst hängt die architektonisch spannende Alm (*støl* = Alm) hoch über dem Lysefjord. Hier kann

**Kjeragbolten –
1000 m überm Abgrund** ▶ C 11
Es ist ein Aufstieg, der verdient
werden will: Streckenweise muss
man sich an in den Fels eingelasse-
nen Ketten hochziehen. Hoch über
dem Lysefjord führt der Weg über
glatte Felsebenen, von wo man
einen unbeschreiblich schönen
Weitblick zum Kjeragbolten genießt, einem in einem Bergspalt
eingeklemmten Felsblock, der über
einem 1000 m tiefen Abgrund
hängt. Schwindelfreie sollten ihn
begehen und sich für *das* Urlaubsfoto ablichten lassen.
Start der Wanderung: Øygardstøylen, s. S. 105, Dauer ca. 6 Std.

man essen und die Aussicht genießen. Øygardstøylen ist Start für die Wanderung zum **Kjeragbolten** (s. Lieblingsort S. 107), Parkplatz (gebührenpflichtig).

Base Jumping

Vom Kjerag aus kann man eine ›Kanzel‹ sehen, die ein beliebter Treffpunkt für Base Jumper ist, die sich mit schnell öffnenden Fallschirmen in die Tiefe stürzen. BASE ist eine aus dem Englischen hergeleitete Bezeichnung, die Orte beschreibt, von denen sich die Springer herabstürzen: B steht für Building (Gebäude), A für Antenna (Funkmasten), S für Span (Brücken) und E für Earth (natürliche Klippen). Wer Glück hat, kann Jumper beim Springen beobachten.

Vom Lysefjord nach Hjelmeland

Vom Lysefjord verläuft die R 13 über teils enge und kurvige Abschnitte durch eine spektakuläre Natur. Der lange, schmale Tysdalsvatnet schneidet in eine vielfältige Landschaft ein und bietet denjenigen, die etwas länger verweilen, in der wunderschönen Umgebung Badestellen, Angelmöglichkeiten und Wanderwege, gesäumt von Steilflanken und an ihnen herabstürzende Wasserfälle. Auf der gesamten Strecke werden mehrere Trogtäler durchquert, die sich wieder auf Anhöhen hinaufwinden und schließlich einige Kilometer vor Hjelmeland einen Ausblick auf die Gletscher und Schneeteppiche der Hardangervidda bieten.

Jørpeland ► B 11

Der Hauptort der Strandgemeinde ist ein beschaulicher Ort, in dem nicht ein-

mal in der Sommersaison allzu viel Trubel herrscht.

Solbakk

6 km nördlich von Jørpeland befindet sich nur wenige Meter oberhalb der Strandlinie ein 1923 entdecktes Feld **bronzezeitlicher Felszeichnungen** (um 500 v. Chr.) mit etwa 30 geritzten Schiffen und zehn konzentrischen Kreisen, die vermutlich Sonnen darstellen. An Solbakk vorbei gelangt man zu einem sehr schönen **Badeplatz**, der zu einer Rast und einem Sprung in den Fjord einlädt (Toilette, Spielplatz).

Tysdalsvatnet ► B 11

Auf der Weiterfahrt nach Årdal passiert man das landschaftlich äußerst reizvolle **Tysdal** mit seinem fjordgleichen **Tysdalsvatnet**. Hier gibt es schön gelegene Campingplätze und Ferienhütten, der See bietet viele Möglichkeiten zum Baden, Angeln und Bootfahren. Der **Campingplatz Tysdal** am Ende des Sees ist ein idealer Ausgangspunkt für eine Wanderung auf den 789 m hohen **Reinaknuten,** der Auf- und Abstieg dauert 5–6 Std.

Målandsdalen ► B 11

Am Ausgang des **Målandstals** wurde an einem steilen, mit Laubbäumen bewachsenen Hang ein **Naturreservat** eingerichtet, in dem eine jahrhundertealte Erntetradition ihre Fortsetzung findet: Um ihr Vieh durch den Winter zu bringen, sammelten die Bauern noch bis vor 30, 40 Jahren Laub und schnitten dünne Äste von den Bäumen, die sie unter das Futter mischten. An den frischen Schnittstellen der Eschen, Ulmen und Linden wuchsen besenartige Büschel neuer dünner Äste nach, die einige Jahre später wieder geerntet wurden.

Årdal ▸ B 11

Das unscheinbare Dorf Årdal ist berühmt für seine **Gamle Kyrkje** (Sommer 9–19 Uhr, Mi Führungen), auch Dreidächerkirche genannt. Kirchenschiff und Turm stammen vom Beginn des 17. Jh. Als die Kirche zu klein geworden war, sägten die Bewohner die Hinterwand heraus und bauten an – daher ihre etwas seltsame Form und die drei Dächer. Im Inneren überrascht die Kirche mit üppigen, die Wände bedeckenden Renaissancemalereien.

Übernachten

Schöne Lage – **Høiland Gard:** Årdal i Ryfylke, Tel. 51 75 27 75, www.hoilandgard.no. Zimmer, Ferienhäuser, EZ ca. 950 NOK, DZ ab 1200 NOK, Hütte ab 850 NOK. Ein guter Ausgangspunkt für Wanderungen in den Märchenwald (Eventyrskogen); Kanuverleih.

Vigatunet ▸ B 11

Auf Randøy, Tel. 52 79 29 50, Mitte Juli–Mitte Aug. Do–So 12–16 Uhr, Erw. 60 NOK, Kinder 30 NOK
Zwischen Årdal und dem kleinen Fährort Hjelmeland weist ein Schild zum sehenswerten Vigatunet. Der bereits im 16. Jh. erwähnte Hof besteht aus mehreren Gebäuden aus verschiedenen Jahrhunderten. Im Obstgarten gedeihen 133 historische Obstbäume.

Hjelmeland ▸ B 11

Die Gemeinde ist bekannt für Jær-Stühle (Holzstühle mit geflochtenem Sitz) und handgefertigte Spankörbe. Die Körbe dienten früher zum Transport von Beeren, die vor allem in den Zwischenkriegsjahren nach England expor-

tiert wurden. Der Ort ist Ausgangspunkt für Wanderungen, Bootsausflüge in den Jøsenfjord und Lachsangeln.

Übernachten

Komfortabel – **Kådavågen Fjordhytter:** auf Randøy, Tel. 90 77 50 26, www.kaadavaagen.no. Drei gut ausgestattete Hütten für 8 Pers. mit Blick aufs Meer 7500–8000 NOK/Woche in der Hochsaison; Bootsverleih.

Einkaufen

Spinneriet Hjelmelandsvågen: Tel. 51 75 70 50, Hjelmeland, im Sommer tgl. 11–17 Uhr. In der ›Spinnerei‹, die in einem restaurierten Fabrikgebäude in Hjelmeland untergebracht ist, gibt es Kunst und Kunsthandwerk, Kunstausstellungen, außerdem Kaffee und Waffeln sowie eine Dokumentation zur Geschichte der geflochtenen Jær-Stühle

Infos

Fähre: Hjelmeland–Nesvik–Ombo, 21 x tgl., 10 Min.

Sand ▸ B 10

Das Verwaltungszentrum Sand, das sich im 19. Jh. dank des Schiffsbaus zum Zentrum der Suldal-Gemeinde entwickelte, ist heute ein beschaulicher Handelsort, in dem die Bewohner der umliegenden Gehöfte und Dörfer ihre Besorgungen erledigen.

Nesasjøhuset

Nordenden14, www.ryfylkemuseet.no, Mitte Juni–Mitte Aug. tgl. 10–18 Uhr, sonst Mo–Fr 9–15 Uhr, Erw. 60 NOK, Kinder 30 NOK
In dem zum Ryfylkemuseum gehörenden alten **Hafenspeicher** von 1850

Zwei Wege führen nach Røldal
In Sand teilt sich der Ryfylkevegen; für die Weiterfahrt nach **Røldal** (s. S. 124) gibt es zwei Varianten: Entweder setzt man nach Ropeid über und nimmt die Fv 520 entlang des Saudafjords (s. u.) oder man folgt auf der R 13 dem berühmten Lachsfluss Suldalslågen in die Berge hinauf (s. S. 111).

wird der Ort und seine Geschichte in Dauer- und Wechselausstellungen vorgestellt, Diashow, Museumsladen und Café. Im Sommer liegt der **Brødrene af Sand** (Brüder Sand), ein 150 Jahre alter Frachtsegler, am Anleger des Museums.

Lakestudio
Sandsfossen, Mitte Juni–Mitte Aug. tgl. 10–17, Sept. Sa, So 12–16 Uhr, Erw. 40 NOK, Kinder 30 NOK
Im Sandsfossen, einem 4,20 m hohen Wasserfall des Suldalslågen, liegt das **Lachsstudio**. Im verglasten Teil direkt am Flussufer kann man ab Ende Juli die Lachse auf ihrer Wanderung springen und dann durch ein schmales Rohr flussaufwärts schwimmen sehen.

Infos

Turistkontor: Sand, Tel. 52 79 05 60, www.suldal-turistkontor.no, im Sommer im **Nesasjøhuset** (s. S. 109).

Via Sauda nach Røldal

Vom Fährort **Ropeid** führt die landschaftlich attraktive R 520 am Fjord entlang ins beschauliche Sauda und von dort durch ein schluchtartiges Tal über den Pass Røldalvegen, der streckenweise sehr schmal und kur-

vig und damit für Wohnmobile und Wohnwagen eher ungeeignet ist. Die im Winter gesperrte Straße verläuft durch eine aufregende Hochgebirgslandschaft und kann auch im Sommer noch von meterhohen Schneewänden gesäumt sein.

Sauda und Umgebung

Die Hauptstadt der gleichnamigen Gemeinde mit knapp 5000 Einwohnern ist stark geprägt vom Wasserkraftwerk und Schmelzwerk, die dem Ort früh zu einem gewissen Wohlstand verhalfen und eine selbstbewusste Arbeiterkultur hervorbrachten. Der Ortsname geht auf das norwegische Wort für ›sieden, sprudeln‹ zurück und bezieht sich auf die ungebremste Macht des Wassers der vielen Wasserfälle. Während im Sommer eben diese die Besucher anlocken, ist Sauda im Winter ein populäres Skizentrum.

Jonegarden på Hustveit
Öffnungszeiten und Preise s. www. ryfylkemuseet.no oder unter Tel. 52 79 29 50 erfragen
13 km vor Sauda liegt der Museumshof, der seit dem 17. Jh. von der gleichen Familie bewirtschaftet wird und in den letzten Jahren liebevoll restauriert wurde. Ein Naturlehrpfad führt bis zu dem Wasserfall Kvednafossen.

Svandalsfossen
Ein System aus Brücken, Treppen und Pfaden führt von der Straße R 520 zum Beginn des Wasserfalls bis hinunter an den Fjord; besonders beeindruckend ist es dort bei windigem Wetter (Regenschutz einpacken!).

Industriarbeidamuseum
Ausgeschildert, Ende Juni–Mitte Aug. Sa, So 12–14 Uhr

Das Wohnhaus von 1917 in dem Arbeiterviertel Åbøbyen erzählt von der Zeit, als Sauda von einer Bauern- zu einer Industrieregion wurde und wie das Leben der Arbeiter aussah.

Spaziergang zu den Jettegrytene
Dauer: ca. 30 Min.
Von Sauda verläuft eine schmale, steile Straße (für Wohnmobile ungeeignet) gen Norden durch das wunderschöne Tal **Abødalen** nach **Buer**. Vom öffentlichen Parkplatz führt ein kurzer Wanderpfad zum Wasserfall, wo Gletscher Vertiefungen im Gestein geschaffen haben. In den sogenannten ›Gletschertöpfen‹ können Kälteunempfindliche auch baden.

Zinkminen in der Allmannajuvet
Eröffnung voraussichtl. 2016, kleiner Parkplatz, daher besser den Shuttlebus vom Zentrum in Sauda nehmen
Die Zinkminen zwischen Sauda und Røldal wurden nur von 1882 bis 1899 betrieben. In dieser Zeit schufen die Arbeiter beeindruckende Wege durch die unwegsame Schlucht und es entwickelte sich eine isoliert lebende Gemeinde, in der es auch eine Schule gab. Stararchitekt Peter Zumthor hat für das Areal eine beeindruckende Anlage, u. a. mit Museum und Café, geschaffen. Besucher können mit Helm und Lampe ausgestattet bis zu 600 m in die Gruben vordringen, wo zurückgelassene Gegenstände den Eindruck vermitteln, dass der Betrieb nur kurz ruht.

Übernachten
Stilvoll – **Best Western Sauda Fjordhotell:** in Saudasjøen, Tel. 52 78 12 11, www.saudafjord.no. 35 Zimmer in einem altehrwürdigen Holzhaus von 1914, mit Fjordblick, EZ 1295, DZ 1395 NOK.
Am Fjord – **Sauda Fjord Camping:** in Saudasjøen, Tel. 52 78 18 00, www.

saudafjordcamping.no, 18 geräumige Hütten am Wasser für 4–6 Personen ab 880 NOK, Wohnung für 7 Pers. ab 2500 NOK, Bootsverleih, einfacher Spielplatz.

Infos
Sauda Turistinformasjon: Ortsmitte, Tel. 52 78 42 00, www.saudaferie.no, Ende Juni–Mitte Aug. Mo–Fr 8–15.30 Uhr. Wanderkarten und Gratis-WLAN.

Am Fluss entlang nach Røldal ▸ C 10

Von Sand führt der **Suldalslågen**, einer der berühmtesten **Lachsflüsse** Norwegens bis zum See Suldalsvatnet, 22 km in die Ryfylke-Berge hinein. Im 19. Jh. erweckten die springenden Lachse das Interesse von Angehörigen der englischen Oberschicht, die alle erhältlichen Fischereirechte aufkauften und in eigens errichteten Holzpalästen residierten, den sogenannten **Lachsschlössern.**

Die beste **Angelzeit** ist Mitte/Ende Juli bis September (Angelkarten bei der Touristinfo in Sand, die auch Unterkünfte vermittelt; Infos www.suldal-turist kontor.no und www.suldalslagen.no.

Übernachten
Komfortabel – **Mo Laksegard:** Sandsbygda (▸ C 10), Sand, Tel. 52 79 76 90, www.molaks.no, ab 875 NOK. Hübsche Apartments und Hütten im Suldal, Haupthaus mit beheiztem Schwimmingpool und Kaminzimmer, zahlreiche Aktivitäten (s. Aktiv).
Idyll – **Vikane Hyttetun:** 2 km von Suldalsosen (▸ C 10), am Sudalsvatnet, Tel. 52 79 93 97, www.vikane.no, 600–900 NOK. Die restaurierte Hofanlage hat

4 Apartments für 6–8 Pers. im Haupt-
bzw. in grasbedachten Nebengebäuden; Boote, Hot Tubs, Sauna am See.

Einkaufen

Spezialitäten und Kunstgewerbe –
Sudalsbeten: in Nesflaten (▶ C 10),
Tel. 97 04 18 73, Bäckerei und Café mit
norwegischen Spezialitäten, Verkauf
von Lebensmitteln vom Bauernhof,
Suldalschinken und Kunstgewerbe.

Aktiv

Abenteuerlich – **Lachssafari:** Mo Laksegard (s. Übernachten) 2 x pro Woche,
Juni–Mitte Sept., 790 NOK/Erw., mindestens 6 Pers., Mindestgewicht 30 kg.
Angetan mit einem Überlebensdress
treibt man den Fluss hinunter, um Lachse zu sichten. Spannend sind auch die
Schlauchboottouren (Erw. 495 NOK).

Gullingen ▶ C 10

Etwa 11 km südöstlich von Sand
zweigt von der R 13 die Straße nach
Gullingen ab. Das **Gullingen Turistsenter** (s. Übernachten) liegt oberhalb
des Mosvatnet. Die Gegend bietet
viele Möglichkeiten zum Angeln,
Schwimmen, Wandern und Skifahren.
Alternativ erreicht man Gullingen
über eine schmale Seitenstraße, die
11 km nordöstlich des Fähranlegers in
Nesvik abzweigt und durch eine einsame bewaldete Gebirgswelt führt.

Übernachten

Vielseitig – **Gullingen Turistsenter:**
oberhalb des Mosvatnet, Sand, Tel.
52 79 99 01, www.gullingen.no.
Übernachtung in der Fjellstue ab 250
NOK, DZ 600 NOK. Beim Fjellcamping
ist Platz für Wohnmobile und Zelte.

Oberhalb des 3 km langen Sees, idealer Standort zum Baden und Angeln
(Forelle). Bootsverleih, Grillhaus gratis. Im Winter Skizentrum.

Blåsjø-Stausee ▶ C 10/11

Der durch zwölf Staudämme künstlich
geschaffene **Blausee** in 1050 m Höhe
bildet das Hauptreservoir eines der
größten Wasserkraftprojekte Norwegens, **Ulla Førre.** Die regulierte Wasser-
fläche beträgt über 2000 km². Die Straße zum See, die am Mosvatnet beim
Gullingen Turistsenter (s. o.) abzweigt,
ist nur im Sommer geöffnet, meist ab
Ende Juni. Es empfiehlt sich, vorher in
der Touristeninfo nachzufragen.

Suldalsvatnet ▶ C 10

Hinter Vinjar wird der Lachsfluss
Suldalslågen immer breiter und träger,
bis er zu dem 28 km langen und bis zu
376 m tiefen Suldalsvatnet wird. Der
See beherrscht fast das gesamte Tal.
Düster und abweisend ragen die bewaldeten Berge an seinen Ufern auf.

Kolbeinstveit

*Mitte Juni–Mitte Aug. tgl. 11–17, Erw.
60 NOK, Kinder 30 NOK, Café*
Direkt am Südende des Suldalsvatnet
liegt ein bewohntes Heimatmuseum.
Der Hof besteht aus mehreren Gebäuden, von denen das älteste 1281
errichtet wurde. Eine Ausstellung beschäftigt sich mit dem Landleben, wie
es sich früher abspielte, und wird von
wechselnden Kunst- und Handwerks-
ausstellungen ergänzt.

Wanderung von Øvre Moen zur Stranddalshytta
*www.ryfylke.com, Infos auch in der
Touristeninfo in Sand, 2–3-stündige*

Der Lachsfluss Suldalslågen geht in den 28 km langen Suldasvatnet über

Wanderung ab Parkplatz bei Øvre Moen zur Stranddalshytta
Kurz hinter dem Museumshof Kolbeinstveit zweigt die Straße nach **Kvilldal** ab, Norwegens größtem **Wasserkraftwerk.** Von dort führt ein markierter Weg zu der in wunderschöner Landschaft gelegenen **Strandalshytta** (Ende Juni–Mitte Sept. bewirtschaftet, sonst Selbstbedienung). Hier kann man übernachten, die traditionellen regionalen Speisen aus den Bergen (Fjellkost) genießen und angeln.

Røynevarden
Von dem direkt am Ryfylkevegen liegenden Hof hat man einen weiten Blick über den See. Der Hof, dessen Gebäude mit ihren Grasdächern ein schönes Fotomotiv abgeben, entstand um 1834 und war bis Anfang der 1950er-Jahre bewohnt.

Brattlandsdalen ▸ C 9/10

Vom Suldalsvatnet schlängelt sich der Ryfylkevegen durch eine schluchtartige und wilde Wald- und Gebirgslandschaft, die immer karger und unwirtlicher wird, bis sie die Grenze nach Hordaland überschreitet und in Richtung Røldal (s. Alternativroute »Via Sauda nach Røldal«, S. 110) und an den Hardangerfjord führt.

113

Haugaland

Haugaland, zu dem die Küstenstadt Haugesund, die Insel Karmøy und nördlich davon die kleinen Inseln Røvær, Utsira und Bømlo gehören, bezeichnet sich gerne als Wiege Norwegens.

Karmøy ▶ A 10–11

Dank seiner Lage am viel befahrenen Karmsund nahm Karmøy Jahrtausende hindurch einen zentralen Platz in der norwegischen Geschichte ein. In Avalds-

nes, im Zentrum der Insel, errichtete Harald Schönhaar, der erstmals die vielen norwegischen Herrschaftsgebiete zu einem Reich einte, seinen Königshof. Hier kann man sich nicht nur auf die Spuren der ersten norwegischen Könige begeben, sondern auch sehen, wie die ›normalen‹ Wikinger, die als Bauern und Fischer ihren Lebensunterhalt verdienten, lebten (s. Entdeckungstour S. 116).

Spannend an Karmøy ist die Kombination von Natur und Kultur, die abseits der ausgetretenen Touristenwege in Ruhe genossen werden kann. Wunderbar sind die Sandstrände im Westen, vielseitig die Museen.

Skudeneshavn ▶ A 11

Die Sommerstadt Norwegens 2004 an Karmøys Südspitze ist ein idyllisches Küstenstädtchen. Ab Mitte des 17. Jh. entwickelte sich hier der Hummerexport nach England und Holland zu einem bedeutenden Wirtschaftsfaktor. Als im 18. Jh. der Hering in großen Schwärmen vor der norwegischen Küste auftauchte, avancierte Skudeneshavn zu einem wichtigen Fischereizentrum.

Gamle Skudeneshavn
Die noch bewohnte Altstadt mit den weiß gestrichenen Wohnhäusern und verwinkelten Gassen, Bootsschuppen und Kaianlagen ist Karmøys Touristenmagnet. Alte Fischerboote und Netze am Hafen sowie Stockrosen in den Gärten und Geranientöpfe in den Fenstern erinnern an vergangene Zeiten. An sonnigen Tagen nach einem langen Winter wird allerorts gestrichen und gehämmert, nicht zu Unrecht hat Skudeneshavn den Ruf, eine der am besten erhaltenen Kleinstädte Norwegens zu sein.

Museet i Mælandsgården

Mælandsgården, Tel. 52 84 54 60, im Sommer Mo–Fr 11–17, So 13–18 Uhr, Führungen jede Stunde, Erw. 50 NOK, Kinder 20 NOK

Mitten in der Altstadt liegt der **Museumskomplex** mit altem Kaufmannshaus, Kramladen, Bootshaus und Werkstatt. Hier wird die Zeit der großen Heringsfischerei lebendig.

Übernachten

Pittoresk – **Norneshuset:** Nordnes 7, Tel. 52 82 72 62, www.norneshuset. no, DZ 1190 NOK. Zimmer in einem bezaubernden, restaurierten Holzhaus in Alt-Skudeneshavn direkt am Wasser.
Funktional – **Skudenes Camping:** am Ortseingang an der Hauptstraße, Postveien 129, Tel. 92 09 85 65, www.sku denescamping.no, ganzjährig. Hütten, Zimmer, Wohnung, 450–1300 NOK.
Am Abgrund – **Geitungen Fyr und Vikholmen Fyr:** Übernachtungsmöglichkeiten in beiden Leuchttürmen. Infos und Transport von der Touristinfo.

Essen & Trinken

Im alten Stadtteil, vom Fähranleger in 5 Min. zu erreichen, liegen mehrere Cafés und Galerien (s. u. ›Mein Tipp‹).
Rustikal-edel – **Smia Bistro & Pianobar:** Søragadå 4, Tel. 52 85 36 15, www.smi aabistro.no. Fisch- und Fleischgerichte ab 179 NOK in einer Schmiede von 1907 mit einer gut sortierten Bar.

Infos & Termine

Skudenes Turistinformasjon: Torget 1, Tel. 52 85 80 00, www.visitskudenesha vn.no, Juni–Mitte Sept. Mo–Sa 10–16, So 12–16 Uhr (im Juli 1 Std. länger).
Skudefestival in Skudeneshavn: an jedem ersten langen Wochenende im Juli (Mi–So), www.skudefestivalen.no. Ein

Mein Tipp

Einfach süß

Versteckt in den malerischen Gassen von Gamle Skudeneshavn liegen liebenswerte Cafés, wie in der Søragadå das **Majorstuen kafé** und **Verdens minste kafé** (Kleinstes Café der Welt), das mit nur 3 Tischen maximal 10 Leuten Platz bietet. Beide sind nicht größer als eine Wohnstube und verbreiten die gleiche heimelige Wohlfühlatmosphäre. Ausgestattet mit einem Tresen für Souvenirs, trifft man hier auf Gäste und Einheimische, die auf einen Kaffee und einen Schwatz vorbeikommen.

Fest im Zeichen der Küstenkultur, im Hafen präsentieren sich Fischkutter und Segelschiffe, Vorführung alter Arbeitsmethoden, Musik und Unterhaltung.

Karmøy Fiskerimuseum

▶ A 10

Sletten, Vedavågen, Tel. 52 81 74 55, www.fiskerimuseum.net, Mitte Juni–Mitte Aug. Mo–Fr 11–16, So 14–18, sonst So 14–18 Uhr, Erw. 30 NOK, Kinder 10 NOK, Café mit Aussicht
In dem Fischerort Vedavågen befindet sich das **Fischereimuseum** in einem architektonisch umstrittenen Betonbau. Dokumentiert wird hier die Fischereigeschichte ab 1950, Aquarien beherbergen die häufigsten Fischarten der Nordsee. Am Hafen gibt es einige Pack- und Bootshäuser aus der Mitte des 19. Jh.

Aktiv

Surfen – Der Åkrasanden an Karmøys Westküste südlich von ▷ S. 118

Auf Entdeckungstour:
Auf den Spuren der Wikinger

Dank ihrer Lage am Karmsund, dem vielbefahrenen Schifffahrtsweg gen Norden, nahm Karmøy jahrhundertelang einen zentralen Platz in der norwegischen Geschichte ein. Hier errichtete Harald Schönhaar den ersten Königshof.

Reisekarte: ▶ A 10

Infos: www.vikinggarden.no.

Planung: Nordvegen Historiesenter, Ende April–Ende Sept. Mo–Fr 10–16, Sa 11–16, So 12–17, sonst Mi 10–16, So12–17 Uhr, Erw. 100 NOK, Kinder 50 NOK; **Olavskirche,** Ende Juni–Mitte Aug. Mo, Di 12.30–15.30 Uhr; **Viking-gården,** Bukkøy, Ende Juni–Mitte Aug. tgl. 12–16.30, Führung (Erw. 100 NOK) 14 Uhr; **Badebucht,** Bukkøy, neben Anleger.

Eine Treppe inmitten eines gepflegten Rasens führt unter die Erde. Dort empfängt Harald Schönhaar (ca. 850 – ca. 933) die Besucher virtuell im unterirdisch angelegten **Nordvegen Historie-senter** und führt sie durch 3500 Jahre Geschichte des Ortes **Avaldsnes** auf Karmøy. So unscheinbar Avaldsnes heute wirkt, so bedeutend war es einst. Denn unweit des Ortes liegt der Karmsund, eine Meerenge zwischen Karmøy und dem Festland. Durch sie führte der *Nordvegen* – der Weg gen Norden – der dem Land seinen Namen gab. Alle Schiffe – die langen, schmalen Kriegsschiffe wie die kompakteren Handelsschiffe – der Nordmänner, mussten den engen Sund auf dem Weg nach Norden oder Süden passieren. Von der Insel aus war es ein Leichtes, Handel und Verkehr zu kontrollieren. Aus diesem Grund wählte Harald Schönhaar Avaldsnes zu seinem Königssitz, der sich ab Ende des 9. Jh. zu einem der bedeutendsten Machtzentren Norwegens entwickelte.

Eine schreckliche Weissagung

Zu jener Zeit befand sich dort, wo heute die **Olavskirche** steht, ein heidnischer Kultort mit einem Kreis aus Riesensteinen. Einer der zwei heute noch existierenden Bautasteine steht an der Nordseite des frühromanischen Gotteshauses und ist als die »Nähnadel der Jungfrau Maria« bekannt. Es heißt, dass der Tag des Jüngsten Gerichts anbräche, sobald der Stein die Kirchenwand berührt. Um das zu verhindern, sollen einige Pfarrer die Spitze des Steines abgebrochen haben. Schon Håkon Håkonsson befal, als er die Kirche 1250 erbauen ließ, die Wand der Kirche schräg zu mauern, um eine Berührung mit dem Stein zu vermeiden – eine bis zum heutigen Tag erfolgreiche Maßnahme: Der Abstand zwischen ›Nähnadel‹ und Kirche beträgt 9,2 cm.

Die ›Herren der Meere‹

Wer das Wort Wikinger hört, denkt meist an kühne Seefahrer, brutale Plünderer und weit gereiste Entdecker. Als Krieger und Kaufleute waren sie in der gesamten damals bekannten Welt unterwegs, Amerika erreichten sie ca. 500 Jahre vor Kolumbus. Aber die meisten Wikinger waren einfache Bauern. Die rekonstruierte Siedlung **Vikinggården** auf dem kleinen, bewaldeten **Bukkøy,** knapp 15 Gehminuten vom Parkplatz an der Olavskirche entfernt, lenkt den Blick auf das Leben der einfachen Siedler, die von Ackerbau, Viehzucht und Fischfang lebten. Die Rekonstruktion der Gebäude erfolgte auf Grundlage archäologischer Ausgrabungen in der Provinz Rogaland.

Auf Gebot des Königs

Das beeindruckendste Gebäude der Siedlung ist das **Leidangbootshaus.** Der *leidang* war eine Art Wehrdienst der wikingerzeitlichen Küstenbewohner. Auf Befehl des Königs mussten seine Untertanen Männer mit Waffen und Verpflegung bereitstellen. Ein ausgeklügeltes Warnsystem ermöglichte es, binnen nur einer Woche bemannte Schiffe aus dem äußersten Norden und dem Süden des Landes zu sammeln. Harald Hardråde soll so 1066 für seine Invasion in England um die 200 bemannte Boote zusammenbekommen haben. Das Leidangbootshaus konnte auch als Festhalle dienen. Håkon der Gute, der im 10. Jh. das Leidangsystem eingeführt haben soll, wurde in einem solchen Bootshaus gekrönt.

Mein Tipp

Badebuchten

Zwischen Skudeneshavn und Sandve liegt der verborgene Sandstrand **Sandvesanden** (▶ A 11) mit Blick auf den Leuchtturm Geitungen. Die geschützte, felsige Bucht ist zum Schwimmen und Volleyballspielen beliebt und dennoch selten überfüllt. Im Sommer werden hier hin und wieder Beachvolleyballnetze aufgestellt und Spiele ausgetragen, zu denen sich auch Gruppen von Besuchern einfinden, um die Spieler anzufeuern. Die Umgebung eignet sich ebenfalls gut für kleine Erkundungsspaziergänge, man muss nur die nicht sehr steile Böschung hochklettern und schon genießt man einen herrlichen Blick über die felsenzerfurchte Küste. Andere schöne Badebuchten in dieser Gegend sind: **Mjølhussanden, Sandhålandssanden** und **Stavasanden.**

Åkrehamn, der Sandvesanden, Sandhåland und Mjølhus sind gut geeignet zum Surfen. Infos über Wind-, Wellen- und Kitesurfausrüstung wie auch Kajaktouren unter epost@oppkoma.no, Tel. 91 18 05 70.

Termine

Fischereitage in Åkrehamn, Ende Juli/Anfang Aug., www.fiskeridagene.no. Fischereibezogene Aktivitäten, Verkaufsstände, Programm für Kinder.

Vigsnes Grubeområde

▶ A 10

Tel. 52 83 84 00, Ende Juni–Mitte Aug. Mo–Fr 11–16, So 11–16, Mitte

Aug.–Sept. So 12–16 Uhr, Erw. 50 NOK, Kinder frei, Café, Kinderspielplatz
Interessant ist das westlich von Avaldsnes bei Vigsnes gelegene **Kupferbergwerk,** das mit einigen Unterbrechungen von 1865 bis 1972 in Betrieb war. Von hier stammt übrigens das Kupfer für die Freiheitsstatue in New York. Zum **Vigsnes-Grubenmuseum** gehört auch der **Fransahagen** (*hagen* = Garten) mit dichtem Baumbestand und schönen Spazierwegen. Schräg gegenüber dokumentiert das **Karmøy Lyngsenter** (Heide-Center) die Bedeutung der Heide für die Küstenbevölkerung.

Avaldsnes ▶ A 10

Avaldsnes selbst ist für Besucher weniger interessant, abgesehen von einigen Sehenswürdigkeiten, die sich seiner turbulenten Geschichte widmen. Auch wenn man es dem Ort heute nicht mehr anmerkt, so war er doch in der Wikingerzeit das bedeutenste Machtzentrum in Westnorwegen.

Nordvegen Historiesenter

s. Entdeckungstour, S. 116

Olavskirche

s. Entdeckungstour, S. 116

Vikinggården auf Bukkøy

Der rekonstruierte **Wikingerhof** wird außerhalb der Saison als Schullandheim genutzt, im Sommer steht die Anlage allen offen (s. Entdeckungstour S. 116).

Übernachten

Im Schärengürtel – **Middvikferiesenter:** Middvik 38, Avaldsnes, Tel. 52 84 28 49, www.middvikferiesenter.no, Preis auf Anfrage, 8 geräumige Hütten direkt am Wasser für je 10 Personen. Anlage u. a. mit Spielplatz und Billardtisch.

Infos & Termine

Infos

Avaldsnes Turistinformasjon: im Nordvegen Historiesenter, Avaldsnes, Tel. 52 81 24 00, Ende April–Ende Sept. Mo–Fr 10–16, Sa 11–16, So 12–17, sonst Mi 10–16, So 12–16 Uhr.
Kopervik Turistinformasjon: Rådhuset, Kopervik, Tel. 52 85 75 00, tgl. 7.30–15.30 Uhr.
Oasen Turistinformasjon: Austbøvegen 16, Karmsund, Tel. 52 83 10 89, Mo–Fr 10–20, Sa 10–18 Uhr. Im Einkaufszentrum an der Hauptstraße zwischen Haugesund und Karmøy.

Termine

Wikingerfestival in Avaldsnes: Anfang Juni, www.vikingfestivalen.no, Vikinggården auf Bukkøy. Erzählung von Geschichten, Wettkämpfe, gegessen wird nach Art der Wikinger.

Haugesund ▶ A 10

Die durch ihr schachbrettartiges Straßennetz und die moderne Architektur etwas nüchtern wirkende Stadt am Karmsund (ca. 36 500 Einw.) war Mitte des 19. Jh. noch ein kleines Fischerdorf. Mit den reichen Heringsfängen ab Mitte des Jahrhunderts blühte der Ort auf und erhielt 1854 die Stadtrechte. Als der Hering ausblieb, setzte die Stadt auf Schiffbau und Handel. Die Schiffbauindustrie produziert heute für den Offshore-Bereich.

Haugesunds Zentrum hat zwei Gesichter: einerseits die traditionellen weißen Holzbauten und die alten Boots-, Wohn- und Handelshäuser am Smedasund, die an die großen Fangzeiten erinnern; andererseits die Betonbauten, die nach 1987 errichtet wurden, nachdem ein großer Brand Teile der Innenstadt in Schutt und Asche gelegt hatte.

Zwei Brücken mit schöner Aussicht führen über den Sund auf die dichtbesiedelten Inseln Risøya und Hasseløya.

Karmsund Folkemuseum

www.karmsundfolkemuseum.no, Skåregata 142 (im Ortszentrum), Sommer Mo–Fr 10–14, So 12–15, Winter nur So 12–15 Uhr, Brogata 11d–13b, Ende Juni–Mitte Aug. So–Fr 11–16 Uhr und im Sommer auch n. V., Führungen, Erw. 50 NOK, Kinder gratis
Im **Hauptgebäude** des Museums wird der Alltag der Bauern und Fischer an der Küste dokumentiert – Exponate zu Archäologie, Seefahrt, Fischerei, Landwirtschaft und Handwerk. Die zweite Abteilung, **Dokken auf Hasseløya** (an der Brücke, Brogata 11d–13b), ist in vier Gebäuden aus der Zeit um 1850 untergebracht, einem kleinen Areal aus Haugesunds Anfängen während der reichen Heringsjahre. Die Einrichtung zeigt, unter welchen Bedingungen Fischer damals lebten.

Rathaus

Mitte Juli–Mitte Aug., freier Eintritt, Führungen, Mo, Mi, Fr 13 Uhr
Das im klassischen Stil der 1920er-Jahre erbaute rosafarbene Rathaus am südlichen Ende des Zentrums ist ein Geschenk des Reeders Knut Knutsen anlässlich seines 50. Geburtstags 1921.

Haugesund Billedgalleri

Erling Skjalgssons gate 4, im Sommer Di–So 12–15 Uhr, sonst So geschl., 50 NOK
Am Stadtpark im Norden des Zentrums liegt Haugesunds Kunstverein mit Schwerpunkt auf der Vestland-Kunst des 20. Jh., wechselnde Ausstellungen.

Haraldshaugen

Haugesunds bekannteste Sehenswürdigkeit ist der knapp 3 km nördlich des Zentrums gelegene **Haraldshügel,**

Auch die Schärenküste nahe Haugesund ist das Ergebnis eiszeitlicher Gletschererosion

in dem Harald Hårfagre (Schönhaar) begraben sein soll. 1872 wurde zum 1000-jährigen Jubiläum der Einigung Norwegens hier das **Haraldsdenkmal** errichtet. Der 17 m hohe Granitobelisk, der die Reichseinheit Norwegens symbolisiert, thront auf einem 5 m hohen, aus allen Teilen des Landes zusammengetragenen Erdhügel. Auf 29 Steinen sind die alten norwegischen Bezirksnamen verzeichnet. Etwa 75 m südlich vom Haraldshaugen steht auf dem **Krosshaugen** ein Steinkreuz aus der Zeit um 1000.

Übernachten

Stilvoll – **Clarion Collection Hotel Amanda:** Smedasundet 93, Tel. 52 80 82 00, www.nordicchoicehotels.no. DZ ab 905 NOK (Halbpension). Anfang des 20. Jh. erbautes Hotel im Herzen der Stadt, mit Wellnessabteilung.
Mit Meerblick – **Hagland Havhytter:** Haglandsvegen 146, www.haglandha

vhytter.no, 2000 NOK/Tag. Moderne Ferienhäuser für 6 Pers., nördlich von Haugesund.
Nüchtern – **Skeisvang Gjestgiveri:** Skeisvangsvegen 20, Tel. 52 71 21 46, www.skeisvang-gjestgiveri.no. Ab 495 NOK. Im Sommer Jugendherberge, ca. 1,5 km vom Zentrum, einfache Zimmer oder Wohnung, Selbstversorgung möglich. Nahe dem Badesee Skeisvatnet, gute Wandermöglichkeiten (Karte in der Touristeninfo erhältlich).
Meerblick – **Haraldshaugen (NAF) Camping:** Tel. 52 72 80 77, www.nafcamp. no. 22 Hütten für 2–4 Pers. 275–1050 NOK, Platz für 25 Zelte. 2,5 km vom Zentrum entfernt, sehr schöne Lage am Meer, nahe dem Haraldshaugen.

Infos & Termine

Infos
Destination Haugalandet: Karmsundgata 51, Tel. 52 01 08 20, www.visit haugalandet.no.

Turistinformasjon: Strandgata 171, Tel. 52 01 08 30, Mo–Fr 9–17 (im Winter 10–16.30), Sa, So 10–15 Uhr.

Verkehr

Expressbusse: Haukeliekspressen mehrmals tgl. nach Oslo, www.haukelieks pressen.no; **Kystbussen** mehrmals tgl. nach Stavanger und Bergen, www.kyst bussen.no. Alle Busse fahren ab Busbahnhof (rutebilstasjon).

Termine

Sildajazz International Festival: Anfang/Mitte Aug., www.sildajazz.no. In der Festivalwoche wird in der ganzen Stadt gefeiert; mit Kinderumzug, Segelregatta, Ausstellungen.
The Norwegian International Film Festival: im Anschluss an das Silda-Festival, www.filmweb.no/filmfestivalen. Mit der Verleihung des Amanda-Preises.

Røvær und Utsira

▶ A 10

Für einen Tagesausflug von Haugesund bieten sich die idyllischen Inselgruppen westlich von Haugesund an: **Røvær** (ca. 110 Einw., etwa 10 km oder 25 Min. per Boot entfernt) und Utsira weiter draußen, 70 Bootsminuten von Haugesund entfernt (ca. 210 Einw.). Zur Vogelzugsaison zieht es Ornithologen nach **Utsira** – über 300 verschiedene Vogelarten sind hier gesichtet worden. Auf der Insel gibt es eine sehr gute Touristeninfo mit Fahrradverleih. Dort erhält man auch eine Karte mit ausgeschilderten **Wanderwegen** zu steinzeitlichen Stätten und zu den beiden Leuchttürmen.

Übernachten

Hafenpanorama – **Sildaloftet:** Utsira, Tel. 52 75 00 10, www.sildaloftet.no, EZ 500 NOK, DZ 700 NOK. Unterkunft in einer alten Fischfabrik auf der Südseite von Utsira. Balkon mit tollem Blick über den Südteil der Insel und den Hafen. Gemeinschaftsküche, Aufenthaltsraum.
Idyllisch maritim – **Røvær Kultur Hotell:** Røvær, Tel. 52 71 58 00, www.ro varkulturhotell.no, DZ ab 1380 NOK. Komfortables Haus. Eine Übernachtung ist auch im 5 Min. entfernten **Røvær Sjøhus** möglich. Einfache 2–8-Betten-Zimmer im alten Packhaus, mit Café und Gastanleger, Mitte Juni–Mitte Aug., Preise auf Anfrage.

Infos

www.rovar.no
www.utsira.kommune.no: Touristische Infos und Fahrplan der Linienschiffverbindungen (3 x tgl.) Haugesund (Gjerpaskjerskai)–Utsira.
Turistinformasjon Utsira: Fahrradverleih, Kartenmaterial etc.

Bømlo ▶ A 9/10

Hauptattraktion der vor allem im Westteil recht kargen Insel ist die kleine Ortschaft **Mosterhamn**, die eine zentrale Rolle auf Norwegens Weg zum Christentum spielte. Denn von hier aus begann der Wikingerkönig Olav Tryggvason, nachdem er viele Jahre auf Wikingerfahrt verbracht hatte, die Eroberung und Christianisierung Norwegens. Sehenswert ist in Mosterhamm zunächst die **Gamlakyrkja**, die Alte Kirche. Außerdem zeigt das **Zentrum für Religions- und Kirchengeschichte** die Ausstellung »Vom Heidentum zum Christentum«. In Erinnerung an die Christianisierung und die Rolle des Ortes wird im **Amphitheater** nahe der Kirche jedes Jahr zum Monatswechsel Mai/Juni das Theaterspiel »Die Christenkönige auf Moster« aufgeführt.

Hardangerfjord und Hardangervidda

Highlight!

Hardangervidda: Trotz seines unbeständigen Wetters schafft es das größte Hochplateau Europas, jährlich unzählige Wanderer, Radfahrer und Naturfreunde für sich zu begeistern. Durch den unberührten Nationalpark, der mit seinen Moosen, Blumen und Schneeflecken an einen Flickenteppich erinnert, führt eine der aufwendigsten und spektakulärsten Bahnstrecken Norwegens: die Bergensbahn von Oslo nach Bergen. S. 142

Auf Entdeckungstour

Ein Industrieabenteuer – Wasserkraft- und Industriemuseum in Tyssedal: Exklusive Gäste machten das verschlafene Odda weltberühmt. Das Kraftwerk verschaffte ihm seinen Reichtum und seine Schwermetalle vergifteten den Fjord. Die spannende Geschichte der Industrialisierung und ihrer Folgen lässt sich im Museum des ehemaligen Kraftwerks nachvollziehen. S. 128

Map labels: Voss, Bergen, Utne, Vøringsfossen, Agatunet, Hardangerfjord, Buerbreen, Hardangervidda, Odda, Ein Industrieabenteuer, Baroniet Rosendal, Haukeliseter

Kultur & Sehenswertes

Baroniet Rosendal: In einem großen Park, zwischen verschlungenen Wegen, alten Bäumen und Rosengärten liegt Norwegens kleinstes Schloss. S. 130

Vøringsfossen: Mit 182 m Fallhöhe ist der spektakuläre Voringsfossen Norwegens bekanntester Wasserfall. S. 141

Aktiv unterwegs

Hüttenwanderung ab Haukeliseter: Drei Tage auf Schusters Rappen durch die wunderschöne Landschaft der kargen Hardangervidda. S. 125

Buerbreen: Eine schöne Wanderung, die auch von Kindern gut gemeistert werden kann, führt über schmale Brücken und mit Seilen gesicherte Felskuppen zum Buer-Gletscher. S. 126

Voss: Paragliding und Rafting sind nur einige der Möglichkeiten im Mekka der Extremsportler. Man ist hier auch bestens auf Familien eingestellt. S. 149

Genießen & Atmosphäre

Utne Hotel: Ein Stück norwegische Kulturgeschichte ist das kleine Hotel aus dem Jahr 1772. Es ist ein wahrer Genuss, im gemütlichen Speisesaal oder auf der Terrasse mit Blick auf den Hardangerfjord einen Apfelkuchen zu essen. S. 133

Agatunet: Das malerische Museumsdorf beheimatet eine der wenigen erhaltenen Haufensiedlungen, in der einst bis zu 200 Menschen wohnten. Wie ihr Leben aussah, veranschaulichen das originale Inventar, Ausstellungen, Führungen und Workshops. S. 134

Abends & Nachts

Die Region um den Hardangerfjord und die Hardangervidda ist eher verschlafen. Aber in Voss empfehlen sich das Tre Brør Café & Bar und das Inside Voss Rock Café, wo man nach einem schmackhaften Essen die Nacht bei guter Musik genießen kann. S. 150

Hardangerfjord und Hardangervidda

Der Hardangerfjord, der König der Fjorde, wird für seine weiß und rosa blühenden Obstgärten, das milde Klima, die schneeweiße Eiskappe des Folgefonn-Gletschers, die leuchtend grünen Wiesenhänge und mächtigen Wasserfälle gepriesen. Berühmt ist die Region Hardanger aber nicht nur für ihre landschaftliche Schönheit, sondern auch für ihre lebendige Volkskultur. Östlich des Fjords erstreckt sich das beeindruckende Hochplateau Hardangervidda bis weit ins Landesinnere. Seine imposante Natur sowie eine reiche und vielseitige Flora und Fauna machen es zu einem Paradies für Outdoorfreunde, in das sich ein Abstecher vom Fjord aus lohnt. Seit jeher trennt die Hardangervidda West- von Ostnorwegen. Einer der traditionsreichen Zugänge vom kontinentalen Ostnorwegen ins Fjordland verläuft über das Haukelifjell. Der Haukelivegen (E 134) führt durch faszinierende Hochgebirgslandschaften. Der mit 1148 m höchste Pass (Dyrskaret) ist heute untertunnelt und die alte Straße den Radfahrern und Wanderern vorbehalten. Einen ebenso einfachen Zugang stellt die R 7 von Geilo nach Eidfjord dar. Von der Hardangervidda hinab führt die Straße durch das steile Måbødal.

Infobox

Unter **www.hardangerfjord.com** werden die besten Restaurants, Übernachtungsmöglichkeiten und Sehenswürdigkeiten aufgelistet. Da es keine gesonderte Seite über die Hardangervidda gibt, sollte man sich auf den kommerziellen Seiten **www.rallarvegen.com** und **www.finse1222.no** informieren.

Anreise & Weiterkommen

Von Süden ist der Hardangerfjord am besten über die E 134 und E 13 zugänglich. 2013 wurde die Hardanger-Hängebrücke (1380 m) eingeweiht (Maut), die die Fährlinie Brimnes–Bruravik ersetzt. Sie ermöglicht erstmals einen fährfreien Verkehr über den Hardangerfjord. Fährverbindungen sind: Utne–Kvanndal; Kinsarvik–Kvanndal; Jondal–Tørvikbygd; Gjermundshamn–Varaldsøy–Årsnes; Schnellbootverbindung zwischen Nordheimsund und Eidfjord. Die Hardangervidda ist im Süden über die E 134, im Norden über die R 7 mit dem Fjordland verbunden.

Haukelifjell ▶ C/D 9

Bereits in den Islandsagas erwähnt ist der Gebirgspass über das Haukelifjell an den Hardangerfjord, einer der schönsten Übergänge ins Fjordland: beeindruckend karge Gebirgslandschaften mit tiefblauen Seen und letzten Schneefeldern sowie vereinzelt Schaf- und Ziegenherden, die am Wegesrand rasten. In traditionsreichen Bergstationen wie Haukeligrend und Haukeliseter kann man übernachten und *rømmegrøt* essen, einen Brei aus Sauerrahm. Die Hütten sind idealer Ausgangspunkt für Wanderungen oder Langlauftouren auf der Hardangervidda (s. S. 125).

Im Mittelalter nahm der Verkehr von Süden über das Gebirge zu, als sich die etwa 40 km von Odda gelegene Stabkirche in Røldal im 14. Jh. zu einem Pilgerziel entwickelte – das ist sie heute zwar nicht mehr, aber einen Stopp wert ist sie allemal.

Røldal ▶ C 9

Der kleine Ort liegt westlich des Haukelifjell an der E 134. Seine wichtigste Sehenswürdigkeit ist die **Stabkirche** (Tel.

124

48 10 92 84, Juli–Anfang Aug. tgl. 9–19, Ende Mai–Anfang Sept. tgl. 10–16 Uhr). Der vermutlich Anfang des 13. Jh. errichtete Sakralbau birgt ein Kruzifix aus der Mitte des 13. Jh., das Wunder bewirken soll. Und so wurden bis 1835 in der Johannisnacht trotz wiederholter Verbote heimlich Messen für Kranke abgehalten. Bemerkenswert sind auch die aufwendig verzierten Decken und Wände im Inneren.

Übernachten

Gut ausgestattet – **Røldal Hyttegrend og Camping:** Tel. 90 05 44 64, www.roldal-camping.no. 300–900 NOK. Hütten, Plätze für Wohnmobile, Wohnwagen; Spielplatz, Grillplatz am Fluss.
Bescheidener Luxus – **Skysstasjonen Hytter & Camping:** Tel. 53 64 73 85, www.skysstasjonen.no, ganzjährig. Hütten 510–1100 NOK bzw. für bis zu 14 Pers. 1500–2700 NOK. Sauna und Badezuber am Fluss, Fahrrad- und Skiverleih, gute Angelmöglichkeit.

Infos

Røldal Turistkontor: Tel. 53 64 20 33, www.roldal.no, Mitte Juni–Mitte Aug. tgl. geöffnet, bzw. Odda (s. u.).

Hüttenwanderung ab Haukeliseter ▶ D 9

Drei-Tages-Tour ab Haukeliseter Fjellstue an der E 134 (dort auch Info, Übernachtung, Verpflegung)
Ein Wandertipp für Autofahrer, die sich für drei Tage vom Auto trennen wollen und einen großen Rucksack, Wanderstiefel und einen Schlafsack im Gepäck haben. Die Wanderung führt von Hütte zu Hütte. Tagsüber geht es durch die wunderschöne Landschaft der kargen Hardangervidda. Die Tagesstrecken sind zwar relativ lang, aber wegen der geringen Höhenunterschiede nicht allzu anstrengend. Da die Sonne im Sommer fast die ganze Nacht scheint, können unbesorgt viele Pau-

Hüttenwanderung ab Haukeliseter

sen eingelegt werden. Abends wird in einer DNT-Hütte eingekehrt (Info zum Schlüssel, s. S. 30), wo *hyttekos*, die Hüttengemütlichkeit, bei Tütensuppen und Gesprächen im Kerzenlicht herrscht. Hellevassbu und Middalsbu sind unbewirtschaftete Hütten. Es gibt dort kein fließend Wasser, aber Strom und alles Notwendige zum Kochen (inklusive Proviant, aber zu erhöhten Preisen).

Start ist **Haukeliseter** an der E 134 (Info, Übernachtung, Verpflegung). Am ersten Tag wandert man von dort nach **Hellevassbu** (6–7 Std.). Die Strecke ist mit roten T's markiert und gut beschildert. Sie führt gen Norden an vielen Seen entlang. Zu beachten ist, dass die Brücken nur im Sommer stehen und bereits Mitte/Ende September abmontiert werden. Am nächsten Tag führt der Pfad, auf dem auch im Hochsommer einige große Schneefelder überquert werden müssen, in Richtung Südwesten zur Hütte **Middalsbu** (► C 9, 7 Std.). Am dritten Tag geht es zurück nach Haukeliseter (9 Std.). Der Weg verläuft entlang des **Valldalsvatnet** und durch das **Slettedalen**. Am **Ulevåvatnet** trifft der Pfad auf die E 134. Wer hier eine Mitfahrgelegenheit bekommt, kann die Wanderung um drei Stunden verkürzen.

Im Oddadalen ► C 9

Låtefossen

Eine andere Welt: Im landschaftlich reizvollen Oddadalen stürzen fünf imponierende Wasserfälle zu Tal. Einer ist der Låtefossen direkt an der R 13, etwa 15 km südlich von Odda. Er besteht eigentlich aus zwei Wasserfällen, die vom Låtevatnet hinabfließen und einen mächtigen Tropfenschleier über die Straße werfen.

Odda

Die ›Hauptstadt‹ des Hardanger (ca. 7500 Einw.) liegt idyllisch am inneren Ende des Sørfjords, eines sich tief in die 1200–1300 m hohe Bergwelt einschneidenden Seitenarms des Hardangerfjords, eingerahmt vom Folgefonna und den Berghängen der Hardangervidda. Weniger idyllisch als die einzigartige Umgebung sind die Schmelzhüttenschlote mitten in der Stadt sowie in den benachbarten Ortschaften Tyssedal und Eitrheimsnes, in deren Werken u. a. Karbid, Zink, Kadmium und Schwefelsäure produziert wurden bzw. noch immer werden (s. S. 129).

Wanderung zum Buerbreen

Tel. 97 46 11 08, Dauer: hin und zurück ca. 3 Std., feste Schuhe empfehlenswert, geführte Gletschertouren mit Flatearth, Start: Odda Camping (s. u.), Tel. 47 60 68 47, www.flatearth.no
Südlich von Odda gelangt man auf einer schmalen Straße durch das äußerst malerische Buerdalen zu einem Parkplatz (6 km), von dem aus der Aufstieg zum Gletscher beginnt. Der ausgeschilderte Weg führt über mehrere schmale Brücken sowie einige glatte, abfallende Felskuppen, die mit Seilen abgesichert sind. Nichts für die ganz Kleinen, aber größeren Kindern macht die Tour wegen der abwechslungsreichen Landschaft großen Spaß.

Übernachten

Einfach nett – **Odda Camping:** Odda, Tel. 41 32 16 10. Zimmer 195 NOK, Hütten 940 NOK. Schöner Platz mit vielen Grasflächen und einigen Hütten oberhalb von Odda auf dem Weg zum Buerbreen am Sandvinsvatnet.
Auf der Wiese – **Hildal Camping:** Odda, Tel. 53 64 50 36. Liegt 9 km südlich von Odda im wasserreichen Oddadalen, nur

im Sommer geöffnet. Wiesenplatz zum Zelten und sechs Hütten, ab 350 NOK, gute Angelmöglichkeit.

Infos

Odda Turistkontor: im Zentrum, Tel. 53 64 40 05, www.visitodda.com, im Sommer tgl. geöffnet.

Tyssedal

Nördlich von Odda am Ostufer des Sørfjørds liegt in Tyssedal das architektonisch herausragende Wasserkraftwerk. Es stellte 1989 den Betrieb ein und fungiert heute als **Museum**, das sich der Geschichte der Industrialisierung und deren Auswirkungen auf die Umwelt widmet (s. Entdeckungstour S. 128).

Übernachten

Kunst und Kulinarisches – **Tyssedal Hotel:** Tyssedal, Tel. 53 64 00 00, www. tyssedalhotel.no. EZ 1100 NOK, DZ 1410 NOK. Das große, traditionsreiche Haus befindet sich in einem modern ausgestatteten Holzbau; an den Wänden mannigfaltige Kunstobjekte. Interessante Lage an der Kirche oberhalb von Tyssedals Industriekomplex. Gutes Restaurant mit lokalen Speisen, von internationaler Küche inspiriert.

Wanderung zur Troldtunga

Ausgangspunkt: gebührenpflichtiger Parkplatz (120 NOK/Tag) in Skjeggedal nördlich von Tyssedal
Die anspruchsvolle Wanderung ist mit einer Dauer von 8–10 Stunden, einer Strecke von 22 km und einem recht sportlichen Anstieg eher etwas für geübte Wanderer. Am Ende der spekta-

kulären Tour lockt jedoch das derzeit beliebteste Fotomotiv Norwegens: die steinerne ›Trollzunge‹, die hoch über dem Ringedalsvatnet und den umliegenden Tälern thront. Eine Wegbeschreibung und Karte gibt es in der Touristeninfo in Odda.

Maurangerfjord und Kvinnheradsfjord

▶ B/C 9

Von Odda führt der ca. 11 km lange ,und mautpflichtige **Folgefonntunnel** auf die Westseite der Halbinsel Folgefonn am Mündungsbereich des Hardangerfjords. Die am gleichnamigen Fjord liegende Gemeinde Kvinnherad hat landschaftlich und architektonisch Erstaunliches zu bieten. In diesem Gebiet finden sich die Überreste eines der reichsten Klöster Norwegens sowie das Schloss in Rosendal, beeindruckendes Zeugnis einer vom 17. bis 20. Jh. mächtigen Baronie.

Ænes und Sunndal

Die heute vergleichsweise stillen, unterhalb des Folgefonna am Maurangerfjord liegenden Dörfer **Ænes** (▶ B 9) und **Sunndal** (▶ C 9) waren bereits gegen Ende des 19. Jh. beliebte Ausgangspunkte für Touren auf den Gletscher. Sehenswert ist die mittelalterliche, aus Stein gebaute **Ænes-Kirche,** die vermutlich im 13. Jh. zur Zeit Håkon Håkonssons erbaut wurde.

Wanderungen ab Sunndal ▶ C 9
Sunndal ist Ausgangspunkt für lange, eine gute Kondition erfordernde Touren über den **Folgefonna** – so braucht man z.B. für die Strecke **Sunndal–Odda** 10 Stunden. ▷ S. 130

Auf Entdeckungstour: Das Wasserkraft- und Industriemuseum in Tyssedal

Seine Lage inmitten atemberaubend schöner Natur und exklusive Sommergäste machten Odda im 19. Jh. weltberühmt. Das dennoch verschlafene Nest am Ende des Sørfjords wurde dann im 20. Jh. Industriestandort. Die spannungsreiche und folgenschwere Geschichte der Industrialisierung lässt sich im Museum des ehemaligen Wasserkraftwerks nachvollziehen.

Reisekarte: ▶ C 9

Dauer: ca. 2 Std.

Planung: Wasserkraft- und Industriemuseum Tyssedal, Tel. 53 65 00 50, www.nvim.no, Mitte Mai–Mitte Sept. tgl. 10–17, sonst Di–Fr 10–15 Uhr, Führungen, Erw. 90, Senioren/ Studenten 50 NOK, Kinder frei.

Mit seinen grünen Hängen, den Obstbäumen, imponierenden Wasserfällen und dem alles überragenden Gletscher, dem Folgefonna, gehört der Hardangerfjord zu den landschaftlichen Höhepunkten des Landes. Und so verwundert es kaum, dass **Odda** am inneren Ende des Sørfjords um 1900 das meistbesuchte Ziel wohlhabender Sommergäste in Norwegen war. Von 1891 bis 1914 reiste der deutsche Kaiser Wilhelm jeden Sommer nach Odda, und in seinem Fahrwasser kamen zahlreiche europäische Fürsten und Könige. Trotz der Einkünfte durch die zahlungskräftigen Gäste war die Armut der Bauern groß, Acker- und Weideland waren knapp, und viele Bewohner der Region hatten kein regelmäßiges Einkommen.

Aufbruch in eine neue Zeit
Und so setzten die Einwohner Oddas große Hoffung auf die Schaffung neuer Arbeitsplätze, als 1906 der erste Spatenstich für das Wasserkraftwerk **Tysso I** in Tyssedal gemacht wurde. Es garantierte die Energieversorgung und schuf damit die Grundlage für die Metallindustrie: Im Zentrum von Odda entstanden zeitgleich Karbid- und Cyanamidfabriken. Binnen drei bis vier Jahren wuchs die Bevölkerung Tyssedals von 30 auf 1000 und Oddas von 600 auf 4000 Einwohner an. Noch heute prägen Fabrikgebäude und rauchende Schlote das Ortsbild.

Ein einmaliger Entwurf
Außergewöhnlich schön liegt das alte Wasserkraftwerk am Fjordufer. Spätestens wenn man die **Werkshalle** betritt, wird klar, dass dies alles andere als ein normales Industriegebäude ist. Der neoklassische Bau wurde von zwei der fortschrittlichsten Architekten Norwegens entworfen, Thorvald Astrup und Victor Nordan. Sie waren der Meinung, dass Industrie und Schönheit vereinbar seien und wollten eine neue, menschenfreundliche Architektur schaffen.

Das Innere des Industriegebäudes ist mit bemerkenswerten Details ausgestattet: farbig gefliese Fußböden, in Marmor gefasste Schaltschränke, kunstvoll in Gusseisen gearbeitete Galerien und Treppengeländer. Große Glasfenster bieten einen freien Blick über den Fjord hinauf zum Folgefonna.

Ein schwermetallhaltiger Fjord
Auf der gegenüberliegenden Seite des Fjords kann man mehrere **Löcher im Berg** erkennen. Hier begann man Mitte der 1980er-Jahre, Abfälle aus der Metallproduktion Oddas zu lagern. Zuvor waren 80 Jahre lang u. a. hochgiftige Schwermetalle in den Sørfjord geflossen. Einst für seine Schönheit weltberühmt, machte er nun Schlagzeilen als schwermetallhaltigster Fjord der Welt. Erst als die Vernichtung allen Lebens im Fjord abzusehen war, wurde ein Umweltschutzkomitee gegründet, um eine umweltfreundlichere Produktion zu suchen. Das Projekt hatte Erfolg. Mittlerweile kann man im Fjord wieder baden.

Saubere Energie für Norwegen
In dem ehemaligen **Verwaltungsgebäude** des Wasserkraftwerks, das bis 1989 in Betrieb war, befindet sich eine **Ausstellung** über Wasserfälle und die Nutzung ihrer Energie. Was damals in Tyssedal begann, hat Schule gemacht. Heute werden 98 % des Strombedarfs des Landes durch Wasserkraft gedeckt.

Auch in Tyssedal wird noch Energie gewonnen. In dem tief im Berg liegenden neuen Wasserkraftwerk **Oksla** erzeugen 50 000 Liter Wasser, die pro Sekunde den Berg hinabstürzen, Strom.

Ein beliebter Wanderweg führt zu den **Hütten Breidablikk und Fonnabu.** Der Wanderpfad, der nach dem deutschen Kaiser Wilhelm benannt ist, zweigt ab, bevor man zum Bondhusvatnet kommt.

Es gibt auch weniger anstrengende Touren: Von Sunndal fährt man in südlicher Richtung ca. 1 km bergauf bis zum Parkplatz. Von hier führt ein bequemer Weg (auch geeignet für Rollstuhlfahrer und Kinderwagen) zum gletschergrünen **Bondhusvatnet** (189 m ü. NN). Vom See bietet sich ein Panoramablick auf die gleichnamige Gletscherzunge. Wer bis zum Eis weiterwandert, muss für die Tour 3,5–4 Std. veranschlagen.

Rosendal ▶ B 9

Als das Boot noch Hauptverkehrsmittel war, ließ sich von hier aus der Zugang zum fruchtbaren Hardanger kontrollieren. Rosendal, das Verwaltungszentrum der Kvinnherad-Gemeinde, ist für seine Schiffbautradition bekannt. Hier wurde in der Skaaluren-Werft u. a. das Schiff des Polarforschers Roald Amundsen, die Gjøa, gebaut. Am Kai dokumentiert die **Skaalurensammlung** (Sommer tgl. 12–16 Uhr) die Geschichte des Schiffbaus.

Kvinnherad Kyrkje

Kyrkjevegen, Sommer tgl. 12–15 Uhr, Eintritt kostenlos in Verbindung mit Baroniet-Ticket
Sehenswert ist die **Kvinnherad-Kirche,** deren Geschichte eng mit der der Baronie zusammenhängt, sodass es sich empfiehlt, erst an einer Schlossführung (s. u.) teilzunehmen. Die kleine, turmlose Kirche wurde in der Mitte des 13. Jh. errichtet. An der Nordseite des Chores richtete man in den 1670er-Jahren eine Grabkammer ein, in der der erste Baron Ludvig Rosenkrantz und seine Familie ihre letzte Ruhestätte fanden. Jedes

Jahr im Juli wird das historische Baroniespiel aufgeführt, das – halb wahr, halb erdichtet – von der ersten Herrin auf Rosendal um 1660–1670 handelt.

Baroniet Rosendal

Baronievegen 60, Tel. 53 48 29 99, www.baroniet.no, Mitte Mai–Juni Di–So 11–15, Ende Juni–Anfang/Mitte Aug. Mo–Do 10–18, Fr–So 10–17, Mitte Aug.–Sept. Di–Do 11–15, Fr–So 11–16 Uhr, Führungen stdl., Erw. 100 NOK, Kinder 25 NOK
Oberhalb des Ortszentrums liegt Norwegens kleinstes Schloss, die **Rosendal-Baronie.** Das Hauptgebäude wurde in der zweiten Hälfte des 17. Jh. von Ludvig Rosenkrantz im Renaissancestil errichtet. Die Inneneinrichtung aus verschiedenen Epochen wurde vom letzten Baroniebesitzer 1927 der Universität in Oslo vermacht. Einzigartig ist die Bibliothek mit mehr als 10 000 Bänden.

Übernachten

Panoramablick – **Rosendal Fjordhotel:** Rosendal, Tel. 53 48 80 00, www.rosendal-fjordhotel.no. EZ 1550 NOK, DZ 1750 NOK. Hotel mit 95 Zimmern in wunderschöner Lage am Fjord, 1 km von der Baronie entfernt, eigene Marina, Tennisplatz, Sauna, Restaurant.
Liebevoll und individuell – **Guddalstunet:** Tel. 53 48 11 27, www.guddalstunet.no. DZ ab 1000 NOK inkl. Frühstück. Sehr unterschiedliche Hütten für 4–6 Pers. auf einem idyllischen Hof 4 km südlich von Rosendal. Der nächste Kaufmann ist 1 km entfernt.
Charmant – **Baroniet Rosendal Avlsgård & Fruehus:** Tel. 53 48 29 99, www.baroniet.no. EZ 700 NOK, DZ 980 NOK, Extrabett 250 NOK. Übernachten in historischen Gebäuden aus dem 19. Jh. mit viel Flair. Im Haupthaus gibt es 6 Einzel- und 9 Doppelzimmer, im ›Frauenhaus‹ 2 Einzel- und 5 Doppelzimmer.

Die meisten Zimmer haben eine Waschgelegenheit, Dusche und Toilette im Gang. Das Frühstück wird in der großen Küche am offenen Feuer serviert.

Am Hardangerfjord – **Rosendal Hyttetun & Camping:** 3 km außerhalb, am Hardangerfjord, Tel. 53 48 02 73, www.rosendalhyttetun.no, 550–900 NOK. Winterfeste Hütten für 2–8 Pers.; Badeplatz, Ruder-, Motorboote.

Historisch trifft auf modern – **Rosendal Turisthotell:** Tel. 53 47 36 66, www.rosendalturisthotell.no. EZ ab 700, DZ 900 NOK. Am Kai liegt das charmante Gästehaus von 1890 mit stilvollem, modernem Interieur, Kunstausstellungen, sehr gutem Weinkeller und Speisesaal mit Fjordblick; im Sommer kann man auch draußen essen. Zimmer mit fließendem Wasser, Dusche und WC auf dem Gang.

Einkaufen

Naturhaus – **Naturhuset Snikkeriet:** Rosendalsvegen 9–17, Tel. 53 48 12 14, www.snikkeriet.no. In dem Gebäude im Zentrum von Rosendal gibt es ein Café/Restaurant, einen Naturkostladen, eine Bücherecke und einen Mineralienladen.

Aktiv

Per Pferdekutsche durch Rosendal – **Kvinnherad Hesteskysslag:** Tel. 91 89 33 30, www.kvinnheradhesteskysslag.no. Ortserkundung auf gemütliche Art.

Flüge über den Folgefonn-Gletscher – **Fonnafly Sjø AS:** Tel. 53 48 03 22, www.fonnafly.no.

Infos

Folgefonna Nationalparksenter: im Sommer am Skålakaien, sonst im Rathaus, Tel. 53 48 42 80, www.visitsunnhordland.no, www.folgefonna.info, Mitte–Ende Mai, Anfang–Mitte Sept. tgl. 10–15, Juni–Aug. tgl. 10–19 Uhr (am

Kai). Infos zu Flügen über den Folgefonna und den Gletscher selbst.

Auto: Der Folgefonntunnel (Maut) führt vom Maurangerfjord an den Sørfjord nördlich von Odda.

Bus: Kvinnherad–Bergen 2–4 x tgl.

Fähre: Ranavik–Skjærsholmane, 16 x tgl., 50 Min. Schnellfähre Bergen–Flesland–Os–Rosendal 2 x tgl., 2 Std.

Ausflug nach Halsnøy

▶ B 9

Halsnøy kann von Süden mit der Autofähre von Skjærsholmane (s. o.) oder von Norden durch den Halsnøytunnel (R 544, Maut) erreicht werden

Auf der fruchtbaren, bei Bootstouristen beliebten Insel liegt das **Halsnøy Kloster,** ca. 20 Min. zu Fuß vom Fähranleger Ranavik entfernt (im Sommer Di–So 11–16.30 Uhr, Führung 50 NOK). Vermutlich wohnten in den Anfängen (12. Jh., 2013 fand die 850-Jahr-Feier statt) nicht mehr als 13 Mönche des Augustinerordens im Kloster, das im 14. Jh. umgebaut und deutlich vergrößert wurde. Die Ruinen stammen aus dieser Zeit. Das intakte Wohnhaus von 1841 wurde aus Steinen der ehemaligen Kirche errichtet.

Westufer des Sørfjords ▶ C 8/9

Westlich des Sørfjords führt die gut ausgebaute R 550 von Odda immer am Fjordufer entlang. Weite Obstplantagen ziehen sich die Berghänge hinauf. Idyllisch und ruhig liegen die Höfe oberhalb der auch Folgefonn-Straße genannten Strecke. Einige Kilometer nördlich von Odda zweigt der Folgefonntunnel Richtung Kvinnherad (s. S. 127) ab, ein lohnender Tagesausflug von Odda (Maut: Pkw 72 NOK).

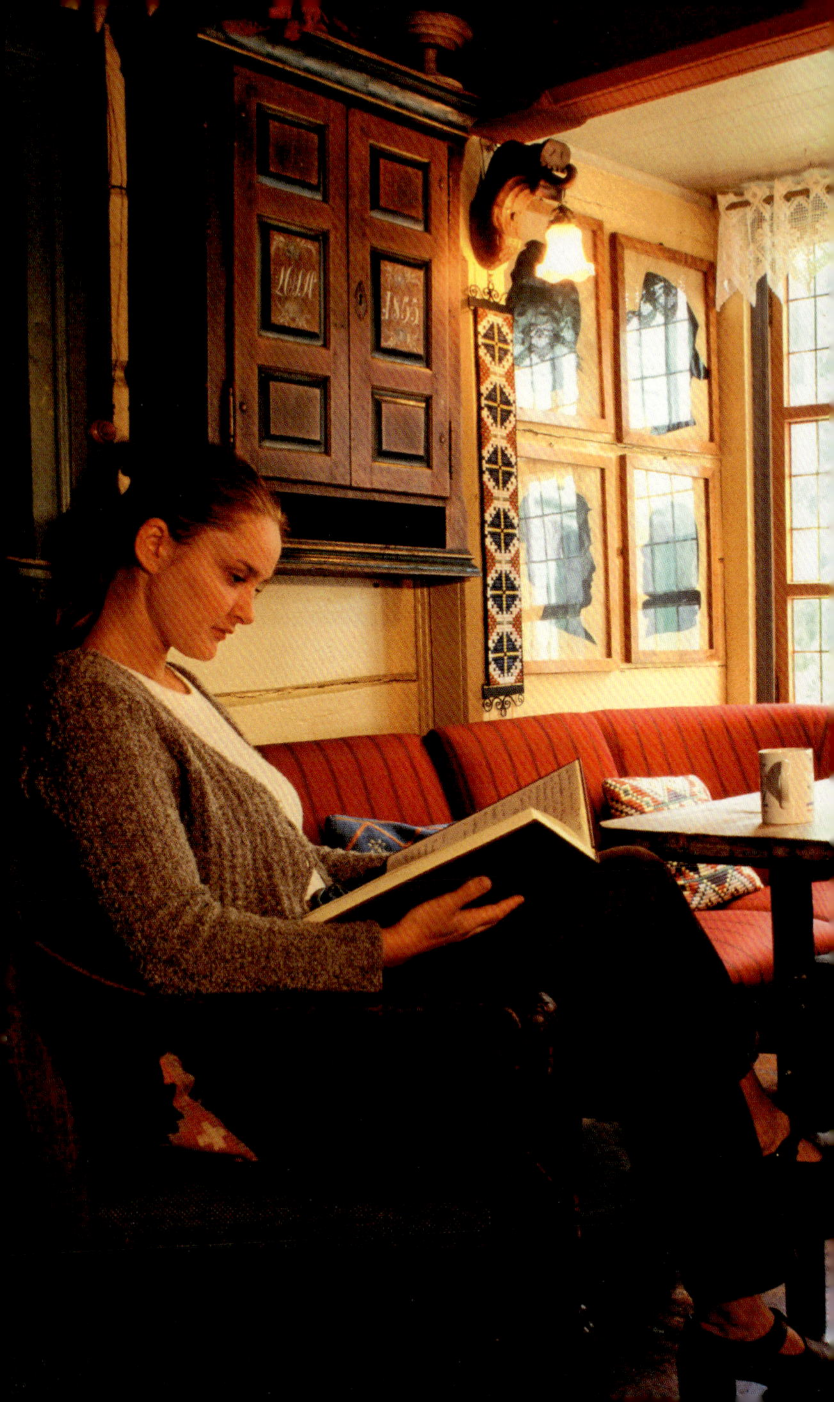

Lieblingsort

Utne Hotel – stilvoll genießen
▶ C 8

Ein Klassiker! Schräg gegenüber vom Fähranleger befindet sich das älteste Hotel Norwegens, ein hölzerner Prachtbau aus dem Jahre 1772. Hier kann man in einfachen und wunderbar altmodischen Zimmern nächtigen. Sehr gemütlich sind die mit Antiquitäten ausgestatteten Speiseräumlichkeiten, in denen sich auch Nicht-Hotelgäste einen Hardanger Apfelkuchen oder einen Kaffee mit Waffeln gönnen dürfen. Das Vergnügen ist nicht ganz billig, aber es hat was, sich in einer solchen Umgebung den Kaffee aus einer silbernen Kanne einschenken zu lassen.

Utne Hotel: Utne, Tel. 53 66 64 00, www.utnehotel.no. EZ 1490 NOK, DZ 1890 NOK).

Agatunet ▶ C 8

Aga, Ullensvang, Tel. 53 66 22 14,
www.agatunet.no, Ende Mai–Mitte
Aug. tgl. 10–17 Uhr, Erw. 75 NOK,
Kinder frei, Führung 50 NOK, Galerie,
Café

Auf dem Weg nach Utne bietet die denkmalgeschützte, nur im Sommer bewohnte **Hofanlage Aga**, 28 km nördlich von Odda, wunderschöne Fotomotive. Agatunet hat sich im Verlauf von Jahrhunderten vom Hof zum Dorf entwickelt, 1938 wurden hier neun Höfe bewirtschaftet. Von den ehemals ca. 60 aneinander geschmiegten Gebäuden sind heute noch 30 erhalten. Sie stammen aus unterschiedlichen Zeiten, bilden aber mit ihren schiefergedeckten Dächern eine malerische Einheit. Das älteste Gebäude ist die Mitte des 13. Jh. errichtete **Lagmannsstova** (*lagmann* = Rechtsprecher).

Essen & Trinken

Lebensmittel vom Hof – **Måge Gardsbutikk:** an der R 550 zwischen Odda (15 km) und Agatunet, Tel. 53 66 20 00. Der Traditionshof verkauft frisches Obst und selbst hergestellte Leckereien (Käse, Marmelade etc.) frisch nach uralten Rezepten.

Halbinsel Folgefonn

▶ B 9–C 8

Ausgesprochen schön ist die Strecke zwischen Utne und Jondal um die Nordspitze der Folgefonn-Halbinsel herum und entlang des Südufers des Hardangerfjords. Die Straße ist schmal und daher für Wohnwagengespanne nicht geeignet. Zuerst führt sie durch Obstplantagen, später steigt sie an, verläuft durch Wälder und mündet erst bei Herand wieder in eine größere Ortschaft.

Utne ▶ C 8

Der idyllische Ort an der Nordspitze der Halbinsel war, als die Fjorde noch die Hauptverkehrsstraßen bildeten, wichtigster Verkehrsknotenpunkt im Innern des Hardanger und bot bereits Anfang des 18. Jh. Unterkünfte für Reisende an.

Lohnend ist ein Spaziergang zum **Hardanger Folkemuseum** (Tel. 53 67 00 40, www.hardangerogvossmuseum. no, Mai–Aug. tgl. 10–17, sonst Mo–Fr 9–15 Uhr, Erw. 75 NOK, Kinder frei). Hier hat man ein Dorf aufgebaut, wie es Mitte des 19. Jh. ausgesehen haben könnte: Wohn- und Wirtschaftsgebäude, Schmiede, Schule, eine vermutlich aus dem 13. Jh. stammende *årestove* (Rauchlochstube) und ein Blockhaus mit offener Feuerstätte. Mit Museumsgeschäft und Café.

Übernachten

Stilvoll genießen – **Utne Hotel:** s. Lieblingsort S. 133
Familiär – **Hardanger Gjestegard:** Alsåker, Utne, Tel. 97 10 18 78, www.hardanger-gjestegard.no, DZ ab 1190 NOK, Wohnungen für 2–5 Pers. (Preis nach Absprache). Nettes Holzhaus am Fjord; großer Kai und Boot.
Landcharme – **Lothe Camping:** R 550, Lothe, (ca. 5 km vom Fähranleger Utne), Tel. 53 66 66 50, www.lothecamping.no, Hütten, Wohnungen für bis zu 5 Pers. 450–600 NOK. Sonniger, von Obstbäumen gesäumter Campingplatz direkt am Fjord; Bootsplatz, Badestelle.

Infos

Bus: nach Odda, Bergen, Voss, Geilo.
Fähren: Kvanndal–Kinsarvik, 6 x tgl., 50 Min.; Utne–Kvanndal, 22 x tgl., 20 Min., Utne–Kinsarvik 9 x 30 Min.

Herand ▸ C 8

In der Ortsmitte lohnt ein wasserbe-
triebenes **Sägewerk** einen Besuch.
Etwa 1 km oberhalb des Zentrums an
der R 550 Richtung Utne befindet sich
unweit der Straße ein eingezäuntes
Feld mit bronzezeitlichen **Felszeichnungen** (jederzeit zugänglich).

Übernachten

Bauernhofmilieu – **Bakketun Overnatting:** Tel. 56 66 85 44, www.bakketu
net.no. Zwei gemütliche Wohnungen
und ein hübsches Ferienhaus, Platz
für 3–6 Pers., 500–800 NOK, Boot am
Fjord, Wandermöglichkeiten.
Naturperle – **Vassel Gård:** am Herands-
vatnet, Tel. 92 23 00 90, www.vassel
gard.com. Am idyllischen See, 1,5 km
vom Fjord entfernt; Hütten und Wohnungen für 3–6 Pers. 650–1050 NOK.

Jondal ▸ C 8

Der hübsche Fährort wurde schon früh
von ausländischen Urlaubern entdeckt,
hat sich aber nie zum Touristenzentrum
entwickelt. Im **Jondal Gjestgjevarstad**
werden seit 1853 Gäste bewirtet (www.
jondalhotel.no, Tel. 53 66 85 63). Die
Jondal-Kirche (www.jondalkyrkje.net),
auch Hardanger-Kathedrale genannt,
wurde 1888 fertiggestellt und soll die
größte in Hardanger sein. Sehenswert
ist **Viketunet,** der um 1600 erbaute Hof
des *lensmannen* (Amtsmann).

Übernachten

Familienfreundlich – **Folgefonn Hytte-
og Gardscamping:** Tel. 90 92 64 86, www.
gardscamping.com, Hütten für 4 Pers.
500 NOK, Wohnung für 2/8 Pers., 400/
1200 NOK, Platz für Zelte und Wohnmobile, Boot auf dem Espelandsee.

Aktiv

Öko-Outdoor-Abenteuer – **Hove
Støtt:** Geilo, Tel. 32 09 14 10, www.ho
vestott.no. Sowohl sommers wie auch
winters großes Angebot des Ökoan-
bieters von unterschiedlichen Aktivitäten wie Bergtouren, Trittschlitten,
Gletscherführungen, Reiten, Ski fahren und Klettern.
Gletscherwanderungen und mehr –
Folgefonni Breforarlag AS: Jondal,
Tel. 95 11 77 92, www.folgefonni-bre
forarlag.no, Mai–Sept. Das Angebot
umfasst u. a. Ski- und Radwanderun-
gen, Kletterkurse für Anfänger und
Kajakausflüge. Verschiedene Gletschertouren, eine der Blaueistouren
ist für Familien geeignet (Kinder ab
7 Jahre). Warme Kleidung und ausreichend Proviant sind mitzunehmen,
Verleih von Schuhen. Anmeldung in
der Touristeninfo oder im Folgefonn
Sommar Skisenter.

Infos

Jondal Touristinformasjon: 5627 Jondal, im Zentrum, Tel. 53 66 85 31,
www.visitjondal.no, Mitte–Ende Juni
tgl. 9.30–16, Juli–Mitte Aug. bis 18 Uhr.
Auto: 2012 wurde der 10 630 m lange
Jondaltunnel eingeweiht, dadurch ist
die Strecke Jondal–Odda um ein Erheb-
liches kürzer geworden, Pkw 100 NOK.
Fähre: Jondal–Tørvikbygd, ca. 15 x tgl.,
20 Min.
Bus: Odda–Utne–Jondal 1 x tgl.

Folgefonn Sommar Skisenter ▸ C 8

*Tel. 46 17 20 11, www.folgefonn.no,
Anfang Mai–Mitte Sept. 9–16 Uhr*
Durch das Krossdalen (Maut) gelangt
man zum **Sommerskizentrum** auf
1200 m Höhe am Fuß des Folgefonna.

Obstfreuden im Hardanger

In den Erntemonaten stehen im Hardanger vielerorts am Straßenrand selbstgemalte Schilder, die auf Stände mit frisch gepflückten Früchten hinweisen. Nicht selten ist niemand zu sehen. Dann legt man das Geld einfach in die Kasse und nimmt sich eine Schale.

Obstverkauf: Erdbeeren (Saison ca. Mitte Juni–ca. 20. Juli), Morellen (ca. 10. Juli–Ende Aug.), Himbeeren (Mitte Juli–Mitte Aug.) Kirschen (Aug.), Pflaumen (Anfang Aug.–Ende Okt.), Birnen (Aug.–Dez.) Äpfel (Aug.–Dez.).

Das Angebot ist breit: Skischule, organisierte Touren, Loipen, Halfpipe, Verleih von Skiern, Snowboards und Schlitten. Von Mitte Juni–Mitte August fährt ein Bus ab Jondal (9.55 Uhr, zurück 15.50 Uhr) hierher.

Ostufer des Sørfjords

Ost- und Westseite des Sørfjords sind gleichermaßen schön. Die Ostseite ist vielleicht ein wenig berühmter für ihre Obstplantagen und den Blick über den Fjord hinauf zu den schneebedeckten Höhen der Folgefonn-Halbinsel.

Lofthus ► C 8

Der kleine Ort Lofthus gehört mit Kinsarvik und Utne zur Gemeinde Ullensvang. Er wird der »Obstgarten des Hardanger« genannt, weil hier über 20 % aller Obstbäume Norwegens stehen. Hauptsächlich werden Süßkirschen geerntet. Aber auch Äpfel und Pflaumen werden angebaut.

Ullensvang Kyrkje

Ende Juni–Mitte Aug. tgl. 10–19 Uhr

An der Mündung des Opo liegt die zwischen 1250 und 1300 erbaute **Kirche,** 1309 erstmals schriftlich erwähnt. Berühmt wurde der ›Hardangerdom‹ durch das Gemälde »Brautfahrt im Hardanger« von Adolph Tidemand und Hans Fredrik Gude, den Hauptvertretern der national gefärbten Romantik.

Edvard Griegs Komponistenhütte

Tel. 53 67 00 00

Im Garten des Hotel Ullensvang steht die winzige und unscheinbare Komponistenhütte *(komponist hytte),* in der Edvard Grieg, der mehrere Sommer lang in Lofthus wohnte, Teile seiner berühmten »Peer-Gynt-Suite« zu Papier brachte.

Skredhaugen Museum

3 km nördlich von Lofthus, Tel. 53 67 00 40, Ende Juni–Mitte Aug. Sa, So 12–17, diverse Veranstaltungen Mi 17–20 Uhr

Am alten Weg zwischen Lofthus und Ernes kann man die Privatsammlung des Künstlers Bernhard Greve und seiner Frau Ingrid sowie eine umfassende Kollektion norwegischer Gemälde bestaunen. Das schön gelegene Haus diente der Greve-Familie lange Jahre als Sommerdomizil.

Aktiv

Wanderungen von Lofthus

Ein günstiger Startpunkt für Wanderungen ist der Campingplatz oberhalb von Lofthus. Von hier ist der teilweise steile Weg über die **Mönchstreppe** zum **Nosi** (Nase, 950 m) ausgeschildert (ca. 4 Std. hin und zurück). Die Mönchstreppe geht auf die Mönche des Zisterzienserordens zurück, die hier auf einem Hof schon im 13. Jh. die ersten

Obstbäume pflanzten. Von den Hofgebäuden und der Kapelle sind keine Spuren erhalten, aber die 616 Stufen, die von Lofthus zur Hardangervidda hinaufführen, erleichtern noch heute den Aufstieg. Der Weg zur **Stavali-Touristenhütte** (1024 m) auf der Hardangervidda dauert 8–9 Std.

Wanderung auf dem Fruktstigen

Der ca. 6 km lange, einfache Obstlehrpfad verläuft durch Anbaugebiete und bietet landschaftliche Schönheit und viel Wissenswertes auf den Infotafeln entlang des geteerten Weges. Ausgangspunkte sind u. a. Lofthus Camping, Hotel Ullensvang, Ullensvang Gjesteheim und Hardanger Vandrarheim.

Fjordkreuzfahrt

Ende Juni–Anf. Aug., Abfahrt Lofthus 10.40, 13.20, 16 Uhr, www.hardanger fjordcruise.no, Erw. 350 NOK
Für alle, die beide Seiten des Hardangerfjords kennenlernen möchten, empfiehlt sich die 2,5-stündige Rundfahrt auf einem der historischen Boote mit den Stopps **Aga** und **Utne,** wo man aus- und bei der nächsten Runde wieder einsteigen kann.

Übernachten

Luxus am Fjord – **Hotel Ullensvang:** Tel. 53 67 00 00, www.hotel-ullens vang.no, DZ ab 2050 NOK. Erstklassiges Hotel mit Schwimmhalle, Tennisplatz, Bowlingbahn und Squashplatz.

Sommerliche Idylle am Sørfjord

Traditionsbewusst – **Ullensvang Gjesteheim:** Tel. 53 66 12 36, www.ullensvang-gjesteheim.no, EZ ab 490 NOK, DZ ab 700 NOK. Gemütliches Gästehaus am südlichen Ortseingang.

Günstig und schön – **Hardanger Vandrarheim:** Tel. 53 67 14 00, www.hihostels.no, DZ ab 400 NOK. Schönes Haus in hübscher Lage, Motorboot, Frühstücksbüfett, Bolzplatz.

Gletscherblick – **Lofthus Camping:** Tel. 53 66 13 64, www.lofthuscamping.com, Hütten für 2–6 Pers. 360–1250 NOK. Der Campingplatz ist berühmt für seine schöne Lage unter Obstbäumen mit Panoramablick über Fjord und Folgefonna. Bootsverleih, Hütten für 2 und 4 Pers.

Kinsarvik ► C 8

Das Verwaltungszentrum Kinsarvik gehört wie Lofthus zur Ullensvang-Gemeinde und bildete schon in vorchristlicher Zeit ein bedeutendes Zentrum im inneren Hardanger mit einem Gerichtsplatz *(ting)*, einem Markt *(kaupang)*, einer religiösen Kultstätte sowie einem Standort der königlichen Kriegsflotte *(leidang)*. Das in königlichem Dienst stehende Kriegsschiff lag von etwa 900 bis 1350 im **Skiparstod**, einem Bootshaus links vom Fähranleger. Im 17. und beginnenden 18. Jh. war Kinsarvik der wichtigste Holzausfuhrhafen im Hardanger, und im 19. Jh., als der Maler, Musiker und Dichter Lars Kinsarvik (1846–1925) die alten Handwerkstraditionen wiederbelebte, entwickelte sich der Ort zu einem bekannten Zentrum der Holzschnitzkunst.

Kinsarvik Kirke

Ende Mai–Ende Juni Di–Fr 10–14, Ende Juni–Mitte Aug. tgl. 10–19 Uhr
Die **Kirche** wurde vermutlich Mitte des 12. Jh. von schottischen Baumeistern im normannisch-romanischen Stil mit Rundbogenfenstern und -türen errichtet. Die Natursteinmauern sind bis zu 1,8 m dick. Die Kalkmalereien, die bei der Restaurierung teils wieder zum Vorschein kamen, wurden wahrscheinlich im 13. Jh. in Auftrag gegeben. Auf dem Dachboden der Kirche wurden im Mittelalter Segel und Mast der Leidangschiffe aufbewahrt.

Hardanger-Ferienpark Mikkelparken

Ende Juni–Mitte Aug. tgl. 10.30– 18.30 Uhr, www.mikkelparken.no, www.hardangertun.no, Tageskarte 235 NOK, Kinder unter 2 Jahre Eintritt frei
Für Kinder ein Erlebnis ist der Ferienpark oberhalb vom Fähranleger, der inmitten einer Obstplantage liegt. Es gibt Tiere, Wasserrutschen, Pool, Tischtennisplatten etc. Auch für die Eltern ist gesorgt. Der Ferienpark mit Kanu- und Motorbootverleih ermöglicht die Erkundung der näheren Umgebung bei Angel- und Paddelausflügen. Auch hilft man mit Auskünften zu Wanderungen. Abends lockt die Sauna. Übernachtungsmöglichkeiten s. u.

Wanderung durchs Husedal

Für Spaziergänge und Wanderungen bietet sich das Husedal an, durch das sich der reißende Kinso über mehrere **Wasserfälle** von der Hardangervidda hinab seinen Weg zum Fjord bahnt. Das Tal zieht sich von Kinsarvik zur Hardangervidda hinauf. Auf bequemen Wegen passiert man innerhalb von 3 Std. vier imponierende Wasserfälle.

Vor fast 100 Jahren wurde am ersten der vier Kinso-Wasserfälle, dem **Tveitofossen**, ein kleines Kraftwerk gebaut. Die Autostraße führt zwar direkt bis zum Wasserfall, wegen fehlender Wendemöglichkeit sollte man das Auto aber am Parkplatz stehen lassen (ca. 4 km vom Zentrum, hin und zurück ca. 2 Std.). Vom Tveitofossen passiert man auf dem Weg zur **Stavali-Touristenhütte** auf der Hardangervidda drei weitere Wasserfälle: **Nyastølsfossen**, **Nykkjesøyfossen** und den **Søtefossen**.

Übernachten

Nüchterne Architektur – **Kinsarvik Fjord Hotel:** Tel. 53 66 74 00, www.kin sarvikhotel.no. In der Hochsaison DZ ab 1195 NOK. Großer Hotelkomplex direkt am Fähranleger, 73 Zimmer, Wellnessbereich mit Sauna, Solarium, Restaurant, ab und an Livemusik und Tanz.

Familienfreundlich – **Hardangertun:** Tel. 53 67 13 13, www.hardangertun. no, 945–1595 NOK. Camping und 27 komfortable Ferienhütten für bis zu 8 Pers. in unmittelbarer Nähe des Ferienparks. Es gibt auch Apartments *(leilegheiter)* für 6 Pers. zu 1095 NOK. Pool, Sauna, Kajak-, Kanu-, Ruderbootverleih.

Gut ausgestattet – **Kinsarvik Camping:** Tel./Fax 53 66 32 90, www.kinsarvikcam ping.no, für 4–8 Pers. 495–1945 NOK, 25 Hütten sowie komfortable Ferienhäuser mit Sauna, viele Dauercamper, ca. 50 m vom Fjord entfernt.

Einkaufen

Mehrere große Kunstgewerbeläden bieten reiche Auswahl an Hardanger-Kunst und Kunsthandwerk.
Besteck und Souvenirs – **Hardanger Bestikk:** www.hardanger-bestikk.no, Führung Juni–Aug. Mo–Fr 13.30 Uhr, Dauer 30–45 Min., gratis, Treffpunkt im Zentrum bei Hardanger Bestikk. Fabrikverkauf und Besichtigung beim größten Besteckproduzenten Norwegens. Berühmt ist das Königsbesteck aus Zinn mit historischen Motiven.

Infos

Kinsavik Turistkontor: im Zentrum, Tel. 53 66 31 12, www.visitullensvang. no, in der Hauptsaison Mo–Fr 9–18.30, Sa 10–17.30, So 11.30–17, Vor- und Nachsaison Mo–Fr 9–17, Sa 10–15.30 Uhr. **Fähre:** Kinsarvik–Kvanndal 6 x tgl., 50 Min., Kinsarvik–Utne, 9 x tgl., 30 Min.

Eidfjord und Umgebung

Eidfjord ▶ C/D 8

Eidfjord ist sowohl der Name des Verwaltungs- und Versorgungszentrums als auch der Gemeinde und des östlichen Endes des Hardangerfjords. Viele Reisende kommen hier auf dem Weg zum Vøringsfossen vorbei und sind erstaunt über die hochkarätigen Sehenswürdigkeiten, für die man sich einen Tag genehmigen sollte. Die größten Attraktionen Eidfjords werden im Sommerhalbjahr auch von zahlreichen Kreuzfahrtschiffen angelaufen.

Im Ort ist die **Alte Kirche** (Sommer Mo–Fr 9–15 Uhr) aus dem ersten Jahrzehnt des 13. Jh. sehenswert. Sie ist dem Apostel Jakobus geweiht. Am Hafen befindet sich die lohnenswerte **Galleri N. Bergslien**. Gezeigt werden die großformatigen Werke von Trollen und Landschaften des lokalen Künstlers Bergslien (1853–1928) und wechselnde Kunstausstellungen (Ende Juni–Mitte Aug. 12–18, Mitte April–Anf. Okt. 12–16 Uhr, Eintritt frei).

Übernachten

Sympathisch – **Vik Pensjonat og Hytte-tun:** Tel. 53 66 51 62, www.vikpens jonat.com, DZ ab 880 NOK, Hütten,

Wohnungen für 2–4 Personen mit Dusche und WC 800–1150 NOK. Hübsche Pension mit Café im Zentrum von Eidfjord.

Aktiv

Kajaktouren – **Flatearth:** Øvre Eidfjord, Tel. 47 60 68 47, www.flatearth. no. Geführte Kajaktouren auf dem Eidfjord, u. a. Dauer 3 Std. 450 NOK, geeignet für Kinder ab 10 Jahre.

Infos

Eidfjord Turistinformasjon: Riksvegen 27 A, Tel. 53 67 34 00, www.visiteidfjord. no, Jan.–April Mo–Fr 9–16, Mai 9–18, Juni auch Sa 10–18, Mitte Juni–Mitte Aug. Mo–Fr 9–19, Sa 10–18, So 11–18, Mitte Aug.–Ende Aug. Mo–Fr 9–18, Sa 10–18, Sept.–Dez. Mo–Fr 9–16 Uhr.

Sima Kraftverk ▸ D 8

Tel. 53 67 34 00, Führungen Mitte Juni–Mitte Aug. tgl. 10, 12, 14 Uhr, Dauer 1 Std., Erw. 80 NOK, Kinder 50 NOK

Eine gut ausgebaute Straße führt von Eidfjord etwa 6 km am Simafjord entlang zum 1983 fertiggestellten **Sima-Kraftwerk.** Für die Maschinenhalle des Werkes wurde der Fels 700 m in den Berg hinein weggesprengt; die Halle ist 200 m lang, 20 m breit und 40 m hoch. Der jährlich produzierte Strom von ca. 2700 Mio. kWh macht annähernd den anderthalbfachen Jahresverbrauch einer Stadt wie Bergen aus. Im Sommer werden im Sima-Kraftwerk u. a. auch deutschsprachige Führungen angeboten. Beeindruckend ist der Film über den Bau der gewaltigen Anlage, deren Wasserreservoirs in der Hardangervidda liegen.

Kjeåsen Fjellgård ▸ D 8

Bus ab Eidfjord
Der seit dem 14. Jh. bewohnte **Berghof Kjeåsen** klammert sich etwa 600 m über dem Fjord an den abschüssigen Wiesenhang. Der harte Kampf um das tägliche Brot war vermutlich weniger paradiesisch als die Aussicht von hier oben. Bis die Bewohner im Jahre 1974 im Rahmen des Kraftwerkausbaus eine Straßenanbindung erhielten, mussten sie den steilen Pfad vom Simafjord mit allem auf dem Rücken, was sie zum Leben brauchten, hinaufsteigen. Den alten Fußpfad zum Hof gibt es noch heute. Für den Aufstieg (Abzweig nahe dem Kraftwerk) benötigt man ca. zwei Stunden.

Hardangervidda Natursenter ▸ D 8

Øvre Eidfjord, Tel. 53 67 40 00, www. hardangervidda.org, Mitte Juni–Mitte Aug. 9–19, April–Mitte Juni, Mitte Aug.–Okt. 10–18 Uhr, Erw. 120 NOK, Kinder 60 NOK

Das moderne Naturzentrum mit Restaurant und Souvenirshop informiert auf spannende Weise über Natur und Lebensbedingungen in den Fjorden, Seen und Tälern Westnorwegens sowie über das arktische Ökosystem der Hardangervidda (s. S. 142, auch Touristeninformation).

Hjølmodal ▸ D 8

Überaus spannend ist eine Fahrt durch das wilde und unwirtliche Hjølmodal (insgesamt ca. 10 km, für Autos mit Wohnwagen nicht geeignet). Etwa 4 km hinter **Øvre Eidfjord** passiert man den **Vedalsfossen** mit einer Gesamtfallhöhe von 650 m. Am Parkplatz kurz vor dem Ende der befahrbaren Straße im Hjølmodalen führt ein markierter Wanderweg zum grandiosen **Valurfossen,** die Wanderung zum Wasserfall dauert etwa anderthalb Stunden. Von Hjølmoberget am Ende der befahrbaren Straße geht es auf einem markierten Pfad in etwa anderthalb Stunden zur **Viveli-Hütte** (880 m), ein guter Ausgangspunkt für **mehrtägige Wandertouren** über die Hardangervidda.

Übernachten

Zwischen Berg und Fjord – **S**æ**bø Camping:** Øvre Eidfjord, Tel. 53 66 59 27, www.saebocamping.com, 410–1050 NOK. Großer Platz in schöner Lage am Eidfjordsee, 13 Hütten (4–8 Betten). Wiesenplatz für Zelte und Wohnmobile, Spielplatz, Bootsverleih, angeln.

Måbø Gård ▸ D 8

Eng, dunkel, unwegsam und steil ist das **Måbødal,** das von Eidfjord zum berühmten Wasserfall am Rande der Hardangervidda, dem Vøringsfossen, führt. Die erste Straße durch das Tal entstand zwischen 1887 und 1914 und wurde regelrecht in den Berg gesprengt.

Der etwa 10 km von Eidfjord entfernte **Måbø-Hof** stammt aus der zweiten Hälfte des 18. Jh. und gewährte vor allem den Reisenden zwischen Ost- und Westnorwegen Unterkunft und Verpflegung. Der bis 1970 bewohnte Hof ist Teil des **Kulturlandschaftsmuseums** im Måbødal, das auf über 20 Tafeln entlang der Straße die Weg- und Kulturgeschichte dieser Region schildert, Dauer ca. 2 Std. pro Strecke.

Vøringsfossen ▸ D 8

www.voringfossen.com
Von Eidfjord führt die nationale Touristenstraße Hardangervidda (R 7) durch das dramatische Tal Måbødal zum Vøringfossen (Parkstreifen). Von hier aus kann man zum **Wasserfall** gelangen und ihn – wie einst die ersten Touristen im 19. Jh. – von unten bewundern, hin und zurück ca. 1,5 Std. Ein Stück weiter Richtung Fossli-Hotel lässt sich bei **Fossatromma** (*foss* = Wasserfall, *trom* = Kante) der Wasserfall von oben betrachten (Souvenirverkauf, Cafeteria). Vom kostenpflichtigen Hotelparkplatz des Fossli-Hotels hat man Zugang zum wohl schönsten Blick über das Måbødal und den Vøringsfossen. Ab 2015 soll den Aussichtsplattformen ein neues Gesicht verliehen und eine beeindruckende Brücke errichtet werden.

Der Wasserfall, der heute neben dem Holmenkollen in Oslo und dem Trollstigen zu den drei bekanntesten und meistbesuchten Sehenswürdigkeiten Norwegens zählt, gehört zu den für das Sima-Kraftwerk regulierten Gewässern und ist nur in der Touristensaison zu bewundern (1. Juni–15. Sept.). Nachdem mehr als 100 000 Menschen mit ihren Unterschriften gegen die geplante drastische Regulierung des Wasserfalls protestiert hatten, einigte man sich schließlich darauf, den Touristen eine Wassermenge von mindestens 12 m³/s vorzuführen, was zwar während der Schneeschmelze im Frühjahr einiges weniger, im Sommer aber durchaus mehr ist als in Zeiten vor der Regulierung. Gegen Ende des 19. Jh. zog es trotz der sehr beschwerlichen Anreise immer mehr Touristen zum Vøringsfossen. Um 1890, als sich Ola Garen an den Bau eines Hotels oberhalb des Wasserfalls machte, entstand der erste

Reitweg hinauf zum Hochplateau der Hardangervidda.

Übernachten

Grandiose Lage – **Fossli Hotel:** Vøringfoss, Tel. 53 66 57 77, www.fossli-hotel.com, EZ ab 790 NOK, DZ ab 1050 NOK. Traditionsreiches Hotel in bester Lage oberhalb des Vøringsfossen am Rand der Hardangervidda.

Familienfreundlich – **Garen Gaard & Hyttesenter:** Tel. 53 66 57 21, ab 850/950 NOK. Zwölf winterfest isolierte Familienhütten am Vøringsfossen, 50/60 m², 3 Schlafzimmer mit 5–7 Betten, Bad mit Dusche und WC. Es besteht die Möglichkeit zu angeln oder zu jagen.

Hardangervidda ❗

▶ C/D 8/9

Die R 7, die über die Hardangervidda führt, ist die kürzeste Verbindung (allerdings nicht fährfrei) zwischen Oslo und Bergen. Wegen ihrer landschaftlichen Schönheit wurde die Strecke zur »Na-

Europas größtes Hochfjellplateau, die Hardangervidda

tionalen Touristenstraße Hardangervidda« gekürt. Sie führt auf 67 km von Eidfjord über die Weite des faszinierenden Hochgebirgplateaus nach Haugastøl. Wanderern bieten sich fantastische Möglichkeiten für Touren. Auch für Angler, Reiter und Mountainbiker ist die Hardangervidda ein Eldorado.

Finse ▶ D 8

Die Bewohner Finses am Nordrand der Hardangervidda sind für die Räumung der Bahnstrecke der Bergensbahn zuständig, die in den Wintermonaten ihren Einsatz rund um die Uhr erfordert. Der Ort ist ein populäres Ziel für Radfahrer des **Rallervegen** (s. Entdeckungstour S. 182), Wanderer und Skifahrer. Großer Beliebtheit erfreut sich in den letzten Jahren auch die auf Skiern veranstaltete **Parade** zum Gletscher Hardangerjøkulen, die am 17. Mai, dem norwegischen Nationalfeiertag, stattfindet. Das **Rallarmuseum** (Juli–Mitte Sept. tgl. 9.30–21.30 Uhr, www.rallarmuseet.no, Erw. 40 NOK, Kinder 20 NOK; s. auch Entdeckungstour S. 182) erzählt von den Strapazen und Schwierigkeiten, die mit dem Bau der legendären Bergenbahn einhergingen.

Übernachten

Legendär – **Finse 1222 AS:** Tel. 56 52 71 00, www.finse1222.no, DZ mit Vollpension ab 1350 NOK. Das auf 1222 m gelegene Hotel gibt es schon so lange wie die Bergenbahn existiert. Fahrräder, die man hier leiht (595 NOK/Tag), können in Myrdal oder Flåm abgegeben werden.
Urig – **Finsehytta:** Tel. 56 52 67 32, www.turistforeningen.no/finsehytta. 1–3-Bettzimmer 375 NOK/Pers., Schlafplatz im Schlafsaal 195 NOK. Anf. März–Anf. Mai, Anfang Juni–Mitte Sept., gemütliche Touristenhütte, 10 Min. von der Bahnstation entfernt.

Aktiv

Gletscherwandern – **Jøklagutane Finse:** Tel. 99 33 12 22, www.joklagutane.no. Erw. ca. 590 NOK. Im Preis für die geführte Wanderung auf dem Hardangerjøkulen ist die Ausrüstung inbegriffen, Dauer 5–7 Std.
Mountainbiketour auf dem Rallervegen: s. Entdeckungstour S. 182.

Ulvik ▸ C 8

Der liebliche Ort (*ulv* = Wolf) am gleichnamigen Fjord, dessen Bewohner überwiegend vom Obstbau, der Schafzucht und der Forstwirtschaft leben, ist einer der traditionsreichsten Touristenorte Norwegens. Durch sein mildes Klima, die blühenden Obstgärten und seine Gastfreundschaft hatte Ulvik sich bereits Ende des 19. Jh. einen weithin gerühmten Namen gemacht. Die **Ulvik-Kirche** (Sommer tgl. geöffnet) wurde im Jahr 1859 vollendet und 1923 mit Bauernmalereien des einheimischen Künstlers Lars Osa dekoriert.

Um den Ort wurden mehrere **Kulturlandschaftspfade** angelegt, deren Attraktionen in einer Broschüre vorgestellt werden. Beschreibungen einzelner Wanderungen sind in der Touristeninfo erhältlich.

Ausflug nach Osa ▸ D 8

Im Nachbardorf Osa findet man eine äußerst lohnenswerte **Kunstgalerie** (Hjadlande Galleri for Samtidskunst, Mai–Aug. 11–18 Uhr). Ansonsten bietet das kleine Örtchen schöne Möglichkeiten zum Spazierengehen und Wandern. Das **Hardanger Basecamp** (Tel. 91 18 82 37, www.hardangerbasecamp.com) ist ein ganz besonderer ›Zurück-zur-Natur-Ort‹. Es werden Aktivitäten wie Wandern, Klettern, Tunnelexkursionen und Überlebenstechniken angeboten. Übernachten kann man u. a. in gemütlichen Jurten für 250 NOK/Bett (inkl. Frühstück).

Übernachten

Panoramablick – **Rica Brakanes Hotel:** Tel. 56 52 61 05, www.brakanes-ho

tel.no, EZ 1500 NOK, DZ 2000 NOK. Modernes Hotel mit 142 Zimmern und großer Terrasse direkt am Fjord, Restaurant, Schwimmbad, Fitnessraum, Wellnessbereich.

Traditionell – **Ulvik Fjord Pensjonat:** Tel. 56 52 61 70, www.ulvikfjordpensjonat.no, Mai–Sept., DZ ab 990 NOK. Hübsches Holzhotel, Bootsverleih, durch die Hauptstraße vom Fjord getrennt, Restaurant.

Familiär – **Bed and Breakfast:** Die Touristinfo vermittelt Privatunterkünfte, es gibt einen ausführlich bebilderten Ordner mit vielen attraktiven Angeboten.

Einfach – **Ulvik Camping:** Tel. 56 52 64 70, www.camping.ulvikfjord.no, 4- und 5-Bett-Hütten, 500–600 NOK, Mai–Sept.

Übernachtung in Jurten – **Hardanger Basecamp:** s. links.

Einkaufen

Regionale Handwerkskunst – **Husflidsnova:** Ulvik, Verkauf von Holzarbeiten, Hardanger-Stickerei, Silberschmuck, Bildern, (Wand-) Teppichen – mehr als 30 Handwerker aus der Region haben sich in der Ortsmitte zusammengetan. In Ulvik arbeiten mehrere Weberinnen, Besuch der Werkstätten nach Absprache möglich, Informationen im Touristenbüro.

Infos

Ulvik Turistkontor: im Zentrum, Tel. 56 52 62 80, www.visitulvik.com, Mai–Mitte Okt. Di–Fr 9.30–18, Sa–Mo 9.30–16.30, sonst Di–Do 10–14 Uhr. U. a. Infos und Karten zu Folkloreveranstaltungen, Verleih von Fahrrädern.

Bus: Ulvik-Osa: Di u. Fr. Es bleibt Zeit für einen Spaziergang im schönen Tal Norddalen.

Granvin ▶ C 8

Die beschauliche, von Weiden, Äckern und bewaldeten Hängen umgebene Ortschaft Granvin liegt am Granvinfjord und bietet keine spektakulären Sehenswürdigkeiten. Viele Urlauber passieren den Ort auf dem Weg nach Voss oder Bergen, ganz ohne zu stoppen, das Leben läuft hier in ruhigen Bahnen.

Bygdatun
Tel. 56 52 40 00, Juli Mi–Fr 12–17, Sa 12–18, So 14–19 Uhr, im Sommer Konzerte
Der alte Hof liegt mitten im Zentrum. Von seinen sieben Gebäuden ist das älteste die **Holvenstova** aus dem 18. Jh. Im **Heimatmuseum** nebenan werden Gebrauchs- und Schmuckgegenstände ausgestellt. Ein **Gedenkstein** erinnert an Anders Kjerland, einen Virtuosen auf der Hardanger-Fiedel, deren Darstellung im Gemeindewappen auf die lange Tradition berühmter Fiedelspieler hinweist.

Granvin Kyrkje
Tel. 56 52 51 14, Besichtigung nach Absprache
Die **Kirche von Granvin** liegt einige Kilometer vom Ort entfernt sehr idyllisch am Granvin-See. Sie stammt aus dem frühen 18. Jh., das Taufbecken aus dem Mittelalter und das Kruzifix aus dem Spätmittelalter. Eine der Kirchenglocken wurde bereits im Jahr 1100 gegossen und ist damit eine der ältesten in Skandinavien.

Übernachten

Historisches Ambiente – **Jaunsen Hotell & Gjestgjevarstad:** Tel. 56 52 51 15, www.jaunsen.no, DZ 1290 NOK. An der Straße Richtung Voss, seit 1674 werden hier Gäste bewirtet; kleiner gemütlicher Familienbetrieb, 7 Zimmer mit Bad.

Mein Tipp

Auf die Hardangervidda
An der R 7 zwischen Eidfjord und Geilo befindet sich **Haugastøl** (▶ D 8) – ein idealer Ausgangspunkt für mehrtägige Wanderungen von Hütte zu Hütte auf der Hardangervidda. Wer mag, kann von hier die Bergenbahn bis Finse nehmen und im Gebiet des Gletschers Hardangerjøkulen wandern. Außerdem nimmt der Fahrrad- und Wanderweg Rallarvegen (s. Entdeckungstour S. 182) hier seinen Anfang.

Am See gelegen – **Espelandsdalen Camping:** Tel. 56 52 51 67, www.espelandsdalencamping.no, Hütten ab 400 NOK. Am Espelandsvatnet an der seit Eröffnung des Granvintunnels ruhigen R 572.

Einkaufen

Lebensmittel aus der Region – **Kjerland Gardsbutikk:** Tel. 56 52 53 36, Mo–Fr 9–17, Sa 9–14 Uhr. Neben selbstgebackenem *flatbrød* (Flachbrot) gibt es u. a. Ziegenkäse, Gemüse und Obst.

Infos

Fähre: Utne–Kvanndal, 22 x tgl., 20 Min.; Kinsarvik–Kvanndal, 8 x tgl., 50 Min.

Am Nordufer des Hardangerfjords

▶ B/C 8
Vom Fährort Kvanndal führt die R 7 bis Norheimsund immer am Nordufer des Hardangerfjords, der hier Samlafjord

heißt, entlang und weiter nach Bergen. Der breite Fjord wird von bewaldeten Hügeln gesäumt, die Straße ist zum Teil recht kurvig und schmal, Zugänge zum Wasser und Bademöglichkeiten sind rar.

Øystese ▶ C 8

Der 2000-Einwohner-Ort bildet zusammen mit Norheimsund (2200 Einw.) das relativ dicht besiedelte Zentrum der Kvam-Gemeinde im mittleren Hardanger. Øystesee liegt in einer breiten Bucht mit Blick auf den Folgefonna.

Kvam Bygdemuseum
Ende Juni–Ende Aug. tgl. 10–18, Mitte Mai–Sept. tgl. 10–16 Uhr, Eintritt 25 NOK
Das **Heimatmuseum** zeigt neben historischen Gebrauchs- und Schmuckgegenständen auch verschiedene Wohn- und Wirtschaftsgebäude, von denen die ältesten aus dem 17. Jh. stammen

Kunsthuset Kabuso und Ingebrigt Vik Museum
An der R7, www.kabuso.no, Juni–Aug. Di–So 10–17, Sept.–Mai Di–Fr 11–15, Sa, So 11–16 Uhr, Erw. 60 NOK
In dem **Skulpturenmuseum** (an der R 7) sind ca. 140 Ausstellungsstücke des aus Øystese stammenden Bildhauers Ingebrigt Vik (1867–1927) untergebracht. Trotz großer Aufträge – etwa die Statue des Musikers Edvard Grieg in Bergen oder die des Malers Hans Fredrik Gude in Oslo – stand der Bildhauer wie viele seiner Zeitgenossen immer im Schatten seines Kollegen Gustav Vigeland. Im Kabuso finden wechselnde Ausstellungen und Konzerte statt.

Hardanger Akvasenter
Steinstø, Tel. 56 55 55 40, www.akvasenter.no, Mitte Juni–Ende Aug.

tgl. 11–17 Uhr, für Gruppen ab 15 Personen, Führung Erw. 80 NOK, Einzelpersonen 100 NOK, Kinder 50 NOK
Ein Großteil der Fische, die auf unseren Tellern landen, stammen aus der Aquakultur (s. S. 56). Etwas außerhalb von Øystese in **Steinstø** an der R 7 bietet sich die Gelegenheit, mit dem Boot zu den Unterwasserbauernhöfen zu fahren und viel Interessantes über Aufzucht und Futter zu erfahren. Kanu- und Kajakverleih, Touristeninfo.

Essen & Trinken

Hofrestaurant – **Gamlastovo Gardrestaurant:** Steinstø, Tel. 97 68 70 60, www.gamlastovo.no. In der am Fykesund gelegenen alten Holzfällerhütte von 1810 bietet sich die Gelegenheit, Traditionelles vom Hardanger Lamm bis zu frischen Beeren zu kosten.
Gemütlich – **Øvreviken Pub & Restaurant:** Hardangerfjordvegen 651, Tel. 56 55 40 25. Hier kann man bei kleinen Gerichten oder den Angeboten der Bar den schönen Blick auf den Fjord genießen.

Einkaufen

Äpfel und mehr – **Steinstø Fruktgard:** Fykesundvegen 768, Steinstø, Tel. 99 69 15 27, www.steinsto-fruktgard.no. Der Hof verkauft nicht nur frische Früchte, sondern auch Säfte und Marmeladen. Im Café kann man hausgemachten Apfelkuchen genießen – bei schönem Wetter auch draußen mit Blick über den Fjord.

Aktiv

Reiten – **Børve Gard:** Øystese, 1 km von der R 7, Tel. 90 19 97 36, www.

Bei Norheimsund rauscht der Steindalsfossen in die Tiefe (s. S. 148)

ELLER

borvegard.no, ganzjährig geöffnet. Die Reitschule hat diverse Touren im Angebot.

Kanu-, Kajak- und Angelverleih – **Hardanger Akvasenter:** s. S. 150.

Norheimsund ► B 8

Ein eher unscheinbarer Ort ist das Zentrum der Kvam-Gemeinde, die mit ihrer zentralen Lage im Herzen des Hardanger wirbt. Zu Recht, denn von hier aus sind Bergen, Voss und Kvinnherad am Ausgang des Hardangerfjords leicht zu erreichen. Die nähere Umgebung bietet sich für Tageswanderungen an. Tourbeschreibungen finden sich im »Kvam Guide«, der in der Touristeninformation erhältlich ist. Ein günstiger Ausgangspunkt ist Kvamskogen an der R 7 Richtung Bergen. Hier verbringen auch viele Einheimische ihr Wochenende.

Steindalsfossen
Dieser **Wasserfall** ist die größte Sehenswürdigkeit von Norheimsund (s. Abb. S. 146). Er rauscht etwa 3 km vom Ortszentrum entfernt an der R 7 Richtung Bergen in die Tiefe. Auf einem Pfad kann man trockenen Fußes auch hinter dem Wasserfall entlang laufen.

Hardanger Fartøyvernsenter
Tel. 47 47 98 39, www.fartoyvern.no, Anfang Mai–Anf. Sept. tgl. 10–17 Uhr, Erw. 90 NOK, Kinder 50 NOK, Café
In der **Museumswerft** direkt am Fjord werden alte Boote restauriert. Wer sich dafür interessiert, kann hier während der normalen Arbeitszeiten viel Wissenswertes erfahren und darüber hinaus seine Fähigkeiten als Bootsbauer, Seiler oder bei anderen Aktivitäten im Zusammenhang mit traditionellem Schiffbau testen. Im Eintrittspreis ist

eine halbe Stunde Ruderbootfahren inklusive.

Übernachten

Bezaubernd – **Sandven Hotel:** Tel. 56 55 20 88, www.sandvenhotel.no, DZ 1345 NOK. Das 1857 im Drachenstil errichtete Holzgebäude direkt am Fjord besticht durch sein historisches Ambiente und eine fantastische Aussicht.
Ideal für Angler – **Hardanger Feriesenter:** am Fjord zwischen Norheimsund und Øystese, Tel. 92 05 09 55, www.hardanger-resort.com, ganzjährig, 780–1800 NOK. Ferienhäuser und Bootsverleih. Das Ferienzentrum ist bestens für Angler ausgestattet: Boote für 3–5 Pers., Filetierbank, Tiefkühltruhe, Angelausrüstung.
Gut ausgestattete Hütten – **Oddland Camping:** 4 km südlich von Norheimsund, Straße 49, Vikøyvn, Tel. 56 55 16 86, www.oddlandcamping.no, April–Okt., Hütten für 2–4 Pers. ab 600 NOK. Mit Fjordblick und eigenem Strand, Ruderbootverleih.

Aktiv

Bootsausflüge und -verleih – **Fartøyvernsenter:** s. links, Ruderboot- und Motorjachtverleih.
Turistbåtrute: Rundreise per Schnellboot von Nordheimsund nach Utne–Kinsarvik–Lofthus–Ulvik–Eidfjord und wieder zurück nach Norheimsund, 1 x tgl., Mai–Okt., Tel. 51 86 87 00, www.norled.no. Die Rundreise ist auch als Tagesausflug von Bergen möglich, von dort kommt ein Bus pünktlich zur Abfahrt, im Anschluss an die Bootstour geht auch ein Bus zurück nach Bergen.

Infos

Kvam Turisteninformation Steinsdalsfossen: Norheimsund, Tel. 56 55 31 84,

Tet

www.visitkvam.no, Mitte/Ende Juni–Ende Aug. tgl. 10–18, Mitte Mai–Sept. Mo–Fr 10–16 Uhr.

Voss ▶ C 7

Idyllisch am Ostende des Sees Vangsvatnet eingebettet, liegt das stadtähnliche Verwaltungs-, Schul- und Handelszentrum Voss (ca. 6000 Einw.), das sich im vergangenen Jahrzehnt zu einem sommers wie winters attraktiven Touristenort entwickelt hat. Der Ortskern wurde im April 1940 durch einen Bombenangriff der Deutschen zerstört und bietet daher wenig Sehenswertes. Schön sind die Grünanlagen am See, an dem auch der Campingplatz liegt. Hier kann man Ball spielen, sonnenbaden oder spazierengehen.

Olavskreuz

Die Vosser sollen im Jahre 1023 von Olav dem Heiligen zum Christentum bekehrt worden sein. Aus dieser Zeit stammt wahrscheinlich das **Kreuz** zwischen dem *tinghus* (Rathaus) und dem dahinter liegenden Postamt.

Vang Kirke

Juni–Aug. Mo–Fr 10–16, Sa 10–13, So 14-16 Uhr
Die 1277 eingeweihte **Kirche** wurde im frühgotischen Stil errichtet, ihre Mauern sind stellenweise über 2 m dick.

Hangursbanen

www.vossresort.no, Anf. Juni–Mitte Aug., tgl. 10–17 Uhr alle 15 Min., Erw. 120 NOK, Kinder 80 NOK; Panoramacafé
Mit der Gondel nördlich vom Bahnhof gelangt man sehr bequem auf den Gipfel des 660 m hohen Hanguren. Die Fahrt hinauf lohnt allein schon wegen der prächtigen Aussicht, bietet sich aber auch hervorragend für diejenigen an, die gern wandern, sich aber einen steilen Aufstieg ersparen wollen (s. Wandern S. 150).

Voss Folkemuseum

www.vossfolkemuseum.no, Mitte Mai–Aug. tgl. 10–17, sonst Mo–Fr 10–15, So 12–15 Uhr, Erw. 70 NOK, Kinder frei; Café
Das **Heimatmuseum** ist zu Fuß von Voss (2 km) oder mit dem Auto zu erreichen (3,5 km). Ausgesprochen sehenswert ist der zum Museum gehörende, bis 1927 bewirtschaftete Hof **Mølstertunet,** der einen weiten Blick über die landwirtschaftlich genutzten Hänge, die bewaldeten Berghöhen und freundlichen Täler eröffnet. Mølster wurde spätestens seit Beginn des 16. Jh. bewirtschaftet. Die insgesamt 16 bis zu 400 Jahre alten Gebäude sind noch original erhalten. Im Hauptgebäude kann man eine sehr schöne Sammlung mit etwa 20 000 kunsthandwerklichen Ausstellungsstücken bewundern. Der geschnitzte »Reitende Hochzeitszug aus Voss« von Gudleik Brekkhus ist eines der faszinierendsten Objekte.

Übernachten

Prachtvoll – **Fleischer's Hotel:** Tel. 56 52 05 00, www.fleischers.no, EZ ab 1395 NOK, DZ ab 1790 NOK. Traditionsreiches Hotel in Bahnhofsnähe direkt am See. Schwimmbad, Sauna, Spielzimmer für Kinder.
Für Aktive – **Voss Vandrerhjem:** Evangervegen 68, Tel. 56 51 20 17, www.vosshostel.com, EZ 695 NOK, DZ 930 NOK, im Sommerschlafsaal 215 NOK. Direkt am Vangsvatnet, 40 Zi., mit Fahrrad-, Boot- und Kanuverleih.
Ländlich – **Eenstunet:** 5710 Skulestadmo, Tel. 56 51 68 34, www.eenstunet.no. Schön ausgestattete Wohnungen

für 4–9 Pers. ab 600 NOK. Idyllischer Hof 6 km nördlich von Voss. Man wohnt z. B. im Bualoftet aus dem frühen 19. Jh.

Preiswert – **Mjølfjell Ungdomsherberge:** Mjølfjell, Tel. 56 52 31 50, www.mjolfjell.no, EZ 375 NOK, DZ 580 NOK, Mehrbettzimmer 325 NOK inkl. Frühstück. Jugendherberge und Berggasthof zwischen Voss und Finse (38 km ab Voss-Zentrum), am Rallarvegen und der Bergenbahn, bestens für Naturaktive geeignet: Fahrrad- und Pferdevermietung, Wander- und Angeltouren.

Einfach – **Voss Camping:** Tel. 56 51 15 97, www.vosscamping.no, 700 NOK für 2 Pers. Camping am See, auch Hütten für 4 Pers. 5 Min. zu Fuß ins Zentrum, Bootsverleih.

Aktiv

Voss ist ein Eldorado für Aktive, die Palette reicht vom Segelflug, über Paragliding und Fallschirmspringen bis zu Raften und Kajakfahren.

Spaziergang durch Voss – **Turisteninformasjon:** Die Touristeninformation bietet verschiedene geführte Touren an. Empfehlenswert ist u. a. ein zweistündiger Spaziergang durch Voss, bei dem beim bekannten Sehenswürdigkeiten auch Finnesloftet, eine imponierende zweistöckige Halle aus der Mitte des 13. Jh. besichtigt wird.

Rafting-Adventure-Touren – **Voss Rafting:** Tel. 56 51 05 25, www.voss rafting.no. Wildwasserfahrten für Anfänger und Fortgeschrittene, Schluchtwanderungen, Wasserfallklettern, Angel- und Bergausflüge (Halb- und Ganztagstouren mit ortskundigem Bergführer und Verpflegung) sowie Angel- und Kanufahrten für die ganze Familie.

Meeres-/Fjordpaddeln – **Info Nordic Ventures AS:** Tel. 56 51 00 17, www.nordicventures.com. Meeres-Kajak-Touren mit Führung, Halbtages- oder

Tagestouren, auch 2-tägige Touren; Verleih von Kajaks und Ausrüstung.

Parasailing auf dem Vangsvatn – **Nordic Ventures:** s. o., Dauer 10–15 Min. Ein Abenteuer für die ganze Familie.

Paragliding – **Nordic Ventures:** s. o. Voss gilt als einer der besten Orte fürs Paragliding in Norwegen, mit leicht zugänglichen Startplätzen und guter Thermik.

Erlebnishof – **Mjølfjell Ungdomsherberge:** s. o. Auf dem Mjøllfjellhof wird viel geboten: Übernachten, Reiten, Schwimmen, Fischen, Verleih von Kajaks. Auf dem Hof leben viele Haustiere.

Wintersport – Oberhalb von Voss – zwischen Hanguren und Bavallen – erstreckt sich ein schönes **Skigebiet**, für Alpinfahrer und Langläufer. Im Gebiet des Hanguren führen mehrere Sessellifte in die Berge hinauf, die von Ende November bis Ende April in Betrieb sind. Die **Skischule Voss** befindet sich in der Gipfelstation der Hangurenbahn. Unterricht in Alpin, Telemark und Snowboard, Skiverleih. Die Touristeninformation verschickt eine gesonderte Winterbroschüre.

Wandern – Als Abstieg vom Hanguren werden zwei **Routen** empfohlen: über Bavallen nach Voss (Zentrum), 3,5–4 Std., und nach Raugstad/Mølster, 2,5–3 Std. Den Weg über Mølster kann man gut mit einem Besuch im Museum verbinden.

Abends & Nachts

Wohlfühlort – **Tre Brør Café & Bar:** Vangsgata 28, Tel. 56 52 99 25. Im oberen Teil des Gebäudes am Markt befindet sich ein gemütliches Café und im Keller die Bar, beliebt bei Reisenden und Einheimischen mittleren Alters. Hier lässt es sich aushalten bei leckeren Gerichten, Ausstellungen, Konzerten und verschiedenen Biersorten der Vossbrauerei.

Rock & Burger – **Inside Voss Rock Café:** Uttrågata 42, Tel. 90 22 28 60, www. insiderock.no. Einladender Rockschuppen mit sehr guten Burgern auf zwei Stockwerken, Billard, Flipper, Dart.

Infos

Voss Turistinformasjon: Skulegata 14, Tel. 40 61 77 00, www.visitvoss.no, Mitte Juni–Aug. Mo–Fr 9–18, Sa 10–18, So 11–17, sonst Mo–Fr 9–16, Sa 10–15 Uhr. Der **Bahnhof** in Voss ist Ausgangspunkt für Bahn- und Busreisen, tgl. mehrere Verbindungen nach Bergen und Oslo.
Expressbusse: tgl. u. a. nach Bergen, Lillehammer und Sogndal (dort umsteigen nach Oslo).
Fahrplanauskunft öffentlicher Transport: Tel. 177, außerhalb von Hordaland oder vom Handy Tel. 55 55 90 70.

Zum Sognefjord

Wer von Voss aus weiter zum Sognefjord möchte, kann 16 km nördlich von Voss noch einen Abstecher einplanen. Vor der beeindruckenden Wasserfall **Tvindefossen,** führt eine Straße zum sehr malerisch gelegenen **Nesheimtunet** oberhalb des **Lønavatnet.** Auf dem Nesheimhof mit seinen insgesamt elf Gebäuden, das älteste stammt aus dem Jahr 1688, wirtschaftete nur ein Bauer. In **Vinje,** 18 km nördlich von Voss, muss man sich dann zwischen zwei Routen entscheiden.

Über das Vikafjell ▸ C 7

Die R 13 führt in nördlicher Richtung ohne Umwege über das karge, faszinierende Vikafjell nach Vik und weiter zum Fährort Vangsnes am mittleren Sognefjord. Die im Winter gesperrte

Vikafjellstraße, die gerne von Ziegen belagert wird, erreicht nach grandiosen Serpentinen in 986 m Höhe ihren höchsten Punkt und gleichzeitig die Provinzgrenze zwischen Hordaland und Sogn og Fjordane.

Nach Stalheim und Gudvangen ▸ C 7

Alternativ kann man ab Vinje auf der E 16 weiter nach Gudvangen (s. S. 178) am Nærøyfjord, einem Arm des Sognefjords, fahren. Auf dieser Route verweist vor dem Stalheimtunnel ein Schild nach Stalheim – ein Abstecher, der sich lohnt. Durch die berühmte **Stalheim-Schlucht** verlief von der Mitte des 17. Jh. bis zum Beginn des 20. Jh. der Postweg zwischen Christiania (Oslo) und Bergen.

Über der Schlucht thront das 1960 erbaute **Stalheim Hotel** (www.stal heim.com), von dem aus sich eine atemberaubende Sicht über das enge Nærøytal und den zuckerhutförmigen Jordalsberg eröffnet (Zugang auch für Nicht-Hotelgäste). Das erste Hotel an dieser Stelle wurde 1885 errichtet. Aufgrund seiner einzigartigen Lage zog das an der Poststraße Oslo–Bergen gelegene Hotel schon bald Touristen aus ganz Europa an, unter ihnen auch Kaiser Wilhelm II., der 25 Jahre in Folge zu den erlauchten Gästen zählte.

Im **Stalheim Folkemuseum** gegenüber dem Hotel sind etwa 25 alte Häuser aus dem 17./18. Jh. zu besichtigen, Führungen sind nach Absprache mit dem Hotel möglich.

Wieder hinab zur E 16 gelangt man auf einer spektakulären Einbahnstraße in 13 Haarnadelkurven (nichts für Wohnwagengespanne). Grandios sind die Wasserfälle **Stalheimfossen** und **Sivlefossen,** die nur einen kurzen Fußweg von dem kleinen Parkplatz am Ende der Serpentinenstrecke entfernt sind.

Bergen und Umgebung

Highlight!

Bergen: Beim Streifzug durch die bezaubernd schöne und lebensfrohe Kulturmetropole, die das ganze Jahr über Festivals, Konzerte und hochkarätige Kunstsammlungen bietet, trifft man auf die Spuren deutscher Kaufleute, mittelalterlicher Könige und Runenmeister. Ausflüge in die nähere Umgebung führen ins Edvard-Grieg-Museum nach Troldhaugen, zur Fantoft-Stabkirche, nach Lysøen und zu den Ruinen des Lyseklosters. S. 154

Auf Entdeckungstour

Eine Welt für sich – die Hanse in Bergen: Auf den Spuren der deutschen Hanse geht es durch das historische Bryggenviertel. Durch ihr Händlergeschick machten sie sich und die Stadt reich, durch Exklusivität und ihr arrogantes Auftreten über ihre Zeit hinaus unbeliebt. Unbestritten ist, dass Bergen ohne diese 400 Jahre währende Ära nicht dieselbe wäre. S. 160

Seilbahnfahrt auf den Fløyen ↗

Skuteviken

Die Hanse in Bergen

1

17

16

Bergen **15**

14

4

5

Seilbahnfahrt auf den Ulriken

Troldhaugen

Kultur & Sehenswertes

KODE – Kunstmuseen: Das viergeteilte Museum bietet hochkarätige Kunst. Gezeigt werden Werke von Munch, Miró, Picasso und Klee, aber auch der norwegischen Nationalromantiker. **14** **15** **16** **17** S. 163

Troldhaugen: Die Villa des Komponisten Edvard Grieg lohnt auch wegen der schönen Lage einen Besuch. Ein Erlebnis sind die klassischen Konzerte während der Bergen Festspiele. S. 166

Aktiv unterwegs

Seilbahnfahrt auf den Ulriken: Nach einer kurzen Fahrt mit der Seilbahn ist man im Hochgebirge. Man hat gute Wandermöglichkeiten. Im Gipfelrestaurant lässt sich entspannt die spektakuläre Aussicht genießen. S. 165

Wanderung vom Fløyen zum Ulriken: Wandern im Hochgebirge mit spektakulären Ausblicken über Berge und Seen. S. 166

Genießen & Atmosphäre

Fisketorget: Der Fischmarkt ist bei Touristen und hochpreisigen Händlern gleichermaßen beliebt. Man sollte das Treiben dennoch genießen, regionale Spezialitäten probieren und sich überlegen, ob man wirklich ein Rentierfell braucht. **1** S. 155

Skuteviken: Der in einer Bucht nördlich des Vågen gelegene Stadtteil gehört zu den charmantesten Vierteln der Stadt. Hier befinden sich die Speicher der Hanseaten, die unbeschadet alle Brände überstanden. S. 164

Abends & Nachts

Café Opera: Hier kann man an verregneten Nachmittagen wunderbar bei preiswerten Gerichten abhängen und mit Künstlern plaudern. Abends wird das Café zum Club. **5** S. 169

Garage: In dem Rockkeller geht es am Wochenende hoch her. Gemischtes Publikum, viele Studenten. **4** S. 172

153

Infobox

Turistinformasjon in Bergen: Strand-kaien 3, Bergen, Tel. 55 55 20 00, Juni–Aug. tgl. 8.30–22, Mai, Sept. tgl. 9–20, sonst Mo–Sa 9–16 Uhr. Auch Geldwechsel, Unterkunftvermittlung, Ticketverkauf. Gratis ist der Bergen Guide, ein schmales, kompaktes Heft mit einer Fülle an Infos. Im Internet wird Bergen unter www.visitBergen.com präsentiert. Die mehrsprachige Seite ist sehr gut aufgebaut und informativ.

Anreise und Weiterkommen
Um Bergen besteht ein **Mautring** (25 NOK). Man wird bei der Einfahrt in die Stadt elektronisch registriert und bekommt die Rechnung zugeschickt (oder auch nicht). Der **Flughafen** liegt in Flesland, ca. 20 km südlich von Bergen. Tgl. gehen mehrere Flüge in alle größeren Städte Norwegens. Der Flughafenbus fährt in regelmäßigen Abständen in die Stadt (www.flybussen.no). Der **Busbahnhof** liegt 5 Min. vom Hauptbahnhof entfernt, Strømgaten 8, Einkaufszentrum, Gepäckverwahrung. Die Straßenbahn *(bybanen)* fährt u.a. zur Stabkirche Fantoft und nach Troldhaugen, www.skyss.no. Im **Hafen** legen internationale Fähren, die Schiffe der Hurtigruten und mehrere Fjord- und Küstenschiffe an. Um in die **Umgebung von Bergen** zu gelangen, empfiehlt es sich, ab der E 39 ca. 1 km südlich von Bergen die R 546 und R 553 über Fana und das Fanafjell zu wählen. Ab Busbahnhof (Rückseite), Mo–Fr 6.45–19.15, Sa, So 7.30–16 Uhr fahren alle Busse mehrmals tgl. in die Umgebung von Bergen und in den Hardangerfjord. Mit dem Fana-Bus ist das Lysekloster in ca. 50 Min. zu erreichen, das Nordseemuseum in 60 Min., mehrmals tgl.

Bergen grenzt im Westen ans Meer und ist zum Landesinneren von sieben Hausbergen umgeben, Grund dafür, dass es durchschnittlich 243 Tage im Jahr regnet und im Winter so gut wie nie schneit. Die Stadt erstreckt sich weitläufig über kleine Inseln und Halbinseln. Das Zentrum mit dem Gros der Museen, Lokale und Hotels ist um den Vågen (Hafenbucht) und den Binnensee Lille Lungegårdsvann angesiedelt.

Bergen ❗ ▶ A/B 8

Die »Hauptstadt des Fjordlands« erhielt bereits im Jahre 1070 von König Olav Kyrre Stadtrechte. Damals hieß der kleine Handelsort noch Bjørgvin (*berg/bjørg* = Berg, Fels; *vin* = Grasland). 1217 machte der norwegische König Håkon Håkonsson Bergen zur Residenzstadt und zum Bischofssitz Vestlands. Als das norwegische Königreich im 13. Jh. auf dem Höhepunkt seiner Macht stand, war Bergen Norwegens Hauptstadt und vermutlich die größte Stadt Skandinaviens. Basis für den Reichtum war vor allem der Handel mit Stockfisch. Diesen übernahm ab Mitte des 13. Jh. immer mehr die Hanse (s. Entdeckungstour S. 160), die sich im Lauf der nächsten Jahrhunderte zum Staat im Staate entwickelte. 1299 zog König Håkon V. nach Oslo um, das ihm, fern der erpresserischen Dominanz der Hanse, größere Möglichkeiten zur Machtentfaltung bot. Doch Bergen blieb Norwegens wichtigstes Handelszentrum.

Als es in der Mitte des 17. Jh. mit der Herrschaft der Hanse zu Ende ging, zog es viele Kaufleute und Kunsthandwerker aus Europa nach Bergen. Es entwickelte sich ein reiches Handels- und Kulturleben. Berühmte Maler, Dichter und Musiker fanden in Bergen Inspiration und bis heute gilt Bergen als die Kulturhauptstadt Norwegens.

Am Fischmarkt

Fisketorget 1
*Torget, Juni–Sept. tgl. 7–20, Sept.–
Mai Mo–Sa 7–17 Uhr*

Der berühmte **Fischmarkt** am Ufer des
Vågen ist der beste Ausgangspunkt für
einen Spaziergang durch Bergen. Hier
bekommt man nicht nur frischen Fisch
und Meerestiere in der Halle unter
der Toristeninfo. Auf dem Platz davor
findet man auch Obst, Gemüse, kunsthandwerkliche ebenso wie kulinarische
Souvenirs (Strickwaren, Rentierfelle, geräucherte Elchwurst und Lachs).

Frescohallen 2
*Vågsallmenningen 1, www.bergen
matbors.no, Mo–Sa 11–23, So 12–22
Uhr*

Ganz in der Nähe des Fisketorget in der
1862 erbauten **Bergenser Börse** befindet sich heute die Matbørsen (Essens-
börse). Das Angebot reicht von Steaks
und Burgern bis zu einer asiatisch-nor-
wegischen Fusionküche. Die von Axel
Revold geschaffenen imponierenden
Fresken oben an den Wänden des Rau-
mes stellen u. a. die Lofotfischerei und
die Fahrt nach Bergen dar, wo der getrocknete Fisch als Stockfisch verkauft
wurde. Außerdem gibt es hier eine
Riesenauswahl an Informationsmaterial über das gesamte Fjordland.

Hanseviertel Bryggen

Westlich des Vågen findet man die
interessantesten Bauwerke der traditionsreichen Handelsstadt. Weltberühmt
ist die **Hafenstraße Bryggen** 7. Mit ihren eng stehenden **Kaufmannshöfen**
wurde sie im Laufe der Jahrhunderte
mehrmals von verheerenden Feu-
ersbrünsten heimgesucht. Nur wenige
der schönen Giebelhäuser überdauer-
ten die unzähligen Stadtbrände.

Bergens bedeutendste historische Sehenswürdigkeit ist das Hanseviertel

Persenbakken

Gutenbergs vei

Fjellveien

Tippetueveien

Hestebergveien

Øvre Sandviksveien

sophus Pihls gate

Tartargaten

Fløyveien

Fjellveien

Skansebakken

25
24
23

Ladegårds terassen

N. Hertzbergs gt.

Martin Vahls gt.

Gjeble Pedersensgt.

Beyers gt.

Breistølsveien

Krohnengsgaten

Skanselien

Promsgt.

5

Sjøgaten

Edvardsens gt.

Prof. Arentzgt.

Claus Fastingsgt.

Prof. Dahls gate

B.Meyersv.

Ladegårds gaten

H. Meyers gt.

Hans Hauges gt.

Henrik Wergelands gate

Øvre Blekevien

Tordenskjoldsgt.

Fløygate

Skansegt.

Fjellgt.

Langevn.

10

Fjellsm.

Ø. Korsk.sm.

Hamburgsm.

585

E 39

N. Skutev. v.

Lambertsv.

Bakkegt.

Baglergt.

Helgesen gt.

Stølegaten

Steinkjellergt.

Steinkjellersm.

Wesenbergssm.

Wilbergsgt.

Forst.sm.

Lindgr.sm.

Ø. Korsk.sm.

Bøykergt.

Bakkesm.

Skutev.gt.

Skuteviksveien

Sverresborggt.

S. Kl. sm.

N. Stølen

N. Klingsmug

H. Dreggsm.

Dreggsalm.

Bryggestr.sm.

Finnegården

L. Tøpsgt.

Vetrlidsalm.

11

Hollender-gt.

Kroken

7

Ziel

5

Bryggestr.

4

2

3

4

Start

Torget

Sverresborg

1

U

M

6

1

1

4

Bryggen

Terminal für Ausflugsboote

1

1

6

6

SKUTEVIKEN

Ø. Dreggsalm.

Sandbrog

Slottsgaten

7

Schnellboot-terminal

Strandkaien

Bergenhus Festning

8

9

Vågen

Strandgaten

Byfjord

Bontelabo

P

Festningskaien

Buekorpsmuseet

M

Ø. Muralm.

Valkendorfs-

Jon Smørs gate

Markev

Fährterminal
(Island/Shetland)

C. Sundts gate

Strandgaten

1

Hemeby sm.

Lille Markeveien

Klostergt.

Knøsesm.

Ø. Dynnersm.

Marke-

Kjellesm.

V. Muralm.

Nøstegt.

Fährterminal
(England/Dänemark)

Holbergsalm.

C.Ork.sm.

Kipersm.

Klosteret

Munkeb.sm.

Munkeb.

V.Holbergsalm.

St. Hans str.

Jonsvollsgt.

Nøste-

Nykirken

Nykirkesm.

Nykirke-alm.

Ytre Markev.

Munkeb.sm.

Strangeh.

Skottegt.

Sydnesplass

Sallén

Tollboden

C. Sundts gate

Strandgaten

Strangehagen

Trangsm.

Trangsm.

V.Holbergsalm.

NORDNES

Frederiksbergsgt.

Haugeveien

Galgebk.

Nedre Strangepl.

Verftsgaten

Verftsgaten

Nordnesveien

Obs. gt.

Sparregt.

Nordnes Skole

3

Kulturhuset USF

Tiitte maetsalg

Nordneskn.

22

Nordnesveien

Hurtigruten-Terminalen

P

P

2

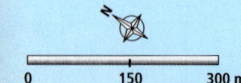

N

0   150   300 m

Bergen

Sehenswert

1. Fisketorget
2. Frescohallen
3. Hanseatisk Museum
4. Gamle Bryggen
5. Schøtstuene
6. Bryggens Museum
7. Mariakirken
8. Håkonshallen
9. Rosenkrantztårnet
10. Seilbahn auf den Fløyen
11. Korskirken
12. Domkirke
13. Lepramuseum
14. KODE 1
15. KODE 2
16. KODE 3
17. KODE 4
18. Bergens Kunsthall
19. Naturhistorisches Museum
20. Kulturhistorisches Museum
21. Sjøfartsmuseum
22. Akvarium
23. Sandviksboder Kystkultur-senter
24. Norges Fiskerimuseet
25. Gamle Bergen
26. Vilvite

Übernachten

1. Radisson Blu Royal Hotel
2. Steens Hotel
3. P-Hotels Bergen
4. Hotel Park
5. Skansen Pensjonat
6. Vandrerhjem-YMCA
7. Marken Gjestehus
8. Montana Vandrerhjem
9. Midttun Motell & Camping
10. Grimen Camping
11. Lone Camping
12. Bobilsenter

Essen & Trinken

1. Enhjørningen
2. Bryggeloftet & Stuene

Fortsetzung: s. S. 158

157

Essen & Trinken
- **3** Fløien Folkerestaurant
- **4** Kjøttbasaren
- **5** Café Opera
- **6** Pygmalion

Einkaufen
- **1** Strandgaten
- **2** Torgalmenning
- **3** Marken

- **4** Skostredet
- **5** Husfliden
- **6** Oleana Bergen
- **7** Hafenstraße Bryggen
- **8** Robotbutikken

Aktiv
- **1** Meeting Point
- **2** Nordnes Sjøbad
- **3** Vannkanten Badeland

Abends & Nachts
- **1** Folk og Røvere
- **2** Grieghallen
- **3** Jazz Forum
- **4** Garage
- **5** Naboen
- **6** Hulen

——— Entdeckungstour
›Die Hanse‹ S. 160

Hanseatisk Museum **3**
s. Entdeckungstour S. 160

Gamle Bryggen **4**
s. auch Entdeckungstour S. 160
Eingerahmt von größeren Backsteinbauten wirkt die schmale Giebelfront von **Alt-Bryggen** fast unscheinbar. Die Anfang des 18. Jh. errichteten Kaufmannshöfe zählen zum UNESCO-Weltkulturerbe. Im hinteren Trakt der Höfe befanden sich die Warenhäuser und Vorratskeller, die heute teils kleinere Läden, Kunsthandwerksbetriebe, Galerien und Restaurants beherbergen.

Schøtstuene **5**
s. Entdeckungstour S. 160

Bryggens Museum **6**
Dreggsallmenningen 3, www.bymuseet.no, Mitte Mai–Aug., tgl. 10–16 Uhr, sonst Mo–Fr 11–15, Sa 12–15, So 12–16 Uhr, Erw. 70 NOK, Führung Bryggen Museum inkl. Hanseatisk Museum und Schøtstuene 100 NOK
Das zwischen Bryggen und Øvregaten gelegene Museum, nach dem Spender, der den Bau ermöglichte, auch **Erling Dekke Næss Institut für Mittelalterliche Archäologie** genannt, verdankt seine Existenz dem Brand von 1955, der weite Teile des Stadtkerns am Hafen vernichtete. Bei Ausgrabungen fand man etwa 500 Runeninschriften, die u. a.

Skaldengedichte (Lobeshymnen auf Könige und Häuptlinge der Wikingerzeit) sowie einige Verse der Edda (Götter- und Heldenlieder) aus dem 9.–12. Jh. enthalten. Das Museum wurde über den Resten mittelalterlicher Grundmauern errichtet. Den deutschsprachigen Museumsführer kann man in aller Ruhe im Museumscafé studieren.

Mariakirken **7**
Dreggsallmenningen 15, Mo–Fr 9–16 Uhr
Die **Marienkirche,** mit deren Bau vermutlich um 1130 begonnen wurde, ist das älteste Gebäude Bergens. Nach den Bränden 1198 und 1248 erhielt die Kirche ihre heutige Gestalt mit zwei hohen, schlanken Türmen. Von der Hanse Anfang des 15. Jh. annektiert, blieb sie bis Mitte des 18. Jh., als alle deutschen Kaufmannshöfe auf Bryggen verkauft waren, in deutschem Besitz. Von dem einst reichen Inventar ist nur wenig übrig. Aus der Hanse-Zeit stammt der vermutlich in Lübeck gearbeitete Altarschrein aus dem späten 15. Jh. Die 1676 von Kaufleuten gestiftete Barockkanzel gilt als schönste Norwegens.

An der Hafeneinfahrt

Bergenhus Festning
Festung ganzjährig frei zugänglich; Håkonshallen Mitte Mai–Mitte Sept.

tgl. 10–16, sonst tgl. 12–15 Uhr; Erw. 70 NOK, Kinder frei, Führungen inkl. Rosenkrantztårnet jede volle Stunde, Beginn in der Håkonshallen

Nur wenige Gehminuten von der Marienkirche erhebt sich die **Festung Bergenhus** – strategisch günstig direkt an der Vågen-Einfahrt. Hier standen die ersten Häuser Bergens, im Mittelalter entwickelte sich hier zunächst das kirchliche, später auch das weltliche und militärische Zentrum Westnorwegens. Die von Håkon Håkonsson in Auftrag gegebene **Håkonshallen** 8 bildete während des gesamten Mittelalters einen würdigen Rahmen für Krönungen, Hochzeiten und Regierungsfeierlichkeiten. Ebenfalls aus Bergens Hauptstadtzeit im 13. Jh. stammt der älteste Teil des **Rosenkrantztårnet** 9 (Turm). Erik Rosenkrantz, 1560–1568 Hauptmann und Oberlehnsmann des Königs, ließ das Kastell am Meer, das im 13. Jh. unter Magnus Lagabøter errichtet worden war, zu einem prächtigen Verteidigungs- und Residenzturm erweitern.

Nördliche Innenstadt

Seilbahn auf den Fløyen 10

www.floibanen.no, Mo–Fr 7.30–23, Sa, So 8–23 Uhr alle 15 Min., Erw. 85 NOK, Kind. 43 NOK

Östlich des Vågen, ca. 150 m vom Fischmarkt, liegt die Talstation der **Fløibanen,** einer Standseilbahn, die auf den Fløyen (320 m) führt. Bergens Hausberg bietet nicht nur eine fantastische Aussicht auf die Stadt, sondern auch ein Restaurant, einen Spielplatz und schöne Wandermöglichkeiten. Empfehlenswert ist es, mit der Seilbahn hinaufzufahren und den Rückweg zu Fuß anzutreten. Für Bergens Einwohner ist die Fløibahn übrigens ein gewöhnliches öffentliches Verkehrsmittel.

BergensKortet

Mit der **BergensKarte** ist Bus- und Straßenbahnfahren sowie Parken auf öffentlichen Parkplätzen gratis, frei sind zudem die Fahrt mit der Fløibanen, der Zugang zum Aquarium und dem Vilvite Wissenszentrum sowie zu vielen Museen. 24-Std.-Karte Erw. 200, Kinder 75 NOK, 48-Std.-Karte 260/100 NOK, 72-Std.-Karte 320/125 NOK. Erhältlich ist sie u. a. in der Touristeninformation, am Hauptbahnhof und in zahlreichen Unterkünften sowie online: www.visitbergen.com/BergenCard.

Korskirken 11

Vågsbunnen/Korskirkealmenningen, Mo–Sa 11–15 Uhr, Orgelkonzerte Mo, Mi, Fr, Sa 19.30 Uhr

Die **Kreuzkirche** heißt so, weil beim Bau Mitte des 12. Jh. ein Stück vom Kreuze Christi in die Kirchenmauer eingefügt worden sein soll. Vom ursprünglichen Gemäuer ist nicht mehr viel übrig, da die Kirche allein zwischen 1198 und 1702 mindestens siebenmal durch Feuersbrünste zerstört und danach restauriert wurde. Heute dominiert die Renaissancearchitektur aus dem 17. Jh.

Domkirke 12

Domkirkeplass 1, Mitte Juni–Mitte Aug. Di–Fr 10–16, sonst Di–Fr 11–12.30 Uhr; Juni–Sept. Do 12, So 19.30 Uhr Orgelmusik

Dort, wo heute der **Dom** steht, wurde im 12. Jh. eine kleine, dem heiligen Olav geweihte Kirche errichtet. Im 13. Jh. übernahm sie der Franziskanerorden. Nach mehreren Bränden stammen heute nur noch der Chor und der untere Teil des Turmes mit seinem gotischen Portal aus jener Zeit. ▷ S. 163

Auf Entdeckungstour:
Eine Welt für sich – die Hanse in Bergen

400 Jahre währte die Vorherrschaft der deutschen Kaufleute auf Bryggen. Als einziges von ehemals vier großen Hansekontoren hat Bergen noch beeindruckende Spuren des Handelsbundes aufzuweisen. Das Hanseatische Museum bietet Einblick in ihren harten Arbeitsalltag.

Cityplan: S. 157

Dauer: ca. 2–3 Std.

Planung: Hanseatisk Museum 3 , Finnegårdsgaten 1a, Mitte Juni–Mitte Sept. tgl. 8.30–18, Mitte Mai–Mitte Sept. tgl. 9–17, sonst Di–Sa 11–15 Uhr; Erw. 90 NOK, Kinder frei, inkl. Eintritt in Schøtstuene; **Schøtstuene** 5 , Øvregaten 50, Tel. 55 54 46 90, Mitte Mai–Mitte Sept. tgl. 10–17, sonst. tgl. 11–15 Uhr.

Die Reihe schmaler Holzhäuser entlang des Vågen ist der erklärte Lieblingsort der Touristen in Bergen. Bei fast jedem Wetter bewundern Scharen von Besuchern aus aller Welt **Bryggen** (*bryggen* = Anlegestelle, Pier, Hafen), das zum UNESCO-Welterbe erklärt wurde. In den Hochzeiten der Hanse, die hier ihren Sitz hatte, muss es hier ähnlich wie heute ausgesehen haben. Denn auch damals prägten Menschen aus aller Herren Ländern das Straßenbild.

Die deutschen Kaufleute gewannen ab Mitte des 13. Jh. unaufhaltsam an Macht. Im Austausch gegen die Kornlieferungen aus den Ostseeländern erhielten sie Stockfisch, den damals begehrtesten Exportartikel Norwegens. Da die Norweger aufgrund der klimatischen Bedingungen nicht in ausreichendem Maße Getreide anbauen konnten, war man abhängig von Importen. Die Hanse konnte so nach und nach nicht nur das Recht zum uneingeschränkten Handel mit Oslo, Tønsberg und Bergen, sondern auch Steuererleichterungen und zahlreiche Privilegien auf Kosten ihrer norwegischen Kollegen erzwingen. Aus den Berichten über die Kontakte der Hanseaten zu den norwegischen Behörden und der Stadtbevölkerung auf der anderen Seite des Vågen geht hervor, dass sie ihre Vormachtstellung rücksichtslos ausnutzten und durch ihr arrogantes Auftreten viele vor den Kopf stießen.

Lebendige Vergangenheit

Einer der Höfe auf Bryggen, das bis zum Zweiten Weltkrieg Tyske Bryggen hieß (*tysk* = deutsch), ist der **Finnegården**. Er gehört zu den wenigen Giebelhäusern, die nach dem großen Brand von 1702 im Stil der mittelalterlichen Gebäude wieder aufgebaut worden waren und die Feuersbrunst von 1955 überstanden. Heute beherbergt er das 1872 von dem Kaufmann J. W. Olsen gegründete **Hanseatisk Museum** **3**. Hier kann man sich ein Bild von der Kaufmannswelt vergangener Jahrhunderte machen.

Betritt man das Erdgeschoss des Hanseatischen Museums vom Hinterhof aus, gelangt man zunächst in einen **Arbeitsraum**, in dem die Fische gewogen, sortiert und die für Lagerung und Transport von Fischen und Tran benötigten Fässer ausgebessert wurden. Werkzeuge hängen an der Wand und über der Tür ein Schild in Plattdeutsch: »Yder Junge scall sine Reschopp wedder uphängen äs de thorvorne hangen dohn« (Jeder Junge soll die Werkzeuge da wieder aufhängen, wo sie vorher gehangen haben).

Glücksbringer unter der Decke

Über eine knarrende Treppe gelangt man in den ersten Stock. Die zum Hafen gelegenen Zimmer sind in mattes Licht getaucht. In der sogenannten **Äußeren Stube** aßen die Jungen und ein Geselle, der stets mit wachsamem Auge das Bierfass unter dem Schrank bewachte. Richtet man den Blick nach oben, sieht man unter der Decke hängende, getrocknete Königsdorsche. Sie stammen aus den Gewässern um die Lofoten, wo frische Dorsche zu Stockfisch getrocknet wurden. Einem alten Aberglauben zufolge war der Königsdorsch kein gewöhnlicher Meeresbewohner: Ihm wurde die Fähigkeit zugesprochen, ganze Fischschwärme in die Netze zu führen, was wiederum große Stockfischlieferungen nach Bergen und einen reichen Verdienst für die Hanse zur Folge hatte. Aus diesem Grund hängte man die ›Fischmumien‹ gerne als Glücksbringer ins Haus.

Die ebenfalls zur Hafenbucht gerichtete **Kaufmannsstube** war der repräsentativste Raum des hanseatischen Hofes. Hier empfing der Leiter des Handelshauses seine Gäste, die er zuvor durch das Fenster in der Tür gemustert und eines Besuches für würdig befunden hatte.

In einem kleinen, reich ausgeschmückten Raum befand sich die **Kanzlei**, in deren Abgeschiedenheit Buch geführt wurde; auch mag man sich hier zuweilen aus dem Branntweinschrank bedient haben.

Furcht vor Feuer

In der Mitte des Hauses, dort, wo es am wärmsten war, lagen zum Teil winzige **Schlafverschläge**. Trotz des Mangels an Licht aufgrund der fehlenden Fenster war es streng verboten, Kerzen oder Lampen anzuzünden. Auch wurde nicht geheizt, da die Feuergefahr in den Holzgebäuden einfach zu groß war.

Die **Räume der Gesellen und Lehrjungen** im zweiten Stock blieben ebenfalls kalt. Neben dem Bett des Gesellen hing die sprichwörtliche Knute – ein Tau, dessen eines Ende ein mit Nägeln versehener Knoten war und das dazu diente, den Lehrjungen ›Disziplin‹ beizubringen. Bereits um 4 Uhr morgens erhielten sie von den Gesellen ihre ersten Befehle. Nur von kurzen Essenspausen unterbrochen, schufteten sie in der Regel bis um 9 Uhr abends.

Eine reine Männergesellschaft

Die Kolonie deutscher Kaufleute und Handwerker bestand, vom Kaufmann bis zum Stubenjungen, ausschließlich aus Männern. Es galt, sich die britische, holländische und norwegische Konkurrenz vom Leibe zu halten, und dazu waren strengste Disziplin und vollständige Abgrenzung erforderlich. Die 800–1000 Männer, die hier lebten – im Sommer waren es sogar bis zu 2000 –, bildeten einen eigenständigen Staat im Staate, mit eigener Rechtsprechung und ohne Steuerpflichten. Alle Bryggen-Angestellten nahmen feste Plätze in der Hierarchie ein, die vom Kaufmann und Verwalter über Kaufmannsgesellen und Bootsjungen bis zu den Stubenjungen reichte. Die hierarchische Ordnung war streng, aber es bestand für tüchtige und disziplinierte Lehrlinge durchaus die Möglichkeit zum Aufstieg in die oberste Spitze. Nicht selten ist von Kaufleuten zu lesen, deren Karriere als Stubenjunge begann.

Rauschende Feste, eiserne Moral

Vom Hanseatischen Museum führt ein kurzer Spaziergang Richtung Meer am Vågen entlang, wo einst die Schiffe mit Handelsgut be- und entladen wurden. Folgt man hier der ersten Straße nach rechts und kurz darauf nach links, gelangt man zu den **Schøtstuene** 5 .

Zu jedem Hof auf Bryggen gehörte eine sogenannte Schøtstube mit einem Feuerhaus, in dem die warmen Speisen zubereitet wurden. Die Schøtstuben waren die Zentren des gesellschaftlichen Lebens; hier wurden Versammlungen abgehalten, Beerdigungen ausgerichtet und Feiern veranstaltet. Auch die jährliche Gerichtsverhandlung fand in diesen Räumen statt. Es wurden die Vergehen des vergangenen Jahres verhandelt und Strafen verhängt. Während die verurteilten Jungen gewöhnlich eine bestimmte Anzahl von Schlägen mit dem Ochsenziemer erhielten, mussten sich die Gesellen und Handelsverwalter von ihrer Schuld freikaufen. Das Bußgeld war für Arme und Bedürftige bestimmt, ein Teil aber wurde in Freibier investiert, das bei Festen verteilt wurde. So musste ein Hanseat, der in Bergen Vater wurde, als Strafe ein Fass Bier ausgeben, das gemeinsam in den Schøtstuben ausgetrunken wurde. Das hatte zur Folge, dass die soziale Kontrolle innerhalb der Hanseatengemeinschaft sehr streng war. Man half gern nach, um einen Sünder zu entlarven und dadurch in den Genuss von Freibier zu kommen.

Lepramuseum 13

Kong Oscars gate 59, Mitte Mai–Aug.
tgl. 11–15, im Juli bis 16 Uhr, Erw.
70 NOK, Kinder frei, Touren und Ta-
feln nur auf Norwegisch u. Englisch
Das Lepramuseum befindet sich im
St.-Jørgen-Hospital, das erstmals im
Jahre 1438 erwähnt wurde, obwohl
es schon vorher existierte. Hier wurden bis 1946 vor allem Leprakranke
behandelt. Das Museum dokumentiert den nicht geringen norwegischen Beitrag zur Erforschung der
Lepra. So gelang es etwa dem Arzt
Armauer Hansen 1873 als erstem,
den Leprabazillus nachzuweisen.
Seit 2001 gehört das Lepra-Archiv
zum UNESCO Memory of the World
(Weltdokumentenerbe).

Bergens Kunstmeile

An der Südseite des kleinen Binnensees
Lille Lungegårdsvann reihen sich einige der berühmten Kunstsammlungen
der Stadt dicht aneinander, die nicht
unerheblich zu ihrem gutem Ruf in der
internationalen Kunstwelt beitragen.

KODE – Kunstmuseene i Bergen

Adressen s. u., www.kodebergen.
no, tgl. 11–17 Uhr, Mitte Sept.–Mitte
Mai Di–Fr 11–16, Sa, So 11–17 Uhr,
Erw. 100 NOK (Ticket ist 2 Tage in
allen KODE-Häusern gültig), Kinder/
Jugendliche unter 16 J. frei
Die KODE-Museen verteilen sich auf
vier Häuser: **KODE 1** 14 (Nordahl Br-
uns gate 9) zeigt drei Ausstellungen:
Der Mensch und die Dinge (u. a. die
älteste Geige der Welt von Ole Bull),
die Chinasammlung und die Sammlung des amerikanischen Künstlers
William H. Singer und seiner Frau
mit orientalischer und europäischer
Kunst. **KODE 2** 15 (Rasmus Meyers allé
3) bietet Raum für wechselnde Austel-

lungen. **KODE 3** 16 (Rasmus Meyers
allé 7) besitzt eine große Auswahl an
Gemälden norwegischer Künstler aus
dem 18. Jh. bis 1915, u. a. von Edvard
Munch, Christian Krogh und Nikolai
Astrup. Im **KODE 4** 17 (Rasmus Meyers
allé 9) werden Kunstwerke aus dem
15. Jh., russische Ikonen, Barockmale-
rei aus den Niederlanden und Künstler der Klassischen Moderne wie Picasso, Klee und Munch ausgestellt.

Bergens Kunsthall 18

Rasmus Meyers allé 5, www.kunsthall.
no, Di–So 11–17, Do 11–20 Uhr (17–
20 Uhr freier Eintritt), Erw. 50 NOK,
Kinder, Künstler, Kunststudenten frei
Bergens Kunsthalle zeigt in wechselnden Ausstellungen meist hochrangige
zeitgenössische Kunst.

Universitätsviertel

Die Christies gate (die Verlängerung
des zentralen Torgalmenning) führt
am Lille Lungegårdsvann vorbei direkt
in das Universitätsviertel, ein weiteres
Museumszentrum, das man am besten zu Fuß erreicht. Hier erlebt man
ein ruhigeres Bergen, ohne Hektik
und Eile.

Bergen Museum

www.uib.no/universitetsmuseet, Di–Fr
12–15, So 12–16 Uhr, Erw. 70 NOK,
Kinder frei
Das Museum widmet sich der Na-
tur- und der Kulturgeschichte: Ein
Besuch im **Naturhistorischen Museum** 19 (Muséplass 3) ist wegen der
vielen ausgestopften Tiere auch für
Kinder ein Vergnügen. Hinter dem
Museum liegt ein kleiner, aber feiner
botanischer Garten. Das **Kulturhistorische Museum** 20 (Håkon Scheteligs
plass 10) präsentiert u. a. umfangreiche Sammlungen zu Archäologie,

Menschenströme

Bergen ist ein sehr beliebtes Anlaufziel von Kreuzfahrtschiffen und der Hurtigrute. Dies hat zur Folge, dass sich Ströme von Menschen auf einmal in die Stadt ergießen. Besonders voll wird es dann an der Fløibahn, der Fantoft-Stabkirche und in Troldhaugen. Frühmorgens und am Nachmittag ist es meist ruhiger. Ankunftslisten unter: www.cruisetimetables.com.

Ethnologie und Architektur, mit Mitmach-Ausstellung für Kinder.

Sjøfartsmuseum `21`

Håkon Shetelis plass 15, Juni–Aug. Mo–Fr 10–16, Sa, So 11–16, Sept.–Mai tgl. 11–15 Uhr, Erw. 50 NOK, Kinder frei

Das **Maritime Museum** dokumentiert die Entwicklung der norwegischen Seefahrt von ihren Anfängen bis heute. Unbedingt ansehen sollte man sich den Film über die Fahrt des nachgebauten Wikingerschiffs Gaia von Norwegen über Island nach New York.

Halbinsel Nordnes

Auf der Halbinsel südlich des Vågen befand sich bis zum 16. Jh. Bergens reichstes Kloster, und in der zweiten Hälfte des 17. Jh. ließ hier Frederick II. eine Festung anlegen, um die Verteidigung der Stadt zu stärken. Die alten Arbeiterviertel mit schmalen, zum Hafen hinabführenden Gassen und Holzhäusern aus dem 19. Jh. laden zu Erkundungen ein. An der unmittelbar am Vågen entlangführenden C. Sundts gate liegen die **Nykirken** (Neue Kirche) und das **Tollboden** (Zollhaus) von 1761. Von hier ist es nicht mehr weit zum Aquarium.

Akvarium `22`

Nordnesbakken 4, www.akvariet.no, Mai–Aug. tgl. 10–18, sonst tgl. 10–16 Uhr; Ende Mai–Ende Aug. Pendelverkehr M/F Vågen Fischmarkt–Aquarium oder mit dem Bus 11 vom Vågen, Hauptsaison Erw. 250 NOK, Kinder 175 NOK, Winter: 150/100 NOK

Das zum Meeresforschungsinstitut gehörende **Aquarium,** etwa 20 Min. zu Fuß vom Fischmarkt gelegen, bietet eine der modernsten und größten Sammlungen von Seetieren in Europa. Für Kinder ist besonders das Bassin mit den Seehunden und Pinguinen (Fütterung 12, 15 Uhr) interessant.

Nordnes Sjøbad `2`

Nordnesparken 30, Ende Mai–Aug. Mo–Fr 7–19, Sa 7–14, So 10–14 (bei schönem Wetter bis 19) Uhr, Erw. 65 NOK, Kinder 30 NOK

Durch einen kleinen Park gelangt man zum **Meeresschwimmbad,** in dem die Bergenser so manchen heißen Sommertag verbringen. Es gibt ein Kinderbecken und ein beheiztes Meerwasserbecken; wer mag, kann sich auch im Meer erfrischen.

Skuteviken und Sandviken

Die vielleicht schönsten Stadtteile Bergens liegen – vom Vågen aus zu Fuß noch gut erreichbar – nordöstlich der Festung Bergenhus am Byfjord. In der Bucht **Skuteviken** errichteten die Hanseaten in der Mitte des 17. Jh. ihre **Speicher,** die glücklicherweise keinem der großen Stadtbrände zum Opfer fielen.

Auch der sich anschließende Stadtteil **Sandviken** bietet verwinkelte Gassen und Holzbebauung aus dem 19. Jh. Im **Sandviksboder Kystkultursenter** `23` (Sandviksboder 15–17, 20, 23, 24, Tel. 97 16 99 03) am **Sandviks-**

torget kann man zwischen Trocken-fischböden und Speichern am Hafen mit alten Booten herumstromern. Wer ein Faible für Bootsmotoren hat, darf das **Motormuseum** nicht verpassen.

Norges Fiskerimuseet 24
Sandviksboder 20, 23, 24, Tel. 97 16 99 03, Juni–Aug. tgl. 10–18, Sept.–Dez. tgl. 11–16 Uhr, Erw. 80 NOK, Kinder frei; von Bryggen mit Bus 3, 4, 5, 6, 36, 39 bzw. mit dem Shuttleboot »Beffen«
Das aufwendig gestaltete **Fischereimuseum** in historischen Bootshäusern erzählt in spannenden, interaktiven Ausstellungen vom Meer und dem Leben mit und von ihm, interessant für Groß und Klein. Museumsshop, Restaurant, Boots- und Kajakverleih.

Am Stadtrand

Gamle Bergen 25
Nyhavnsveien 4, www.bymuseet.no, Mitte Mai–Aug. 9–16 Uhr, Führungen jede volle Stunde, Bus 3–6 u. 83 bis Nyhavsveien, dann unter Schnellstraße nach rechts, Dauer 7 Min. Auto: ausgeschilderter Abzweig von der E 16/E 39, Erw. 90 NOK, Kinder frei
In **Alt-Bergen** wurden einige der Häuser renoviert, die durch Stadt- und Straßenregulierung vom Abriss bedroht waren. So entstand eine Miniaturstadt mit Gassen und Marktplatz, die ahnen lässt, wie Bergen vor 200–300 Jahren aussah. Die Inneneinrichtung der Häuser stammt aus dem 18., 19. und 20. Jh. U. a. sind die Einrichtung eines Bäckers, Friseurs, Zahnarztes und Fotografen zu besichtigen. Café-Restaurant.

Wissenschaftszentrum Vilvite 26
Thormøhlens gate 51, Straßenbahn-haltestelle Florida, Tel. 55 59 45 00, www.vilvite.no, Ende Juni–Mitte Aug.

Mein Tipp

Seilbahnfahrt auf den Ulriken
Ganz bequem gelangt man von der Stadt in der Seilbahn sitzend ins Hochgebirge. Mit 643 m ist der Ulriken der höchste der sieben Fjellhöhen, die Bergen umgeben. Von hier aus bietet sich nicht nur eine fantastische Aussicht auf die Stadt, das Meer, die Fjorde und die umliegenden Berge, ein Gipfelrestaurant, sondern auch gute Wandermöglickeiten. Nicht ganz einfach, aber dennoch beliebt ist z. B. die etwa 4-stündige Strecke zum Fløyen. Henrik Ibsen, der berühmte norwegische Schriftsteller und Dramatiker, wurde von einer Wanderung auf dem Ulriken zu dem Lied »Wir wandern frohgemut« inspiriert. Auch die Stadthymne Bergens huldigt den Hausberg und trägt den Untertitel »Aussicht vom Ulriken«.
Ulriksbanen: Abfahrt alle 7 Min, Mai–Sept. 10–21, sonst 9–17 Uhr, Hin- und Rückfahrkarte Erw. 155 NOK, Kinder 85 NOK. **Zubringerbus** mehrmals stündlich ab Haltestelle Torget oder ab Touristeninformation, Bus 2 oder 3 von »Småstrandgata« (südwestlich von Vågen) nach »Haukeland Sjukehus nord«. **Auto:** Abzweig E 39, südöstlich vom Zentrum, oberhalb des Haukeland-Krankenhauses, nahe dem **Montana Vandrerhjem** 8 .

tgl. 10–17, sonst Di–Fr 9–15, Sa–So 10–17 Uhr, Erw. 175 NOK, Kinder 135 NOK
Im Bergener Wissenschaftszentrum wird Wissenschaft für Alt und Jung spannend aufbereitet. An verschiedenen Stationen kann man sich interaktiv über Themen wie Wetter, Biologie, Navigation und Elektrizität informieren.

Ziele in der Umgebung

Stavkirke Fantoft

*Paradis, Fantoft, www.fantoftstavkir
ke.com, Mitte Mai–Aug. tgl. 10.30–18
Uhr, Erw. 55 NOK, Kinder 30 NOK.*
*Mit der Straßenbahn zur Haltestelle
Fantoft, ab Supermarkt Beschilderung
folgen; Auto: E 39 (Süd), R 582, Beschilderung Fantoft Studentby folgen*
Die **Fantofter Stabkirche** aus der Mitte
des 12. Jh. wurde 1883 von Fortun in
Sogn nach Bergen gebracht und dort
nach dem Vorbild der Kirche in Borgund prächtiger als zuvor im südlichen
Bergener Vorort Paradis-Fantoft wieder aufgebaut. Fantoft, seinerzeit eine
der besterhaltenen Stabkirchen, war in
Privatbesitz und nicht feuerversichert,
als sie im Juni 1992 durch Brandstiftung in Flammen aufging. Heute ist sie
wieder vollständig rekonstruiert.

Edvard Grieg Museum Troldhaugen

*Paradis, Hop, www.troldhaugen.com,
Mai–Sept. tgl. 9–18, Okt.–April tgl. 10–
16 Uhr, Erw. 90 NOK, Kinder frei. Mit
der Straßenbahn bis Haltestelle Hop,
rechts in den Troldhaugveien, dann
Beschilderung folgen, ca. 25 Min. zu
Fuß, Konzerte: s. Termine S. 172*
Edvard Grieg ließ die Villa 1885 in
einer ruhigen Gegend oberhalb des
Nordåsvannet im Vorort Paradis-Hop
erbauen. Unten am See steht, noch
immer unverändert, eine kleine Hütte, in der Grieg seine Stücke komponierte. In etwa 5 Min. gelangt man
zur Familiengrabstätte, die in einen
Felsen in Ufernähe eingelassen ist.

Damsgård Hovedgård

*Alléen 29, Laksevåg, Tel. 55 58 80 10,
www.bymuseet.no, Juni–Aug. tgl.
12–16 Uhr, Führungen 12 und 14, So
auch 13 Uhr, Erw. 70 NOK, Bus Nr. 16,
17 ab »Olav Kyrresgate« gen Westen*

Märchenhaft schön ist das 3 km westlich der Stadt gelegene **Herrenhaus
Damsgård**. Im 18. Jh. erbaut, ist es
heute eines der besterhaltenen Holzgebäude jener Zeit. Fast noch schöner
ist der Barockgarten, angelegt wie vor
200 Jahren, mit seinen Skulpturen,
Springbrunnen, Blumen und Pflanzen.

Wandern rund um Bergen

Bergen bietet in Stadtnähe viele fantastische Wandermöglichkeiten durch
eine stille, weite Hochgebirgslandschaft: Auf den **Berg Ulriken** gelangt
man z. B. nicht nur mit der Ulriksbanen
(s. Mein Tipp S. 165), sondern vom
Montana Vandrerhjem (s. S. 169) aus
auch zu Fuß. Wer Lust auf eine längere
Tour hat, folgt dort den Pfaden über
das Hochplateau in Richtung Norden
und gelangt über den Fløyen oder
Svartediktet zurück in die Stadt. Im
Touristenbüro erhält man ein kleines
Faltblatt mit Wandertipps.

Wanderung vom Fløyen zum Ulriken

*Dauer ca. 4–5 Std. bei Anfahrt mit
Fløibanen (s. S. 159) und Abfahrt mit
Ulriksbanen (s. Mein Tipp S. 165), bei
Abstieg vom Ulriken nach Montana
plus ca. 1 Std., gute Wanderschuhe
erforderlich; genaueres Kartenmaterial ist im Touristenbüro erhältlich*
Eine der beliebtesten Wanderungen
von Bergen aus ins Hochgebirge ist
die Tour vom Fløyen zum Ulriken (oder
andersrum). Vom 320 m hohen **Fløyen,**
den man mit der Seilbahn (Fløibanen)
oder auch zu Fuß erreicht, führt ein
Weg vorbei an der **Brushytte** (Snacks,
Erfrischungen) und an mehreren Seen
mit spektakulärer Aussicht auf die um

Mit der Seilbahn auf den Ulriken

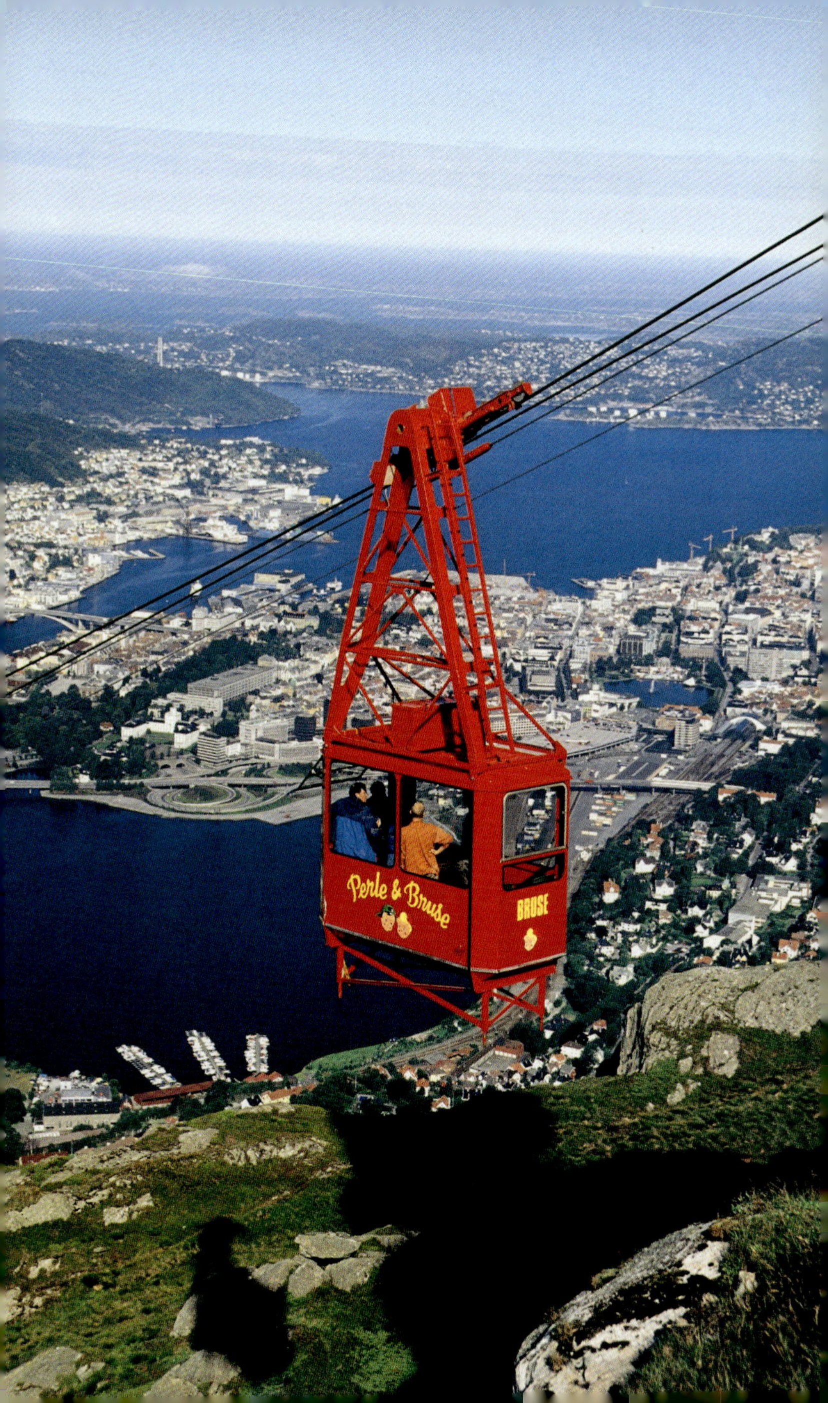
Perle & Bruse
BRUSE

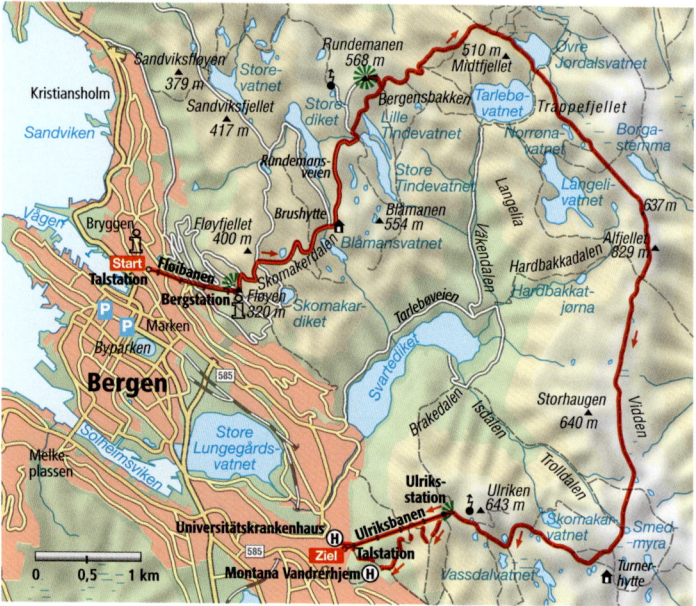

Wanderung vom Fløyen zum Ulriken

liegende Bergwelt zur **Turnerhytte,** wo man sich am Wochenende bei Kaffee und Schokolade stärken kann. Von hier verläuft der Weg dann weiter in westlicher Richtung zur **Ulriksstation,** der Bergstation der Ulriksbanen. Von hier aus kann man dann ins Tal hinabfahren. Wer noch fit ist, kann alternativ auch den Abstieg zu Fuß zum **Montana Vandrerhjem** **8** (Bushaltestelle) bzw. zum **Universitätskrankenhaus** (Bushaltestelle) angehen.

Übernachten

Luxus – **Radisson Blu Royal Hotel** **1** : Bryggen, Tel. 55 54 30 00, www.radisonblu.com. DZ ab 1500 NOK. Edle Architektur neben dem Bryggens Museum, luxuriöse Zimmer mit Aussicht auf den Vågen.

Exquisit – **Steens Hotel** **2** : Parkveien 22, Tel. 55 30 88 88, www.steenshotel. no. DZ ab 1100 NOK. Bed & Breakfast in einer herrschaftlichen Villa aus dem Jahr 1890. 45 Betten.

Gediegen – **P-Hotels Bergen** **3** : Vestre Torggaten 9, Tel. 80 04 68 35, www.p-hotels.com. DZ ab 850 NOK. Gemütliche Zimmer mit WLAN.

Zentral – **Hotel Park** **4** : Harald Hårfagres gate 35, Tel. 55 54 44 00, www. parkhotel.no. DZ ab 1200 NOK. Familiär geführtes Haus vom Ende des 19. Jh., nicht weit vom Bahnhof, in Uninähe.

Charmant – **Skansen Pensjonat** **5** : Vetrlidsallmenningen 29, www.skansen-pensjonat.no. DZ ab 900 NOK. 14 Zimmer in zentraler Lage.

Freundlich – **Bergen Vandrerhjem-YM-CA** **6** : Nedre Korskirkealm. 4, Tel. 55 60 60 55, www.bergenhostel.com. DZ

850 NOK, im Schlafsaal 195 NOK. In der Nähe des Fischmarkts, tolle Dachterrasse, 165 Betten, inkl. Bettwäsche.

Schnäppchen – **Marken Gjestehus** 7 : Kong Oscars gate 45, Tel. 55 31 44 04, www.marken-gjestehus.com. Einfache Pension im Zentrum, mit ausgestatteter Küche und gratis Kaffee und Tee. DZ/Pers. 355 NOK, 4-Bett-Zimmer 290 NOK, 8-Bett-Zimmer 250 NOK.

Außerhalb des Zentrums – **Montana Vandrerhjem** 8 : Johan Blytts vei 30, Tel. 55 20 80 70, www.montana.no. EZ ab 670 NOK, DZ/Pers. ab 425 NOK, im Schlafsaal 235 NOK. Ganzjährig geöffnete Jugendherberge 5 km südöstlich vom Zentrum, Anreise mit Bus Nr. 12; üppiges Frühstücksbüfett inklusive. Es liegt nicht weit entfernt von der Talstation der Ulriksbanen.

Die **Campingplätze** sind alle recht weit vom Zentrum entfernt, doch es verkehren Busse, halbstündlich bzw. stündlich.

Funktional – **Midttun Motell & Camping** 9 : 10 km südlich von Bergen an der R 580, Midttunheia 3, Nesttun, Tel. 55 10 39 00, www.mmcamp.no. Hütte ab 510 NOK. 32 Zimmer für 2–4 Pers. mit Küche und Bad, 6 Campinghütten.

Praktisch – **Grimen Camping** 10 : Hardangerv. 265, Nesttun, 14 km südöstlich von Bergen, Tel. 55 10 25 90, www.grimencamping.no. Hütten 550–795 NOK. Hübsche, aber nicht eben ruhige Lage zwischen der R 580 und dem fjordähnlichen Grimevannet, gute Angelmöglichkeiten.

Am Wasser – **Lone Camping** 11 : Hardangerv. 697, Haukeland, Tel. 55 39 29 60, www.lonecamping.no. Hütten 595–1350 NOK, Zelt ab 140 NOK. 19 km östlich von Bergen, R 580. Bergens größter Campingplatz, Platz für 25 Zelte, Wohnwagen, 18 Hütten und 12 Apartments; Bademöglichkeit im See Haukelandsvatn, Imbiss, Kanuverleih.

Wohnmobil-Stellplatz – **Bobilsenter** 12 : an der E 39, Sandviksboder 1, Sandviken, Juni–Aug. Schöne Lage am Wasser.

Essen & Trinken

Am Vågen gibt es unzählige Restaurants, Cafés und Kneipen aller Preisklassen. Bei schönem Wetter sollte man sich nicht um das Vergnügen bringen, draußen mit Blick auf den Hafen und Bryggen ein Bier zu genießen.

Traditionsreich – **Enhjørningen** 1 : Bryggen 29, Tel. 55 30 69 50, www.en hjorningen.no, 16–23 Uhr. 3-Gangmenü 575 NOK, Hauptgang ab 320 NOK. Erlesenes Fischrestaurant – legendär und entsprechend gut besucht von unzähligen Touristen.

Gemütlich – **Bryggeloftet & Stuene** 2 : Bryggen 11, Tel. 55 30 20 70, www.bryg geloftet.no, Mo–Sa ab 11, So ab 13 Uhr. Hauptgerichte 200–350 NOK. Im alten Bryggen mit Blick über den Vågen. Bergenser Küche, es werden auch Wal- und Elchsteaks aufgetischt, vor allem tagsüber viel Betrieb. Jeden Donnerstag *saltkjøtt og raspeballer* (salziges Fleisch und Kartoffelklöße).

Bergenpanorama – **Fløien Folkerestaurant** 3 : Tel. 55 32 18 75, www.floi enfolkerestaurant.no. An der Endstation der Fløibahn steht das historische Restaurant. Wie zu erwarten, sind die Besucherzahlen und Preise recht hoch und die Aussicht fantastisch, ganz besonders bei Sonnenuntergang. Hauptgerichte ab 275 NOK.

Gediegen – **Kjøttbasaren** 4 : Vetrlidsallmenningen 2, www.kjottbasaren.no. Die Gourmethalle von Bergen bietet eine spannende Fülle kulinarischer Spezialitäten in einem Gebäude von 1887.

Trendy – **Café Opera** 5 : Engen 18, Tel. 55 23 03 15, www.cafeopera.org, ab 12 Uhr. Omelettes und Sandwiches ab 122 NOK. Café, Restaurant, Club. Hier kann man auch mit Kindern hin, an

Wenn nur der Alkohol nicht so teuer wäre ... Dolce Vita auf Norwegisch

einem Regentag plauschen, eine Kleinigkeit essen. Relativ preiswerte Gerichte aus Italien, Mexiko, Pakistan ...
Herzallerliebst – **Pygmalion** 6 : Nedre Korskirkeallmeningen 4, Tel. 55 32 33 60, www.pygmalion.no. Leckere Snacks ab 89 NOK, Gerichte ab 149 NOK. Gemütliches kleines Ökocafé. Empfehlenswert: Pfannkuchen und Biokuchen.

Einkaufen

Im Internet: www.visitbergen.com/shopping.
Schnäppchenjagd – **Einkaufsstraßen:** In der **Strandgaten** 1 , einer gemütlichen Fußgängerzone, gehen auch die Bergenser shoppen. Hier kann man gut bummeln und so manches preiswerte Schnäppchen finden. Eine Vielzahl von Läden befindet sich in den Straßen **Torgalmenning** 2 und **Marken** 3 . In der **Skostredet** 4 haben sich, seitdem dort keine Autos mehr fahren dürfen, nette

Läden und hippe Cafés, abseits der großen Ketten, angesiedelt. Hier gehen die jungen Bergenser gerne einkaufen.
Fischmarkt – **Fisketorget** 1 : Mai–Aug. tgl. 10–18, sonst 10–16 Uhr. Hier gibt es Fisch, Blumen, Obst, Gemüse, Rentierfelle, Souvenirs u. a. Aufgrund des hohen Preisniveaus wird man allerdings kaum Schnäppchen machen.
Ideal bei Regen – **Einkaufszentren: Galleriet** (Torgalmenningen), modern und edel mit über 70 Geschäften. Nicht ganz so schick: **Kløverhuset** (Strandgaten) und **Bergen Storsenter** am Busbahnhof (Mo–Fr 9–21, Sa 9–18 Uhr).
Kunsthandwerk – **Husfliden** 5 : Vågsallemenning 3, www.norskflid.no/bergen. Norwegisches Kunsthandwerk, aber auch Wolle und Strickmuster.
Strickwaren – **Oleana Bergen** 6 : Strandkaien 2 a. Strickwaren in zauberhaften Farben und Mustern: Jacken, Pullover, Röcke, Schals, Mützen, Wolldecken und Kissen.

Souvenirs und mehr – **Hafenstraße Bryggen** **7** : Von Kopf bis Fuß auf Norwegen und Touristen eingestellt sind die vielen Galerien und Kunstgewerbeläden auf Bryggen. Eine Auswahl. **Viking,** von der Wikingerzeit inspirierte Souvenirs, z. B. Kopien von Wikingerschmuck und -schwertern. **Audhild Viken,** traditionsreiches Kunsthandwerk, norwegische Strickwaren, Souvenirs. Im Julehuset (Weihnachtshaus; 2. Etage) herrscht ganzjährig Weihnachtsstimmung. **Troll,** Kleines Geschäft mit einer großen Auswahl an Trollen.

Etwas andere Souvenirs – **Robotbutikken** **8** : Skostredet 11, http://robotbutikken.no/butikk. Produkte aus der Musik-, Kunst- und Literaturszene, coole T-Shirts und Prints.

Aktiv

Guter Treffpunkt – **Meeting Point Bryggen** **1** : ist nicht nur der Eingang zum Bryggens Museum, sondern auch das Tor zu den Sehenswürdigkeiten auf Bryggen. Man bekommt eine Einführung in die Geschichte. Alle geführten Touren beginnen hier.

Historische Wanderung – **Bryggen Guiding:** Tel. 55 30 80 30. Vom **Bryggens Museum** **6** durch die alte Holzbebauung von Bryggen zum **Hanseatisk Museum** **3** . Juni–Aug. tgl. Führungen: 10 (dt.), 11, 12 (engl.), 13 (norw.) Uhr. Dauer ca. 1,5 Std., Treffpunkt und Kartenverkauf im Bryggens Museum; Erw. 120 NOK, Kinder unter 16 Jahre frei. Mit der Karte am gleichen Tag freier Eintritt im Bryggens Museum, im Hanseatisk Museum und in den Schøtstuene.

Busrundfahrten – **Hop on-hop off:** Der Bus passiert viele Sehenswürdigkeiten, z. B. **Fisketorget** **1** , Fløi-Seilbahn **11** und **Akvarium** **23** . Ein-/Ausstieg bei jeder Sight möglich, das Ticket ist 24 Std. gültig, Erw. 200 NOK, Kinder 150 NOK.

Fjord-Fahrt – **Rodne Fjord Cruise:** ab **Fisketorget** **1** , Info Tel. 51 89 52 70, Juni–Aug. tgl. 13 Uhr, z. B. mit der White Lady, www.rodne.no, Erw. 480 NOK, Kinder 250 NOK, Dauer 4 Std.

Hafenrundfahrt – **White Lady:** wie Rodne Fjord Cruise, tgl. 11 Uhr, 1,5 Std., Erw. 150 NOK, Kinder 80 NOK.

Meerwasser-Schwimmbad – **Nordnes Sjøbad** **2** : s. S. 164.

Badespaß – **Vannkanten Badeland** **3** : Loddefjord, Tel. 55 50 77 77, www.vannkanten.no, Juni–Mitte Aug. Mo 16–21, Di–Fr 10–21, Sa 10–18, So 12–18 Uhr, sonst etwas kürzere Öffnungszeiten, Erw. ab 125 NOK, Kinder ab 115 NOK. Rutschen, Sprudelbad, Fitness, Dampfbäder, Pizzeria. Anreise mit dem Auto, 10 Min. vom Zentrum entfernt, auf der R 555 Richtung Sortra. Gleich nebenan liegt das Vestkanten Einkaufszentrum mit ca. 70 Läden.

Abends & Nachts

Zwischen dem Fisketorget und der Nygardsgata (und darüber hinaus) liegt Bergens ›Lichtermeile‹, wo viele Clubs und Kneipen angesiedelt sind.

Lieblingspub – **Folk og Røvere** **1** : Skostredet 10, Tel. 45 24 34 57. Sozialer Treffpunkt unterschiedlichster Menschen in angenehmer Atmosphäre und bei guter Musik.

Klassische Konzerte – **Grieghallen** **2** : Edvard Griegs plass 1, Tel. 55 21 61 50, www.grieghallen.no, www.harmonien.no. Die 1978 zu den Internationalen Festspielen eingeweihte Grieghalle ist mit 1600 Sitzplätzen Bergens größtes Konzerthaus. Hier spielt das weltberühmte Philharmonische Orchester.

Jazz- & Swingkonzerte – **Bergen Jazz Forum** **3** : www.bergenjazzforum.no, Sept.–Mai jeden Freitag 22 Uhr im Kulturhaus USF Verftet, Tel. 55 30 72 50; Jazzcafé, www.swing-n-sweet.no,

Sept.–Mai jeden Samstag, 14–17.30 Uhr in der Klar Bar (Fischmarkt).

Rockig – **Garage** `4`: Christies gate 14, Tel. 55 32 19 80, www.garage.no. Kneipe und Rockkeller. Häufig Livemusik.

Charismatisch – **Naboen** `5`: Sigurds gate 4, Tel. 55 90 02 90, www.grannen.no. Unter dem gediegenem Restaurant liegt im Keller die Kneipe. Das vor Ort gebraute Bier »Bayer« ist verhältnismäßig günstig und wurde als Norwegens bestes Bier ausgezeichnet.

Ausgelassen – **Hulen** `6`: Olaf Ryes vei 48, Tel. 55 33 38 30, www.hulen.no. Die von Studenten betriebene »Höhle« ist in einem ehemaligen Bunker untergebracht. Da es ständig von der Decke tropft, ist die Tanzfläche meist ziemlich rutschig – entsprechende slapstickhafte ›Ausrutscher‹ heizen die Stimmung nur noch mehr an. Billiges Bier.

Infos & Termine

Verkehr

Bahn: Eine Fahrt der Superlative: Mit der Bergensbahn von Bergen über die Hardangervidda nach Oslo, 5 x tgl., Nahverkehr, Tages- und Nachtzüge nach Oslo, Fahrplanauskunft u. Reservierung Tel. 81 50 08 88, www.nsb.no. **Bus:** Expressbusse (s. S. 154) verbinden alle größeren Städte des Landes. **Fjord- und Küstenschiffe:** Schnellboote *(hurtigbåter)* vom Strandkaiterminal nach Hardanger und Sunnhordland; zum Sognefjord, Sunnfjord und Nordfjord, Abfahrt, Info Tel. 51 86 87 00, www.norled.no; nach Rosendahl, Info Tel. 51 89 52 70, www.rodne.no. **Hurtigruten:** Bergen ist Ausgangshafen der ›Postschiffe‹ Richtung Kirkenes, die Mitnahme von Autos ist möglich, tgl. ab Jekteviken (Nøstegaten), Tel. 81 00 30 30, www.hurtigruten.com. **Internationale Fähren:** Abfahrt der internationalen Fähren vom Skoltegrunnskaien und Jekteviken. Die Fjord Line verkehrt täglich auf der Route Hirtshals–Stavanger–Bergen, Informationen: Fjord Line, Skoltegrunnskaien, Tel. 81 53 35 00, www.fjordline.com.

Termine

Bergen bietet jeden Monat eine Vielzahl an Konzerten, Festivals und Aktivitäten. Infos zu aktuellen Veranstaltungen: www.visitBergen.com. **Internationale Festspiele Bergen:** Festspillene i Bergen, Postboks 183, 5804 Bergen, Tel. 55 21 06 30, www.fib.no, Ende April und Anfang Juni. Die weltberühmten Festspiele sind der absolute Höhepunkt des Kulturlebens, mit einem prallen Programm an Konzerten, Theater, Tanz und Oper. **Konzerte in Troldhaugen:** www.griegmuseum.no. In der Festspielzeit finden in der Villa, in der Edvard Grieg 22 Jahre lang lebte, täglich Konzerte statt. Von Juni bis September findet täglich ein halbstündiges Konzert um 13 Uhr statt, Erw. 160 NOK, am So Abendkonzert um 18 Uhr, Erw. 250 NOK. Informationen und Karten in der Touristeninformation. Von dort fährt ein kostenloser Bus nach Troldhaugen, Abfahrt eine Stunde vor Konzertbeginn. **Nachtjazz:** Nattjazz im Mai/Juni, www.nattjazz.no. **Internationales Film Festival Bergen:** im Sept., www.biff.no.

Ausflüge

Bergens Umgebung kann mit Sehenswürdigkeiten ganz unterschiedlicher Art auftrumpfen: Zum einen natürlich mit einem breiten Spektrum verschiedenartiger Landschaften, von zerklüfteten Inselreichen bis zum Hochgebirge. Anderseits locken kulturelle Attraktionen aus einem Zeitraum vom frühen Mittelalter bis zur Neuzeit. Die bekanntesten Sehenswürdigkeiten in der weiteren Umgebung sind das Lysekloster und die Villa Ole Bulls auf Lysøen, aber auch das Nordseefahrtenmuseum ist einen Tagesausflug wert.

Lysøen ▶ A 8

Tel. 56 30 90 77, www.lysoen.no, Mitte Mai–Aug. tgl. 11–16, im Sept. So 11–16 Uhr, Erw. 40 NOK, Kinder 10 NOK; nur per Boot erreichbar: Ole Bull Mitte Mai–Ende Aug. jede volle Stunde während der Öffnungszeiten, Rückfahrkarte Erw. 60 NOK, Kinder 30 NOK; Anfahrt zum Anleger: Stadtbahn bis Lagunen, dann Bus 62 bis Buena, 50 Min.; Auto: E 39 (Süd), dann R 580, 546 Richtung Fana nach Sørestraumen, Ausschilderung Buena Kai folgen
Im Lysefjord liegt die **Insel des Lichts**, auf der Ole Bull, der berühmte Geiger, um 1870 ein mit Giebeln, Holzschnitzereien und Zwiebelkuppeln verziertes **Sommerhaus** mit Musikhalle errichten ließ. Die Architektur vereint maurische und europäische Stile. Am Anleger gibt es ein kleines Café; Bademöglichkeit.

Lyse Kloster ▶ A 8

Ab Busbahnhof, Dauer: 50 Min., tgl. 8–20 Uhr
Das älteste Zisterzienserkloster in Norwegen wurde 1146 von englischen Mönchen gegründet. Heute sind nur noch Ruinen zu besichtigen. In seiner Glanzzeit gehörten etwa 200 Höfe dazu. Nach der Reformation verfiel das Kloster und diente als Steinbruch. Die Steine des Lyseklosters wurden u. a. zum Aufbau des Rosenkrantzturms in Bergen und für das Kronborgschloss in Helsingør (Dänemark) verwendet. Die um 1930 **restaurierten Ruinen** vermitteln einen Eindruck davon, wie die Klosteranlage einst aussah, eine Orientierungstafel informiert über die Klosterräumlichkeiten und deren Funktionen. Das Gelände ist frei zugänglich.

Übernachten

Ländliche Umgebung – **Lyseklostervegen bed & breakfast:** Lyseklosterveien 235, Tel. 56 30 91 50, www.bbnorway.com. Hübsch am Waldrand gelegen, bietet das B & B vier Zimmer, DZ 850 NOK. In der Nähe züchten die Besitzer Kaschmirziegen.

Nordsjøfartmuseet ▶ A 8

Telavåg, www.museumvest.no, Mai–Aug., Mo–Sa 11–16, So ganzjährig 12–17 Uhr, sonst nach Vereinbarung, Erw. 70 NOK, Kinder frei. Auto: R 555 nach Telavåg bei Eide auf der Insel Sotra, westl. von Bergen, Fahrtzeit ca. 40 Min.
Telavåg war während der Besetzung Norwegens im Zweiten Weltkrieg Ankunfts- und Startpunkt von Agenten, Widerständlern und Flüchtlingen, die aus Großbritannien kamen oder dorthin wollten. Als Reaktion darauf zerstörten die Nazis das gesamte Dorf und deportierten seine Bewohner. Im **Nordseefahrtmuseum** sind die damaligen Ereignisse dokumentiert; Cafeteria.

Essen & Trinken

Charmant – **Glesvær Café & Catering:** in Glesvær, Tel. 56 33 90 80, www.hol makaien.no, Mo–Di 10–21, Mi–Fr 11–21, Sa 9–21, So 10–21 Uhr. Das urige Café im Süden der Insel Sotra befindet sich in einem Kaufmannsladen um 1900 und ist noch mit der originalen Einrichtung bestückt. Neben Kaffee und Kuchen werden kleine Gerichte zu vernünftigen Preisen serviert.

Sognefjord

Highlight !

Borgund Stavkyrkje: Sie ist die schönste der norwegischen Stabkirchen. Erbaut gegen Ende des 12. Jh., enthält
sie viele heidnische Elemente, etwa
eine Runeninschrift oder die Figur des
nordischen Gottes Odin. S. 190

Auf Entdeckungstour

**Mit dem Mountainbike auf dem Ral-
larvegen:** Der Rallarvegen ist vielleicht die schönste Fahrradstrecke
Norwegens. Von Finse, der höchsten
Bahnstation Skandinaviens, geht es
entlang der legendären Bergensbahn
nach Myrdal und von dort steil
bergab bis Flåm am Aurlandsfjord.
S. 182

**Heiß auf Eis – Rendezvous mit dem
Nigardsbreen:** Der Nigardsbreen ist
der am leichtesten zugängliche Gletscher Norwegens. Auf einer Wanderung kommt man bis an seinen Rand
heran. Ausgerüstet mit Steigeisen und
Eispickel geht es aufs Blaueis, eine
sichere und doch abenteuerliche Tour.
S. 198

Labels on map: Rendezvous mit dem Nigardsbreen · Jostedalsbreen · Fjærland · Stryggevatnet · Sognefjord · Borgund Stavkyrkje · Lærdal · Nærøyfjord · Undredal · Vassbygdi · Flåm · Østerbø · Flåmsbana · Fjellstove · Myrdal · Mit dem Mountainbike auf dem Rallarvegen · Finse

Kultur & Sehenswertes

Nærøyfjord: Der spektakuläre schmalste Fjord Europas steht auf der UNESCO-Liste des Weltnaturerbes. S. 177

Norsk Bremuseum: Im Gletschermuseum bei Fjærland fasziniert der Panoramafilm – ein atemberaubender Flug über Teile des Jostedalsbreen. S. 207

Aktiv unterwegs

Flåmsbana: Gemächlich überwindet der Zug die 866 Höhenmeter bis hinauf zur Hardangervidda. S. 180

Von der Østerbø Fjellstove nach Vassbygdi: Wandern vorbei an Wasserfällen und verlassenen Höfen. S. 186

Auf historischen Wegen durchs Lærdal: Ein schöner Rundweg führt von der Borgund Stavkyrkje nach Husum. S. 189

Kajaktour auf dem Stryggevatnet: Auf dem Gletschersee paddelt man dicht vorbei am Jostedalsbreen. S. 201

Genießen & Atmosphäre

Ziegenkäse aus Undredal: Der Kramladen in dem malerischen kleinen Dorf führt alle Sorten des preisgekrönten lokalen Ziegenkäses. S. 180

Bücherlesen in Fjærland: In grandioser Lage zwischen steilen Bergen, dem schmalen Fjord und mehreren Gletscherzungen liegt das Fjærland Bokbyen, das Bücherdorf, ein himmlischer Ort für jeden Bücherliebhaber. S. 209

Abends & Nachts

Potter's Kafé: Im alten Stadtteil Lærdals befindet sich in einem charmanten Holzhaus Potter's Kafe. Hier treffen sich am Abend Besucher und Einheimische auf ein Bier. S. 188

Sognefjord

Der Sognefjord, Norwegens längster Fjord am Fuß des mächtigen Jostedalsbreen, ist ein Fjord der Superlative – breit und karg an seinem Ausgang, wild und dramatisch im Innern. Als Tourismus noch ein Fremdwort war, tummelte sich hier die englische und deutsche High Society, zu den Stammgästen gehörte auch Kaiser Wilhelm. Man wohnte in prächtigen hölzernen Villen und Hotels im reich verzierten Schweizer Stil. Meisterwerke in Holz sind auch die Stabkirchen, die älteste von ihnen findet man in Urnes, die schönste in Borgund.

Vik ► C 6

Der Ort mit knapp 3000 Einwohnern liegt eingebettet zwischen bewaldeten Hügeln und Wiesen in einer geschützten Bucht am Sognefjord. Das alte Strandviertel **Vikøyri** (øyr, ør = Sandbank) mit seinen kleinen Holzhäusern, Gärtchen und bunten Bootsschuppen lohnt einen Spaziergang. Vikøyri entwickelte sich im Laufe des 17. Jh. zu einer kleinen Siedlung, in der sich die sogenannten Strandsassen (Tagelöhner ohne eigenes Land) niederließen. Viele ihrer Nachfahren spezialisierten sich im Laufe des 19. Jh. auf ein Handwerk.

Berühmt ist Vik für seine Kirchen. Oberhalb des Zentrums stehen zwei Sakralbauten, die – obwohl kurz nacheinander entstanden und nur knapp 1 km voneinander entfernt – unterschiedlicher nicht sein könnten. Dass beide erhalten sind, verdanken sie dem Architekten Peter Blix, der die vom Abriss bedrohten Kirchen im 19. Jh. kaufte und die Restaurierung aus eigener Tasche finanzierte.

Hopperstad Stavkyrkje
Tel. 57 67 88 40, www.stavechurch. com, Mitte/Ende Juni–Mitte Aug. 9–17, Mitte Mai–Mitte Sept. 10–17 Uhr, Erw. 60 NOK, Kinder 50 NOK
Die klassische, um 1130 erbaute **Stabkirche Hopperstad** beeindruckt mit furchterregenden Drachenköpfen an den Firstenden und steilen Schindeldächern, die sich pyramidenartig aufeinandertürmen.

Hove Kyrkje
Ende Juni–Mitte Aug. 11–16 Uhr, Erw. 50 NOK, Kinder 40 NOK
Die steinerne **Hove-Kirche** aus der zweiten Hälfte des 12. Jh. steht im Ruhmesschatten der Stabkirche, da nicht ganz so beeindruckend wie diese. Doch ist sie schön gelegen und einen Besuch wert.

Kristianhus Båt- og Motormuseum
R 13, Vikøyri, Tel. 57 69 56 86, Öffnungszeiten s. Anschlag

In einem Holzhaus am Wasser in Vikøyri befindet sich eine **Boots- und Motorensammlung** mit einer Darstellung des Lebens am Fjord in alter Zeit.

Übernachten

Hübsch – **Vik Camping:** Uferstraße Richtung Vangnes, Tel. 57 69 51 25, www.vikcamping.com, Mai–Sept., Hütten ab 350 NOK. Acht unterschiedlich komfortable Hütten auf einer Wiese; Platz für 30 Zelte.

Einkaufen

Historischer Goldschmuck – **Gullsmedsforretning:** Tel. 57 69 53 08, Juni–Aug. Beim Goldschmied gegenüber vom Hafen gibt es Kopien der in den Hügelgräbern der Gegend gefundenen Schmuckstücke.
Gamalost – **Tine Meieriet:** im Zentrum, www.tine.no. Der *Gamalost,* der Alte Käse, eine Spezialität mit nur 1 % Fett, wird hier in Vik produziert. Käseproben im Besucherzentrum.

Infos & Termine

Infos
Turistinformasjon: im Kristianhus, an der R 13, Vikøyri, Tel. 91 51 72 86, Mitte Mai–Aug. Fahrradverleih, Buchen von Ausflügen, Postkarten etc.

Verkehr
Auto: Je nach Schneeverhältnissen ist der Weg über das Vikafjell (R 13/ Vikafjellsvegen) ab Dezember oder ab Januar bis April gesperrt.

Termine
Gamalostfestivalen: Ende Mai, www.gamalostfestivalen.no. Der Viker Alte Käse *(Gamalost)* steht im Mittelpunkt der sommerlichen Festtage mit Markt und buntem Unterhaltungsprogramm.

Vangsnes ▶ C 6

Der winzige Fährort, dessen Umgebung heute für Erdbeer- und Himbeeranbau bekannt ist, machte bereits in einer um 1300 auf Island niedergeschriebenen Saga als Residenz Fridtjofs des Kühnen (Fridtjof den frøkne) von sich reden. Der mutige Held, dessen Existenz historisch nicht belegt ist, imponierte dem deutschen Kaiser Wilhelm II. so sehr, dass er ihm 1913 ein Denkmal stiftete. Die 12 m hohe **Fridtjof-Statue** oberhalb des Dorfes auf einem 14,5 m hohen Granitsockel blickt kühn über den Sognefjord nach Balestrand. Mehrere Grabhügel deuten darauf hin, dass es im Vangsnes der Wikingerzeit einen Häuptlingssitz gab.

Übernachten

Vielseitig – **Solvang Camping, Hytter & Motell:** zwischen Vangsnes und Vik am Fjord, Tel. 57 69 66 20, www.solvangcamping.com, ganzjährig geöffnet, Zimmer/Apartments 650 NOK, Hütten (4–6 Pers.) 400–600 NOK/Tag. Apartmenthotel mit schöner Aussicht und moderaten Preisen, außerdem Platz für 10 Zelte.
Schöne Lage – **Djuvik Camping:** Tel. 57 69 67 33, www.djuvikcamping.no, Mai–Sept, Hütten 350–600 NOK. Einfacher Platz am Fjord, mit Badestelle.

Infos

Fähre: Vangsnes–Dragsvik, 23 x tgl., 30 Min.; Vangsnes–Hella, 23 x tgl. 15 Min.

Nærøyfjord ▶ C/D 7

Vom mächtigen Sognefjord gehen mehrere Seitenarme ab. Der mit Abstand berühmteste ist der Nærøyfjord, der wegen seiner spektakulären Natur auf der UNESCO-Liste des Weltnaturerbes steht. Der schmalste Fjord Europas wird umrahmt von schroff abfallenden, bis zu 1400 m hohen Bergen, deren dunkle Erscheinung gelegentlich von vielen kleinen und großen Wasserfällen und von einsam gelegenen Einödhöfen unterbrochen wird.

Gudvangen ▶ C 7

Der von 1000 m hohen Bergen umgebene Fährort liegt am Ende des 18 km langen Nærøyfjords. In Gudvangen dreht sich alles um den Fjord, am Fähranleger dominiert das **Gudvangen Fjordtell**, man kann Souvenirs kaufen, essen und trinken, sich für die Weiterreise oder einen Ausflug auf dem Fjord oder eine Wanderung am Fjordufer entscheiden. So unzugänglich der Fjord mit seinem unwegsamen Hinterland und steilen Uferhängen auch wirken mag, hat es doch neben Gudvangen noch einige andere Siedlungen gegeben.

Styvi Gård
Der **Hof Styvi** liegt auf der Ostseite des Nærøyfjords. Man reist mit dem Schiff von Gudvangen oder Aurland/Flåm an (Informationen bei Sognefjorden AS, s. S. 181). In den Hofgebäuden befindet sich ein kleines **Bauernhofmuseum** mit Gerätesammlung und einer Ausstellung über den Postverkehr von 1647 bis 1909. Von Styvi kann man eine **Wanderung nach Bleiklindi** unternehmen. Der Wanderweg ist ein Abschnitt des alten Königlichen Postwegs zwischen Oslo und Bergen (pro Strecke 4 km, Dauer ca. 2 Std.).

Übernachten

Wikingerdesign – **Gudvangen Fjordtell:** Tel. 48 07 55 55, www.gudvangen. com, April–Mitte Okt., EZ ab 1060 NOK, DZ 1305 NOK. Edle Architektur, Möbel im Wikingerstil, in der Cafeteria Essen mit Fjordblick und großer Außenterrasse, Souvenirshop. Miniapartments für Familien. Das Gudvangen Fjordtell dient zugleich als Hotel und Reisezentrum sowie als Touristeninformation.

Am Fuß der Berge – **Gudvangen Camping:** an der Hauptstraße vor dem Ortseingang, Tel. 99 38 08 03, www. visitgudvangen.com, Anfang April–Dez. (im Winter auf Bestellung), Hütten 450–1290 NOK. Viel Platz für Zelter. Nicht am Fjord, aber mit Aussicht zum Kjelsfossen.

Grasbedeckt – **Vang Camping:** vor dem Ortseingang, Tel. 57 63 39 26, www.vang-camping.no, Hütten 300–1200 NOK. Hütten nicht am Fjord. Einige der kleinen Häuser haben ein Grasdach.

Aktiv

Die Schönheit des Nærøyfjords lässt sich am einfachsten bei einer **Sightseeingtour** per Boot erleben. Diese können in Gudvangen und Aurland begonnen werden, die meisten Rundtouren aber starten von Flåm (s. S. 180).

Infos

Infos
www.naeroyfjord.com: Auflistung der Sehenswürdigkeiten im Fjord mit vielen Fotos.
Turistinformasjon: in der Hauptsaison am Fähranleger, Tel. 57 63 37 88, sonst nebenan im Gudvangen Fjordtell, s. S. 178.

Verkehr
Auto: zwei Tunnel, 5 und 11 km lang, verbinden Gudvangen und Flåm.
Expressboot: www.fjord1.no, Flåm–Gudvangen, 1–4 x tgl., 1,5–2 Std.

Besonders spektakulär sind Fährfahrten auf dem schmalen Nærøyfjord

Fähre: Autofähre Gudvangen–Flåm, Mai–Sept., 5 x tgl., 2 Std. 20 Min., Gudvangen–Kaupanger, Juni–Sept., 2 x tgl., 2 Std. 30 Min.

Aurlandsfjord ► D 6/7

Entlang dem Aurlandsfjord, einem Nebenarm des Sognefjords, von dem auch der Nærøyfjord abzweigt, reihen sich touristische Schwergewichte, die zu den größten Sehenswürdigkeiten Norwegens zählen. Das sind zum einen die Fjordfahrten, die auf dem Aurlands- und dem Nærøyfjord (s. S. 177) durchgeführt werden, zum anderen die weltberühmte Flåmbahn, die den Fjord mit der Hardangervidda verbindet. Die karge Gebirgshochebene ist ein Paradies für Wanderer und Radfahrer.

Undredal ► D 7

Zwischen den Tunneln, durch die die Straße von Gudvangen nach Flåm führt, liegt der Abzweig nach Undredal. In diesem winzigen Ort an der Westseite des Aurlandsfjords steht die 1147 errichtete kleinste Kirche Skandinaviens (nur 3,7 m breit). Seine jetzige Form erhielt das als **Stabkirche** errichtete Gotteshaus vermutlich um 1722 (Tel. 95 29 76 68, im Sommer tgl. Führungen 10–16 Uhr). Am Kai gibt es ein Café, man kann auch Zimmer mieten. Der Ort ist für seinen Ziegenkäse bekannt.

Infos

www.visitundredal.no: Informationen zum Dorfladen Undredals Bui, Geitostfestivalen, Unterkünften und Aktivitäten, auf Norwegisch.

Mein Tipp

Preisgekrönter Ziegenkäse

In dem pittoresken, abgelegenen Ort **Undredal** wird feinster Ziegenkäse hergestellt. Kaum verwunderlich, kommen doch auf jeden Dorfbewohner vier Ziegen. Die verschiedenen Sorten des *geitost*, der vor ein paar Jahren zum besten norwegischen Käse gekürt wurde, und Produkte von Kleinbauern aus der Gegend kann man in dem Kramladen **Undredals Bui** kaufen. Alle zwei Jahre (ungerade Jahreszahl) findet Ende Juli das **Geitostfestivalen** statt, bei dem zwischen deftigem, mildem und süßem Ziegenkäse gewählt werden kann.

Flåm ▶ D 7

Der kleine Ort befindet sich, eingerahmt von gewaltigen Bergen, am innersten Ende des Aurlandsfjords. Hier wimmelt es von Touristen aus aller Welt. Die innen reich dekorierte **Kirche** im Flåmtal wurde 1667 errichtet, schriftliche Quellen erwähnen aber bereits um 1320 ein Gotteshaus in Flåm.

Flåmsbana

Infos im Bahnhofszentrum, Tel. 57 63 14 00, www.flaamsbana.no, einfache/ Hin- und Rückfahrt Flåm–Myrdal Erw. 320/420 NOK, Kinder 160 NOK, tgl. 4–10 Abfahrten, Dauer hin und zurück ca. 2 Std. inkl. Fotostopp am Wasserfall Kjosfossen und 10 Min. Pause in Myrdal; Tickets frühzeitig buchen, da die Rückfahrten von Myrdal schnell ausgebucht sind; Vorbestellung unter www.visitflam.com
Die 1909 eröffnete **Bergbahn** schlängelt sich durch das landeinwärts an den Ort Flåm anschließende Flåmdal. Flåm

kommt von altnordisch *flá* und bedeutet flache Ebene. Das Tal zog schon lange vor dem Bau der Bahn Touristen an. Zu den großen Attraktionen gehören die imposanten Wasserfälle **Rjoandefossen** (Fallhöhe 390 m) und **Kjosfossen** (225 m). Es gibt eine ausführliche mehrsprachige Broschüre über die Flåmbahn mit allen wichtigen Stationen und Aussichten. Die Flåmbahn hat in Myrdal Anschluss an die Bergensbahn (Oslo–Bergen, außer Nachtzüge).

Flåmsbana Museum

Juni–Sept. 9–20, Okt.–April 13.30–15, Mai 9–19 Uhr, www.flamsbana-museet.no, Eintritt frei
In dem **Museum** in der Nähe des Flåmsbana-Bahnhofs erfährt man Wissenswertes über die »schönste und aufregendste Eisenbahnstrecke der Welt«.

Rallarvegen per Rad oder zu Fuß

Mit der Flåmsbana geht es nach Myrdal und von dort mit der Bergensbahn nach **Finse** (▶ D 8) zum Rallarvegen, dem ehemaligen **Eisenbahnarbeiterweg**. Mit gemieteten **Fahrrädern** kann man von Finse aus auf dem Rallarvegen in 5–7 Stunden zurück nach Flåm fahren (s. Entdeckungstour S. 182).
Alternativ wandert man von **Myrdal** (▶ D 7) auf dem Rallarvegen zurück nach Flåm. Die **Wanderung** dauert etwa 4–5 Stunden, kann aber auch verkürzt werden, da sieben Stopps der Flåmbahn zwischen Myrdal und Flåm liegen.

Übernachten

Interessante Mischung – **Fretheim Hotel:** Tel. 57 63 63 00, www.fretheim-hotel.no, 5 Min. zu Fuß von Bahnhof und Fähre. DZ ab 1750 NOK. Traditionsreiche englische Villa mit modernem Anbau, 171 Zimmer.
Preiswert und funktional – **Flåm Camping og Hostel:** Nedre Brekkevegen 12,

Tel. 57 63 21 21, www.flaam-camping. no. Hostel: Mitte März–Mitte Okt., DZ 675–885 NOK, Schlafplatz ab 240 NOK. Jugendherberge und Zimmer mit Gemeinschaftsküche. **Camping,** ca. 22. März–Ende Sept., Hütten für 2–4 Pers. 750–1350 NOK, Platz für Wohnwagen und Wohnmobile, auf drei Seiten von Straßen umgebener Campingplatz 50–150 m von Fähranleger und (Bus-) Bahnhof. In der Saison Massenandrang.

Aktiv

Fjordkreuzfahrt – **Flåm AS:** Tel. 57 63 14 00, www.visitflam.com, Erw. ab 380 NOK, inkl. Busfahrt von Gudvangen zurück nach Flåm oder umgekehrt, Dauer 2,5–4,5 Std. Kreuzfahrten auf dem Nærøyfjord (Strecke Flåm–Undredal–Styvi–Gudvangen–Flåm) mit Stopps, die es erlauben, unterwegs auszusteigen, Ziegenkäse zu probieren oder zu angeln. Fahrplan und Reservierungen in den Touristeninformationen der Orte, im Internet oder telefonisch (Gebühr).
Geführte Fjordtouren – **Norway Fjord Cruise:** Tel. 57 65 69 99, www.visit flam.com. Fjordkreuzfahrt Gudvangen–Flåm mit Besuch der Dörfer Styvi und Undredal; Tickets in der Touristeninfo online bzw. telefonisch bestellen (Tel. 57 63 14 00).
Fahrradverleih – **Haugastøl Turistsenter:** in Haugastøl, Haltestation der Bergensbahn, Tel. 32 08 75 64, www.ral larvegen.com, ab 480 NOK für 2 Tage. Vorbestellung unbedingt notwendig.
Mietfahrräder – **Finse 1222:** am Bahnhof in Finse, Haltestation der Bergensbahn, Tel. 56 52 71 00, www.fin se1222.no, 595 NOK/Tag. Reservierung im Voraus erforderlich.

Infos

Turistinformasjon: Flåm–Bahnhof, Tel. 91 35 16 72, www.visitflam.com, Anf.

Juni–Aug. 9–18.30, Sept.–Dez. 9–16 Uhr. Bestens ausgestattete Touristeninformation; Internetzugang und Fahrradverleih (allerdings nicht für den Rallarvegen).

Verkehr

Zug: Flåmsbana s. S. 180
Bus: Øst-Vestekspressen tgl. Bergen–Voss–Flåm–Håbakken–Fargenes–Lillehammer; Sognebussen tgl. Bergen–Voss–Aurland–Lærdal–Øvre sowie Årdal/Sogndal; Lokalbusse mehrmals tgl. nach Gudvangen, Aurland, Lærdal, Borgund, Årdal, Turtagrø. Fahrpläne: www.nor-way.no, www.ruteinfo.net, www.fjord1.no.
Expressboot: Tel. 55 90 70 70, www. fjord1.no, Mai–Sept. 1 x tgl. morgens von Bergen über Balestrand nach Flåm, Fahrtdauer 5 Std. 25 Min., nachmittags zurück nach Bergen.

Otternes Bygdetun ▶ D 7

Tel. 57 63 11 32, www.otternes.no, Juni–Mitte Sept. tgl. 10–17, Führungen 10, 12, 14, 16 Uhr, Erw. 80 NOK, Kinder 50 NOK
Auf halbem Weg zwischen Flåm und Aurland thront weit oben über der Straße die aus insgesamt 27 Häusern bestehende Hofsiedlung. Schon allein wegen der grandiosen Aussicht über den Aurlandsfjord lohnt ein Abstecher (nicht für Wohnwagenanhänger). Der Hof war vermutlich schon vor der Pest im 14. Jh. besiedelt. Die dicht beieinanderliegenden Gebäude haben seit dem 19. Jh. kaum Veränderungen erfahren. Den Sommer über werden hier verschiedene Aktivitäten wie Spinnen, Weben, Backen von Knäckebrot, Wollfärben und Brauen angeboten.

Von Flåm aus bietet sich die Möglichkeit, zu Fuß oder mit dem Fahrrad auf einem etwa 3,5 km langen Weg nach Otternes zu gelangen. ▷ S. 185

Auf Entdeckungstour: Mit dem Mountainbike auf dem Rallarvegen

Der Rallarvegen ist vielleicht die schönste Fahrradstrecke Norwegens. Von Finse, der höchsten Bahnstation ganz Skandinaviens, geht es entlang der legendären Bergensbahn nach Myrdal und von dort steil bergab bis Flåm am Aurlandsfjord.

Reisekarte: ▶ D 7–8

Planung: Die Tour ist etwa von Juli bis September möglich, je nachdem, wann und ob der Schnee schmilzt. **Flåmsbana,** www.flaamsbana.no, s. S. 180; **Bergensbana:** www.nsb. no, Finse–Myrdal, 4–5 x tgl.; **Rallarmuseum:** Finse, Juli–Mitte Sept. tgl. 9.30–21.30 Uhr, www.rallar museet.no, Erw. 40 NOK, Kinder 20 NOK.

Start: Finse, Anreise mit Flåm- und Bergensbahn, Fahrradverleih Finse 1222, s. S. 181.

Ziel: Flåm, in Flåm kann man nach Beendigung der Tour die Fahrräder abgeben und sich im **Togrestauranten** stärken.

Reisende, die in Finse (1222 m ü. d. M.) aus der Bergensbahn steigen, empfängt die karge, arktisch anmutende Landschaft der Hardangervidda. Unwillkürlich fällt der Blick auf die Nebengleise, wo mächtige Schneepflugloks geduldig darauf warten, sich zu gegebener Zeit durch meterhohe Schneeverwehungen zu kämpfen. Die überwiegende Zeit des Jahres liegt hier oben Schnee, man erahnt, warum sich die berühmten Polarforscher Amundsen, Nansen und Scott hier oben auf ihre Expeditionen vorbereiteten.

Nur im Hochsommer bietet sich ein freundlicheres Bild. Die tundraartigen Weiten der Hardangervidda sind dann übersät von einem farbigen Flickenteppich aus verschiedenen Moosen und unzähligen Blüten, letzten Schneeflecken, die selten ganz verschwinden, kleinen Seen und Flüssen.

Ein tollkühner Plan

Das **Rallarmuseum** unweit des Bahnhofs in **Finse** dokumentiert neben der Baugeschichte der Bergensbahn auch die Arbeits- und Lebensbedingungen der *rallare* – der wandernden Eisenbahnbauarbeiter. In einem – rekonstruierten – Raum, der den Männern als Behausung diente, kann man sich in das harte Leben, das sie führten, hineinversetzen. Zwar versprüht das spartanische Zimmer aus heutiger Sicht mit seinem Bollerofen eine gewisse Gemütlichkeit, doch man muss sich vorstellen, dass in den vier Betten bis zu zehn Arbeiter schliefen und der eisige Wind durch die dünnen Bretterwände pfiff.

Die Idee, eine Bahnlinie von Oslo nach Bergen mitten über die nur wenige Wochen im Jahr schneefreie Hardangervidda zu bauen, mutet auch heute noch ziemlich verrückt an. Während die Ostnorweger und das Parlament den Einfall sofort verwar-fen, machten sich die Westnorweger, allen voran die Bürger von Bergen, mit großem Eifer an die Verwirklichung der Pläne – nicht ohne Grund heißt die Linie Bergensbahn. Nach langer Diskussion um die Streckenführung konnte 1894 endlich mit dem Bau begonnen werden. Sowohl von den *rallare* als auch von den Ingenieuren forderten die über zehn Jahre andauernden Streckenarbeiten ganzen Einsatz, manchen sollten sie das Leben kosten.

Es geht immer ein Zug

Am 7. Oktober 1907 wurde das letzte Schienenstück zwischen West- und Ostnorwegen eingefügt. Die Bergensbahn verband nun zwei bis dahin voneinander getrennte Landesteile. Bei der feierlichen Eröffnung am 29. November 1909 pries König Håkon VII. das Meisterwerk als Stolz der Nation. Der Dichter Nils Kjær hielt eine ergreifende Rede: »Die Barrikaden sind gewonnen, aber der Feind erneuert seinen Widerstand in jeder stürmischen Nacht des langen, langen Winters. Es ist ein immerwährender Konflikt. Ein moderner Kampf des Menschen gegen die Natur.« Daran hat sich bis heute nichts geändert. »Es geht immer ein Zug« – dieses Werbeversprechen einzulösen, fällt den Norwegischen Staatsbahnen vor allem im Winter nicht immer leicht.

Auf den Spuren der Rallare

Der **Rallarvegen,** der während des Baus der Bergensbahn als Versorgungs- und Transportweg entstand, wurde 1974 zum Radwanderweg ausgebaut. Die etwa 80 km lange Strecke verläuft von **Haugastøl** über Finse nach Myrdal und Flåm und ist von einem kurzen geteerten Abschnitt abgesehen eine Schotterpiste von unterschiedlicher Beschaffen-

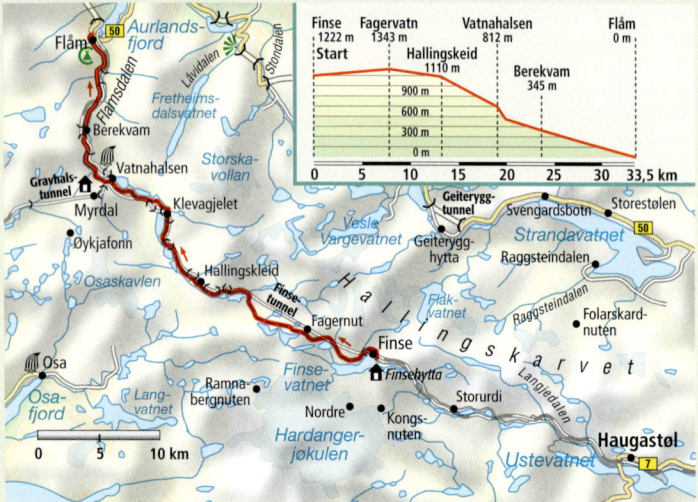

heit. Von **Finse** steigt der Weg zunächst noch bergan, bis nach ca. 10 km der höchste Punkt der Strecke auf 1343 m erreicht ist. Kurz dahinter liegt eingebettet in eine spektakuläre Landschaft das alte **Bahnwärterhaus Fagernut.** Es bietet neben einer Ausstellung über das Leben eines Bahnwärters im Hochgebirge Stärkung für Radler und Wanderer: Getränke und Waffeln.

Ab **Fagernut** geht es nun bis nach **Hallingskeid,** einer Station der Bergensbahn, fast ausnahmslos bergab. Wer möchte, hat hier die Möglichkeit, die Bahn für die nächsten 15 km bis Myrdal zu nehmen, verpasst aber dann den schönsten Abschnitt des Rallarvegen. Dieser führt – abwechselnd über Steigungen und Gefälle – an mehreren imposanten Wasserfällen vorbei, bevor er die Schlucht **Klevagjelet** auf einer Holzbrücke überquert. Kurz vor **Myrdal** muss man sich wieder entscheiden, ob man bis Flåm die Flåmbahn nimmt oder mit dem Fahrrad dem Abzweig ins Tal folgt.

Abfahrt ins Tal

Dieser letzte ca. 20 km lange Abschnitt des Rallarvegen beginnt mit einem wahren Härtetest. Die 21 Serpentinen hinab ins Tal sind überwältigend steil und steinig. Hier darf man, ohne als unsportlich zu gelten, absteigen und seinen Drahtesel ins Tal schieben, das mit jedem abnehmenden Höhenmeter üppiger und grüner wird. Hat man das geschafft, bewältigt man den Rest der Strecke auf einem angenehm breiten und ebenen Weg dann buchstäblich wie im Flug, sodass kaum jemand eine der sieben Haltestellen der Flåmbahn zwischen Myrdal und Flåm in Anspruch nimmt. Am Ende ist die Strecke geteert, und man kann berauschende Geschwindigkeiten erreichen, muss aber wachsam bleiben, da hier gelegentlich Autos verkehren. In **Flåm** sollte man sich dann im **Togrestauranten,** das in einem alten Waggon der Flåmsbahn untergebracht ist, etwas Gutes gönnen und in Erinnerungen schwelgen.

Aurland und Aurlandsdal ▸ D 7

Nach dem Trubel in Flåm herrscht in Aurland eine angenehme Ruhe. Das **Aurlandsdal**, das sich Richtung Osten die Berge hinaufzieht, verbindet West- mit Ostnorwegen. Es wurde von alters her als Vieh- und Handelsweg genutzt und von Wanderfreunden schon im 19. Jh. gepriesen. Als das Elektrizitätswerk Ende der 1960er-Jahre die Pläne zum Ausbau des bis dahin von Straßen und Stromleitungen unberührten Aurlandsdals vorlegte, hagelte es Proteste, die bewirkten, dass der unterste Abschnitt des Tales von Østerbø (Østvebo) bis Vassbygda von direkten Eingriffen verschont blieb.

Aurland ist Verwaltungszentrum der gleichnamigen Gemeinde und ein hübscher Fjordort mit einigen schönen alten Häusern, darunter das **Vangen Motell** von 1770 im Zentrum.

Aus dem frühen 13. Jh. stammt die **gotische Kirche** (Juni–Aug. tgl. ganztags geöffnet), auch Sognedom genannt. Bei der letzten Restaurierung 1926 wurden die nach der Reformation übertünchten Wandmalereien wieder freigelegt, und Emanuel Vigeland erhielt den Auftrag, die Kirchenfenster mit Glasmalereien zu schmücken.

Das **Heradshuset** neben der Kirche birgt ein kleines **Heimatmuseum** und die **Galerie Vinjum** (Mo–Fr 9–16, Sa, So 10–17 Uhr) mit Bildern des Künstlers Johannes Vinjum, eine Energieausstellung sowie eine Kunstsammlung.

Allein mit der Natur sind Wanderer im Aurlandsdal

Wandern im Aurlandsdal

Die Hütten **Steinbergdalen** und **Øster-bø** (Østvebo) bieten sich als Ausgangs-punkt für berühmte, klassische Wander-routen an – mehrtägige Wanderungen von Hütte zu Hütte oder kürzere Tou-ren sind möglich (im Sommer mehrmals tgl. Bus von Flåm/ Aurland).

Von der Østerbø Fjellstove nach Vassbygdi
Start: Østerbø Fjellstove, Dauer: 6–7 Std; von Vassbygdi im Sommer mehrmals tgl. Bus retour zur Osterbø Fjellstove

Eine der bekanntesten Wanderungen im Fjordland verläuft von Østerbø nach Vassbygdi, vorbei an Wasserfäl-len und verlassenen Höfen. Von der **Østerbø Fjellstove** an der R 50 führt ein mit roten Ts markierter Pfad über die **Langedøla-Brücke** zum **Nesbøgal-den,** von wo ein steiler Abstieg zum **See** hinunterführt. In Richtung Tirtes-va teilt sich der Weg, der **Bjørnstigen** ist sehr steil, aber belohnt mit einer sehr schönen Aussicht. Der **andere Weg** dauert etwa genauso lang, ist je-doch ebener und einfacher. Nachdem sich beide Wege wieder vereinen, lohnt ein Abstecher zur **Vetlehelve-te-Grotte.** Anschließend geht es hinab zum Fluss und auf einer **Brücke** über den **Veiverdalselvi** und dann wei-ter bergab zum **Hof Sinjarheim.** Hier führt der Pfad am Fluss entlang nach **Vassbygdi.** Eine vom DNT herausgege-bene Tourenkarte ist in allen Hütten erhältlich.

Übernachten

Ausblick – **Aurland Fjordhotell:** Tel. 57 63 35 05, www.aurland-fjordhotel. com, DZ ab 1140 NOK. Zentral gelege-nes Hotel mit Restaurant, Café, Bar, Sauna.
Zentral – **Vangsgaarden:** mitten in Aurland, Tel. 57 63 35 80, www.

Wanderung von der Østerbø Fjellstove nach Vassbygdi

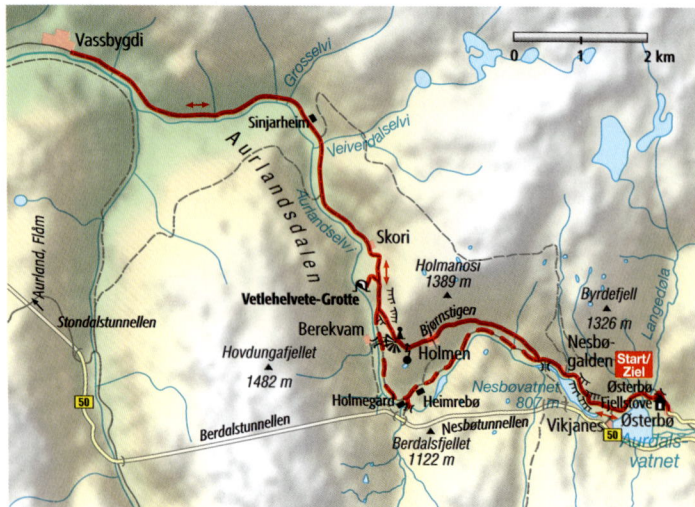

vangsgaarden.no, ganzjährig, DZ ab 1275 NOK. Die ältesten Holzhäuser der Anlage stammen aus dem 18. Jh.; auch am Fjord gelegene Fischerhütten für 4 Pers.

Gut ausgestattet – **Østerbø Fjellstove:** 31 km von Aurland an der R 50, Tel. 57 63 11 77, www.aurlandsdalen. com, Schlafplatz im Vierbettzimmer 395 NOK, EZ ab 540 NOK, DZ 880 NOK, Hütten mit Dusche, WC, Sauna ab 970 NOK. 56 Zimmer, auch für Familien; Kaminzimmer, Sauna, Speisesaal, Cafeteria, Platz für Wohnmobile und Zelte; kooperiert mit dem norwegischen Wanderverein DNT, Mitglieder erhalten Rabatt.

Traditionsreich – **Østerbø Turisthytte:** 31 km von Aurland an der R 50, Tel. 57 63 11 41, www.osterbo-turisthytte. no, Mitte Mai–Anfang Okt., Übernachtung ab 330 NOK, Hütten (3–10 Pers.) 720–2000 NOK. 36 Zimmer, Speisesaal, Kaminzimmer, Sauna, Cafeteria, Ermäßigung für DNT-Mitglieder.

Direkt am Fluss – **Lunde Camping:** am Aurlandsfluss, 1,4 km von Aurland, Tel. 99 70 47 01, www.lunde-camping.no, Mai–Sept., Hütte 600–1000 NOK. Es gibt 17 Campinghütten verschiedener Standards. Einfacher, aber schöner Zeltplatz mit Picknicktischen, Spielplatz, Minigolf und Webstube.

Infos

Aurland Turistinformasjon: im Heradshus im Zentrum, Tel. 91 79 41 64, www.sognefjord.no, Mo–Fr 9–16, Sa, So 10–17 Uhr.
Bus: s. Flåm S. 180.

Lærdal ▶ D 6/7

Die Serpentinenstraße Snøvegen (geöffnet Juni–Okt.), die Aurland mit der Gemeinde Lærdal im gleichnamigen Tal verbindet, bietet im ersten Abschnitt wunderschöne Haltepunkte mit fantastischer Aussicht über den Fjord und führt in eine grandiose, auch im Sommer noch schneebedeckte Hochgebirgslandschaft. Alternativ führt die E 16 seit 2000 durch den Laerdalstunnelen (gratis) von Aurland (Nyheim) nach Lærdal (Håbakken). Mit 24,5 km Länge hat er den St.-Gotthard-Tunnel als längsten Straßentunnel der Welt abgelöst. Er bildet die einzige im Winter offene, fährlose Verbindung Oslo–Bergen.

Lærdalsøyri

An der Mündung des Lærdalselva in den Sognefjord liegt der alte Ortsteil Lærdalsøyri (Gamle Øyri). Schön ist ein Spaziergang durch die Gassen. Die ca. 160 Boots- und Wohnhäuser des historischen Dorfkerns stehen unter Denkmalschutz. An Lærdalsøyri, wo Kunsthandwerk, Souvenirs und Antiquitäten angeboten werden, grenzt das neue Geschäftszentrum mit Supermärkten und modernen Betonbauten.

Norsk Villakssenter

am Rand von Laerdalsøyri, Tel. 91 55 10 43, www.norsk-villakssenter.no, Juli–Mitte Aug. tgl. 10–18, Juni–Aug. tgl. 10–17 Uhr, Erw. 90 NOK, Kinder 60 NOK, inklusive Eintritt zum Sogn Kunstsenter
Am Ufer des Lærdalselva wurde 1996 das **Norwegische Wildlachs-Center** eröffnet. Größte Attraktion sind die Lachse, die auf ihrem Weg flussaufwärts eine Lachstreppe, Stromschnellen und einen Wasserfall überwinden.

Sogn Kunstsenter

Øyraplassen 14, Tel. 92 43 36 98, www.sfk.museum.no, Juli–Mitte Aug. tgl. 10–18, Mitte Mai–Mitte Sept. tgl. 10–17 Uhr, Erw. 50 NOK, Kinder frei, Kombiticket Norsk Villakssenter s. o.

Das 2011 eröffnete Museum widmet sich dem Nachlass des Lærdaler Künstlers Hans Gjesme (1904–1994). Einige Landschaftsbilder erinnern an den Stil Nikolai Astrups (s. S. 226).

Postmuseum
Mitte Mai–Mitte Sept. Sa, So 12–15, Ende Juni–Mitte Aug. tgl. 11–17 Uhr, Eintritt frei
Im Post- und Telegrafenmuseum wird die Geschichte des technologischen Aspekts der menschlichen Kommunikation vorgestellt.

Übernachten

Schweizer Stil – **Lindstrøm Hotel:** Øyraplassen 1, Lærdalsøyri, Tel. 57 66 69 00, www.lindstroemhotel.no, Mai–Sept., EZ 995 NOK, DZ 1350 NOK. Nettes Hotel. Das älteste im Schweizer Stil errichtete Gebäude stammt von 1840, das neueste von 1985, 86 Zimmer mit Bad, Telefon, TV; Garten, Souvenirladen.

Nettes Ambiente – **Sanden Pensjonat:** Øyragata 9, Lærdalsøyri, Tel. 57 66 64 04, www.sandenpensjonat.no, DZ 450–1050 NOK ohne Frühstück. Gemütliche Pension ganz im ›Zentrum‹.

Kinderfreundlich – **Lærdal Ferie og Fritidspark:** Grandavegen 5, 400 m außerhalb von Lærdalsøyri, Tel. 57 66 66 95, www.laerdalferiepark.com, ganzjährig, Zimmer 445–595 NOK, Wohnungen (1–2 Pers.) 595–925 NOK, Hütten (2–6 Pers.) 795–1345 NOK. Moderne, große Anlage am Fjord.

Rustikal – **Hønjum Gard:** Abzweig von E 16 Richtung Oslo, 10 km nach Lærdalsøyri, Tel. 57 66 91 18, www.mamut.net/hnjumgard, Mai–Okt., Hütten 400–600 NOK. Alter Hof mit grasgedeckten Gebäuden. Übernachten in einem Haus (18. Jh.) oder zwei neueren Hütten.

Preiswert – **Vindedal Camping og Hytter:** 10 km westlich von Lærdal, Tel. 57 66 65 28, avindeda.freeyellow.com, Juni–Aug., Hütten ab 425/500 NOK. Schöne Aussicht über den Sognefjord.

Essen & Trinken

Gemütlich – **Potter's Kafé:** Øyragata 15, Pizza ab 50 NOK. Freundliches Café in einem alten Holzhaus in Lærdalsøyri. Ein guter Platz, um die ausgezeichneten Broschüren über Gamle Øyri zu lesen. Süße und deftige Kleinigkeiten, auch Mittagstisch. Am Abend kommen hier Besucher und Einheimische in gemütlicher Runde auf ein Bier zusammen.

Infos

Lærdal Turistinformasjon: Øyragata 18, Lærdalsøyri, Tel. 48 27 75 26, www.sognefjord.no, Juli tgl. 10–18, Juni, Aug. tgl. 10–17 Uhr.
Bus: Bergen–Voss–Aurland–Lærdal–Årdal/Sogndal; tgl. Busse nach Oslo.
Fähre: Fodnes–Mannheller, 52 x tgl., 15 Min.

Kongevegen ▶ D 6 – E 7

Seit Jahrhunderten ist das Lærdal wegen seiner verkehrsgünstigen Lage ein wichtiger Verkehrsknotenpunkt zwischen Ost- und Westnorwegen. Seit Ende des 18. Jh. verlief der alte **Königsweg** (Kongevegen), von Christiania (Oslo) über das Filefjell nach Lærdal, wo Fracht und Passagiere auf Dampfern nach Gudvangen und dann weiter nach Bergen befördert wurden. Auf dieser Strecke liegen viele sehenswerte kulturhistorische Zeugnisse wie die Borgund-Stabkirche (s. S. 190), die unbedingt einen Abstecher lohnt. Die alten Transportwege, die durch das Lærdal führten, boten den Einwohnern jahrhundertelang Arbeit und brachten ihnen Steuerbefreiung ein.

Von Lærdal Richtung Borgund führt die Straße E 16 stetig bergan. In **Bjørkum** finden sich noch Reste der *vassveite* (Wassergräben), die in den Jahren zwischen 1900 und 1960 zur künstlichen Bewässerung der Felder gedient haben. Lærdal gehört mit nur 400 mm Regen pro Jahr zu den niederschlagsärmsten Regionen Norwegens. Seit alters wurden die dank des milden Klimas besonders ertragreichen Felder künstlich bewässert.

Auf historischen Wegen durchs Lærdal

Zu Fuß auf dem Kongevegen

Die für Wanderer instandgehaltene alte Straße **Kongevegen** beginnt zwischen Lærdalsøyri und Borgund kurz hinter **Sælto** (▶ E 7). Ausgangs- und Endpunkt einer 2,5-stündigen Rundwanderung ist der **Parkplatz Koren** an der E 16. Der Pfad ist mit **Gamle Selthunåsen** ausgeschildert und führt auf dem breiten, einfach begehbaren Kongevegen zur E 16, wo man flussaufwärts über eine Brücke an Lærdalselva den 1947 verlassenen **Hof Galdane** erreicht. Die Hofgebäude sind auch von der E 16 aus oben am Hang zu sehen.

Zwischen Borgund und Husum

Weitere beliebte Wanderwege im Lærdal sind Sverrestigen und Vindhellavegen. Der **Sverrestigen** erhielt seinen Namen, weil der Überlieferung zufolge König Sverre 1177 auf diesem Teil des Königswegs über das Gebirge unterwegs war. Der erste **Vindhellavegen** wurde 1793 angelegt, als der Kongevegen ausgebessert und zu einem Fahrweg für Reisende mit Pferd und Kutsche erweitert wurde. Vindhellavegen und Sverrestigen ergeben eine schöne 1- bis 2-stündige Rundtour. Es gibt zwei Ausgangspunkte: entweder **Borgund Stavkyrkje** (▶ D/E 7; großer Parkplatz, s. S. 190) oder **Husum** mit dem wunderschönen, um 1900 erbauten, weiß gestrichenen **Husum Hotel**, ein typischer und gut erhaltener Repräsentant des Schweizer Stils (s. S. 72).

Startet man die Wanderung an der Borgunder Stabkirche, so beginnt der **Sverrestigen** einige Meter südlich rechter Hand. Nach ca. einer Dreiviertelstunde erreicht man wieder die Fahrstraße im Lærdalen, wo kurz darauf der Vindhellavegen nach rechts abzweigt. Geht man jedoch geradeaus auf der Straße weiter, so erreicht man **Husum**. Über den **Vindhellavegen** mit

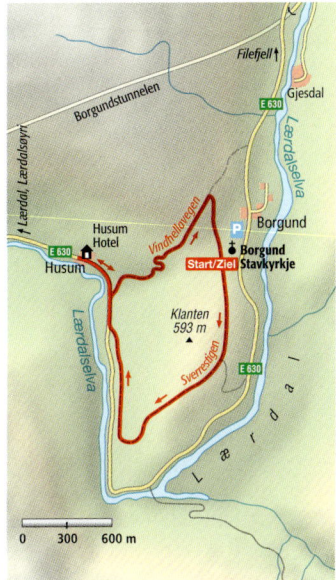

Zwischen Borgund und Husum

Stilisierte Drachenköpfe schmücken die Giebel der Borgunder Stabkirche

seinen aus mörtellosem Mauerwerk aufgeschichteten Serpentinen wandert man dann nach Borgund zurück.

Borgund Stavkyrkje!

▶ D/E6/7

www.stavechurch.com, Mitte Juni–Ende Aug. tgl. 8–20, Vor- und Nachsaison tgl. 10–17 Uhr, Erw. 80 NOK, Kinder 60 NOK

Die **Borgunder Stabkirche** lohnt den hohen Eintrittspreis und lockt jährlich Hunderttausende Touristen an. Der Geniestreich in Kiefernholz wurde Mitte des 12. Jh. errichtet und seither kaum verändert. Die Kirche, für deren Bau nicht ein einziger eiserner Bolzen oder Nagel verwendet wurde, diente bei der Restaurierung verschiedener mittelalterlicher Stabkirchen als Vorbild.

An den Wänden des **Laufgangs** (*svalgang*) kann man mehrere Runeninschriften entdecken. In einem dieser Texte wird eine Begegnung mit den nordischen Schicksalsgöttinnen, den Nornen, erwähnt. Das **Kircheninnere** wirkt heidnisch – am oberen Ende der tragenden Säulen starren Masken von Tieren und einem Einäugigen (möglicherweise der Gott Odin) hinab in den dämmrigen Kirchenraum. Vom mittelalterlichen Inventar ist nichts erhalten. Der frei stehende **Glockenturm** ist wohl so alt wie die Stabkirche selbst.

Informationen zum Kirchenbau erhält man im 2005 errichteten **Besu-**

cherzentrum, wo auch die Eintrittskarten verkauft werden.

Übernachten

Low-Budget – **Borlaug Turist- og Vandrarheim:** in Steinklepp, Tel. 91 10 99 46, www.vandrerhjem.no, Juni–Sept., Schlafplatz 265 NOK, EZ ab 375 NOK, DZ ab 580 NOK. Jugendherberge mit 50 Betten, Übernachtung für Nicht-Mitglieder etwas teurer.

Einfach – **Borgund Hyttesenter og Camping:** direkt an der E 16, 2 km östlich der Borgund Stavkyrkje, Tel. 57 66 81 71, www.hyttesenter.com, Mai–Mitte Okt., Hütten 350–790 NOK. Die zehn hübschen Häuschen stehen auf einem Wiesenplatz.

Wunderbare Lage – **Maristuen Fjellferie AS:** in Maristuen (▶ E 6), Tel. 57 66 87 11, www.maristuen.no, ganzjährig, Hütten (2–9 Pers.) 450–1500 NOK. 830 m über dem Meeresspiegel ist die Gegend schon vom faszinierend kargen Fjell geprägt; Campingplatz.

Årdalsfjord ▶ D 6

Die Anreise – auf der E 16 und dann weiter auf der R 53 über Tyin, die ihren höchsten Punkt am gleichnamigen See, dem **Tyinvatn**, in 1117 m Höhe erreicht – lockt mit fantastischer Aussicht auf Jotunheimen, das Reich der Riesen, enttäuscht aber im letzten Abschnitt nach einigen extremen Serpentinen mit dem Blick auf den Industrieort Øvre Årdal am Årdalsfjord, dem östlichsten Arm des Sognefjords. Gemeinsam mit dem wenige Kilometer fjordabwärts gelegenen Årdalstangen bildet Øvre Årdal die Gemeinde Årdal, deren Haupterwerbszweige Aluminiumherstellung, die Stromerzeugung und Tourismus sind.

Øvre Årdal ▶ E 6

Kein Ort, um länger zu verweilen, hier bleiben die Norweger weitgehend unter sich. Der wichtigste Arbeitgeber in Øvre Årdal ist das **Hydro Årdal Verk,** das zu den größten Aluminiumwerken Europas zählt. Exportiert wird über das 11 km entfernte Årdalstangen, wo auch die importierten Rohstoffe gelöscht werden. Lohnenswert ist ein Ausflug ins nahe Utladalen.

Vikinggarden Ytre Moa

Hinter der Brücke an der Straße nach Hjelle (▶ E 6) rechter Hand meist über Treppen ca. 15 Min. bergauf, frei zugänglich

Årdal war schon zur Wikingerzeit besiedelt. 1964 grub man im Moadalen (oberhalb des Aluminiumwerks in Øvre Årdal) eine **Wikingersiedlung** mit Resten von sechs Häusern aus der Zeit um 900 aus. Zu sehen sind nur einige grasüberwachsene Grundrisse im Wald, doch man gewinnt einen Eindruck von der Anlage hoch über dem Fjord.

Übernachten

Ruhige Lage – **Utladalen Camping:** Tel. 57 66 34 44, www.utladalencamping. no, ganzjährig, Hütte ab 490 NOK. Am Weg zum Vettisfossen, Platz für Wohnmobile und Zelte.

Aktiv

Beheizt – **Schwimm- und Badeanlage:** Juni–Mitte Aug. tgl., Eintritt frei. Frei- und Hallenbad, draußen ein 50-m- und zwei Kinderbecken, Wasserrutschen. Hier trifft man norwegische Familien.

Infos

Årdal Turistinformasjon: Tel. 57 66 35 62, www.ardal.no, Juni–Aug.

Auto: Der schmale, ab Mitte Mai geöffnete mautpflichtige Tindevegen (www.tindevegen.no, 75 NOK) von Øvre Årdal nach Turtagrø (▶ E 5) ist wegen der engen Kurven im ersten Teil Wohnwagenfahrern nicht zu empfehlen; höchster Punkt: über 1300 m. Die Aussicht auf die Hurrungane im Osten ist fantastisch.

Wanderungen im Utladalen ▶ E 6

In **Hjelle,** nordöstlich von Øvre Årdal, zweigt ein Weg ab, der durch das für seine schöne und ursprüngliche Natur berühmte Utladalen führt. Vom Parkplatz am Ende der befahrbaren Straße folgt man dem bequemen, auch für Kinderwagen und Rollstuhlfahrer geeigneten **Folkevegen.** Zu Beginn des Weges passiert man das **Utladalen Naturhus** mit einem Café und einer Ausstellung über das Gebirgsmassiv Jotunheimen. Vorbei am **Avdalfossen** führt der bequeme Weg weiter bis zur **Turiststasjon Vetti** (Bewirtung). Die Wanderung dauert hin und zurück ca. 3 Std. Von der Touristenstation aus erreicht man in 30 Min. den **Vettisfossen,** mit 275 m Nordeuropas höchster frei fallender Wasserfall.

Alternativ führt am **Avdal-Wasserfall** (Avdalsfossen) ein **Pfad** steil hinauf zum Hof **Avdal Gard,** Dauer ca. 30 Min., Bewirtung und Übernachtung möglich (Informationen im Touristenbüro in Øvre Årdal).

Im Utladalen gibt es mehrere steile, aber faszinierende **Einstiege nach Jotunheimen.**

Årdalstangen ▶ D 6

Wie Øvre Årdal ist auch der Nachbarort von Industrie geprägt, das Zentrum ist jedoch eine freundliche norwegische Kleinstadt mit vielen Holzhäusern. Noch im 18. Jh. wurde hier Kupferbergbau betrieben. Das **Koparhuset,** eine zweistöckige, aus Holz errichtete Kupferhütte, die klein und verloren vor mächtigen Industrieanlagen in Årdalstangen steht, stammt noch aus dieser Zeit: Hier ist die Geschichte des Kupferbergbaus dargestellt (auf Anfrage Führungen, Infos im Touristenbüro in Øvre Årdal).

Aktiv

Wasserspaß – **Schwimm- und Badeanlage:** Juni–Mitte Aug. tgl., Frei- und Hallenbad.

Übernachten

SPA am Fjord – **Klingenberg Hotel:** Tel. 57 66 58 00, www.klingenberghotel.no, DZ 1695 NOK. Direkt am Fjord gelegenes Komforthotel mit 50 Zimmern, Rabatt mit Fjordhotelpass, Restaurant, Bar, Club, Wellnesscenter.

Infos

Bus: Anfang Juli–Mitte Aug. Årdalstangen–Øvre Årdal–Hjelle–Turtagrø.
Fähre: Mannheller–Fodnes, 52 x tgl., 15 Min.

Indre Ofredal ▶ D 6

Auf der Nordseite des schmalen Årdalsfjords liegt Indre Ofredal. Die bis 1980 bewohnte **Siedlung** ermöglicht einen Einblick in das Leben der Menschen am Fjord während der Übergangszeit von der Bauernwirtschaft zur Industrialisierung.

Unter den insgesamt zehn Gebäuden von Indre Ofredal sind eine **Mühle** aus der Zeit um 1900, ein **Sägewerk** aus dem Jahr 1865 sowie mehrere um 1860 erbaute **Seehäuser** *(sjøhus)* – große Bootshäuser, die als Speicher und Übernachtungsmöglichkeit für die Fischer dienten. Hier wurde schon früh Wasserkraft genutzt, um Sägewerk bzw. Mühle zu betreiben. Den Arbeitern zahlte man Lohn – in dieser Region damals etwas absolut Neues. Die Anfahrt von Årdalstangen nach Ofredal ist zwar auch per Auto möglich (15 km: steil geht es im letzten Abschnitt zum Fjord hinunter, am Ende qualmen die Bremsen), der **Ofredaltunnel** ist allerdings finster und schmal, deshalb reist man besser per Boot an (Führung und Übernachtung möglich, Infos im Touristenbüro in Øvre Årdal).

Lustrafjord ▸ D 6

Mit dem Lustrafjord reicht der Sognefjord weit ins Land hinein. Ganz in der Nähe erstreckt sich Norwegens größtes Gletschermassiv, der Jostedalsbreen, sowie der westlichste und wildeste Teil von Jotunheimen, der als Nationalpark geschützt ist. Von den Höhen Jotunheimens herunter führt die selbst im Sommer häufig noch von Schneebergen gesäumte Sognefjellpassstraße (R 55; s. Lieblingsort s. S. 195) bis an das Fjordufer.

Skjolden

Der kleine Ort liegt am Ende des Lustrafjords und ist seit Ausbau des Piers ein beliebter Anlegepunkt von (Kreuzfahrt-) Schiffen. Im Zentrum am Wasser befindet sich die **Fjordstova** mit Café, Post, Bibliothek, Kletterwand, Badeanlage und Touristeninformation (s. S. 196). In Skjolden zweigt die 32 km lange,

sehr schmale Fjordstraße zur Stabkirche von Urnes (s. S. 202) ab, die am Wasserfall **Feigefossen** (218 m freier Fall) vorbeiführt. Das in nordwestlicher Richtung verlaufende **Mørkrisdal** ist ein guter Ausgangspunkt für Wanderungen in Breheimen (*bre* = Gletscher), mindestens ebenso schön, aber weniger besucht als Jotunheimen.

Übernachten

Extravagante Architektur – **Turtagrø Hotel:** 17 km östlich von Skjolden, 10 km östlich von Fortun, Tel. 57 68 08 00, www.turtagro.no, im neuen Haupthaus EZ 1490 NOK, DZ 1980 NOK, Turmzimmer etwas teurer, Zimmer in der Schweizer Villa ab 390 NOK/Pers. ohne Frühstück, Bettwäsche bzw. Schlafsack muss mitgebracht werden. Zelten ist möglich, viele Aktivitäten.

Historisches Flair – **Kroken Gard:** R 55, Kroken (▸ D 6), Tel. 57 68 37 25, www.kroken-gard.no, DZ 350 NOK pro Pers., 500 NOK als EZ, Frühstück inkl. Wohnen auf dem Gehöft Ytre Kroken, in schöner Lage am Fjord, u. a. im 200 Jahre alten herrschaftlichen Holzhaus. Küche kann benutzt werden.

Hausmannskost – **Vassbakken Kro og Camping:** an der R 55, 3 km von Skjolden Richtung Sognefjell im Fortunsdalen, Tel. 57 68 61 88, www.vassbakken.com, Hütte (2–5 Pers.) 590–890 NOK. Platz für ca. 50 Zelte, Wohnwagen und Wohnmobile. Kiosk mit Lebensmitteln, im Gasthaus norwegische Hausmannskost.

Für Aktive – **Vetle-Kroken:** R 55, Kroken (▸ D 6), Tel. 90 91 90 40, 97 19 57 40, www.vetle-kroken.no, Preise auf Anfrage. Unterkunft auf einem Bauernhof, Vermietung von Kajaks, Organisation von Kajaktouren u. a. zur Stabkirche von Urnes.

Lieblingsort

Sommerliche Schneelandschaft – Sognefjell ▶ E 5

Bis in luftige Höhen auf 1440 m schlängelt sich der zur nationalen Touristenstraße gekürte Reichsweg (R 55) von Lom im Gudbransdal über das Sognefjell zum Sognefjord. Es ist die vielleicht spannendste Art, ins Fjordland zu gelangen. Nach schneereichen Wintern (gesperrt Anfang Dez.–Mitte Mai) säumen die Passstraße noch im Juli und August meterhohe Schneewände. An warmen Tagen kann man gelegentlich sommerlich gekleidete Menschen bei Schneeballschlachten beobachten – ein einmaliger Anblick.

Sognefjord

Sommerschnee – **Sognefjell Turist-hytte:** bei Krossbu (▶ E 5), Tel. 61 21 29 34, www.sognefjellet.no, Ostern sowie Mitte Mai–Sept., Mehrbettzimmer inkl. Frühstück 430 NOK. Berghütte an der R 55 (ca. 35 km nordöstlich von Skjolden), 90 Betten, Sommerskizentrum, im Sommer tgl. Führungen auf zwei Gletscher: Fannaråkbreen und Smørstabbreen.

Aktiv

Verschiedene Unterkünfte organisieren sportliche Aktivitäten in der Region, dazu gehören **Vetle-Kroken** (Kajaktouren und -kurse auf dem Sognefjord, geführte Bergwanderungen; hier kann man auch die erforderliche Ausrüstung ausleihen), die **Sognefjell Turisthytte** und das **Turtagrø Hotel** (Wander- und Klettertouren im West-Jotunheimen-Nationalpark. Von April bis Juni werden auch Skitouren angeboten).

Langlauf – **Sognefjellet Sommarskisenteret:** www.skjolden.com/sommarski. Skigebiet für Langläufer an der Sognefjell Turisthytte, R 55, 1400 m. ü. d. M. Im Sommer werden die Skiloipen tgl. gespurt, Verleih von Ausrüstung.

Infos

Turistinformasjon Skjolden: Fjordstova, Tel. 99 23 15 00, www.skjolden.com, Anfang April–Aug. Mo–Fr 14–19, Anfang Juni–Mitte Aug. 11–19 Uhr.
Bus: mehrmals tgl. Expressbusse von/nach Oslo.

Luster und Nes ▶ D 6

Zwischen Skjolden und Sogndal führt die R 55 am Fjord entlang. Bewaldete Berghänge wechseln sich hier mit grünen Wiesen und kleinen Siedlungen ab.

Im eher unscheinbaren Fjordort **Luster** ist um 1250 in gotischem Stil erbaute **Dale-Kirche** (im Sommer tgl. geöffnet) mit ihren Fresken sehenswert.

Von dem kleinen Fjordnest **Nes** aus bietet sich ein schöner Blick über den Lustrafjord hinüber zum Wasserfall am gegenüberliegenden Ufer, dem **Feigefossen.**

Übernachten

Blick auf Wasserfall – **Nes Camping:** Tel. 69 27 01 76, http://nescamping.no, Hütten (4 Pers.) 490–815 NOK. Kleiner Campingplatz am Lustrafjord mit Blick über den Fjord hinüber zum Feigefossen. Hauptsächlich Camper, aber auch einige Zeltplätze. Auch Bootsverleih.

Gaupne ▶ D 6

Im Verwaltungszentrum der Luster-Gemeinde kann man bequem Besorgungen erledigen. Das Einkaufszentrum **Pyramiden** vereint Post, Buchladen, Bibliothek mit Internetzugang, Touristeninformation, Supermarkt, Café usw. unter einem Dach.

Auf einer Anhöhe oberhalb des Ortskerns steht die innen reich mit Rankenmalereien geschmückte **Gamle Kyrkje** (Juli Di–So 11–16 Uhr, Erw. 50 NOK, Kinder 40 NOK) aus der Mitte des 17. Jh.

Übernachten

Ideal für Familien – **Pluscamp Sandvik:** 500 m von Gaupne, Tel. 57 68 11 53, www.sandvikcamping.com, Hütten 350–1150 NOK. Familiencampingplatz mit Spielplatz, Ballwiese, Bootsverleih. Platz für 50 Zelte und Wohnwagen, 8 komfortable Hütten mit Dusche/WC, 12 einfache Campinghütten.

Veranda am Fjord – **Marifjøra Sjøbuer:** in Marifjøra, südlich von Gaupne, Tel.

48 14 43 09, www.rorbu.net, Hütten (5 Pers.) ab 950 NOK. Hübsche Reihenhütten im Rorbu-Stil, die über zwei Etagen gehen, mit Dusche, TV, Gefrierschrank; zum nächsten Laden sind es 3 km.

Infos

Turistinformasjon Gaupne: Tel. 94 15 74 88, Ende Juni–Mitte Aug. Mo, Mi, Fr 10–19, Di, Do, Sa, So 10–17, Mai– Ende Juni Mo, Di, Do 15–20.30, Mi, Fr 12–20.30, Sa, So 10–17 Uhr.

Jostedalen ▸ D 5/6

Das schmale, in weiten Teilen bewaldete **Jostetal**, in dem weniger als 500 Menschen leben, erstreckt sich von Gaupne am Lustrafjord knapp 40 km Richtung Norden zu den Ausläufern des **Jostedalsbreen**, des größten Gletschers auf dem europäischen Festland. Das reißende Schmelzwasser des Gletschers sammelt sich im grünen, vom mitgeführten Kies milchigen Jostedalsfluss. Die Straße durch das Tal wurde als Transportweg für den Ausbau des Wasserkraftwerks im oberen Jostedalen und Jostedalsbreen angelegt.

Zwei Zungen des Jostadalsbreen (s. auch Highlight S. 228) kommt man hier ganz nah: In dem kleinen Ort **Gjerde** (▸ D 5) zweigt die Straße zum **Bergsetbreen** ab (s. Mein Tipp). Einige Kilometer nördlich von Gjerde geht eine 3 km lange, gebührenpflichtige Straße von der Hauptstraße ab und führt zum Parkplatz am Gletschersee Nigardsbrevatn mit Blick auf den **Nigardsbreen** (s. Entdeckungstour S. 198).

Breheimsenteret
www.jostedal.com, Tel. 57 68 32 50, Mai–Sept. 10–17, 21. Juni–20. Aug. 9–18 Uhr

Auf einer Anhöhe im Angesicht der Eismassen des Nigardsbreen thront das nach einem verheerenden Brand 2013 wieder aufgebaute Gletscherzentrum mit einer Dokumentation des Naturphänomens Gletscher. Es ist auch Touristenbüro und nimmt Anmeldungen für Gletschertouren entgegen (s. Entdeckungstour S. 198).

Übernachten

Gemütlich – **Jostedal Hotel:** in Gjerde, Tel. 57 68 31 19, www.jostedalhotel. no, EZ 820, DZ 1070 NOK. Freundlich geführtes kleines Hotel mit 17 Zimmern.

Am Gletscherfluss – **Nigardsbreen Camping:** Abzweig von der Straße zum Nigardsbreen, Tel. 57 68 31 35. Wiese am Fluss.

Angenehm – **Jostedal Camping:** 5 km vor dem Gletscher, Tel. 97 75 67 89, www. jostedalcamping.no, Hütten 400–1300 NOK. Netter Platz mit neu renovierten Sanitäranlagen, Platz für Wohnmobile und Zelte. ▹ S. 201

Mein Tipp

Ewiges Eis im Blick

In Gjerde zweigt die Straße nach **Bergset** (▸ D 5) ins grüne **Krundal** ab, an dessen Ende sich der steilste Gletscherarm des Jostedalsbreen, der **Bergsetbreen**, ins Tal ergießt. Schon vom Parkplatz aus hat man einen fantastischen Blick auf den Gletscher. Dichter heran kommt man bei einer einstündigen einfachen Wanderung am Gletscherfluss entlang. Auch das quer verlaufende **Røykjedal** eignet sich durch die schöne Almlandschaft für Familienspaziergänge.

Auf Entdeckungstour: Heiß auf Eis – Rendezvous mit dem Nigardsbreen

Der Nigardsbreen ist der am leichtesten zugängliche Gletscher Norwegens. Auf einer Wanderung kommt man bis an seinen Rand heran. Ausgerüstet mit Steigeisen und Eispickel geht es aufs Blaueis, eine sichere und doch abenteuerliche Tour.

Reisekarte: ▶ D 5

Gletschertouren: www.bfl.no, Buchung einer Tour im Breheimsenteret oder im Voraus telefonisch. Familientour 1 Std. auf dem Eis Erw. 260 NOK, Kinder 130 NOK, Blaueistour 2 Std. 470 NOK, Blaueisklettertour 5 Std. 760 NOK.

Planung: Gletscherseeboot Sommer tgl. 10–18 Uhr, s. S. 201

Start: am Breheimsenteret bzw. bei geführter Tour s. www.bfl.no.

Breheimsenteret: Tel. 57 68 32 50, www.jostedal.com, Mai–Sept. 10–17, Juli/Aug. tgl. 9–18 Uhr.

Kleidung/Ausrüstung: Für den 20-minütigen Fußweg zum Gletscher ist die Mitnahme von Wanderschuhen zu empfehlen. Weitere Hinweise s. S. 200.

Am Anfang steht das Gletschermuseum

Am Eingang zum Jostedalsbreen-Nationalpark empfängt das **Breheimsenteret** die Besucher und führt sie mit einer ausführlichen Dokumentation in die Welt der Gletscher ein. Es lohnt sich, die Ausstellung anzuschauen, bevor man zum Nigardsbreen losmarschiert (ca. 1 Std. dafür einplanen). Neben Legenden und persönlichen Schicksalen von Menschen, die dem Gletscher weichen mussten, erklärt es die Entstehungsgeschichte der Eisgiganten. Sie bilden sich dort, wo Schnee ganzjährig liegen bleibt und immer neuer Schnee hinzukommt, der die unteren Schichten durch sein Gewicht verdichtet. Ist der Druck groß genug, verwandelt sich der Schnee in Eis. Ab einer Eisdicke von etwa 30 m, beginnt sich die Eismasse der Schwerkraft folgend langsam in Bewegung zu setzen. Die auf diese Weise vorrückenden Gletscherzungen führen Geröll- und Sandmassen mit sich, die sich bei Stillstand oder Rückgang in Moränen ablagern und so noch nach Jahrhunderten Auskunft über die Bewegungen des Gletschers geben können.

Keine Grüße aus der Eiszeit

Die in Norwegen als *bre, jøkul* oder *fonn* bezeichneten Gletscher sind nicht, wie früher angenommen, Reste eiszeitlicher Gletschermassen. Nach dem Ende der vorerst letzten großen Kälteperiode vor 10 000 Jahren folgte eine Warmzeit, die vermutlich innerhalb von 2000 Jahren das letzte Inlandeis zum Schmelzen brachte. Vor etwa 6000 Jahren begann sich das Klima dann wieder abzukühlen. Während der sogenannten kleinen Eiszeit im 18. Jh. wuchsen vor allem die im schneereichen Westen Norwegens liegenden Gletscher dramatisch an.

Die Folgen dieser Entwicklung bekamen die Hofbewohner im **Nigardstal** zu spüren. Der einstige Standort des **Nigardshofs** ist heute zwar nicht mehr genau auszumachen, befand sich aber wohl – blickt man ins Tal – ein gutes Stück vom Gletschersee entfernt in Richtung Gletschermuseum. Um 1700 begann sich der Nigardsbreen auszudehnen und wuchs bis 1748 um fast 3 km. Einer Woge gleich wälzte er sich in das Tal, in dem seit Jahrhunderten Menschen auf dem Gehöft siedelten. Um 1742 notierte der Gemeindepfarrer, der das Vorrücken des Gletschers ausführlich dokumentierte, dass sich das Eis bis auf hundert Armlängen an die Felder des Nigardshofs herangeschoben hatte. Im August des folgenden Jahres war es dann soweit. Lange befürchtet und am Ende doch überraschend, erfasste die Gletscherzunge den Hof und riss die Häuser fort.

Um 1748 hatte der Gletscher seine größte Ausdehnung erreicht und begann sich zunächst nur langsam wieder zurückzuziehen. In manchen Jahren kam es dennoch erneut zu Vorstößen der Eismassen, so 1845, 1873, 1910 und 1930.

Auswirkungen des Klimawandels

Ein vergleichbares Wachsen der Gletscher ist in Zeiten der globalen Erderwärmung nicht mehr zu befürchten. Heute vergrößern sich in den meisten Teilen der Welt nur die Gletscherseen, so auch in Norwegen. Aufgrund ihrer unterschiedlichen topografischen Gegebenheiten weisen die einzelnen Gletscherarme aber sehr individuelle Reaktionszeiten auf. Der Nigardsgletscher reagiert beispielsweise relativ langsam auf Klimaveränderungen, etwa mit einer Verzögerung von 20–30 Jahren. So sind hier die Folgen der globalen Erwärmung noch nicht sicht-

man am See entlang in ca. 45 Min. zu Fuß zum Gletscher gelangen. Beim Näherkommen schlägt der Nigardsbreen den Betrachter mit seinen haushohen Spalten, spitzen Eistürmen, schwarz gähnenden Gletschertoren, reißenden Schmelzwasserbächen und unergründlichen blauen Tiefen in seinen Bann.

Ein blaues Wunder

Wem der spektakuläre Anblick nicht reicht, der kann dem Eiskoloss bei einer geführten **Wanderung** ab dem Parkplatz am Nigardsbrevatn (Anmeldung im Breheimenteret) noch näher kommen. Ausgestattet mit Steigeisen und Eispickel, angeseilt an Vordermann oder -frau geht es auf ins Blaueis, das an vielen Stellen, an denen man Einblick in das Innere des Gletschers erhält, tatsächlich so blau ist, wie sein Name es verspricht. Da der Nigardsbreen ständig in Bewegung ist, tun sich immer wieder neue Spalten auf. So kann es sein, dass der Gletscherführer erst eine neue Treppe ins Eis schlagen muss, um mit der Gruppe einen Aufstieg zu meistern, der gestern vielleicht so noch nicht vorhanden war.

Besonders attraktiv am Nigardsbreen ist, dass es hier **Tourangebote** für fast jedes Alter und jede Kondition gibt. Empfehlenswert für Familien mit Kindern ab 6 Jahren sind z. B. die leichten einstündigen Familientouren. Bei der anspruchsvollsten Tour hält man sich 5 Std. auf dem Gletscher auf, inklusive Eisklettern. Erfahrung ist hier zwar nicht vonnöten, dafür aber eine gute Kondition. Unentbehrlich bei allen Touren sind warme Kleidung (auch im Sommer!), festes Schuhwerk und eine Sonnenbrille. Es empfiehlt sich, vor dem Start die Toilette im Breheimenteret oder am Parkplatz aufzusuchen und nicht zu viel zu trinken. Bei einem heißen Kakao im Gletscherzentrum kann man das Erlebnis ausklingen lassen.

bar. Im Gegenteil: Wissenschaftler halten in den nächsten Jahren sogar eine Ausdehnung für durchaus möglich. Der Briksdalsbreen (s. S. 228), ebenfalls ein Ausläufer des mächtigen Jostedalsbreen, reagiert schneller auf Umweltveränderungen und ging in den letzten Jahren stark zurück.

Annäherung an den Eisgiganten

Auf der 3 km langen Fahrt (Maut) vom Gletschermuseum zum **Nigardsbrevatn** kann man die Spuren sehen, die der Nigardsbreen bei seinem Rückzug in den letzten 200 Jahren hinterlassen hat. Junge Vegetation, große Steine und Geröll sind Zeugen der ehemals gigantischen Ausdehnung des Gletschers. Auch die türkise Farbe des Gletschersees weist auf seinen Ursprung hin. Hier setzt das kleine **Boot Jostedalsrypa,** Jostedalsschneehuhn, ans andere Ufer über. Nach der entspannten Bootsfahrt mit tollem Ausblick sind es nur noch ca. 20 Min. zu Fuß bis zur Gletscherzunge. Für den Weg über glatt geschliffene Felsen (Vorsicht bei Regen!) empfehlen sich Wanderschuhe. Alternativ zur Bootsfahrt kann

Aktiv

Gletscheraktivitäten – **Ice troll:** Tel. 97 01 43 70, www.icetroll.com, Infos im Breheimsenteret. Unvergessliche Erlebnisse für **Kajak**-Anfänger und -Fortgeschrittene, besonders beliebt sind Touren auf den Gletscherseen Stryggevatnet und Tunsbergdalsvatnet. Auch **Raftingtouren** auf dem Jostedalsfluss (Ausgangspunkt Jostedal Camping, s. S. 197), Schneeschuhlaufen, Motorbootausflüge und Eisklettern.

Infos

Bus: Gletscherbus in der Sommersaison tgl. von Sogndal über Gaupne zum Breheimsenteret am Nigardsbreen und zurück, Ende Juni–Aug. 8.35 Uhr ab Sogndal, Rückfahrt 17 Uhr. Die Zeit reicht für eine geführte Gletschertour.
Boot: Mit der Jostedalsrypa über den Nigardsbrevatn zum Fuß des Gletschers, s. Entdeckungstour S. 198.

Hafslo ▶ D 6

Freundliches, weites Bauernland mit Höfen, Wiesen und sanft abfallenden Hängen prägt die Umgebung des lang gestreckten Dorfes am Ufer des Hafslovatn. Bereits vor 2000 Jahren war diese Gegend dicht besiedelt. Oberhalb liegen in etwa 500 m Höhe die Almgebiete der Höfe im Tal. Grab- und Mauerfunde deuten darauf hin, dass zur Zeit der Wikinger das ganze Jahr dort oben Menschen wohnten.

Austerdalsbreen

Von Hafslo führt eine 35 km lange Straße, immer am lang gestreckten Veitastrondvatnet entlang, nach Veitastrond und weiter (gebührenpflichtig) zur **Tungestølen Turisthytte** (▶ D 5). dem Ausgangspunkt für Tou-

ren zu einem weiteren Gletscherarm des Jostedalsbreen, dem Austerdalsbreen, den der englische Kletterpionier W. C. Slingsby als »the finest ice scenery in Europe« beschrieb. In 1,5–2 Std. kann man zu den **Gletscherzungen Thor** und **Odin** wandern. Die Bewohner des Tals waren vor dem Bau des Tunnels im Winter durch Lawinen oft mehrere Wochen (bis zu 100 Tage!) von der Außenwelt abgeschnitten.

Übernachten

Familiär – **Hafslo Hyttesenter:** Tel. 41 43 21 02, www.hafslotun.no, ganzjährig. Hütten für 2–12 Pers 2 Nächte ab 1600 NOK. In schöner Umgebung, guter Ausgangspunkt für Wanderungen.
Für Angler – **Gløtten Hytter:** Tel. 57 68 44 44, www.hafslohytter.no, Hütten 550–700 NOK. Komfortable Hütten im Blockhausstil mit Balkon zum See und Boot, Forellenangeln.
Grandiose Lage – **Tungestølen Turisthytte:** ▶ D 5, etwa 5 km nördlich von Veitastrond, Tel. 41 40 46 55, www.tungestolen.no. Wurde wegen Sturmschäden 2011 geschlossen. Die Eröffnung der im Stil moderner norwegischer Holzarchitektur erbauten Gebäude ist für 2017 geplant.

Solvorn und Urnes

▶ D 6

Der idyllische Fährort **Solvorn** am Lustrafjord S. 193), den so mancher Reisende nur ansteuert, um zur Stabkirche nach Urnes/Ornes überzusetzen, überrascht durch seine malerische Lage und seine hübschen Holzhäuser. Die Autostraße endet am Fjord. Auf der anderen Fjordseite führt die Straße vom Fähranleger durch Kirsch- und Apfelplantagen mit weitem Blick über den Lustrafjord in 15 Min. nach Urnes.

Urnes Stavkyrkje

www.stavechurch.com, Ende Mai–
Sept. tgl. 10.30–17.45 Uhr, Erw. 80
NOK, Kinder 60 NOK

Das in den Jahren 1130–1150 errichtete Gotteshaus mit den drei übereinander gebauten Holzschindeldächern und den winzigen Giebeln wirkt von außen eher bescheiden. Für den Bau griff man zum Teil auf das Material einer älteren Kirche zurück, so auch für das berühmte Nordportal, das oben und unten mit der Axt zurechtgestutzt und um etwa 80 cm verkürzt wurde. Auf ihm ringen schmale, ineinander verschlungene Fabeltiere in einem zornigen Kampf. Im Innern überraschen die warmen goldbraunen Töne, die zahlreichen Schnitzereien und Kunstschätze. Die Stabkirche steht auf der UNESCO-Liste der schützenswerten Kulturdenkmäler.

Übernachten

Historisches Flair – **Walaker Hotell:** in Solvorn, Tel. 57 68 20 80, www.wala ker.com, DZ mit historischem Interieur 2300–2800 NOK. Traditionsreiches, charmantes Hotel mit 24 Zimmern, hübschem Rosengarten und Galerie.

Tierisch – **Urnes Gard & Hjortefarm:** in Urnes, Tel. 90 60 02 18, www.urnes. no, Zimmer ab 300 NOK, Hütten (4–6 Pers.) 2000 NOK für 3 Nächte. Restaurierter Hof direkt neben der Stabkirche von Urnes, seit 2004 werden hier Hirsche gezüchtet. Im hofeigenen Geschäft gibt es selbstgemachte Obst- und Beerenprodukte, Café.

Infos

Fähre: Die M/S Urnes fährt von Solvorn nach Urnes, die Mitnahme von Autos ist möglich; Anfang Mai–Sept. 9 x tgl., sonst 4 x tgl., Dauer 20 Min.

Sogndal und Kaupanger ▶ D 6

Sogndal, das aufgrund seiner günstigen Lage am Sognefjord schon relativ früh dicht besiedelt war, ist das Versorgungs-, Ausbildungs- und Kulturzentrum für den gesamten inneren Sogn. Moderne Beton- und Glasbauten dominieren das Ortsbild entlang der Hauptstraße, unten am Fjord sind dagegen ältere Holzgebäude erhalten. Wer noch etwas für die Weiterreise braucht – seien es Informationen, Lebensmittel oder Ausrüstung – sollte sich hier versorgen. Im Kulturhaus liegen Zeitungen aus.

Zur Gemeinde Sogndal gehört auch das im Innern der Amlabucht gelegene, ca. 10 km entfernte **Kaupanger** (*kaupang* = Handels- und Umschlagplatz), das seine wohl bedeutendste Zeit im Mittelalter erlebte. Im 16. Jh. geriet es als Markt- und Handelsort immer mehr in den Schatten von Lærdalsøyri auf der anderen Seite des Fjords.

Heibergske Samlinger (Sogn Folkemuseum)

www.dhs.museum.no, Juni–Aug. tgl.
10–17, Mai/Sept. tgl. 10–15, Okt.–
April Mo–Fr 10–15 Uhr, Erw. 80 NOK,
Kinder 30 NOK; der Eintritt gilt auch
für das Sogn-Fjordmuseum

Zwischen den Orten Sogndal und Kaupanger liegen die sehenswerten **Heibergske-Sammlungen**. Dieses Freilichtmuseum umfasst die kulturhistorischen Sammlungen des Gutsbesitzers Gert Falch Heiberg und dokumentiert das Leben der Sogndaler seit dem 16. Jh.

Auf dem großen, mit lichtem Kiefernwald bewachsenen Museumsgelände sind außerdem über 20 Gebäude aus der Sogn-Region wiederaufgebaut, selbst die zu einem Hof gehörenden

Tiere wie Fjordpferde, Schafe, Schweine und Hühner findet man hier, ebenso wie Picknickplätze und einen Kinderspielplatz; viele Aktivitäten für die ganze Familie.

Kaupanger Stavkyrkje

www.stavechurch.com, im Sommer tgl. 10–17 Uhr, Erw. 60 NOK, Kinder 50 NOK

In der um das Jahr 1200 errichteten **Kaupanger Stabkirche**, der größten ihrer Art in Sogn werden noch Gottesdienste abgehalten. Das Kirchenschiff und den Chor schmücken aus dem frühen 17. Jh. stammende Malereien, die ein interessantes Notenband zeigen.

Sogn Fjordmuseum

www.dhs.museum.no, Öffnungszeiten und Eintritt s. Heibergske Samlinger

Direkt am Fähranleger befindet sich die Sammlung, die neben Frachtseglern und Fischkuttern auch Kirchruderer und Eisboote mit Kufen aus der Zeit von 1800 bis ca. 1920 umfasst.

Übernachten

Besonders – **Hofslund Fjord Hotel:** in Sogndal, Tel. 57 62 76 00, www. hofslund-hotel.no, EZ 1095 NOK, DZ 1395–1495 NOK, Hütten (4 Pers.) 500–600 NOK. Weißer, großer und doch ein wenig verspielter Hotelkomplex, dessen Rückseite an der befahrenen Hauptstraße liegt. Garten mit im Sommer beheiztem Schwimmbad direkt am Fjord.

Familienbetrieb – **Amble Gård Feriehus:** in Kaupanger, Tel. 57 67 81 70, mobil 41 24 53 51, www.amblegaard. no, Vermietung nur im Sommerhalbjahr, Ferienhäuser (4–12 Pers.) wochenweise, Preise auf Anfrage. Fünf liebevoll renovierte Häuser mit Panoramablick, Ruderboote stehen zur freien Verfügung. Selbstbedienungs-Campingplatz.

Große Anlage – **Vesterland Feriepark:** ca. 6 km außerhalb von Sogndal an der Straße nach Kaupanger, Tel. 57 62 71 00, www.vesterland.no, ganzjährig, Hütten und Wohnungen (2–5 Pers.) ab 995 NOK. 107 Wohneinheiten. Das ›Meditationshaus‹ bietet eine Sauna sowie ein Dampf- und Sprudelbad; es gibt Tennisplätze, Minigolf und einen Spielbereich für Kinder.

Preiswert und schön – **Sogndal Vandrerhjem:** in Sogndal, Tel. 57 62 75 75, www.hihostels.no, Mitte Juni–Mitte Aug., Schlafplatz ab 310 NOK. Jugendherberge an der Straße Richtung Kaupanger, 33 Zimmer.

Infos

Infos

Sognefjorden AS/Turistinformasjon: Sogndal, Tel. 91 13 64 03, www.sognefjord.no, Hauptsaison tgl. 10–22 Uhr.

Verkehr

Flug: Von Sogndal Flüge nach Bergen und Oslo mit www.wideroe.no.

Bus: Expressbusse nach Florø/Førde, Oslo, Bergen, Lillehammer.

Expressboot: Bergen – (Balestrand) – Sogndal, 1 x tgl.; Sogndal–Selje, 1 x tgl.

Fähre: Fodnes–Mannheller, 52 x tgl., 15 Min.; Kaupanger–Gudvangen, nur Mai–Sept., 2 x tgl.; Hella–Vangsnes, 23 x tgl., 15 Min.; Hella–Dragsvik, 22 x tgl., 10 Min.

Wanderung auf dem Wasserfallpfad

Zwischen Kaupanger und Balestrand erhebt sich der imposante Berg **Gaular.** Über diesen hinweg windet sich die Nationale Touristenstraße (R 13) vom Sognefjord bis ins karge Gebirge und weiter bis nach Førde. Auf alten Pfaden abseits der Hauptstraße verläuft der ausgeschilderte Wasserfallpfad Fossestien vom Gaularfjell hinab ins Viksdalen. Der Pfad passiert unzählige Wasserfälle und Seen.

Es gibt verschiedene Möglichkeiten, die Wanderung anzugehen: Eldal–Kleivafossen–Gjermundstad; Hov–Myravatnet; Longestølen–Storebotnen. Jede der drei Routen ist etwa 6 km lang und sollte in 3 Std. gut zu bewältigen sein.

Leikanger ▸ C 6

Mit ihren über 80 000 Obstbäumen zählt die Gemeinde Leikanger zu den sechs größten Fruchtproduzenten Norwegens. Ab Mitte Mai sind die Ortschaften **Hermansverk** und **Leikanger** von einem Blütenmeer umgeben. Das Klima ist so mild, dass hier sogar Pfirsich-, Aprikosen- und Walnussbäume gedeihen. Die Straße (R 55) zum Fährort Hella führt schon seit Sogndal immer direkt am Fjord entlang. In **Hella,** dem winzigen Fährort im Herzen des Sognefjords, endet die Straße. Hier gibt es wenig mehr als einen Kiosk und den Anleger, von dem Fähren nach Vangsnes und Dragsvik übersetzen.

Übernachten

Komfortabel und modern – **Sognefjord Hotel A/S:** in Hermansverk, Tel. 57 65 11 00, www.sognefjordhotel.no, ganzjährig, EZ ab 1100 NOK, DZ ab 1390 NOK. Moderner Hotelkomplex mit 55 Zimmern, Hallenbad und Sauna auf einer Halbinsel im Sognefjord.
Gemütlich – **Leikanger Fjord Hotel:** in Leikanger, Tel. 57 65 60 20, www.leikanger-fjordhotel.no, April–Okt., EZ

ab 1290 NOK, DZ ab 1390 NOK. Buchung erst ab zwei Nächten möglich, am Fjord, seit 1920 im Familienbesitz. Wie so häufig im Fjordland gibt es einen neuen Trakt und ein altes Haupthaus.

Balestrand ▸ C 6

Schon im 19. Jh. zog der hübsche Fährort Maler aus ganz Europa an. Im Ort entdeckt man noch einige im Schweizer Stil erbaute Künstlervillen. Nur wenige Gehminuten vom Fähranleger entfernt befindet sich die 1897 im Drachenkopfstil erbaute **St. Olafs Kyrkje.** Sie wurde auf Initiative einer englischen Pfarrerstochter, die nach Balestrand geheiratet hatte, für die zahlreichen englischsprachigen Touristen errichtet.

Norsk Reiselivsmuseum
Holmen 11, www.reiselivsmuseum.no, geplante Eröffnung 2016
Einen Überblick über die Geschichte des Fremdenverkehrs bietet das im Aufbau befindliche **Norwegische Touristikmuseum** mit Kunst- und Themenausstellungen. Im 19. Jh. trugen vor allem norwegische Künstler, die den Sommer im Fjordland verbrachten, den Rest des Jahres aber an deutschen Kunstakademien lernten und lehrten, die Kunde von der Schönheit Westnorwegens ins Ausland.

Sognefjord Akvarium
Holmen 2, www.kringsja.no, im Sommer tgl. 9–19 Uhr, Erw. 70 NOK, Kinder 35 NOK
Im Aquarium direkt am Fjord im Ortszentrum kann man neben Fischen und Meerestieren, die im Sognefjord vorkommen, auch eine Diashow »Balestrand im Wechsel der Jahreszeiten« sehen. Es gibt eine deutsche Bäckerei

Kviknes Hotel in Balestrand – eines der schönsten Holzgebäude im Schweizer Stil

mit Aussicht auf den Fjord und einen Bootsverleih.

Belehaugane

Die archäologischen Funde in den zwei **Grabhügeln,** Belehaugene, an der Fjordstraße Richtung Süden – 5–10 Min. zu Fuß vom Hafen entfernt – deuten darauf hin, dass Balestrand in der Völkerwanderungs- und Wikingerzeit dicht besiedelt war. Die üppigen Grabbeigaben (darunter eine Weinkaraffe aus dem Frankenreich) lassen auf wohlhabende und einflussreiche Familien schließen. Auf einem der Grabhügel thront der legendäre Wikingerkönig Bele, die **Statue** wurde im Jahre 1913 vom sagabegeisterten Kaiser Wilhelm II. gestiftet.

Übernachten

Stilvoller Luxus – **Kviknes Hotel:** Kviknevegen 8, Tel. 57 69 42 00, www.

kviknes.no, DZ inkl. Frühstück ab 1720 NOK. Historisches Prachthotel am Fjord mit uncharmantem Anbau.

Gediegen – **Midtnes Hotel:** Kong Beles veg 33, Tel. 57 69 42 40, www.midtnes.no, EZ 790 NOK, DZ 880–1350 NOK. Pension im Zentrum mit 30 Zimmern (die meisten mit Fjordblick), Boots- und Fahrradverleih, Billard und Dart.

Zentral – **Kringsjå Hotell:** Lærargata 9, Tel. 57 69 16 70, www.kringsja.no, Mitte/Ende Juni–Mitte/Ende Aug. DZ 990 NOK, jeweils inkl. Frühstück. Alle Zimmer haben Bad, viele auch einen Balkon zum Fjord, zentrale Lage 200 m vom Anleger entfernt.

Eigener Fjordstrand – **Veganeset Camping:** Dragsvik 15, Balestrand (Dragsvik), Tel. 91 12 81 33, www.veganeset camping.no, Mitte Mai–Mitte Sept., Hütten 400–1200 NOK. 9 km von Balestrand, in der Nähe des Fähranlegers in Dragsvik. Bademöglichkeit.

Schöne Fjordlage – **Sjøtun Camping:** Sjøtunsvegen 1, ca. 1 km von Bale strand, Tel. 95 06 72 61, www.sjotun.com, Juni–Sept., Hütten (4–6 Pers.) 300–400 NOK. Stellplätze für Wohnmobile/Zelte, Bademöglichkeit.

Einkaufen

Emaillewerkstatt – **Haukaas:** in Dragsvik, Mo–Fr 10–17 Uhr. Schmuck und Bilder.

Aktiv

Kulturlehrpfad – **Turistinformasjon:** s. u. Geführte Rundgänge auf dem Kulturlehrpfad durch Balestrand. Die Kulturdenkmäler können frei besucht werden, eine Broschüre zur Besichtigungstour liegt aus.

Bootsausflug: Touristenroute Balestrand–Hela–Fjærland, Tel. 57 63 14 00, www.visitflam.com, 2 x tgl. Erw.

260 NOK, mit Halt am Gletscher und Gletschermuseum Erw. 700 NOK, Tickets in der Touristeninfo oder telefonisch sowie online.

Infos

Turistinformasjon: am Hafen, Tel. 57 69 12 55, im Sommer tgl. geöffnet, im Winter Mo–Fr, gratis WLAN.
Bus: Sommerbus Balestrand–Moskog–Sandane/Stryn.
Expressboot: 1 x tgl. Bergen–Balestrand–Sogndal.
Fähre: Dragsvik–Vangsnes, 23 x tgl., 30 Min., Dragsvik–Hella, 22 x tgl., 10 Min.

Fjærland und Umgebung ▸ C 6

Fjærland

Am Ende des schmalen, 25 km langen Fjærlandsfjords, nur ca. 10 km von den Gletscherzungen des Jostedalsbreen entfernt, liegt der kleine Ort Fjærland, der Straßengeschichte geschrieben hat: Erst 1986/87 erhielt er durch den 6 km langen Tunnel, der unter dem Jostedal-Gletscher hindurch nach Jølster führt, Straßenanbindung. Seit 1996 findet man hier Norwegens erste Bücherstadt, **Bokbyen** (s. Lieblingsort S. 209).

Übernachten

Stilvoll und gemütlich – **Hotel Mundal:** Ortsmitte, Tel. 91 90 99 90, www.hotelmundal.no, Mai–Sept., DZ 1500–2400 NOK. Schönes Holzhaus von 1891 im Schweizer Stil.

Essen & Trinken

1890er-Stil – **Onkel Mikkels Café:** So–Do 11–12, Fr, Sa 11–1 Uhr. Versteckt im hinteren Teil des Hotel Mundals befindet sich dieses bezaubernde Café. Hier lassen sich auch verregnete Tage bei Kaffee, Kuchen und leichten Speisen leicht rumbringen.

Infos

Fjærland Turistinformasjon: Tel. 57 69 32 33, www.fjaerland.org.
www.bokbyen.no: Infos zur Bücherstadt.
Bus: 3 x tgl. Expressbusse von/nach Oslo; Gletscherbus in der Sommersaison tgl. Fjærland (Fähranleger)–Gletschermuseum–Bøyabreen–Supphellebreen.

Norsk Bremuseum

3 km nördlich von Fjærland, Tel. 57 69 32 88, www.bre.museum.no, Juni–Aug. tgl. 9–19, April/Mai, Sept./Okt. 10–16 Uhr, Erw. 120 NOK, Kinder 60 NOK, mit Café
Ein Besuch im **Norwegischen Gletschermuseum,** das zu den besten Museen des Landes gehört, ist auch für Kinder spannend und lehrreich. Hier erfährt man alles Wissenswerte rund um Gletscher, Mammuts, Eis und Schnee. Die in vier Abteilungen gegliederte Ausstellung präsentiert Themen von der Entstehung der Gletscher bis zu deren klimatischer Bedeutung.

Fantastisch ist der **Panoramafilm,** hautnah fliegt man über die furchteinflößenden Eisspitzen und durch die Eisschluchten des Jostedalsbreen.

Im zum Bremuseum gehörenden, lohnenswerten **Ulltveit-Moe-Klimazentrum,** das wie ein Tunnel aufgebaut ist, können Besucher die Entwicklung des Klimas auf der Erde bis in eine ungewisse Zukunft nachvollziehen.

Supphellebreen und Flatbreen

Von Fjærland aus sind zwei Gletscherarme bequem mit dem Auto zu erreichen. Zum **Supphellebreen** gelangt man über eine 5 km lange Seitenstraße. Weit oberhalb des Parkplatzes türmen sich die gewaltigen und wilden Eismassen des Hauptgletschers auf. An der **Flatbrehytta,** die in 2–3 Std. vom Parkplatz aus zu erreichen ist, beginnen geführte Gletschertouren auf den **Flatbreen**. Von der Hütte bietet sich ein fantastischer Blick über den Fjærlandsfjord (Übernachtung in der Flatbrehytta möglich, 1000 m Höhenanstieg!). Geführte Wanderungen dauern insgesamt 6–8 Std., Auskünfte in der Touristeninformation Fjærland.

Übernachten

Spartanisch, aber bezaubernd – **Flatbrehytta:** Tel. 57 69 32 29, www.fjaerland.org/flatbrehytta, Infos auch im Gletschermuseum, Mai–Okt. Zwei Hütten mit 18 Betten, für den Aufstieg vom Hof Øygarden (1000 m ü. d. M.) muss man 2–3 Std. rechnen. In der Hochsaison vorbestellen!

Bøyabreen

Der Bøyabreen liegt nördlich von Fjærland unmittelbar neben der E 5, die hier in den Tunnel Richtung Jølster führt. Im Sommer kommt es häufig zu Schnee- und Eisabbrüchen, deren dumpfes Grollen durch das friedliche grüne Tal dröhnt. Vom Parkplatz an der **Brævasshytta** mit Restaurant und Souvenirladen gelangt man in wenigen Minuten auf schmalen, durch Birkenwald führenden Trampelpfaden bis zum **Gletschersee.**

Fjærland Bokbyen ▶ C 6

Ein kleiner idyllischer Ort mit nicht einmal 300 Einwohnern, ein Land-schaftsstreifen, der alle Merkmale Fjordnorwegens vom Gletscher über schroffe Berge, saftige Wie-sen und einen Fjord verfügt, rund 250 000 gebrauchte Bücher und voilá: man hat ein norwegisches **Bücherdorf**. In vielen Hütten, Häus-chen, Ständen und Ställen werden seit 1996 hauptsächlich Bücher, aber auch Kunst und Handwerk feilgeboten. Hier gibt es Lesestoff für jeden, von Historienschinken über Krimis bis zu Kinderbüchern – der Großteil davon zwar auf Norwegisch, aber die Zahl an aus-ländischen Büchern steigt von Jahr zu Jahr. Im Sommer finden zudem viele Veranstaltungen statt.

Fjærland Bokbyen: www.bokbyen. no, Ende April–Sept. 10–18, sonst bis 16 Uhr.

Die Küste von Sogn og Fjordane und der Nordfjord

Highlight!

Jostedalsbreen: Zwischen dem Sognefjord und dem Nordfjord bedeckt der Eisgigant fast 500 km². Von den zahlreichen Gletscherzungen, die sich zu Tal wälzen, gleicht keine der anderen. Zu den schönsten gehört der Briksdalsbreen, der in einer kurzen Wanderung oder per ›Trollauto‹ zu erreichen ist. S. 228

Auf Entdeckungstour

Die Heilige Sunniva – Bootsausflug nach Selja: Die kleine Insel Selja war Zufluchtsort der irischen Königstochter Sunniva. Später befand sich hier einer der ersten drei Bischofssitze Norwegens und ein Kloster. Nicht nur Legenden sind geblieben. Zwischen den bewachsenen Ruinen des einst beeindruckenden Klosters befindet sich auch eine Quelle, die ewige Jugend und Schönheit verspricht. S. 218

Bootsausflug nach Selja

Vestkapp
Stadlandet
Hoddevika
Vågsøy
Kannestein
Floro
Nordfjord
Felszeichnungen Vingen
Strynefjellet
Jostedalsbreen
Jølstravatnet
Astruptunet

Kultur & Sehenswertes

Felszeichnungen in Vingen: Über 1500 in den Fels geritzte steinzeitliche Zeichnungen, überwiegend von Hirschen. Die Darstellungen dienten wahrscheinlich magischen Zwecken. S. 215

Astruptunet: In malerischer Umgebung oberhalb des Jølstravatnet liegt der Hof eines der bedeutendsten westnorwegischen Künstler des vergangenen Jahrhunderts, Nikolai Astrup. S. 226

Aktiv unterwegs

Surfspot Hoddevik: Mächtige Berge, feinkörniger Sandstrand und grüne Wiesen – Hoddevik ist ein wunderbarer Ort, um sich den Surfern aus der ganzen Welt anzuschließen und auf die nächsten Wellen zu warten. S. 220

Sommerski im Strynefjellet: Mitten im Sommer liegt im rauen Strynefjellet noch Schnee und lockt Besucher zum Ski- und Snowboardfahren an, zuweilen sogar in Badebekleidung. S. 233

Genießen & Atmosphäre

Kannestein: Die beharrliche Kraft des Meeres hat diesen Stein auf Vågsøy am unteren Ende so lange geschliffen, dass er jetzt an einen riesigen Pfifferling erinnert. Mit ewas Hilfe ist der Kannestein zu erklimmen und Garant für ein besonderes Urlaubsfoto. S. 217

Vestkapp: Grandios ist die Fernsicht vom Westkap, dem westlichen Ende der Halbinsel Stadlandet, bei schönem Wetter, atemberaubend karg und abweisend präsentiert sich das Kap, wenn Nebel und Regenschleier die Steilküste verhängen. S. 222

Abends & Nachts

Hjørnevikbua: Im Erdgeschoss der ehemaligen Salzerei in Florø befindet sich eine Kneipe mit maritimem Charme. Hier treffen sich neben Einheimischen auch viele Ölarbeiter, die Urlaub von der Plattform machen und ihren Landgang genießen. S. 213

Die Küste von Sogn og Fjordane

Vom Sognefjord gelangt man über Førde an die Küste der Provinz Sogn og Fjordane. Die Tourismusbranche bewirbt diese Region auch unter dem Namen Sunnfjord, »Südfjord«, da so der Provinzdistrikt in Abgrenzung zu Nordfjord heißt. Entlang der zerklüfteten Schären rund um Florø geht es zu den steinzeitlichen Felszeichnungen in Vingen, Ausflüge führen zu den Klosterruinen auf Selje und zum Westkap, Bootstouren zur idyllischen, waldreichen Insel Svanøy und zur baumlosen Sagainsel Kinn. Auf Vågsøy faszinieren mehrere Leuchttürme, in denen auch Unterkünfte angeboten werden.

Von Førde bis Florø

Førde ▶ B 5

Førde ist Verkehrs-, Handels- und Industriezentrum der Provinz Sogn og

---

Infobox

www.fjordkysten.no: Sehenswürdigkeiten, Unterkünfte, Ausflüge etc. an der Küste der Provinz Sogn og Fjordane.

Anreise und Weiterkommen
Die wichtigste Verbindungsstraße in dieser Reiseregion ist die E 39, die vom Sognefjord nach Førde, entlang des Jølstravatnet und dann zum Nordfjord führt. Die Gegend ist auch vom Wasser aus zu erreichen. Die Schiffe der Hurtigrute legen in Florø und Måløy an. Eine Fähre verkehrt 2 x tgl. auf der Strecke Bergen–Askvoll–Florø–Måløy–Selje.

Fjordane und kann getrost ausgelassen werden, da es für Besucher mit Ausnahme des Sunnfjord Museums wenig Sehenswertes zu bieten hat. Von Førde führt die R 5 zunächst am Fjordefjord entlang Richtung Florø.

Sunnfjord Museum
Movika, www.sunnfjord.museum.no, Juni, Mitte–Ende Aug. Mo–Fr 10–16, Sa, So 12–17, Juli–Mitte Aug. Mo–Fr 10–15, Sa, So 12–17, sonst Mo–Fr 10–18 Uhr, Erw. 60 NOK, Kinder Eintritt frei
Östlich des Zentrums liegt dieses Freilichtmuseum am Movatn. Mit seinen grasgedeckten Hofgebäuden bietet es schöne Fotomotive.

Felszeichnungen in Ausevik ▶ B 5

Wer einen Abstecher zu den Felszeichnungen in Ausevik machen möchte, sollte in Nausdal von der R 5 auf die R 611 abbiegen. Die über 300 Tierfiguren und Jagdsymbole stammen vermutlich aus der Übergangsphase zwischen Stein- und Bronzezeit. Von der Straße sind es ca. 5 Min. zu Fuß zu den frei zugänglichen frühzeitlichen Zeichnungen.

Florø ▶ A/B 5

Norwegens westlichste Stadt wurde 1860 auf königlichen Beschluss hin gegründet. Wenig später blieben die großen Heringsschwärme plötzlich aus; die Florø-Fischer mussten fortan nach Møre und Nordland segeln. Durch die reichen Erdgas- und Erdölvorkommen vor der Küste ist Florø heute zur Ölstadt der Provinz Sogn og Fjordane avanciert und dient den Feldern Statfjord, Fullfaks, Troll, Snorre und Veslefrikk als Versorgungsbasis. Im Ortszentrum gibt es noch viele in traditionellem Weiß gestrichene Holzgebäude. Ein Schmuckstück ist die 2002 umfassend sanierte **Strandgata**. Alte Lagerhäuser und Bootsschuppen säumen den **Hafen,** in dem Fischkutter und Versorgungsschiffe vor Anker liegen.

Kystmuseet i Sogn og Fjordane

Brendøyvegen, www.kyst.museum. no, Ende Juni–Mitte Aug. Mo–Fr 11–18, Sa, So 12–16 Uhr, Jan. geschl., sonst Mo–Fr 10–15, So 12–15 Uhr, Erw. 70 NOK, Kinder Eintritt frei Ca. 15 Min. vom Zentrum Richtung Krokane befindet sich das **Küstenmuseum Sogn og Fjordane,** in dem u. a. eine Bootssammlung, rekonstruierte Fischerhütten und Fanggeräte einen Einblick in das Leben entlang der Küste gewähren. Ein Teil des Museums widmet sich den Ölvorkommen der Nordsee.

Übernachten

Gediegen edel – **Quality Hotel Maritim Florø:** Hamnegata 7, Tel. 57 75 75 75, www.nordicchoicehotels. no, DZ ab 1590 NOK. 1997 in Holzbauweise errichtetes Hotel in super Lage direkt am Wasser. 79 gemütliche Zimmer, maritim, rustikal. Man kann auch in einem 100 Jahre alten Ruderboot übernachten. Restaurant mit Fischspezialitäten.
Komfortabel – **Florø Rorbu:** Krokane kai, 2 km von Florø, Tel. 91 39 28 88, www.florbu.com. Im Sommer pro Tag 850–1250 NOK plus Endreinigung. Die 1995 im traditionellen Seehausstil errichteten Fischerhütten bieten 15 unterschiedlich große Ferienwohnungen für 3–6 Pers. Verleih von Motorbooten und Kajaks.

Familienfreundlich – **Krokane Camping:** Tel. 57 75 22 50, www.krocamp. no, ganzjährig, 450–1350 NOK. Großer Platz am Meer ca. 2 km vom Zentrum entfernt. 19 komfortable Hütten und Rorbuer (2–9 Pers.), einige rollstuhlfahrergerecht, einige mit Internetanschluss, alle mit TV, dazu eine Hütte zum Ausnehmen, Räuchern und Einfrieren von Fischen. Schöner Badeplatz, 450–1350 NOK.

Essen & Trinken

Für jeden etwas – **Hjørnevikbua:** am Hafen im Zentrum, http://tokokker. as, tgl. 12–1/2 Uhr. Pub ab 125 NOK, abends à la carte Fisch, Fleisch und Lamm ab 275 NOK. Im Gebäude einer ehemaligen Salzerei, mit stilvollem Restaurant (oben) und netter Café-Kneipe (unten). Hier sitzt man schön am Wasser, gerne auch nur für ein Bier oder eine leichte Mahlzeit.

Aktiv

Baden – **Krokane Camping:** Ein beliebter Badestrand mit feinem Sand und glatten Felsen befindet sich beim Campingplatz Krokane, ca. 2 km von Florø.
Angeln – **Turistkontor:** s. u. In dem Heft »Angeln in Florø« werden 30 Seen und Flüsse für das Süßwasserangeln genannt.
Ausflüge/Sightseeing per Boot – **Turistkontor:** s. u. Die Touristinformation arrangiert in Florø von Anfang Juli–Mitte August Bootstouren, das Angebot wechselt jährlich. Die Fyrsafari führt zu drei Leuchttürmen. Das *Øyhopping* (Inselhopping) führt durch den Schärengürtel, dabei werden verschiedene Inseln angesteuert. Detaillierte Infos auch über spektakuläre **Wanderungen** findet man in der Broschüre »Highlights FjordKysten« oder bei der Touristeninformation.

Infos & Termine

Infos

Fjordkysten AS/Florø Turistkontor: Strandgata 42 (Parallelstraße zum Hafen, nur zu Fuß), Tel. 57 74 30 00, www.fjordkysten.no, Sommer Mo–Fr 9–18, Sa 10–15, So 11–14 Uhr.

Verkehr

Flug: tgl. Flüge nach Bergen und Oslo.
Busse: Sogn og Fjordane ekspressen: Florø–Førde–Høyanger–Sogndal–Gol–Oslo, Florø, Bremanger oder Naustdal haben Anschluss an Expressbusse in Førde, von dort Richtung Oslo, Bergen, Ålesund.
Boot: Autofähre Kjelkenes–Smørhamn, 9 x tgl., 40 Min.
Schnellfähren: Bergen–Askvoll–Florø–Måløy–Selje, 2 x tgl.; Måløy–Florø (Smørhamn), 2 x tgl. Lokaler Nahverkehr von Florø zu den Inseln mehrmals tgl.

Termine

Heringsbüfett: drittes Juniwochenende, Florø. Ein 400 m langes Büfett mit einer Vielzahl kostenloser Heringsgerichte, z. B. Bananenhering, Obst- und Joghurthering. Dazu werden Heringsbrot, Kartoffeln und Getränke gereicht.
Kinnaspelet: drittes Juniwochenende, Insel Kinn. Aufführung des berühmten historischen Theaterstücks; s. unten: Kinn. Zum Programm gehören auch ein Konzert bzw. eine Abendandacht. Bootsanreise von Florø. Info: Kinnaspelet, Postboks 111, Tel. 57 75 25 30, www.kinnaspelet.no.

Die Schärenküste vor Florø

Florø liegt inmitten der Schärenküste. Viele der benachbarten Inseln sind Ziel lohnenswerter Ausflüge. Die Touristeninformation in Florø bietet viele verschiedene Touren an, beispielsweise zu den Inseln Kinn und Svanøy. Auf eigene Faust ist die Insel Bremnes im Norden von Florø zu erkunden, während die Felszeichnungen von Vingen nur mit Führung zu erreichen sind.

Kinn ▸ A 5

Westlich von Florø liegt die kleine grasbewachsene Insel, die unter Seefahrern durch die markante **Kinnaklova,** eine wie durch einen gewaltigen Axthieb eingekerbte Felskluft, seit alters bekannt ist. Auf der Nordwestseite der Insel steht die berühmte **Kinnakyrkja,** eine romanische Kirche aus massiven Steinquadern, auf einer grünen, baumlosen Ebene, den Stürmen des Nordmeers schutzlos ausgeliefert. Das Kirchenschiff stammt vermutlich aus der Mitte des 13. Jh., der Chor ist möglicherweise noch 200 Jahre älter. Seit 1986 wird hier jedes Jahr im Juni das Historienspiel »Kinnaspelet« aufgeführt (s. Termine Florø). Es handelt vom Widerstand der Küstenbevölkerung gegen die Einführung der Reformation im Jahre 1537.

Svanøy ▸ A 5

www.svanoy.com. Etwa 30 Min. südöstlich von Florø liegt die waldreiche Insel Svanøy, die wegen ihrer idyllischen Natur auch Perle des Sunnfjords genannt wird. Etwa 100 Menschen leben hier, ein wichtiger Wirtschaftszweig ist heute die Fischzucht. Seit 1685 befindet sich der Svanøy-Hof auf der Insel, ein Adelssitz, zu dem einst riesige Landgebiete gehörten.
Das **Norwegische Hirschzentrum** *(Norsk Hjortesenter)* widmet sich der

Erforschung und Zucht des Rotwilds und bietet Führungen angemeldeter Gruppen. Fährverbindung mehrmals täglich von Florø, sodass auch gut ein Ausflug auf eigene Faust möglich ist.

Vingen ▸ B 4/5

Ausflugsfahrten ab 16.05 Uhr von Smørhamn (Bremanger) oder Florø, Info: Kalvåg Turistkontor, Tel. 48 14 04 88, Florø Turistkontor (s. S. 214), Erw. 250 NOK, Kinder 125 NOK, Führungen immer freitags (100/45 NOK) Bei Vingen liegt Norwegens zweitgrößtes Feld mit steinzeitlichen Felszeichnungen – über 1500 in den Fels geritzte Bilder, überwiegend Hirsche, aber auch Fische und Menschen. Die Zeichnungen dienten vermutlich magischen Zwecken, etwa der Beschwörung einer erfolgreichen Jagd. Der Ort steht seit 1978 unter Denkmalschutz und ist seit 1980 auch Landschaftsschutzgebiet. Vingen ist nur per Boot und auf organisierten Fahrten zu erreichen.

Bremanger ▸ A/B 4/5

Die stille Insel abseits des Touristenstroms besticht durch hübsche kleine Fischerdörfer, idyllische Almen, ausgedehnte Heideflächen und Schärenlandschaften, Norwegens höchste Seeklippe und weiße Sandstrände. Die bekannteste Badebucht ist **Grotlesanden**, etwas schwieriger zu erreichen ist **Vetvika**. Den verlassenen Fischerort direkt am Strand erreicht man entweder zu Fuß oder mit dem Boot.

Übernachten

Ideal für Angler – **Bakkevik Brygge:** Tel. 95 85 60 60, www.bakkevikbrygge.no, Mitte April–Sept. 6426 NOK/Woche, auch tageweise. Komfortable, moderne

rorbuer mit Küche, 3 Schlafzimmern, Bad und extra Toilette in der 2. Etage; Motorbootverleih.

Vågsøy ▸ B 4

Vågsøy ist über eine Brücke mit dem Festland verbunden. Die Insel bietet neben mehreren sehenswerten Leuchttürmen einen Handelsplatz aus dem 17. Jh. und reizvolle Strände.

Infos

www.vivest.no: Website mit umfangreichen Informationen zu allen Inselorten, Sehenswürdigkeiten, Unterkünften, Restaurants und Aktivitäten.

Måløy

Måløy erhielt 1997 Stadtrechte und ist der Hauptort der Insel Vågsøy. Wenn es stürmt, ›singt‹ die Måløybrua, die 1224 m lange Brücke über den Måløystraumen und das Eiland Måløya, das hohe C. Das Städtchen selbst bietet wenig Sehenswertes, liegt aber in einer schönen Umgebung. Das Zentrum, von dem ein Teil im Dezember 1941 in Flammen aufging, verteilt sich auf acht parallel zum Sund verlaufende Straßen. Wichtigster Wirtschaftszweig ist seit jeher der Fischfang und die damit zusammenhängende Industrie.

Das **Fischereimuseum** (Gate 1, Öffnungszeiten bei der Touristinformation erfragen) dokumentiert die Bedeutung des Fischfangs für Måløy.

Übernachten

Familienfreundlich – **Steinvik Camping:** Blålid, Deknepollen, 5 km von Måløy, Tel. 57 85 10 70, www.steinvik-camping. no, 590–1090 NOK, *rorbuer* 1600 NOK,

Die Küste von Sogn og Fjordane und der Nordfjord

Schlafraum ab 350 NOK. Unterschiedlich ausgestattete Hütten für 4–5 Pers. Campingplatz mit Bademöglichkeit, Spielplatz, Hütten und Wohnungen am Meer, hervorragende Angelmöglichkeiten, Verleih von Motorbooten.

Infos

Turistinformasjon: Gate 1 Nr. 53, Tel. 57 84 50 77, Juli Mo–Fr 9–17, Sa, So 10–16, Vor- und Nachsaison Mo–Sa 10–16 Uhr, im Winter geschl., www.nordfjord.no.
Bus: Expressbus Oslo–Stryn–Måløy, 2 x tgl.
Schiff: Schnellboot: Bergen–Askvoll–Florø–Måløy–Selje, 2 x tgl.; Fähre Måløy–Oldeide, 12 x tgl., 40 Min.; Station der Hurtigruten. Boot nach Selje von Måløy im Sommer Mi, Sa 11 Uhr.

Leuchttürme

Das **Skongsnes Fyr** (*fyr* = Feuer) aus dem Jahre 1865 an der Nordspitze der Insel ist nur zu Fuß zu erreichen, lohnt aber den Spaziergang. Von Halsør oder Vedvik hin und zurück 2–3 Std. Es ist auch möglich im Leuchtturm zu übernachten. Im Nordwesten, 22 km von der Ortschaft Måløy entfernt, befindet sich das **Kråkenes Fyr,** zu dem eine schmale Straße über ein karges Hochland mit grandioser Sicht über die Kvalheimsbucht führt. Spannende Fotomotive bietet ebenfalls das **Hendanes Fyr** bei Torskangerpoll; der Leuchtturm ist vom Parkplatz in etwa 10 Min. zu erreichen. Der Blick ist fantastisch – ein weißer Brandungsgürtel säumt die steil abfallende, weit gestreckte Küstenlinie.

Torskangerpoll auf Vågsøy

Übernachten

Küstenblick – **Kråkenes Hytter:** Kråkanes, 6710 Raudeberg, Tel. 57 85 51 30, www.kraakeneshytter.com, 650 NOK/Tag. 2 Hütten für 4 und 5 Pers., Bootsverleih. Schöne Lage nahe der Küste, 2 km vom Leuchtturm Kråkenes Fyr entfernt.
Am Kråkenes Fyr – **Stormhuset:** s. Tipp.

Vågsberget

Vågsberget ist einer der besterhaltenen alten Handelsplätze an Vågsøys Westküste, in dem noch sieben Häuser aus der Mitte des 17. Jh. alle Wechselfälle der Geschichte überstanden haben. Hier wurden Passagen aus dem Film »*Landstrykere*« (»Landstreicher«) gedreht, der auf Knut Hamsuns gleichnamigem Roman basiert. Im Sommer finden in Vågsberget Kunstausstellungen und manchmal auch Führungen statt.

Kannestein

In dem idyllischen, an einer grünen Bucht gelegenen Fischerdörfchen Torskangerpoll gabelt sich die Straße. Nach rechts geht es zum berühmten Kannestein in Oppedal, nach links zum Hendanes Leuchtturm. Der Kannestein, der etliche Broschüren schmückt, ist ein pilzförmiger Fels, der von der Meeresbrandung im Verlauf der Jahrtausende geschliffen wurde. Bei Ebbe ist es möglich, für ein Fotoshooting auf den Stein zu klettern.

Sandstrand bei Refvik

Im Hafenort Raudeberg nördlich von Måløy kann man ins Innere von Vågsøy abzweigen, um zu dem weiten Sand-

strand bei Refvik zu gelangen, wo die Gemeinde einen Campingplatz eingerichtet hat. Der Strand, der für seine kräftigen Windeinbrüche bekannt ist, gilt als einer der schönsten Norwegens.

Selje ▶ B 4

Mitten im Zentrum des kleinen Küstenortes erstreckt sich ein wunderbarer weißer Sandstrand und vor der Küste liegt die Klosterinsel, also gleich zwei gute Gründe nach Selje zu fahren. Hier wohnen bodenständige Menschen, die von der Landwirtschaft, dem Fischfang und Bootsbau leben. Eine rauere und kargere Welt ist das 33 km entfernte Vestkapp, das (beinah) westlichste Gebirgsplateau des norwegischen Festlandes. ▷ S. 220

Auf Entdeckungstour: Die Heilige Sunniva – Bootsausflug zur Klosterinsel Selja

Vor der Schärenküste zwischen Måløy und dem Vestkapp liegt die kleine Insel Selja, auf der die irische Prinzessin Sunniva den Märtyrertod gefunden haben soll. Nach ihrer Heiligsprechung stieg das Eiland zum Bischofssitz auf. Ein trutziger Turm und eine geheimnisvolle Höhle sind Zeugen der Vergangenheit.

Reisekarte: ▶ B 4

Infos: www.seljekloster.no

Dauer: 2 Std. inkl. Führung, in der Hochsaison Vorbestellung (Touristeninformation, Tel. 40 44 60 11) ratsam.

Planung: Boot ab Selje, Mitte Juni–Mitte Aug. tgl. 10, 13.15, Mo–Fr auch 12.30 Uhr, Mai–Mitte Juni, Mitte Aug.–Sept. Sa, So 10 Uhr, Erw. 220 NOK, Kinder 100 NOK.

In gemächlichen Tempo schippert das Klosterboot 15 bis 20 Minuten durch die für Westnorwegen so typische Schärenlandschaft. Noch bevor der Besucher die Insel Selja erreicht und geschichtsträchtigen Boden betritt, taucht der mächtige Turm der St.-Albanus-Kirche auf, einziger noch intakter Teil des im 12. Jh. erbauten **Benediktinerklosters Selje.** Das dem englischen Märtyrer Albanus gewidmete Kloster ist das erste Ziel auf dem Weg über die Insel. Es war bereits das zweite Gotteshaus auf dem Eiland, dem noch ein drittes folgen sollte – eine Entwicklung, die der Irin Sunniva zu verdanken ist, die angeblich hier den Märtyrertod fand. Nach ihrer Heiligsprechung entwickelte sich Selja zu dem – nach Trondheim – bedeutendsten norwegischen Wallfahrtsort und wurde zu einem der ersten drei Bischofssitze des Landes.

Die Legende von der Prinzessin

Die Legende erzählt, dass die jungfräuliche Sunniva, eine irische Prinzessin, sich nach dem Tod ihres Vaters dem hartnäckigen Freien eines heidnischen Königs ausgesetzt sah. Als dieser mit seinen Gefolgsleuten ins Land einfiel, um sich seine Braut mit Gewalt zu holen, sammelte sie ihr Gefolge und ließ sich in vollem Gottvertrauen in Booten ohne Ruder und Segel aufs offene Meer treiben. Nach Tagen oder Wochen landeten sie sicher und wohlbehalten an der westnorwegischen Küste. Auf den unbewohnten Inseln Selja und Kinn gingen sie an Land. Als die Festlandbewohner die Fremden entdeckten, drängten sie Håkon Ladejarl, damals Herrscher über weite Teile Norwegens, zur Insel hinauszurudern und nach dem Rechten zu sehen. Sunniva floh mit ihrem Gefolge in eine Höhle und betete um ihre Rettung vor den feindlichen Heiden. Ihr Bitten wurde erhört, ein Steinschlag verschloss den Eingang zur Höhle. Im Jahre 996 ließ der christliche König Olav Tryggvason die Höhle öffnen und fand zu seinem Erstaunen neben unzähligen Menschenknochen den unversehrten und wohlriechenden Körper der heiligen Sunniva.

Wundervolles Wasser

Unebene Stufen einer alten **Steintreppe** führen hinter den Klosterruinen hinauf zu den Relikten der **St.-Sunniva-Kirche** aus dem 13. Jh. Ursprünglich befand sich an dieser Stelle eine von Olav Tryggvason erbaute Holzkirche, die der Aufbewahrung der Überreste der heilig gesprochenen Sunniva gedient hatte. Aber Selja war für einen Bischofssitz wohl doch zu abgelegen, und so übernahm Bergen 1170 nicht nur die Reliquien, die in den Dom überführt wurden, sondern trat auch die Nachfolge als Bischofssitz an.

Am Ende der Treppe bietet sich ein weiter Ausblick über die Insel und das Meer dar. Wenige Schritte weiter liegt die **Höhle**, in der laut Legende Sunniva den Tod fand. An ihrem Ende steht ein schlichter Altarstein, doch wer genau hinsieht, entdeckt vielleicht die Umrisse einer geheimnisvollen Figur …

Treppabwärts befindet sich linker Hand eine kleine **Quelle**. Trinkenden wird nicht nur gute Wasserqualität, sondern auch Schönheit, Stärke und Jugend versprochen. Um eine maximale Wirkung zu erlangen, ist es unabdingbar, die vorgegebenen Schritte einzuhalten. Besucher werden ermahnt, sich vor der Quelle hinzuknien, das kühle Nass mit der rechten Hand zu schöpfen und dann langsam zu trinken.

Zurück zum Anleger geht es entweder quer über die Insel und ihren höchsten Punkt, den Varden (201 m) oder auf dem Weg entlang der Westküste.

219

Klosterinsel Selja

Von Selje verkehrt im Sommer ein Ausflugsboot auf die Insel, wo der Legende nach einst die irische Prinzessin Sunniva den Märtyrertod erlitt (s. Entdeckungstour S. 218).

Übernachten

Wellness – **Selje Hotell/Selje Spa Thalasso:** Selje, Tel. 57 85 88 80, www.seljehotel.no, DZ ab 1300 NOK. Beste Lage am Sandstrand. Großes Wellness-, Fitness- und Therapieangebot, Schwimmbad, Sauna.

Hafenleben – **Seljevågen Appartement:** Selje, Tel. 41 75 92 92, www.seljevaagen-apartment.com. 1050–1400 NOK pro Tag. 5 Apartments mit jeweils 4 Betten, in großartiger Lage, direkt am alten Hafen in Selje.

Mein Tipp

Surfspot Hoddevik

Die Bucht von Hoddevik mit ihren grünen Wiesen und ihrem fantastischen weißen Sandstrand, eingelassen zwischen sich auftürmenden Bergen, ist ein ganz besonderer Ort. Aufgrund der günstigen Lage und guten Bedingungen ist Hoddevik in den letzten Jahren zu einem der beliebtesten Surfspots Norwegens avanciert. In schönster Lage direkt am Strand befindet sich der spartanische Campingplatz **Hoddevik Strandcamp** (www.hoddevikstrandcamp.no), wo viele Surfer und junge Familien auf die besten Wellen warten. Das äußerst coole und gemütliche Hostel Stad Surfing (Tel. 57 85 69 44, www.stadsurfing.no, ab 375 NOK) verleiht das nötige Zubehör, bietet Surfkurse, Yoga und Thaimassagen an.

Sympathisch – **Selje Camping og Hyttesenter:** Selje, Tel. 57 85 62 43, www.seljecamping.no. 1050–1200 NOK/Tag. Hütten für 4–6 Pers. An der R 619 etwa 500 m vom Zentrum entfernt, in direkter Nähe des Golfplatzes. Bootsverleih.

Einkaufen

Kunst – **Galleriet mot Storhavet:** Selje, Tel. 57 85 66 56, www.amdam-art.no, Mitte Juni–Mitte Aug. tgl. 11–16 Uhr. Galerie am Meer mit besonderem Ambiente und super Aussicht zur Klosterinsel Selje; Kunst und Kunsthandwerk.

Infos

Turistinformasjon: Selje, im Sunnivahuset oberhalb des Hafens, Tel. 40 44 60 11, Juli tgl. 9–18 Uhr, in der Vor- und Nachsaison 9–16 Uhr.
Expressboot: Sogndal–Selje, 1 x tgl., 6 Std.; Bergen–Selje, 2 x tgl., 5 Std. 25 Min.

Vestkapp ▶ B 4

Die Aussicht auf das offene Nordmeer ist spektakulär, die karge Landschaft rau und faszinierend. Wenn es hier stürmt, wird die Gewalt des Meeres noch deutlicher. Die Fahrwasser vor der Halbinsel **Stadlandet** waren seit alters gefürchtet. Um das gefährliche Kap zu umgehen, wurden die Schiffe noch bis weit ins 20. Jh. hinein über Land gezogen, wobei man den **Dragseide-Pass** benutzte. Der Weg über den Pass zweigt in **Leikanger,** dem größten Ort auf Stadlandet, in westliche Richtung ab. Kurz vor der höchsten Stelle des Bergübergangs weist ein 1913 errichtetes großes **Steinkreuz** darauf hin, dass Olav Tryggvason im Jahr 997 die vier Regionen Firda, Sygna, Møre und Raumdøla bekehrt hat.

Nordfjord

Von Førde (s. S. 212) erreicht man über die E 39 den Jølstravatnet. Fern des Meeres verzaubert die Region um den See mit traumhaft schöner, von Wiesen, Wald und Bauernhöfen geprägter Landschaft. Über Byrkjelo geht es hinunter an das östliche Ende des Nordfjords mit den verträumten Dörfern Utvik und Innvik. Eine spektakuläre Moränenlandschaft zieht sich von den Gletschern Briksdalsbreen, Kjenndalsbreen und Bødalsbreen bis nach Stryn.

Jølstravatnet ▶ C 5

Rund um den 30 km langen Jølstravatnet, der für seinen Forellenreichtum bekannt ist (Bootsverleih in den Übernachtungsbetrieben), erstreckt sich die Gemeinde Jølster, die als einzige des Fjordlands keinen Zugang zum Salzwasser hat. Der See ist umgeben von fruchtbaren Wiesen, Bauernhöfen und bewaldeten Hügeln. Im Süden und Osten erheben sich gewaltige Berge mit den Ausläufern des Jostedalsbreen – eine Bilderbuchlandschaft, die viele Künstler inspiriert hat.

Jølstramuseet

Vassenden, www.jolstramuseet.no, im Sommer Di–So 12–20 Uhr (vorab bestätigen lassen: Tel. 97 14 09 75), Erw. 50 NOK, Kinder/Jugendl. bis 15 J. frei
Der private **Natur- und Kulturpark Jølstra-Museum** liegt am Westende des Sees inmitten eines Birkenwalds. Die Sammlung in den bis zu 400 Jahre alten Hofgebäuden, inklusive Räucherstube, umfasst Gegenwartskunst, Kunsthandwerk und mehrere tausend Gebrauchs- und Schmuckgegenstände. Der Schwerpunkt liegt auf der Kunst und Kultur der Region.

Eikaasgalleriet

Ålhus, www.eikaasgalleriet.no, Mitte Mai–Mitte Aug. tgl. 11–17 Uhr (sonst 11–16 Uhr), Jan.–März geschl., Erw. 50 NOK
In Ålhus auf der Nordseite des Sees Jølstravatnet werden die Werke des Malers, Zeichners, Gafikers und Bildhauers Ludvig Eikaas ausgestellt. Eikaas wurde 1920 in Jølster geboren und verfügte, dass seine Sammlung nach seinem Tod in den Besitz der Kommune Jølster übergehen wird. Seine zum Abstrakten Impressionismus zählenden Werke können auch käuflich erworben werden.

Astruptunet

Sandal, www.astruptunet.no, Mitte Mai–Mitte Juni, Mitte Aug.–Mitte Sept. Sa, So 11–16, Mitte Juni–Mitte Aug. tgl. 10–17 Uhr, Erw. 75 NOK inkl. Führung
Auf der Südseite des Sees liegt der idyllische Astruptunet. Der bis etwa 1950 bewirtschaftete Hof bietet eine schöne Aussicht auf den Jølstra-See. Wie der Name sagt, handelt es sich um den Wohnsitz des bekannten westnorwegischen Malers Nikolai Astrup (1880–1928), dessen Bildmotive fast ausschließlich in der Umgebung

Infobox

www.nordfjord.no: umfangreiche Informationen zum Nordfjord.

Anreise und Weiterkommen

Vom Landesinneren gelangt man von Otta auf der R 15 über Lom an den Nordfjord, weitere Infos s. S. 212.

**Das Vestkapp –
karg und stürmisch** ▶ B 4

Der äußerste Zipfel der Halbinsel
Stadlandet ist zwar nicht ganz
der westlichste Punkt Norwegens,
lohnt aber dennoch einen Ausflug.
Die einzigartige Landschaft erinnert in ihrer Kargheit an das schottische Hochland. Das ursprünglich
Kjerringa (Weibsbild) genannte
Westkap fällt 496 m senkrecht
ins Meer ab und bildet oben ein
flaches, leicht abschüssiges Plateau.
Die Aussicht über das offene
Meer wie auch landeinwärts ist
fantastisch.

von Jølster zu finden sind. Die verschiedenen Wohn- und Wirtschaftsgebäude des Hofs samt liebevoller Einrichtung geben einen guten Eindruck vom beengten Leben der neunköpfigen Familie. Einige der Zimmer sind noch im Originalzustand erhalten, wie man ihn auf den Gemälden von Astrup sehen kann; s. Lieblingsort S. 226.

Skei

Der Ort am Ostende des Sees war bereits vor 100 Jahren ein beliebtes Ziel ausländischer, vornehmlich englischer Touristen. Skei ist für sein seit Jahrhunderten überliefertes Kunstgewerbe bekannt. Es ist ein ruhiger, für vielerlei Unternehmungen günstig gelegener Ort. Der Fluss Jølstra zählt zu den besten Raftingflüssen Skandinaviens.

Übernachten

Familienfreundlich – **Jølstraholmen Camping:** etwa 2 km von Vassenden am Westende des Sees, an der E 39 Richtung Førde, Tel. 95 29 78 79, www.jolstraholmen.no. 21 Hütten und Wohnungen (3–7 Pers.), 400–1600 NOK zzgl. Endreinigung; Minigolf, Wasserrutsche und Spielplatz für die Kleinen.

Mitten in der Natur – **Dvergsdal Feriehytter:** Skei, Tel. 57 72 81 26, www. dvergsdal.org, Hochsaison 5645–6950 NOK/Woche. Komfortable und großzügig verteilte Hütten und Ferienhäuser für 4–8 Pers. an der Südseite des Sees.

Viele Reisegruppen – **Best Western Skei Hotel:** Skei, Tel. 57 72 78 00, www. bestwestern.no. DZ 1375 NOK, für ein Zimmer mit Balkon und schönem Blick über den See muss man noch ein paar Kronen drauflegen. 210 Betten in modernem Hotelkomplex mit Schwimmbad, Sauna und Solarium.

Panoramablick – **Jølsterlia Hyttetun:** Årdal, ca. 8 km westlich von Skei, Abzweig von der E 39, Tel. 57 72 66 30, www.jolsterlia.no, in der Hochsaison ab 1250 NOK. 5 Hütten. An der Südseite des Sees, 35 m zum Wasser, 4 km zum Kaufmann. Waschmaschine, Kaminofen, große Terrasse, Boot inklusive.

Einkaufen

Webarbeiten – **Audhild Vikens Vevstove:** an der Straße nach Byrkjelo, Skei. Bereits zu Beginn des 19. Jh. begann die Weberin Olina Fossheim alte Muster zu sammeln, die später in der Webstube als Vorlage dienten. Heute stricken und weben ca. 150 Frauen in Heimarbeit für diese Webstube. Im Eldorado des Kunsthandwerks wird dem Touristen alles geboten, was er sich unter ›echt norwegischem‹ Souvenir vorstellen kann.

Aktiv

Angeln – **Norsk Fiskesenter:** Das Fiskesenter in Vassenden organisiert Angelausflüge zum Jølstra-See (Jølstravatnet) und -Fluss (Jølstraselva). Für Ausrüstung und Angelschein wird gesorgt. Ortskundige Führer garantieren einen Fang. Auskünfte in der Touristeninfo oder Tel. 91 13 95 52 und www.fiskeguiden.no.

Rafting & Co – **Jølster Rafting AS:** Skei, Tel. 90 06 70 70, www.jolster-rafting.no. Zum Raften bieten sich der Stardalselva (für Anfänger) und der Jølstraelva (für Fortgeschrittene) an. Außerdem Riverboat, Paintball und Abseiling.

Infos

Jølster Reiseliv: Skei, Tel. 57 72 85 88, www.fjordkysten.no, Juni–Aug. Mo–Fr 10–17, Sa 10–15 Uhr.

Bus: Expressbus Sogn og Fjordaneekspressen Florø/Førde–Høyanger–Sogndal–Gol–Oslo, 2 x tgl.

Byrkjelo ▸ c 5

Die schon zur Wikingerzeit dicht besiedelte Umgebung von Byrkjelo gehört zu den fruchtbarsten Gebieten in Fjordane. Große Bauernhöfe, saftiges Weideland und Heuwiesen prägen die grünen Höhen. Unten im Tal befindet sich das Zentrum an der Kreuzung der E 39 mit der R 60. Die E 39 führt nach Westen via Sandane nach Nordfjordeid und auf der R 15 weiter nach Måløy (s. S. 215). Die R 60 nach Stryn steigt zunächst zum **Utvikfjell** hinauf, das einen grandiosen Blick über den Innvikfjord, einen Seitenarm des Nordfjords, bietet. Im **Karistova Hotell** (Tel. 95 17 18 12, s. auch Übernachten) lässt sich bei Kaffee und Waffeln der Panoramablick genießen.

Übernachten

Ländlicher Charme – **Sandal Gardsturisme:** Myklebustdalen, Tel. 57 86 88 21, www.sandalgard.no, Häuser für 2–8 Pers. saisonabhängig 600–1000 NOK/Woche. Bauernhof in einem Seitental ca. 5 km von Byrkjelo, Blick über den Sandalsvatn, mit kleinem Museum und Kräutergarten, diverse Aktivitäten wie Almbesuch, Angeln und Backen.

Panorama-Blick – **Karistova Hotell:** Buchung Tel. 95 17 18 12, www.karistova.no, Preis auf Anfrage. Freundliches Haus mit fantastischem Ausblick auf den Nordfjord. Ideal für Outdoor-Aktivitäten. Im Restaurant werden traditionelle Speisen serviert. Ideal als Ausgangspunkt für Outdooraktivitäten wie Angeln, Reiten, Wandern.

Zentral – **Byrkjelo Camping & Hytter:** Tel. 91 73 65 97, www.byrkjelo-camping.no, Campinghütten 350–850 NOK. Im Zentrum an der E 39, Schwimmbad.

Aktiv

Reiten – **Norsk Fjordhestgard:** Breim, Tel. 57 86 83 15, www.fjordhestgaden.origo.no. Unterricht und Ausritte auf Fjordpferden in Breim, westlich von Byrkjelo Richtung Sandane.

Infos

Bus: Expressbus Ålesund, Ørsta/Volda, Nordfjordeid, Byrkjelo, Førde, Bergen und Ålesund, Stranda, Hornindal, Stryn, Byrkjelo.

Utvik und Innvik ▸ c 5

Durch einen Kiefernwald geht es vom Utvikfjell in Serpentinen hinab an den Fjord in das verträumte **Utvik,** dessen Häuser sich um die Kirche aus dem 19. Jh. drängen. Auch das 7 km entfernte **Innvik** am gleichnamigen Fjord ist ein eher verschlafener Ort, der nur im Sommer aus der Ruhe erwacht.

Übernachten

Nüchtern – **Innvik Fjordhotel (IMI):** Innvik, Tel. 57 87 49 90, www.innvikfjordhotell.no, EZ 825 NOK, DZ 1150 NOK. Hotel mit 34 Betten, keine architektonische Meisterleistung, aber gute Lage am Fjord; Sauna, Solarium, Fitness. Restaurant.

Mit Fjordaussicht – **Fransøyra Hytteutleige:** Utvik, etwa 400 m westlich des Zentrums gelegen, Tel. 97 58 58 23, www.fransoyra.no, 450–750 NOK. Zwei gut ausgestattete Hütten für 2–8 Pers.

Lieblingsort

Astruptunet – verwunschene Idylle ▶ C 5

Der geradezu märchenhafte Hof des Malers Nikolai Astrup und seiner Familie liegt an einem steilen Hang oberhalb des Sees Jølstravatnet, versteckt zwischen knorrigen Bäumen, Rhabarberstauden, Moosen und Farnen. In den dunklen und rustikalen Hütten des Anwesens befinden sich zwischen der originalen Einrichtung Reproduktionen einiger Werke des 1928 gestorbenen Künstlers. Von der Umgebung inspiriert sind Astrups Landschaftsmalereien, in denen er gerne fantastische Wesen in der Silhouette eines Berges oder in den Ästen einer Birke verbarg.

Astruptunet: s. S. 221

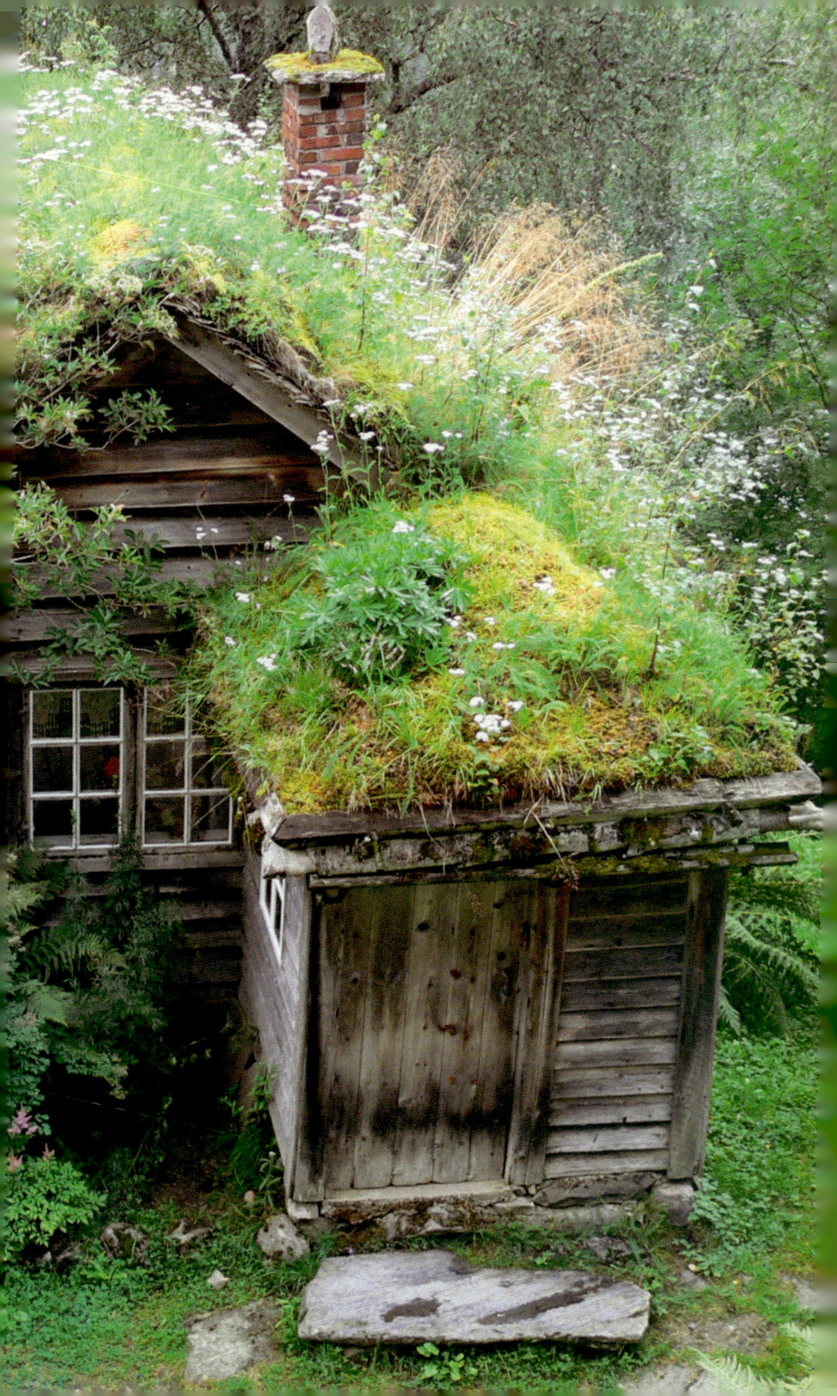

Jostedalsbreen! ▶ D 5

Das am südlichen Fjordzipfel gelegene **Olden** ist vor allem bekannt als Ausgangspunkt für Ausflüge zu einem der schönsten Gletscherarme Norwegens, dem Briksdalsbreen. In dem fruchtbaren, etwa 20 km langen **Oldedalen,** das bis unmittelbar an die Ausläufer des Jostedalsbreen (s. auch Entdeckungstour S. 198) heranreicht, liegen zahlreiche Bauernhöfe. Seit Menschengedenken werden im Tal Fjordinge gehalten, ruhige, stämmige Nordfjordpferde, die nicht nur als Arbeitstiere in der Landwirtschaft von Nutzen waren, sondern bereits im 19. Jh. im Rahmen des florierenden Gletschertourismus eine bedeutende Rolle spielten.

Briksdalsbreen ▶ C/D 5

Der Briksdalsbreen ist ein westlicher Nebenarm des größten europäischen Festlandgletschers, des Jostedalsbreen.

Erstarrter Eisfluss – der in den letzten Jahren deutlich geschrumpfte Briksdalsbreen

Die breite Gletscherzunge wälzt sich aus 1200 m Höhe steil hinab ins Tal, wo sie bei dem angrenzenden türkisfarbenen **Briksdalsbreevatnet** (Briksdalsbree-See) endet. Bei Touristen überaus beliebt ist der zurückweichende Gletscher nicht zuletzt aufgrund seiner günstigen Lage.

Briksdalsbre Fjellstove

Mehr als 100 Jahre lang konnte man sich von der Briksdalsbre Fjellstove (Souvenirverkauf, Cafeteria und Unterkunft) mit einachsigen Pferdekutschen bis kurz vor den Briksdalsbreen fahren lassen, heute haben die neuen sogenannten Trollmobile den Transport übernommen. Nach wie vor kann man die gleiche Strecke in etwa einer Stunde aber auch zu Fuß bewältigen. Es ist ein schöner Weg durch Birkenwald bis zum Gletschersee und den sehenswerten, in den letzten Jahren aber deutlich zurückgegangenen Eismassen.

Übernachten

Nüchtern – **Olden Fjordhotel**: zwischen Olden und Loen, Tel. 57 87 04 00, www.olden-hotel.no, Mai–Mitte Sept., DZ ab 1680 NOK. Alle Zimmer mit Fjordblick.

Gletscherblick – **Briksdalsbre Fjellstove**: Briksdalsbre, Tel. 57 87 68 00, www.briksdalsbre.no. Komfortable Zimmer und Hütten, Hütte 800 NOK.

Aufregend – **Melkevoll Bretun**: Briksdalsbre, Tel. 57 87 38 64, www.melkevoll.no. Camping und Ferienhütten 350–800 NOK, steinzeitliches Übernachten in einer Höhle, der Steinalderhola – Schlafbänke für 20 Pers., in der Mitte eine Feuerstelle: 125 NOK. Am Talende mit Gletscherblick, kostenlose Saunabenutzung für Gäste.

Zwischen zwei Seen – **Oldevatn Camping**: 13 km von Olden, 9 km von Briksdalbre, Tel. 57 87 59 15, www.oldevatn-camping.com. Campinghütten für 4 Pers. 550–1000 NOK in der Hauptsaison. In idyllischer Lage. Spielplatz.

Traumaussicht – **Gryta Camping**: rund 12 km von Olden, 10 km zum Briksdalsbreen, Tel./Fax 57 87 59 50, www.gryta.no, Mitte Mai–Sept. Hütten 450–700 NOK. Schöner Platz am See Oldevatn mit Blick auf Gebirge und Gletscher, Minizoo, Spielplatz, Boot für Gäste gratis.

Aktiv

Zu den beliebtesten Touristenattraktionen in Norwegen gehörten die Touren auf dem Briksdalsbreen. Wegen des starken Rückgangs der Eismassen sind die geführten Touren dort weitgehend eingestellt worden. Sollte der Gletscher wieder wachsen, werden erneut Führungen angeboten. Die alteingesessenen Tourenanbieter befinden sich nach wie vor in Briksdal, haben den Schwerpunkt ihrer Aktivitäten derzeit jedoch zum Bødalsbreen verlagert (s. S. 231).

Bootsafari – **Briksdals Breføring:** Tel. 57 87 68-05, www.briksdalsbre.no, www.briksdal-adventure.com. In großen Schlauchbooten geht es auf dem Gletschersee direkt vor dem Briksdalbreen an den im Wasser treibenden Eisbrocken vorbei. Ein Abenteuer für die ganze Familie. Buchung im Voraus ratsam. Abfahrt 9–17 Uhr jede Stunde.

Infos

Briksdalsbreen Turistinformasjon: Briksdalsbre, Tel. 57 87 68 00, www.briksdalsbre.no.

Loen und Umgebung ▸ D 5

In dem Touristenort **Loen** 6 km nordöstlich von Olden endet der 106 km lange Nordfjord. Von der 1837 errichteten Kirche, bereits die dritte an dieser Stelle, hat man eine schöne Aussicht. Die Gedenktafel vor dem Gotteshaus erinnert an die Opfer, die bei den Bergrutschkatastrophen im Loendal umkamen. 1905 und 1936 stürzten riesige Steinbrocken vom Ramnefjell in den Lovnatnet hinab. Die beiden Unglücke kosteten 135 Menschen das Leben.

Von Loen gelangt man zu zwei Gletscherarmen des Jostedalsbreen, dem leicht zugänglichen **Kjenndalsbreen** (s. S. 231 und dem etwas abgelegeneren **Bødalsbreen** (s. S. 231). Beide sind weniger frequentiert als der benachbarte Briksdalsbreen. Majestätisch schön erstreckt sich der **Lovatnet,** über den im Sommer das Ausflugsschiff MS Kjenndal II (s. Aktiv S. 231) tuckert, durch die gesamte Länge des Tals.

Übernachten

Für aktive Genießer – **Hotel Alexandra:** Tel. 57 87 50 00, www.alexandra.no, EZ ab 1740 NOK, DZ ab 2780 NOK. 189 Komfortzimmer in einem modernen Betonkomplex mit Blick auf Fjord und Skåla, sehr guter Service, mit Restaurant und Bar, Schwimmbad, Sauna, Solarium, Tennisplatz, Minigolf, Fahrrad- und Bootsverleih.

Modern und freundlich – **Hotel Loenfjord:** Tel. 57 87 57 00, www.loenfjord.no, DZ mit Halbpension ab 2120 NOK. Mitte der 1990er-Jahre erbautes Hotel am Fjord mit 122 Doppelzimmern, Restaurant, Bar, Gartenterrasse, Fahrrad- und Bootsverleih.

Wanderung zum Skåla

Start Tjugen, ca. 1 km von Loen, anspruchsvoll, Aufstieg 5 Std., Abstieg 2–3 Std., Kartenmaterial in der Touristeninfo Loen
Eine grandiose Wanderung (1–2 Tage) führt zum Skåla (1848 m), einer außergewöhnlichen Touristenhütte (Übernachtung). Von dem kleinen Turm, in dem sich früher Tuberkulosekranke erholten, hat man einen wirklich einmaligen Rundblick auf die umliegenden Berge, Gletscher und den Innvikfjord.

Kjenndalsbreen

Von Loen führt die Straße nach **Kjenndal** (ca. 17 km) am Lovatnet entlang, an dessen Ende sich ein **Parkplatz** und die **Kjenndalsbreen Fjellstove** befinden. Hier beginnt der ausgewiesene **Naturpfad** (Broschüre auch auf Deutsch erhältlich) zum Gletscher, Dauer 1,5–2 Std. Wer mag, kann sich in der *fjellstove* ein Fahrrad leihen; es ist aber auch möglich, auf gebührenpflichtiger Straße mit dem Auto weiterzufahren. Vom Endpunkt sind es noch etwa 10 Min. zum **Kjenndals-Gletscher**, der zwischen 1980 und 1997 um mehr als 300 m wuchs, in den vergangenen Jahren aber wieder stark zurückgegangen ist.

Übernachten

Gletscherblick – **Loenvatn Feriesenter:** am Lovatnet, 4 km von Loen, Tel. 57 87 76 55, www.loenvatn.com, Hütten für 4–6 Pers. 550–750 NOK, wochenweise, ganzjährig. Feriensiedlung mit Blick auf den Krune-Gletscher. Hütten am Wasser oder im Wald.

Tolle Lage – **Sande Camping:** Lodalen (ca. 5 km von Loen entfernt), Tel. 41 66 91 92, www.sande-camping. no. Hütten für 2–10 Pers. 350–1800 NOK. Apartments (2–6 Pers.) 750–1200 NOK (mit Aussicht teurer). Tolle Lage am See; Boots-, Fahrradverleih, Sauna.

Aktiv

Bootsfahrt – **MS Kjenndal II:** Juni–Aug. tgl. ab Sande nach Kjenndalsanden, per Bus zurück. Erw. 230 NOK. Info: Hotel Alexandra in Loen, mobil 91 84 87 67, 99 51 32 95, 90 53 40 87. Gemächliche Bootsrundfahrt auf dem Lovatnet.

Bødalsseter und Bødalsbreen

In **Bødal** teilt sich die aus Loen über Kjenndal kommende Straße. Links führt eine Schotterpiste hinauf auf eine Hochebene, vorbei am Huldre-Wasserfall durch flaches, schönes Gelände zu der Alm Bødalsseter. Der Weg dorthin ist als Naturpfad ausgeschildert (Broschüre auch auf Deutsch in den Touristeninfos z. B. in Loen erhältlich). Hin und zurück muss man für die Wanderung 5–6 Stunden rechnen. Wem die Strecke zu lang ist, der kann auch mit dem Auto bis zur Alm fahren (Maut).

Das Bødalen ist für seine in Norwegen einmalige Moränenlandschaft mit einer abwechslungsreichen Vegetation bekannt. Die Anordnung der Gebäude auf der Alm **Bødalsseter** ist ungewöhnlich. Sie liegen nicht wie sonst über die Wiese verteilt, sondern sind in einer Wohnhausreihe und einer Stallreihe angeordnet. Der DNT (Norske Turistforening) hat eine Hütte auf der Alm gemietet. Im Sommer werden von hier aus **Gletscherwanderungen** angeboten.

Aktiv

Tour auf dem Gletscher – **Briksdal Breføring:** Tel. 57 87 68 05, www.briks dal-adventure.com. Mai–Sept. Wanderungen auf dem Bødalsbreen, Familientour 5–6 Std. (3 Std. auf dem Eis); auf dem Brenndalsbreen, Familientour 5–6 Std. (2–2 ½ Std. auf dem Eis). Infos auch bei Sande-Camping (s. o.). Weitere Touren auf Anfrage.

Stryn ▶ C 4

Als Ausgangspunkt zur Erkundung der fantastischen Umgebung von Stryn blickt der Ort, der kaum über Sehenswürdigkeiten verfügt, auf eine lange Tradition zurück. Wunderschön sind die Seen westlich und östlich von Stryn.

Übernachten

Reise in die Vergangenheit – **Visnes Hotel:** s. Mein Tipp.
Liebe fürs Detail – **Nedrebergtunet:** 3 km von Stryn, Tel. 48 03 80 07, www.nedreberg.no. Ab 500 bzw. 1500 NOK, mind. 2 Pers. Zwei Häuser für 6 bzw. 10 Pers. auf einem liebevoll restaurierten Hof aus dem 19. Jh. Hofmuseum, Boot und Reiten im Mietpreis enthalten.

Infos

Reisemål Stryn & Nordfjord AS: Sehr gute Touristeninfo im Zentrum, Tel. 57 87 40 54, www.nordfjord.no, Anf. Juni–Mitte Aug., in der Hochsaison tgl. geöffnet, Internetbenutzung, Radverleih.
Expressbusse: nach Måløy, Ålesund, Bergen, Oslo.

Hornindalsvatnet und Strynsvatnet ▶ C/D 4

Der **Hornindals-See** ist 25 km lang und mit bis zu 514 m der tiefste Binnensee Europas. Er wird auch als der klarste See Norwegens gepriesen, weil in ihn kein Gletscherwasser hineinfließt, das Kies und Sand mit sich führt.

Den von Bergen und Wiesen umgebenen, 15 km langen und knapp 200 m tiefen **Stryns-See** säumen malerische Bootshäuser und winzige Dörfer.

Jostedalsbreen Nationalparksenter ▶ D 4/5

Oppstryn, www.jostedalsbre.no, ganzjährig 11–15, Mai 10–16, Juni 10–17, Juli 10–18 Uhr
In Oppstryn am Strynsvatnet lohnt ein Besuch im Nationalparkzentrum mit Ausstellungen und Panoramafilm über Natur und Landschaftsformen, einem bezaubernden Wildblumengarten und einem Café mit Blick auf den See. Information über zwölf familienfreundliche Naturerlebnispfade im Nationalpark.

Übernachten

Charmant – **Hjelle Hotel og Motel:** Hjelledalen, Tel. 57 87 27 50, www.hjelle.com, Mitte Mai–Mitte Sept. DZ 970–1820 NOK. Hübsches Hotel aus Holz von 1896, am Strynsvatn, 27 km von Stryn.
Beschaulich – **Aarneset Gardstun:** Oppstryn, Tel. 91 10 12 98. Zwei Ferien-

Mein Tipp

Reise in die Vergangenheit

Seit sechs Generationen im Besitz der Familie Visnes: Das traditionsreiche Haus besteht aus dem **Visnes Hotel** von 1850 und der 1889 im Schweizer Stil erbauten **Villa Visnes**. In herrlicher Lage am Strynsvatnet versprüht die Unterkunft einen Charme, dem schwer zu widerstehen ist. Bis ins Kleinste stimmig eingerichtet, entführt das Hotel in vergangene Tage. Das Restaurant serviert in stilvoller Umgebung norwegische Gerichte, inspiriert von der französische Küche.
Visnes Hotel: Prestestegen 1, Stryn, Tel. 57 87 10 87, www.visnes.no, Mai–Okt. 15 Zimmer mit Bad, DZ ab 1395 NOK.

Der Strynsvatnet hat die typische Farbe eines Gletschersees

häuser auf einem Hof am Strynsvatn, 15 km von Stryn/R 15 in Richtung Otta: Smia (Schmiede), kleine gemütliche Hütte aus Stein und Balken, Wohnraum mit Kamin und Holzofen, Dusche und WC mit Fußbodenheizung, Schlafraum ab 400 NOK. Außerdem das Londehuset, Bauernhaus für 6 Pers. 1000 NOK. *Schöne, gepflegte Anlage* – **Strynsvatn Camping:** an der R 15, 12 km von Stryn, Tel. 57 87 75 43, www.strynsvatn.no, Hütte für 4–9 Pers. 500–2000 NOK in der Hauptsaison, ganzjährig. Camping direkt am Stryns-See. Kaminzimmer, Sauna, Solarium, Badestelle, Grillpavillon.

Stryn Sommerski ▶ E 10

Strynefjellet, www.strynsommerski. com, Mai–Juli/ Mitte Aug., Saisonbeginn und -ende sind stark abhängig von den Schneeverhältnissen, Tagespass kostet für Erw. 370 NOK, für Kinder 290 NOK
Auch für Nicht-Skifahrer unbedingt erlebenswert ist das raue Strynefjellet. Unterhalb von Videseter östlich des Strynsvatnet zweigt die alte, schmale Strynefjellstraße ab (eine der nationalen Touristenstraßen, geöffnet Juni–Okt./Nov.). Die 1894 erbaute **Gamle Strynefjellsvegen** (Straße 258) führt mitten durch eine Hochgebirgslandschaft in die schneereichen Höhen des **Strynefjellet,** wo sich das **Sommerskizentrum Stryn** befindet. Dort bringen Sessel- und Schlepplifte die Skifahrer zum Gletscherplateau des **Tystigbreen.** Es gibt Abfahrtsstrecken und Langlaufloipen. Skiverleih, Ski-Shop, Skischule und Cafeteria. Vormittags fährt ein Skibus ab Stryn zum Sommerskizentrum.

233

Geirangerfjord und Trollstigen

Highlights!

Geirangerfjord: Das Naturwunder Geiranger begeistert mit schroff abfallenden Felswänden, schneebedeckten Gipfeln und bezaubernden Wasserfällen. Ob vom Kreuzfahrtschiff oder von einem der Berggipfel aus, das UNESCO-Weltnaturerbe ist schlichtweg spektakulär und ein Muss einer jeden Norwegenreise. S. 236

Trollstigen: Die Passstraße Trollstigen verläuft über elf schwindelerregende Kurven 800 Höhenmeter hinab in das grüne Isterdal. Mit Blick auf die Berge Dronninga (Königin), Kongen (König) und Bispen (Bischof) passiert man den Wasserfall Stigfossen mit einer freien Fallhöhe von fast 180 m. S. 246

Auf Entdeckungstour

Erloschene Feuer – Wanderung zu dem verlassenen Hof Skageflå: Hoch über dem Geirangerfjord am steilen Berghang thront der Hof Skageflå. Nur über einen steilen Aufstieg erreichbar, war er die Lebensgrundlage einer Familie. Heute ist der Hof verlassen, aber die Aussicht über den Fjord, Wasserfälle und die umliegenden Berge verzauberte auch das norwegische Königspaar, das hier seine Silberhochzeit feierte. S. 238

Kultur & Sehenswertes

Norwegisches Fjordzentrum: Mit welchen Widrigkeiten die Fjordbewohner einst konfrontiert wurden, erzählt das Norsk Fjordsenter in Geiranger. Der Besucher wird u. a. auf Einödhöfe und durch Lawinen geführt. S. 236

Flydalsjuvet: Vor dem Abgrund *(juv)* bietet sich eine grandiose Aussicht auf den Geiranger. Von hier stammen die berühmten Kalenderblatt-Motive des Fjords aus der Vogelperspektive. S. 240

Aktiv unterwegs

Vesterås Gård: Ein ›normales‹ Gehöft oberhalb des Dorfes Geiranger – die Aussicht ist grandios. Wanderungen führen zu einem Aussichtspunkt und einem Wasserfall. S. 237

Fjordpaddeln: Den Geiranger kann man auf eine aufregende Art hautnah erleben. Mit dem Kajak und professioneller Führung durch den Fjord zu Orten, die den meisten verborgen bleiben. S. 241

Genießen & Atmosphäre

Herdalssetra: Die abgelegene Ziegenalm Herdalssetra, die man am Ende einer 10 km langen und teils sehr steilen Straße erreicht, ist die größte gemeinschaftlich betriebene Alm Norwegens mit einer fast 300 Jahre alten Tradition. Hier werden der braune und weiße Ziegenkäse und Ziegenmilchkaramellen noch auf alte Art hergestellt, man kann beim Käsen zugucken, ein Boot mieten und es sich in einer alten Almhütte gemütlich machen. S. 242

Abends & Nachts

Abgesehen von den Bars der größeren Hotels sind am Geirangerfjord und in seiner Umgebung kaum Ausgehmöglichkeiten vorhanden.

Geirangerfjord und Trollstigen

Die Goldene Route führt vom weltberühmten Geirangerfjord Richtung Norden. Über die atemberaubenden Serpentinenstraßen Ørneveien (Adlerstraße) und Trollstigen geht es zu den Romsdalsalpen mit der berüchtigten Trollwand – ein Magnet für Kletterer und Kreuzfahrer, die in Åndalsnes vor Anker liegen.

Geirangerfjord! ▶ D 4

Der s-förmige Geirangerfjord, ein Arm des Sunnylvsfjords, gilt mit seinen schroff abfallenden Felswänden, den weißen Kreuzfahrtschiffen und dem kleinen Dorf Geiranger als der schönste und faszinierendste aller Fjorde. Schön sind vor allem die sagenumwobenen Wasserfälle, die so romantische Namen wie Brudesløret (Brautschleier), De Syv Søstre (Die Sieben Schwestern) und Friaren (Freier) tragen. Faszinierend ist auch die Geschichte seiner Bewohner, die über Jahrhunderte auf schmalen Plateaus und steilen Berghängen über dem Fjord siedelten. Die meisten Höfe wurden nach dem Zweiten Weltkrieg verlassen und dem Verfall preisgegeben. Heute bemühen sich die *Storfjordens Venner* (Freunde des Storfjords) um ihre Instandsetzung.

Geiranger

Im Winter ist Geiranger trotz der Hotelklötze ein liebenswürdig verschlafenes Dorf (ca. 300 Einw.), im Sommer ist es hoffnungslos überlaufen. Direkt im Ort rangieren die Unterkünfte eher in der gehobenen Preisklasse, etwas außerhalb lassen sich aber auch günstigere und ruhigere Übernachtungsadressen finden. Am **Anleger,** wo sich zahlreiche Souvenirgeschäfte angesiedelt haben und sich im Sommer die Touristeninformation befindet, legen die Sightseeingboote ab.

Norsk Fjordsenter
www.verdsarvfjord.no, 1 km vom Fähranleger, Tel. 70 26 38 10, Mitte April–Mitte Dez., im Sommer tgl. 10–18 Uhr, Erw. 110 NOK, Kinder 55 NOK
Im 2002 eröffneten **Fjordzentrum** erfährt man Wissenswertes über Leben und Kultur am Fjord: Reisen über Berg und Tal mit Pferd und Wagen, Lawinen und Gletscherabbrüche (in sicherer Entfernung) und den harten Überlebenskampf auf den Höfen – ein interaktives Vergnügen für die ganze Familie mit Kunstcafé und Geschenkeladen.

Infobox

www.visitalesund-geiranger.com und **www.geirangerfjord.no:** Diese Websites liefern einen Vorgeschmack auf das Reiseziel rund um den Geirangerfjord.
www.visitandalsnes.com: Der Ort Åndalsnes, die nahegelegene Serpentinenstraße Trollstigen und Sehenswertes in der Umgebung werden auf dieser Website vorgestellt.

Anreise und Weiterkommen
Der Ort Geiranger am gleichnahmigen Fjord ist nur über zwei Straßen erreichbar, was im Winter dazu führen kann, dass das Dorf einige Tage von der Außenwelt abgeschnitten ist. Von Süden führt die R 63 steil hinab an den Fjord, um sich dann über die Serpentinen der Adlerstraße, den Ørneveien, nach Norden den Weg über die Berge zu bahnen. Folgt man der Straße weiter gen Norden, gelangt man nicht weit vor Åndalsnes an den Trollstigen.

Wanderungen rund um Geiranger

In der Touristeninformation erhält man einen Plan mit weiteren Spaziergängen und Wanderungen rund um Geiranger.

Zwei Wanderungen sind auch für Familien mit Kindern machbar: zum Aussichtspunkt **Vesteråsfjellet** direkt oberhalb des Fähranlegers von Geiranger und zum **Storseterfossen**.

Kleine Wanderung zum Vesteråsfjellet

Ausgangspunkt der leichten 20-minütigen Wanderungen ist der Parkplatz beim Vesterås Gård, der etwa 2 km vom Fjordsenter entfernt liegt und auch zu Fuß erreicht werden kann

Vom auf 300 m Höhe gelegenen Vesterås Gård führt der Weg hinüber zum etwas tiefer gelegenen Vesteråsfjellet (225 m). Von hier bietet sich ein schöner Blick auf Geiranger. Zurück muss man

dann die 75 Höhenmeter ›erklimmen‹, um zurück zum Parkplatz zu gelangen.

Alternativ hält man sich an einer Gabelung links und gelangt dann auf einem gleichmäßig ansteigenden Pfad zu dem auf ca. 500 m gelegenen Aussichtspunkt **Løsta** (Vesterås Gård–Løsta etwa 1 Std.). Hier bietet sich ein Panoramablick auf den Geirangerfjord, den Ørneveien und die umliegende Bergwelt.

Vom Vesterås Gård zum Storseterfossen

Ab Parkplatz Vesterås Gård, hin und zurück ca. 2 Std.

Vom Parkplatz aus hält man sich rechts und läuft bergan ins Vesteråsdalen hinein. Der 30 m hohe Wasserfall, den man ›hintergehen‹ kann, liegt auf 550 m Höhe. Auf dem Rückweg teilt sich nach etwa der Hälfte der Strecke der Pfad. Die linke Abzweigung ist weniger steil und ermöglicht einen Rundweg.

Wer will, kann vom Storseterfossen aus weitere 100 Höhen- ▷ S. 240

Wanderungen ab Vesterås Gård zum Vesteråsfjellet und zum Storseterfossen

Auf Entdeckungstour: Erloschene Feuer – Wanderung zum verlassenen Hof Skageflå

Steht man atemlos vor dem verlassenen Eidhof Skageflå, kann das mehrere Gründe haben. Schlicht atemberaubend sind nicht nur der steile Aufstieg und der wunderschöne Ausblick, sondern auch die Erkenntnis, wie entbehrungsreich das Leben in der Einöde einst gewesen sein muss.

Reisekarte: ▶ D 4

Dauer: Wanderzeit vom Anleger Skagehola bis zum Hof 30–45 Min., retour nach Geiranger 2–3 Std.

Planung: M/S Geirangerfjord (S. 241) 6 x tgl., Skagehola/Skageflå als Ziel nennen, sonst hält das Boot dort nicht. Abholung nach Absprache. Kartenmaterial in der Touristinfo Geiranger.

Start: Anleger in Geiranger

Gegen Ende der Sightseeing-Fahrt über den Geirangerfjord erblickt man den Hof Skageflå. Wunderschön sieht er aus, wie er auf dem kleinen Plateau in schwindelerregender Höhe über dem Fjord thront. Der Weg dorthin sieht weniger ansprechend aus. Der schmale, streckenweise mit Seilen gesicherte **Pfad** schlängelt sich vom Anleger den steilen, steinigen Abhang hinauf. Ein solcher Ausflug mit dem Rucksack ist jedoch kaum mit den Touren und Torturen der einstigen

Bewohner des Hofes zu vergleichen. Alles, was sie für ihr Heim brauchten, mussten sie zu Fuß schleppen – kaum vorstellbar, die Wanderung bepackt mit Baumaterial, Lebensmittelsäcken oder gar einem Mühlstein zu machen.

Leben in der Einöde

Man könnte meinen, dass es sich um eine Handvoll exzentrischer Einsiedler gehandelt haben muss, die sich entlang der steil abfallenden Bergwände am Fjord niederließen. Doch das Gegenteil ist der Fall: Hunderte von ganz normalen Familien suchten hier als Bauern unter extremen Bedingungen ihr Auskommen zu erwirtschaften. Viele Arbeiten waren überaus riskant. Beim Heumachen an besonders gefährlichen Stellen banden sich die Menschen ein Seil um den Bauch. Jeder Grashalm war wertvoll, denn nur so konnte die oftmals erstaunlich große Anzahl von Vieh über den Winter gebracht werden. Kleinkinder, die noch nicht arbeiten konnten, wurden angebunden oder durften sich nur in eingezäunten Arealen bewegen. Die Gefahr, in die Tiefe zu stürzen, war einfach zu groß.

Tod am Fjord

Die Gefahr konnte allerdings auch von oben kommen: Lawinen und Erdrutsche bedrohten fast alle Höfe. Die Geschichte der Bewohner von Furnes, einer Farm auf der Ostseite des Sunnylvsfjords, verdeutlicht das ständig drohende Unheil: An einem Wintertag war ein Vater mit seinen zwei Söhnen auf dem Weg hinunter zum Fjord. Der sechsjährige Rasmus lief hinterher. Plötzlich verschwanden sein Vater und Bruder in einer Schneewehe. Sekunden später sah er die beiden tief unten leblos im Fjord treiben. Als Rasmus viele Jahre später zusammen mit seiner Frau in ihrer Hütte in den Bergen saß, riss eine Lawine die Hütte samt Bewohnern mit sich in den Fjord.

Hoch oben

Auf **Skageflå** angelangt, wird man mit einem Ausblick belohnt, der einen sofort alle Anstrengungen vergessen lässt: schroff abfallende, fast bedrohlich nahe Berge, legendenumwobene Wasserfälle, der glitzernde Fjord und mittendrin der verlassene Hof. Sieht man sich um, erkennt man, dass die Lage auch Vorteile bot. Das fruchtbare Weideland an den Berghängen wurde im Frühjahr von der Sonne erwärmt und früh schneefrei. Die Bewohner von Skageflå genossen noch einen weiteren Vorzug: Der Hof war lange Zeit nur über eine Leiter zu erreichen, die einfach eingezogen wurde, wenn der Steuereintreiber gesichtet wurde.

Zurück nach Geiranger

Nach einem ausgiebigen Picknick auf dem Hof geht es zurück. Wer nicht das Boot nach Geiranger zurück nehmen möchte, hat die Möglickeit, weiter zu wandern. In 4–5 Stunden gelangt man zur Alm **Homlongseter** und via **Homlong** zurück nach Geiranger. Eine Karte ist nicht unbedingt notwendig, aber hilfreich, wenn man unterwegs wissen möchte, wie weit es noch ist.

Kreuzfahrtschiffe im Geirangerfjord

Geiranger ist im Sommer fast immer gut besucht, noch mal etwas anders ist es, wenn mehrere Kreuzfahrtschiffe quasi gleichzeitig anlegen. Dann geht in dem kleinen Ortszentrum fast nichts mehr. Es lohnt sich, einen Blick auf die Ankunftslisten zu werfen: www.cruisetimetables.com.

meter bergauf bis zur schönen Alm **Vesteråsætra** wandern.

Wanderung zum verlassenen Hof Skageflå

Hoch über dem Fjord thront dieser verlassene Eidhof, der Ausgangspunkt für Wanderungen ist (s. Entdeckungstour S. 238).

Knuten

Südlich von Geiranger an der R 63 liegt der **Knoten,** ein beeindruckendes Zeugnis alter Straßenbaukunst. Den Namen verdankt dieser Abschnitt der alten Geirangerstraße seiner Architektur: Zuerst fährt man unter einer Ende des 19. Jh. erbauten Steinbrücke hindurch, folgt einer 270°-Kurve und befindet sich auf der Brücke. Der Knuten ist noch heute mit dem Auto befahrbar.

Flydalsjuvet und Dalsnibba

Vom **Flydalsjuvet** (*juv* = Abgrund), einige Kilometer oberhalb von Geiranger, gibt es die berühmte Kalenderblattaussicht auf den Fjord aus der Vogelperspektive (Parkplatz an der Straße).

Ein weltberühmter Aussichtspunkt ist **Dalsnibba,** 17 km von Geiranger entfernt an der R 63. Hier bietet sich ein fantastischer Ausblick über eine auch im Sommer schneebedeckte Bergwelt und den fernen Fjord (Mautstraße, Pkw 100 NOK).

Übernachten

Die angegebenen Preise sind Hochsaisonpreise. Generell gilt hier, dass bei einem Aufenthalt von mehr als zwei Tagen die Tagesraten niedriger sind. Für Fjordblick wird draufgezahlt.

Etwas außerhalb – **Grande Fjord Hotell:** Tel. 70 26 94 90, www.grandefjordho tel.com. Mai–Okt. DZ 1650 NOK, 48 Betten. Modernes, freundliches Hotel mit Fjordblick vom Balkon, 2 km außerhalb des Zentrums Richtung Adlerstraße.

Zentral – **Hotell Geiranger:** Tel. 70 26 30 05, www.hotel-geiranger.no, Mai–Sept. DZ ab 1480 NOK, Frühstück inkl. Moderner Gebäudekomplex mitten im Ort (Nähe Fähranleger), 151 Zimmer.

Kreuzfahrtschiffe vis-à-vis – **Geirangerfjorden Feriesenter:** Tel. 95 10 75 27, www.geirangerfjorden.net. Verschieden große Hütten 790–1500 NOK; Campingplatz, Bootsverleih.

Freundlich – **Grande Hytteutleige og Camping:** Tel. 70 26 30 68, www.gran de-hytteutleige.no, Mai–Mitte Sept. Hütten aller Größen 530–1275 NOK, Boot- und Kajakverleih. Gleiche Lage wie Grande Fjord Hotell.

Preiswert – **Fjorden Camping:** Tel./Fax 70 26 30 77, www.fjordencamping. no, Mitte Mai–Mitte Sept. Hütte mit 2–4 Betten ab 340 NOK. 2,5 km vom Zentrum, Richtung Homlong, 15 Hütten. Einfache Reihen-Campinghütten und einige einzelne Ferienhütten mit Panoramafenster. Ruderboot im Preis inbegriffen, keine Zelte. Günstige Lage für Wanderungen, u. a. nach Skageflå.

Essen & Trinken

Liebenswert – **Café Olé:** Hier kann man bei Kuchen und traditionellen *Sveler* (eine Art kleiner, dicker Pfannkuchen) im kuscheligen Ambiente die Zeit vergessen. Hauptgerichte im Restaurant darüber ab 185 NOK.

Köstlich – **Nordik Bistro:** Im Hotel Geiranger befindet sich dieses erstklassige Restaurant. Mit Liebe zum Detail werden norwegische Speisen auf rustikale und doch moderne Weise zubereitet. Mittagsgerichte ab 135 NOK.

Einkaufen

Es gibt eine Reihe von Souvenirshops in Geiranger, deren Angebot sich ähnelt: Postkarten, Trolle, Strickwaren.
Ein Genuss – **Geiranger Sjokolade:** www.geirangersjokolade.no. Mit Blick auf den Fjord wird hier Schokolade aus regionalen Zutaten wie Blaubeeren aus Skageflå produziert und verkauft.
Kunst – **Geiranger Gallery:** In der ehemaligen Schule befindet sich eine Galerie der besonderen Art: 3 Etagen voll mit Werken westnorwegischer Künstler.

Aktiv

Sightseeing – **M/S Geirangerfjord:** Tel. 70 26 30 07, Mai–Ende Sept. 6 x tgl., 1,5 Std., Erw. 205 NOK, Kinder 110 NOK. Ausflugsschiffe mit Infos in mehreren Sprachen. Die Boote fahren dicht an die Wasserfälle heran und transportieren Wanderer zu den verlassenen Höfen Skageflå (s. Entdeckungstour S. 238) und Knivsflå. Tickets in der Touristinfo.
Kajaktouren – **Kajak more tomorrow:** Tel. 95 11 80 62, www.kayakmore tomorrow.com. Geführte Touren auf dem Geirangerfjord. U. a. kann man nach Skageflå bzw. Skagehola paddeln und zurück nach Geiranger wandern. Abfahrt Geiranger Camping.
Downhillbiking – **Geiranger Adventure:** Tel. 47 37 99 71, www.geiranger-adven ture.com. Verleih und Info im Stefånaustet, einem Souvenirshop 100 m unterhalb des Hotell Geiranger. Man wird mit dem Auto zur Djupvasshytta gefahren. Von dort geht es geführt 17 km bergab zurück nach Geiranger.

Infos

Infos

Destinasjon Geirangerfjord-Trollstigen AS: Geiranger, Tel. 70 26 38 00, www.visitgeirangerfjorden.com.
Geiranger Turistkontor: am Kai, Tel. 70 26 30 99, tgl. 9–19 Uhr, im Winter im Fjordsenter. Verkauf von Tickets für die Ausflugsschiffe. Man kann sich auch Räder leihen und bekommt Hilfe bei der Zusammenstellung einer Route.

Verkehr

Von der R 63, in direkter Nähe der Djupvasshytta, zweigt der gebührenpflichtige Nibbeveien ab, der sich um elf enge Kurven zum Gipfel des Dalsnibba (1495 m) hochwindet (nur von ca. Mitte Juni–Ende Sept. geöffnet, vom Befahren mit Anhänger wird abgeraten).
Schiff: Fähre: Geiranger–Hellesylt, Mai–Sept., in der Hochsaison bis zu 8 x tgl.; Reservierung nur für Busse. Ein Kreuzfahrterlebnis – man kann das Auto auch in Geiranger lassen und einfach nur die 3-stündige Rundfahrt genießen.
Hurtigruten: Täglicher Anlauf des nordwärtsgehenden Postschiffes, Ålesund–Geiranger–Ålesund, Mai–Sept. Info: Tel. 81 00 30 30, www.hurtigruten.com. Siehe auch Schiffstagestour Ålesund–Geiranger–Ålesund, S. 258.
Bus: Anbindung an das Linienbusnetz des Nor-Way-Bussekspress in Hellesylt und Langevatn, www.nor-way.no.

Von Geiranger zum Norddalsfjord ▶ D 4

Von Geiranger führt der Anfang der 1950er-Jahre fertiggestellte, knapp 9 km lange **Ørneveien** (Adlerweg) Richtung Norden nach Eidsdal, das am Norddalsfjord liegt. Die Straße eröffnet grandiose Blicke auf den

**Ziegenalm Herdalssetra –
entlegenes Paradies** ▶ B 5

Vom Norddalsfjord führt eine steile
Schotterpiste (Maut) mit bis zu
22 % Steigung hinauf auf die Alm
am Fuße des markanten Berggipfels
Heregga. Oben angelangt, trifft
man auf Schafe, Kühe, Fjordpferde
und jede Menge Ziegen. Hier wird
Ziegenmilch auf traditionelle Art zu
Käsespezialitäten verarbeitet, von
denen Snøfrisk sogar in deutschen
Läden zu finden ist. Zu dem Glo-
ckengebimmel der heimkehrenden
Geißen werden in der urgemütli-
chen Kafistova lokale Leckerbissen
wie *rømmegrøt,* Karamellen und
das Fleisch junger Ziegen serviert.
Einige der grasbedachten Alm-
hütten können gemietet werden,
ohne Strom und mit Bollerofen ein
behagliches Paradies.

Herdalssetra: Tel. 70 25 91 08,
www.herdalssetra.no, Hütten für
4–5 Pers., Campen gegen Abgabe.

Geirangerfjord. Vom höchsten Punkt der Straße bei **Korsmyra** (624 m) gelangt man in eine ruhige Almlandschaft. In der näheren Umgebung des fischreichen **Eidvatn** gibt es Campingplätze und gute Angelmöglichkeiten (Saisonbeginn 1. Juli). Vom Fährort **Eidsdal** lohnt sich im Sommer ein Ausflug über **Norddal,** wo eine Reihe alter Bootshäuser stehen. Dort zweigt auch die Straße zur Ziegenalm **Herdalssetra** (s. Lieblingsort S. 242) ab.

Übernachten

Schöne Lage – **Solvang Camping:** Tel. 90 11 83 02, www.solvang-camping. no. Mitte Mai–Sept. Hütten für 4–6 Pers. 325–850 NOK, in der Nähe des Eidsvatnet, mit Kinderspielplatz, Grillstelle.

Infos

Fähre: Eidsdal–Linge, 29–43 x tgl., 10 Min., ca. Juni–Aug.

Mein Tipp

Schlafen wie bei Carl Larsson
Der kleine, charmante Gasthof **Petrines Gjestgiveri** steht in Norddal umgeben von schönster Natur. Acht Zimmer im nostalgisch-schwedischen Carl-Larsson-Stil begeistern mit tollem Ausblick und lichten Farben. Die Zimmer Nr. 5, 6, 7, 8 haben Fjordblick. Das Restaurant setzt auf altbewährte Spezialitäten, aus der Region. Aufgetischt werden Hirsch, Zicklein und Forelle, die typisch für Gerichte aus der Gegend sind. **Petrines Gjestgiveri:** Norddal, Tel. 70 25 92 85, www.petrines.com, DZ 1200 NOK, mit Fjordblick 1400 NOK.

Valldal (Sylte) und Tafjord

Die Fähre von Eidsdal legt in Linge an. Von dort führt die R 63 nach Valldal hinauf. Die Region ist für ihr mildes Klima bekannt und laut Werbung sogar die nördlichste Region der Welt, in der Obstanbau betrieben wird. Auf dem Weg vom Geirangerfjord zum Trollstigen führt die Straße durch die Schlucht **Gudbrandsjuvet,** wo eine Aussichtsplattform zum Bestaunen der reißenden Wassermassen einlädt.

Valldal ▶ D 3/4

Valldal ist der einzige größere Ort auf dem Weg zum Trollstigen und Zentrum der ca. 2000 Einwohner zählenden Norddal-Gemeinde, deren Wappen drei Erdbeeren schmücken: Im Valldal werden 10 % von Norwegens Erdbeeren geerntet. Die Weiterfahrt von Valldal auf der R 63 durch das von Erdbeerplantagen geprägte gleichnamige Tal bietet schön gelegene Unterkünfte und Campingplätze und führt am Ende durch eine stille, baumlose Landschaft zum Pass (853 m). Hier kann man bis weit in den Sommer Ski fahren. Von der Passhöhe sind es 3 km bis zum Trollstigen.

Übernachten

Schlafen wie bei Carl Larsson – **Petrines Gjestgiveri:** Norddal, s. Mein Tipp.
Am Fuße des Syltefjell – **Fjellro Turisthotell:** Valldal (Sylte), Tel. 70 25 75 13, www.fjellro.no. DZ 1190 NOK. Kleines Hotel mitten im Ort mit 30 Zimmern und Restaurant, Kanuverleih.
Komfort für Aktive – **Valldal Hytter & Fritid:** an der R 63, 6 km außerhalb von Valldal (Sylte) Richtung Trollstigen, Tel. 90 10 11 43, www.kragebakk.no, Hütte

7500 NOK/Woche. 5 komfortable und große Hütten mit je 3 DZ, Erwerb einer Angelerlaubnis möglich, Organisation von Mountainbike-Touren.
Camping im wild-schönen Valldalen:
Familienfreundlich – **Gjerde Camping:** ca. 9 km östlich von Valldal, Tel. 70 25 79 61, www.gjerde-camping.no, ganzjährig, 370–440 NOK pro Hütte.
An der Schlucht – **Gudbrandsjuvet Camping:** Tel. 70 25 86 31, Ende Mai–Mitte Sept., ab 500 NOK pro Hütte, ca. 13 km von Valldal entfernt. Hier zwängt sich der reißende Fluss durch eine nur 5 m breite Schlucht.
WoMo-Treff – **Wohnmobil-Camping in Langdal:** der letzte Hof vor dem Trollstigen (ab hier Straße im Winter zu).

Essen & Trinken

Hausmannskost – **Jordbærstova:** Tel. 70 25 76 58, www.jordbarstova.no, Mai–Okt., an der R 63, ca. 5 km von Valldal Richtung Trollstigen. Hier gibt es norwegische Spezialiäten und sonntags ein großes Büfett. Außerdem Verkauf von Erdbeermarmelade, regionalem Kunstgewerbe und Souvenirs im Kuhstall. Übernachtungsmöglichkeit.

Aktiv

Natur pur – **Valldal Naturopplevingar:** Tel. 90 01 40 35, www.valldal.no. In der Saison tgl. 4-stündige Raftingtouren, 890 NOK, Mindestalter 15 Jahre. Auch Kajaktouren, Stand Up Paddeling, Klettern, Canyoning.

Infos & Termine

Norddal Reiselivslag: direkt am Fjord, Valldal (Sylte), Tel. 70 25 77 67, www.visitalesund-geiranger.com, ganzjährig geöffnet, im Sommer tgl. 10–19 Uhr.
St.-Olavs-Tag: 29. Juli. Diesen Tag begeht Valldal mit einem Dorffest.

Geologisch interessant
Die **Umgebung von Tafjord/Norddal** ist ein Dorado für Geologen und Steinliebhaber, die gern auf eigene Faust auf Entdeckungsreise gehen. Typisch für die Region, die im Nordwestlichen Gneisgebiet liegt, sind die Olivinvorkommen, erkennbar an der rostroten Farbe des Gesteins. In den Bergen wurden zudem Edelsteinfunde gemacht und es gibt Hinweise auf die Existenz von Kupfer- und Goldmineralisierungen.

Tafjord ▶ D 4

Interessant ist ein Abstecher von Valldal ins kleine, dicht bebaute Tafjord am Ende des gleichnamigen Fjordarms (14 km). In der **Fundergata** liegen mehrere gut erhaltene Häuser aus dem 19. Jh. Einzigartig sind die *kyrkjebudene* (Kirchenbuden), die die Bauern der Umgebung benutzten, um sich vor der Fahrt mit dem Boot zur Kirche in Norddal zu stärken und umzuziehen.

In der Region gibt es mehrere **Wasserkraftwerke.** Das älteste stammt von 1923 und wurde 1989 in ein **Museum** umgewandelt (am Ortseingang, ca. Mitte Juni–Mitte Aug. tgl. 11–17 Uhr, Eintritt frei). Ein Teil der in Tafjord gewonnenen Energie wird zur Beheizung des **Freibades** am Fjord genutzt (Mitte Juni–Ende Aug. Mo–Fr 12–18, Sa, So 11–18 Uhr, Erw. 75 NOK, Kinder 50 NOK).

Wanderungen in der Umgebung
Beliebt ist die Tour zu den **Muldalshöfen** (im Sommer wird Kaffee serviert), Aussichtsplattform zum Muldals-Wasserfall (Muldalsfossen), Dauer ca. 1 Std. (ausgeschilderter Abzweig des Wanderpfades von der Autostraße ca. 2 km vor Tafjord, von Valldal kommend).

Um ins Hochgebirge zu gelangen, fährt man von Tafjord kommend noch

245

vor dem Zakariasdamm eine steile Straße zur **Kaldhusseter** hinauf (ca. Juni–
Aug., Mittagessen, Unterkunft, Tel. 70
25 81 18). Von der Kaldhusseter führt
der Weg zum Aussichtspunkt **Flyene,**
von dort aus gelangt man in ca. 1 Std.
zur bewirtschafteten Gebirgshütte
Reindalseter (Tel. 99 38 01 87). Beide
Hütten sind Ausgangspunkt für mehrtägige Wandertouren im Gebirge **Ta-
fjordfjella/Sunnmørsfjella.** Der Abstand
zwischen den Hütten beträgt 2–5 Std.

Zakariasdemning

Schön und einsam ist die Fahrt zum
Zakarias-Staudamm, mit 95 m Höhe
einer der größten Europas. Hier wird
das Wasser des dunkelgrünen, von steil
abfallenden Uferhängen umgebenen
Zakariasvatnet zur Energiegewinnung
gestaut, die Dammkrone ist begehbar.

Aktiv

Wandern – **Ålesund-Sunnmøre Turistforening:** Keiser Wilhelms gate 22,
Ålesund, Tel. 70 12 58 04, www.aast.
no. Mehrtägige Wandertouren im Gebirge Tafjordfjella/Sunnmørsfjella.

Trollstigen! ► E 3

Die **Trollweg** (eigentlich: *stig* = Leiter) führt von Trollstigheimen über elf
schwindelerregend enge Kurven hinab
ins Isterdalen (meist Anfang Juni–Ende
Sept./Okt. geöffnet; für Wohnwagen
nicht zu empfehlen). Entlang der Strecke sind Buchten zum Ausweichen,
Halten und Fotografieren vorhanden.
Mehrfach kreuzt der alte, für Spazier-
gänger mit weißen Steinen markierte
Saumpfad die Autostraße. Etwa auf der
Mitte passiert man die Brücke über den

**Wird jährlich von Hunderttausenden
besucht: der Trollstigen**

Stigfossen, einen Wasserfall mit einer freien Fallhöhe von fast 180 m.

Utsikten

Neben dem Museum befindet sich die **Trollstigen Fjellstue** (Souvenirs, Cafeteria). Von hier gelangt man in 5 Min. zu Fuß zum Aussichtspunkt **Utsikten.** Auf dem Weg dorthin bietet sich die Gelegenheit, Trolle und Touristenkitsch in allen nur denkbaren Variationen zu bestaunen. Von oben bietet sich eine grandiose Aussicht auf das wilde Zickzack des Trollstigen, das Isterdalen und die imponierenden Romsdal-Gipfel.

Wanderung auf dem Kløvstigen

Der Kløvstigen, der alte Weg über den Trollstigen-Pass, wurde restauriert und ist Wanderern zugänglich. Die Tour beginnt an der R 63 in Slettvikan auf der Valldal-Seite oder an der kleinen Brücke im Isterdal auf der Åndalsnes-Seite (ausgeschildert). 850 m geht es hoch, auf der anderen Seite wieder hinunter, tolle Aussicht auf den Stigfossen, Dauer in jede Richtung ca. 2,5 Std. Diese Wanderung ist nur im Sommer möglich, noch im Juni liegt hier Schnee.

Åndalsnes und Umgebung ▸ E 3

Das Verwaltungs- und Dienstleistungszentrum der Rauma-Gemeinde (ca. 2100 Einw.) ist bekannt für seine schöne Lage zwischen alpinen Gipfeln am Romsdalsfjord. Bereits in den 1880er-Jahren ankerten hier die ersten Touristenschiffe. Vor allem die englische High Society kam, um im Rauma-Fluss Lachse zu fangen. Aber auch als Wander- und vor allem als Klettergebiet erlangten die **Romsdalsalpen** u. a. mit der gewaltigen Trollwand und dem markanten **Romsdalshorn** internationale Berühmtheit.

Noch heute ist Åndalsnes ein beliebter Anlaufpunkt von Kreuzfahrtschiffen, obwohl im Ort selbst nicht viel zu entdecken ist. Im Zentrum, das die Deutschen im April 1940 bombardierten, überwiegt moderne, nichtssagende Architektur – trotzdem ein sympathischer Ort mit normalem norwegischem Alltag. Viele Arbeitsplätze bieten Holz-, Bekleidungs- und Kunststoffindustrie.

Übernachten

Zentral – **Grand Hotel Bellevue:** Åndalsgata 5, Åndalsnes, Tel. 71 22 75 00, www.grandhotel.no, DZ 1550 NOK, 86 Zimmer. Modern; Restaurant und Pianobar.
Liebenswert – **Åndalsnes Vandrerhjem:** Setnes, 2 km von Åndalsnes, Tel. 71 22 13 82, www.aandalsnesvandrerhjem. no, nur im Sommerhalbjahr, EZ 500 NOK, DZ 710 NOK, Schlafplatz 290 NOK. Der Bus von/nach Ålesund passiert die Jugendherberge. 25 Zimmer in drei Gebäuden, reichhaltiges Frühstücksbüfett.
Touristisch, aber sympathisch – **Trollstigen Camping og Gjestegård:** Isterdalen, auf dem Weg Trollstigen–Åndalsnes, Tel. 71 22 11 12, www.trollstigen. no, ganzjährig, 550–870 NOK. Zimmer, Wohnungen, 9 komfortable Hütten, Kanuverleih, Cafeteria.
Am Fluss – **Åndalsnes Camping og Motel:** Tel. 71 22 16 29, www.andalsnes-camping.com, Mai–Mitte Sept. 395–950 NOK, 10 Hütten und 4 Zimmer mit hohem Standard. 1,5 km vom Zentrum, großes Wiesengelände am Fluss Raumaelv, Angelplätze, Bootsverleih.

Aktiv

Hochgebirgstour – **Wanderung auf den Romsdalseggen:** Infos/Karten im Turistkontor Åndalsnes oder unter www.romsdal.com, Bus Juli–Sept. tgl. 9.30, in der Hochsaison auch 14 Uhr ins Vengedalen. Der Weg ist anspruchsvoll und recht steil, der Lohn: ein 360°-Blick über einige der schroffsten Berge des Landes. Die Tour gilt als eine der schönsten Norwegens. Die Strecke zurück nach Åndalsnes zu Fuß dauert 7–8 Std. (2 Varianten). Eine Broschüre mit Karte und Wegbeschreibung gibt es im Bahnhof.

Infos & Termine

Infos

Infos und Tickets: am Bahnhof am Fjord, Tel. 71 22 16 22, www.visitan dalsnes.com.

Verkehr

Zug: Verbindung von Åndalsnes nach Dombås (und weiter nach Oslo), www. raumabanen.net oder Touristeninfo.
Bus: direkte Verbindungen u.a. nach Ålesund und Molde.

Termine

Norsk Fjellfestival: eine Woche im Juli, Info Tel. 95 44 76 20, www.norsk-fjell festival.no. Im Programm: Gipfelbesteigungen, Familienwanderungen, Segelausflüge, ein Tag auf der Alm.

Norsk Tindesenter ▶ E 3

www.tindemuseet.no, voraussichtliche Wiedereröffnung 2016 am alten Bahnhof von Åndalsnes
Das Gipfelmuseum präsentiert die Sammlungen des reiselustigen Kletterers Arne Randers Heen aus Åndalsnes. 1928, mit 23 Jahren, bestieg Heen erstmals in seinem Leben das Romsdalshorn (1550 m), auf dem er dann als 80-Jähriger zum 233. Mal stand.

Trollveggen ▶ E 3

Wer an der abenteuerlichen Welt der Kletterer und Erstbesteiger interessiert ist, sollte einen Abstecher zur **Trollwand** (*vegg* = Wand) im Romsdal machen. Bei Horgheim (ca. 12 km von Åndalsnes entfernt, Richtung Dombås, E 136) befindet sich direkt unterhalb der steilen Trollzinnen ein Besucherzentrum mit Souvenirs, Touristeninfo und Cafeteria. Die gewaltige, 1000 m senkrecht abfallende Felswand ist imponierend. In die Schlagzeilen geriet sie 1980, als sich der Finne Jorma Øster oben vom Grat mit dem Fallschirm in die Tiefe stürzte. Sein wagemutiger Sprung lockte Fallschirmspringer aus aller Welt ins Romsdal. Nach einem Todesfall und mehreren aufwendigen Rettungsaktionen wurde das Springen 1986 per Gesetz verboten.

Raumabahn ▶ E 3

www.raumabanen.net oder Touristeninformation in Åndalsnes
Eine der schönsten Bahnstrecken Europas: Die sogenannte **Trolltour** mit der Raumabahn verläuft durch das Romsdal mit Aussicht auf Trollwand und Romsdalshorn, vorbei an der steinernen Gewölbebrücke Kylling Bru und der Trollwand, mehrsprachige Ansagen.

Rødven Stavkirke ▶ E 3

Ende Juni–Mitte Aug. tgl. 11–16 Uhr, Erw. 60 NOK
Landschaftlich sehr reizvoll ist auch die Gegend nördlich von Åndalsnes. Die Fahrt am Isfjord entlang führt durch eine liebliche, fruchtbare Landschaft mit Höfen und Weiden. Bei Leirheim, ca. 24 km hinter Åndalsnes, zweigt die Straße zur **Stabkirche** nach Rødven ab (ca. 12 km). Neben der neuen steht die alte Kirche (12. Jh.), die Anfang des 19. Jh. eine Reihe großer, neuer Fenster erhielt und deshalb nicht mehr das typische Bild einer Stabkirche bietet.

Ålesund und Umgebung

Highlight!

Ålesund: Die berühmte Jugendstilstadt ist in einem Land der Holzarchitektur schon ob ihres steinernen Baumaterials etwas Besonderes. Das Stadtzentrum liegt dicht gedrängt auf den drei Inseln Hessa, Nørvøy und Aspøy, die durch Brücken miteinander und mit dem Festland verbunden sind. Vom Hausberg Aksla bietet sich ein einmaliger Panoramablick auf die Stadt, im Hintergrund die Schären und die Gipfel der Sunnmøre-Alpen. S. 252

Auf Entdeckungstour

Leben am Abgrund – die Vogelinsel Runde: Berühmt wurde Runde durch einen reichen Goldfund in einem Schiffswrack vor seiner Küste. Doch die eigentlichen Schätze der Insel sind ihre hier brütenden Seevögel und die atemberaubende Natur. Auf den Vogelfelsen tummeln sich in der Brutzeit Hunderttausende gefiederter Bewohner an den steilen Klippen, allen voran der Papageientaucher. S. 262

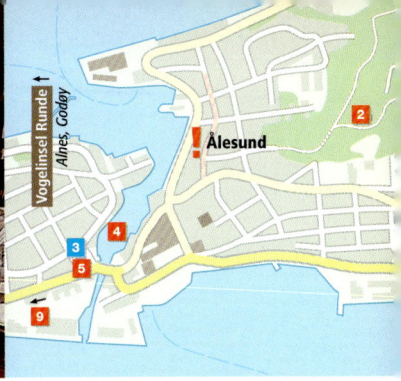

Kultur & Sehenswertes

Jugendstilsenteret: Hier erhält der Besucher eine fundierte Einführung in die Welt des Art nouveau, für dessen Architektur Ålesund so berühmt ist. Typische Stilelemente wie geschwungene Linien und Blumenornamente lassen sich bei einem anschließenden Gang durch die Stadt vielerorts wiederentdecken. **5** S. 254

Atlanterhavsparken: Harmonisch in die offene Schärenlandschaft integriert ist das Gebäude des Atlantik-Seeparks; hier findet man die Fische und Meerestiere der Nordsee. Ein besonderes Highlight ist es, Tauchern bei der Fütterung der Fische zuzusehen. **9** S. 258

Zu Fuß unterwegs

Wanderung auf den Aksla: Wer die 418 Stufen auf den Stadtberg Aksla geschafft hat, wird oben mit einem sensationellen Blick auf die Stadt belohnt. **2** S. 253

Genießen & Atmosphäre

Gaumenfreuden am Binnenhafen Brosundet: Krabben kann man fangfrisch von den im Hafen liegenden Fischkuttern kaufen. Es findet sich fast immer eine freie Bank, auf der man den köstlichen und gesunden Snack mit Blick auf den Brosundet genießen kann. **4** S. 254

Alnes auf Godøy: Ein Krämerladen, bunte Bootsschuppen, kleine Holzhäuser, Fischkutter und ein rot-weiß gestreifter Leuchtturm, dazu ein Picknick inmitten saftig-grüner Wiesen. S. 260

Abends & Nachts

Dirty Nelly: Wie sollte es anders sein – selbst der gemütliche Irish Pub befindet sich in einem schönen Jugendstilhaus. Hier kommen besonders Bierliebhaber und Fußballfans auf ihre Kosten. **3** S. 258

Ålesund und Umgebung

Die Jugendstilstadt Ålesund, berühmt für ihre Lage und Architektur, ist wie geschaffen für einen ausgiebigen Stadtbummel. Ein Besuch in der größten Aquarienanlage Nordeuropas lockt ebenso wie der Panoramablick vom Hausberg Aksla auf den Schärengürtel und die Gipfel der Sunnmørealpen. Sandstrände, Steinzeithöhlen und Wikingerhistorie erwarten Besucher in der Umgebung – insbesondere auf den Ålesund vorgelagerten Inseln – und nicht zuletzt die drolligen Papageientaucher auf der Vogelinsel Runde.

Ålesund! ▶ C 3

Zu Beginn des 19. Jh. war Ålesund nur ein kleines Fischerdorf mit knapp 300 Einwohnern. Infolge üppiger Fischfänge und des florierenden Exports von Klippfisch begann der Ort zu expandieren und erhielt 1848 Stadtrechte. 1884 war Ålesund mit 12 000 Einwohnern einer der größten Orte des Landes.

Einen Rückschlag erlebte die Stadt, als im Januar 1904 ein gewaltiges Feuer ausbrach. Über 800 Häuser brannten ab, 10 000 Menschen wurden obdachlos. Um gegen solch verheerende Brände gewappnet zu sein, wurde ein Gesetz erlassen, das nur Steinbauten im Stadtbereich zuließ. Innerhalb von drei Jahren sollte Ålesund im Jugendstil wieder aufgebaut werden. Und obwohl durchaus nicht alle Ålesunder von der Idee begeistert waren, machten sich die jungen, im Ausland ausgebildeten Architekten, die für den Wiederaufbau verantwortlich waren, daran, eine reine Jugendstilstadt zu entwerfen, die heute Touristen aus aller Welt anzieht.

Infobox

Turistinformasjon Ålesund: Skateflukaia, Tel. 70 16 34 30, www.visitalesund.com, Juni–Aug. Mo–Sa 8.30–18, Sept.–Mai Mo–Fr 9–16 Uhr. Die Touristeninformation am Hafen ist sehr gut ausgestattet. Auch die Internetseite bietet viele Tipps und tolle Fotos.

Anreise und Weiterkommen
Ålesunds Flughafen Vigra liegt ca. 20 Min. vom Zentrum entfernt. Die Busse korrespondieren mit allen Flügen; mehrere innernorwegische Verbindungen, u. a. nach Oslo. Der nächste Bahnhof liegt in Åndalsnes, Bus dorthin 3–4 x tgl. Expressbusse u. a. nach Bergen, Trondheim, Molde und Kristiansund.

Das Zentrum liegt dicht gedrängt auf den drei Inseln **Hessa, Nørvøy** und **Aspøy,** die durch Brücken miteinander und mit dem Festland verbunden sind. Als auch der kleinste Platz ausgenutzt war, wurden einige Hügel mitten in der Stadt gesprengt. Der Vogelfelsen Rønneberghaugen etwa musste dem Rathaus und dem Einkaufszentrum Kremmergården weichen. Ålesund ist heute Verwaltungs- und Dienstleistungszentrum der Provinz Møre og Romsdal und immer noch einer der führenden norwegischen Fischereihäfen sowie der größte Versandhafen für Klippfisch.

Stadtrundgang

Gange-Rolv Statue

Im **Stadtpark** 1 steht die Statue des kriegerischen Wikingerfürsten Gange-Rolv, bei uns besser bekannt als Rollo, der 911 vom fränkischen König zum ersten Herzog der Normandie ernannt worden sein soll.

Stadtberg Aksla 2

Der Stadtzug fährt im Rahmen der Stadtrundfahrt auf den Aksla, Start: Dronning Sonjas Plass, Dauer ca. 1 Std. Vom Stadtpark führen 418 Stufen hinauf zum Aksla, von dem sich ein fantastischer Blick auf die Stadt und die benachbarten Inseln bietet. Oben liegt die **Fjellstua** (ausgeschildert, auch per Auto zu erreichen, im Sommer 11–20 Uhr, nur in dieser Zeit ist die Terrasse mit dem Panoramablick zugänglich), ein verglastes Café mit Aussichtsterrasse.

Ålesunds Museum 3

Rasmus Rønnebergs gate 16, Tel. 70 12 31 70, www.aalesunds.museum.

Vom Sukkertoppen genießt man einen fantastischen Blick auf Ålesund

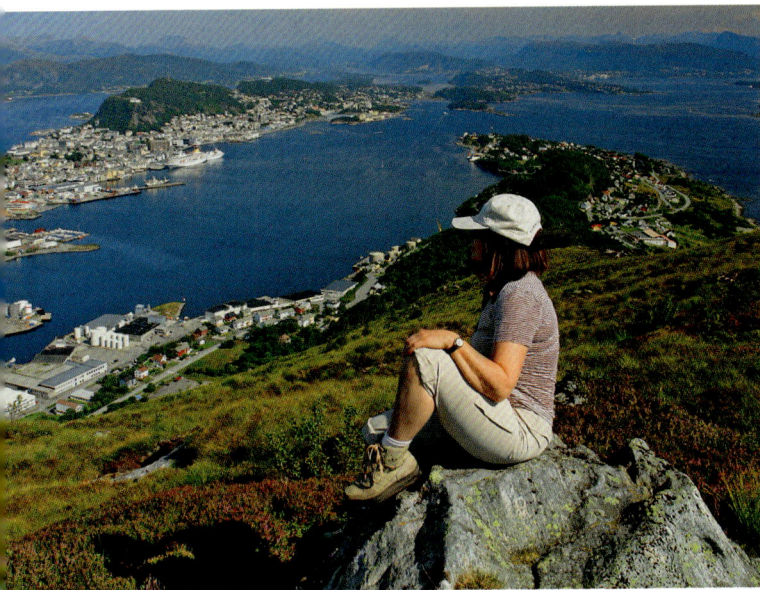

Ålesund

no, Mitte Juni–Mitte Aug. Mo–Fr 9–16, Sa, So 12–16, sonst Mo–Sa 9–16, So 12–15 Uhr, im Winter Sa, So geschl., Erw. 50 NOK, Kinder 30 NOK
Die 1919 errichtete Villa ist vollgestopft mit Dokumenten und Gegenständen aus Ålesunds Geschichte. Ausführlich wird der große Brand von 1904 dokumentiert. Ein Modell zeigt die Stadt, wie sie vor der Katastrophe aussah.

Binnenhafen Brosundet 4

Das Herz von Ålesund ist der Binnenhafen. Vom **Apotekertorget** (Apothekermarkt) besticht der Blick über die Fassaden pastellfarbener Jugendstilhäuser und die bunten Fischerboote. Auf dem offenen Platz direkt am Wasser steht die von Knut Skinnarland geschaffene Statue »**Der Jungvogel**«, von den Einheimischen »Fischerjunge« genannt.

Jugendstilsenteret 5

Apotekergata 16, www.jugendstil senteret.no, Juni–Aug. Mo–So 10–17, sonst Di–So 12–16 Uhr, Erw. 75 NOK, Kinder 40 NOK
Die 1907 im Jugendstil erbaute Schwan-Apotheke beherbergt das **Ju-** **gendstilzentrum**, das mit einem ausführlichen Film und Exponaten von Möbeln über Schmuck und Geschirr in die Welt des Art nouveau einführt. In der **Zeitmaschine** *(tidsmaskinen)* erlebt man den großen Brand und den Wiederaufbau der Stadt.

Kunstmuseet KUBE 6

Apotekergata 16, Tel. 70 10 49 70, www.kunstmuseetkube.no, Öffnungszeiten s. Jugendstilsenteret, Eintritt im Ticket für das Jugenstilsenter inklusive
Gleich neben dem Jugendstilzentrum befindet sich das im Jahr 2005 eröffnete **Kunstmuseum**. Es präsentiert wechselnde Ausstellungen zu den Themenbereichen Kunst, Architektur und Design.

Fiskerimuseum 7

Molovegen 10, Tel. 70 12 31 70, www. aalesunds.museum.no, Mitte Juni– Mitte Aug. Mo–Fr 9–16, Sa, So 12–16, sonst Mi–Fr 9–15, So 12–16 Uhr, Erw. 50 NOK, Kinder 30 NOK
Das **Fischereimuseum** an der Mole dokumentiert u. a. die Tran- und Klippfischproduktion.

Ålesund Kirke 8

www.kirken-aalesund.no, Juni–Aug.,
Erw. 20 NOK
Die erst 1855 eingeweihte Vorgänge-
rin der **Ålesund-Kirche** wurde während
des großen Brandes 1904 zerstört.
Die Glasgemälde im Giebel hinter der
Orgel sind ein Geschenk von Kaiser
Wilhelm II. zur Einweihung des neuen
Gotteshauses im Jahre 1909.

Übernachten

Charmant – **Brosundet Hotel 1**: Apotekergata 5, Tel. 70 11 45 00, www.
brosundet.no. DZ 1530 NOK. Komfortables, charmantes Haus im Herzen der
Stadt, 44 Zimmer; Küchenbenutzung.
Prachtvoll – **Rica Hotel Scandinavie 2**:
Løvenvoldgata 8, Tel. 70 15 78 00, www.
scandichotels.no, DZ ab 890 NOK. 65
komfortable Zimmer in einem Jugend-
stilbau, Restaurant mit internat. Küche.
Edel – **Clarion Collection Hotel Bryggen 3**: Apotekergata 1–3, Tel. 70 10
33 00, www.nordicchoicehotels.no, DZ
1317–2180 NOK, Rabatt mit Nordisk

Hotellpass. Zentral, restaurierter Spei-
cherkomplex am alten Fischereihafen.
Low Budget – **Ålesund Vandrerhjem 4**:
Parkgata 14, Tel. 70 11 58 30, www.vand
rerhjem.no; Schlafplatz 285 NOK.

Ålesund per pedes

Ålesund kann man gut zu Fuß erkunden. In der Touristeninformation
erhält man die Broschüre »Zu Fuß in
Ålesund« (30 NOK), die einen zwei-
stündigen Spaziergang durch die
Stadt beschreibt. Ausgangspunkt ist
der Stadtpark am Fuße des Aksla, des
Hausbergs von Ålesund. Wer wenig
Zeit hat, sollte seine Stadterkundung
am Brosundet mitten im Zentrum beginnen, wo sich das Jugendstilzentrum
befindet. Von hier bietet sich ein Spaziergang durch die Apotekergata und
Bakkegata zur Hafenmole in eines der
ältesten noch erhaltenen Viertel Ålesunds an. Hier stößt man auf teils he-
runtergekommene Holzgebäude, die
vom Brand verschont blieben.

Ålesund und Umgebung

Mit Aussicht – **Volsdalen Camping** `5`: Tel. 70 12 58 90, www.volsdalencamping.no, Mitte Mai–Mitte Sept., 550–2000 NOK. Einfache Hütten mit 2–8 Betten, 2 km vom Zentrum, nahe der E 136.

Schöne Lage – **Hjelsetgården Bobilparkering** `6`: Sorenskriver Bulls gata 33, Mai–Sept., 160 NOK pro Tag. Dieser Wohnmobil-Parkplatz bietet zwar keinen Luxus, dafür aber einen schönen Blick aufs Wasser; zudem liegt er zentral – von hier sind es nur 5 Min. zu Fuß ins Zentrum.

Essen & Trinken

Erschwinglich – **Café Lyspunktet** `1`: Kipervikgata 1a, Tel. 70 12 53 00, www.lyspunktet.as. Café mit entspannter Atmosphäre und leckeren, schön angerichteten Speisen (ab 115 NOK). Die Sofas und der gute Kaffee laden zum Verweilen ein.

Internationale Küche – **XL Diner** `2`: Skaregata 1, Tel. 70 12 42 53, www.xldiner.no. Hauptgerichte ab 296 NOK. Internationale Küche, verschiedene Klippfischspezialitäten; beste Aussicht auf den Hafen.

Stylish – **Invit Espresso Bar** `3`: Apotekergata 9, Tel. 70 15 66 44. Kleine Gerichte ab 60 NOK. Der Espresso ist preisgekrönt. Tagessuppe und Kuchen.

Orientalisch – **Nomaden Espresso** `4`: Apotekergata 10, www.invit.no. Kleine Gerichte ab 50 NOK (Kuchen, Salate, Sandwiches). Orientalische Atmosphäre im wunderschönen Jugendstilhaus. Zu empfehlen ist der Chai.

Einkaufen

Fußgängerzone – **Kongens gate** `1`: hier reiht sich Geschäft an Geschäft.

Obst und Gemüse – **Markt am Kiperviktorget** `2`.

Shoppen bei Regen – **Kremmergården** `3`, Rasmus Rønnebergs gate 6, Mo–Fr 10–20, Sa 10–18 Uhr, **Ålesund Storsenter** `4`: Grimmergata 1, Mo–Fr 10–20, Sa 10–18 Uhr. Die Einkaufszentren bieten ein breites Spektrum an Geschäften und Dienstleistungen, von Kleidung bis zum Zahnarzt.

Norwegerpullis – **Devold in Langevåg:** www.devoldfabrikken.no, Mo–Fr 10–18, Do 10–20, Sa 10–17 Uhr. Anreise: ca. 10 Min. per Boot ab Ålesund, mehrmals tgl., im Hochsommer bis vor die Fabrik, sonst bis Lange-

Ein idealer Ort für das Jugendstilzentrum der Stadt, die ehemalige Schwan-Apotheke

våg; auch per Auto von Ålesund zu erreichen, ca. 35 Min., Abzweig von der R 61 (auf dem Weg nach Runde kommt man hier vorbei). In der **Wollfabrik Devold** entstehen klassische Norwegerpullis. Die Teilnehmer unzähliger Expeditionen schworen auf Devold-Strick, unter ihnen Fridjof Nansen und Roald Amundsen; kleines Museum. Der Fabrikverkauf ist interessant, bietet aber, abgesehen von ein paar Schnäppchen, kaum günstigere Preise als andere Läden.

Aktiv

Stadtwanderungen – **Turistinformasjon Ålesund:** Touren tgl. Mitte Juni–Ende Aug. Start vor der Touristeninformation um 12 Uhr, Dauer ca. 1,5 Std., Erw. 100 NOK.

Rafting, Angel- und Bootsausflüge – **62°Nord AS** **1**: Skansekaia, Tel. 70 11 44 30, www.utihavet.no. PS-starke Touren auf dem Meer oder in den Fjorden.

Bimmelbahn – **Bytoget** **2**: Dronning Sonjas Plass, Tel. 41 50 18 63, www.

bytoget.no, Erw. 150 NOK, Kinder 75 NOK. Einstündige Rundfahrt mit dem Stadtzug bis auf den Berg Aksla, Audioguides auf Deutsch, Tickets am Startpunkt.

Kinderspieleland – **Barnas Lekeland 3**: Vasstrandvegen 75, Tel. 41 60 16 00, www.barnaslekeland.no, im Sommer tgl. 10–18 Uhr, Kinder 140 NOK, Erw. frei. Westnorwegens größtes Indoor-Kinder-Aktivitäts- und Spielhaus.

Schiffstagestour nach Geiranger: s. Verkehr.

Abends & Nachts

Bilder & Bier – **Piano – Bar, Café & Gallery 1**: Kipervikgata 1b, Tel. 90 79 79 91. Nette Bar mit leckeren Tapas, wechselnde Kunstausstellungen, Publikum meist mittlere Jahrgänge.

Kulturelle Vielfalt – **Teaterfabrikken 2**: Molovegen 22, Tel. 70 10 04 10, www.teaterfabrikken.no. Kneipe im ersten Stockwerk einer alten Tranfabrik. Livemusik, Cabaret, Theater. Es gibt auch kleine Gerichte.

Irisch – **Dirty Nelly 3**: Kirkegata 1, Tel. 70 12 56 00, www.dirty-nelly.no. Gemütlich-uriger Irish Pub in einem klassischen Jugenstilhaus. Kleine und größere Gerichte.

Edel – **Brudes Bar:** im Rica Hotel Scandinavie **2**, s. S. 255. Gut sortierte Bar im schicken Ambiente des schönen Jugendstilhauses des Rica Hotels. Beliebt wegen der professionellen Barkeeper und leckeren Cocktails.

Infos & Termine

Infos
Turistinformasjon Ålesund: s. S. 252.

Verkehr
Bus: Expressbusse tgl. von/nach Kristiansund, Bergen und Trondheim; Info:

Nor-Way Bussekspress, Tel. 81 54 44 44, www.nor-way.no, und bei Nettbuss Møre AS, Tel. 177, www.nettbuss.no.

Schiff: Hurtigruten, ganzjährig tgl. Anlauf von Süden und von Norden. Das nordwärtsgehende ›Postschiff‹ bedient von April bis September die Strecke Ålesund–Geiranger–Ålesund.

Tagestour nach Geiranger (mit Bus und Fähre): Anfang Mai–Sept. 1–2 x tgl. Ålesund–Geiranger–Ålesund (ca. 2,5 Std. Aufenthalt in Geiranger), www.visitalesund.com, Erw. 670 NOK, Kinder 355 NOK.

Termine
Aktuelle Infos zu den zahlreichen Festivals, die regelmäßig in Ålesund stattfinden, unter www.visitalesund.com.

Ålesund Båtfestival: www.batfestivalen.no, 4-tägiges Bootsfest im Juli. Mit Bootsrennen, Ausstellungen, Verkauf von gebrauchten Booten, Auktionen, Konzerten, Livemusik und Tanz.

Den Norske Matfestivalen: Ende Aug./Anfang Sept., www.matfestivalen.no. Viertägige Gourmet-Fachmesse mit buntem Kulturprogramm, einer Fülle kulinarischer Delikatessen und Grillparty.

Ausflüge von Ålesund

Atlanterhavsparken 9 ▶ C 3
Tueneset, 3 km westlich von Ålesund, Tel. 70 10 70 60, www.atlanterhavsparken.no, ab Ålesund ›Akvariebus‹ von St. Olavsplass, während der Öffnungszeiten des Museums stdl., Juni–Aug. Mo–Fr, So 10–18, Sa 10–16, sonst Mo–Sa 11–16, So 11–18 Uhr, Erw. 170 NOK, Kinder 75 NOK
Imponierende, in die Küstenlandschaft eingebettete **Aquarien** zeigen die Tierwelt des Atlantiks. Besonders aufregend für Kinder ist es, wenn ein Taucher die Fische – immer um 13 und im

Sommer 15.30 Uhr – füttert. Bade- und Angelmöglichkeit.

Borgund und das Sunnmøre Museum ► C 3

Die E 136 von/nach Ålesund führt unmittelbar durch Borgund; regelmäßige Busverbindung ins Zentrum

Das ca. 4 km östlich von Ålesund gelegene Borgund war schon zur Wikingerzeit, also lange bevor es Ålesund gab, ein wichtiger Handelsplatz und Kirchort. Durch die Hanseabkommen verlor der Ort im Verlauf des 15. Jh. die Privilegien einer Handelsstadt und damit seine Bedeutung. Heute wartet es mit zwei interessanten Museen zur Kulturgeschichte der Region auf.

Das **Sunnmøre Museum** (Museumsveien 1, Borgundgavlen, www.sunnmore.museum.no, Mai–Sept. Mo–Fr 10–16, Sa 12–16, Okt.–April Di–Fr 15, So 12–16 Uhr, Erw. 80 NOK, Kinder 30 NOK; Café) besteht aus einem Freilichtmuseum, einem wunderschönen Naturpark und dem Mittelaltermuseum.

Das **Freilichtmuseum** umfasst 55 Gebäude aus fünf Jahrhunderten und eine imponierende Bootssammlung. Am Museumskai dümpelt die Kopie eines Wikingerschiffs aus dem 8. Jh. (in der Sommersaison jeden Mi verschiedene Aktivitäten, Führungen, einstündige Ausfahrten) sowie die Heland, ein Fischkutter von 1937, der im Zweiten Weltkrieg auf gefährlichem Weg Flüchtlinge nach England brachte.

Das **Mittelaltermuseum** befindet sich im hinteren Teil des Museumsareals, auf dem Gelände des früheren Handelsortes Borgund Kaupstaden. Als im Jahre 1349 aus England die Pest eingeschleppt wurde, starben etwa drei Viertel der Bevölkerung und der schon im 10. Jh. bekannte Handelsort geriet in Vergessenheit. Das Museum wurde über den ausgegrabenen Resten einer

årestue (Blockhaus mit offener Feuerstätte, Rauchabzug durch ein Loch im Dach) errichtet. Derzeit wird die Ausstellung neu konzipiert.

In unmittelbarer Nähe des Sunnmøre Museums trifft man auf die 1907 eingeweihte **Borgund Kirke** (Juni–Aug.), deren älteste Teile aus dem 12. Jh. stammen. Nach Erweiterungsbauten in den Jahren 1632 und 1868 wurde sie 1904 durch einen Brand stark zerstört und anschließend wieder neu aufgebaut. Das neue Inventar der Kirche besticht vor allem durch kunstvolle Holzschnitzereien. Der steinerne Altar stammt aus dem Mittelalter.

Inseln nordwestlich von Ålesund

www.visitgiske.no

Auf den Inseln Valderøy, Vigra, Giske und Godøy tummelte sich zur Wikingerzeit alles, was Rang und Namen hatte, u. a. soll hier der kriegerische Wikinger Gange-Rolv (oder Rollo) als Sohn von Ragnvald Mørejarl geboren worden sein. Einer Überlieferung zufolge erhielt er 911 vom fränkischen König die Normandie als Lehen. Das würde bedeuten, dass er Herzog der Normandie war und damit – durch Wilhelm den Eroberer als direktem Nachfahr, der 1066 England eroberte – einer der Stammväter des englischen Königshauses wäre. Die insgesamt ca. 40 km^2 umfassenden Inseln bestechen aber vor allem durch ihre schöne Natur mit ausgedehnten Stränden, baumlosen Schärenküsten und vogelreichen Sumpfgebieten.

Valderøy ► C 3

Auf der Südwestseite der Insel Valderøy liegt die **Skjonghellaren**, eine spätestens seit der Jungsteinzeit bewohnte Höhle. Hier wurden die ältesten Tierspuren Norwegens gefunden, die möglicherweise bis zu 30 000 Jahre alt sind. Vom Parkplatz führt ein steiler Pfad in knapp 10 Min. zum Eingang (Taschenlampe nicht vergessen!).

Giske ▸ C 3

Auf Giske steht eine kleine, in ihrer Schlichtheit wunderschöne **Marmorkirche** (Ende Juni–Ende Aug. Mo–Sa 10–17, So 13–19 Uhr, Erw. 35 NOK, Kinder 15 NOK) aus der ersten Hälfte des 12. Jh. Sie befand sich im Besitz der Familie Giske, die vom 11. bis 15. Jh. zu den einflussreichsten Familien des Landes zählte.

Godøy ▸ C 3

Auf Godøy sollte man **Alnes** besuchen. Das Fischerörtchen mit Krämerladen, bunten Bootshäusern und viereckigem **Leuchtturm** (Kunstausstellung, Café, Führungen Juni–Aug. tgl. 12–18 Uhr, März–Mai, Sept. So geöffnet, Erw. 20 NOK, Kinder 10 NOK) liegt inmitten von saftiggrünen Wiesen, die sich bis zum steinigen Strand hinziehen. Von hier kann man bei günstigen Bedingungen Surfer beobachten. Im **Godøy Kystmuseum** geht es nicht nur um das Leben an der Küste und die Fischerei, sondern auch um die Geschehnisse im Zweiten Weltkrieg (Ende Juni–Ende Aug. Mi–So 12–16 Uhr, Erw. 50 NOK).

Übernachten

Fischerhütten – **Alnes Rorbuferie:** Alnes, Tel. 70 18 51 96, www.alnesrorbuferie.no, Hütten 800–950 NOK, bis zu 6 Pers.

Infos

Anreise mit Pkw: Seit 1986 sind alle Inseln durch lange, unterseeische Tunnel (3500 und 4200 m) und Brücken untereinander und mit Ålesund verbunden (ca. 15 Min. mit dem Auto). **Bus:** Mo–Sa tgl. Ålesund–Giske/Alnes.

Inseln südwestlich von Ålesund

Südlich von Ålesund setzt sich die Schärenküste mit unzähligen kleinen Fjorden fort; hier und da gibt es einen Sandstrand. Nicht nur die Vogelinsel Runde lohnt den Besuch.

Sula ▸ C 3

Wer mit dem eigenen Auto von Ålesund auf der E 136 und der R 61 gen Süden fährt, gelangt nach ca. 35 Min. über eine Brücke zur Insel Sula. Hier kann man einen Abstecher zu der **Devold-Wollfabrik** in Langevåg machen (10 km, s. S. 256). Auf der Weiterfahrt nach Runde setzt man mit der Fähre von Sulesund nach Hareid auf die Insel Hareidlandet über (35 x tgl., 25 Min.).

Hareidlandet ▸ C 3

Hareidlandet ist die größte Insel an der Schärenküste südlich von Ålesund und eine der größten Fischereigemeinden des Landes. Von Ålesund kommend, betritt man die Insel im Ort Hareid, von wo es 4 km bis zum Eismeermuseum in **Brandal** sind.

Ishavsmuseet
Brandal, www.ishavsmuseet.no, April, Mai, Sept. tgl. 12–16, Juni–Aug. tgl.

11–17 Uhr, Erw. 70 NOK, Kinder 30 NOK

Das **Eismeermuseum** von Brandal ist einem Bootshaus *(sjøhus)* untergebracht. Die Ausstellung ist u. a. wegen der ausgestopften riesigen Eisbären und authentischen Gebrauchsgegenstände, z. B. ein Inuitkajak und Seehundfängerboot (seit Ende des 19. Jh. hatte sich Brandal zu einem Zentrum des Robbenfangs entwickelt), auch für Kinder interessant.

Hjørungavåg-Monument

In der Bucht von Hjørungavåg, südöstlich von Hareid, soll 986 der norwegische Herrscher Håkon Jarl über die dänischen Jomswikinger gesiegt und damit die Unabhängigkeit des Landes verteidigt haben. Zum 1000-jährigen Jubiläum wurde am Overåsand ein weithin sichtbares Monument aufgestellt: vier hochkant gegeneinander gelehnte Wikingerschiffsbuge. Nebenan liegt ein fantastischer **Sandstrand**.

Ulsteinvik und Borgarøya

Auf der anderen Seite der Insel liegt der Küstenort **Ulsteinvik**, dessen Bekanntheitsgrad sich den beiden größten und modernsten **Werften** Norwegens verdankt. In der Umgebung gibt es schöne **Sandstrände**, aber auch die vorgelagerten Inselchen mit wunderbar glatten Felsen bieten sich zum Sonnen an.

Vor Ulsteinvik liegt **Borgarøya**. Die bekannte Insel war einst ein Handelsort am Schifffahrtsweg zwischen Bergen und Trondheim. Zur Blütezeit standen hier 17 Häuser, das renovierte **Haupthaus** stammt aus dem 18. Jh. Der Handel florierte noch bis in die 1880er-Jahre.

Übernachten

Modern – **Ulsteinvik Vandrerhjem:** Varleitevegen 5, Ulsteinvik, Tel. 70 00 96 00, www.hihostels.no. Mitte Mai–Mitte Aug., Schlafplatz 310 NOK, Familienzimmer (2 Erw., 2 Kinder) 850 NOK mit Frühstück. Moderne Jugendherberge, kein Mittag- oder Abendessen, aber Küche zum Selberkochen, Spielplatz.

Infos

Verkehrsanbindung: Hareidlandet ist mit der Nachbarinsel Gurskøya über eine Brücke verbunden. Seit der Eröffnung des Eiksundtunnels im Südosten ist die Insel von der E 39 aus auch ohne Fähre zu erreichen.

Herøy ▶ B 3

Auf der R 61 und der R 654 geht es weiter Richtung Runde. In einer von Küstenwinden geprägten Schärenlandschaft zweigt auf Nautøya eine schmale Straße zur alten Thinginsel Herøy ab. Nach Einführung des Christentums wurde Herøy Kirchort und Handelszentrum. Bis 1761 wohnten die Pfarrer noch auf der Insel, was sie dann jedoch nicht mehr wollten, da ihnen die mitunter von orkanartigen Stürmen freigelegten menschlichen Knochen zu unheimlich waren. Die Ursache für dieses unangenehme Phänomen: Der Friedhof Herøys war auf nacktem Fels angelegt. Die für die Begräbnisse nötige Erde musste mühsam in Booten auf die Insel geschafft werden, die die Toten bedeckende Erdschicht war entsprechend dünn.

Dort, wo die Straße von Nautøya die Thinginsel erreicht (2 km), liegt das **Herøy Kystmuseum** (www.sunnmore.museum.no, Juli-Aug. Mi–Fr, So 12–16 Uhr, Erw. 40 NOK, Kinder 20 NOK). Zum Küstenmuseum gehören der Pfarrhof, dessen ältester ▷ S. 265

Auf Entdeckungstour:
Leben am Abgrund – die Vogelinsel Runde

Berühmt wurde Runde durch einen Goldschatz, den Taucher in einem Schiffs-wrack vor der Küste fanden. Die eigentlichen Schätze der Insel aber liegen ein paar hundert Meter über dem Meer. An den steil abfallenden Felswänden tummeln sich in der Brutzeit Hunderttausende von Seevögeln.

Reisekarte: ▶ B 3

Infos: Touristeninformation im Miljø-senter (s. u.); auf dem Campingplatz erhält man eine Karte.

Wichtiger Hinweis: Bitte keinesfalls die Pfade verlassen!

Miljøsenter: www.rundecentre.no, Tel. 70 08 83 00, Ostern–Mitte Juni tgl. 12–18, Mitte Juni–Aug. 11–17 Uhr, Erw. 85 NOK, Kinder 35 NOK.

Mit Touristeninfo, Besucherzentrum, Forschungsstation, Übernachtungs-möglichkeit (s. S. 265), Café.

Planung: Die beste Zeit zur Beobach-tung der Vögel ist Mai–Juli, dabei gilt: je früher, desto besser. Dauer der Rundwanderung ca. 2,5 Std.

Tipp: Nützlich sind ein Fernglas und ein Vogelbestimmungsbuch.

Anreise: s. S. 265

Zur Brutzeit wird es nie ganz ruhig auf **Runde.** Unschwer vorstellbar bei über 300 000 Seevögeln, die jedes Jahr unter lautem Geschnatter, Pfeifen, Krächzen und Flügelschlagen zum Nisten auf die Insel zurückkehren. Dann herrscht ein scheinbar wildes und doch geordnetes Durcheinander an den Steilhängen des mit saftigem Weidegras bewachsenen Hochplateaus. Es nimmt den weitaus größten Teil der Inselfläche ein, auf deren schmalem Küstenstreifen nur 100 Menschen wohnen. Im Westen fällt das Plateau bis zu 300 m senkrecht zum Meer ab. An diesen unzugänglichen Felswänden finden die Vögel den für sie so wichtigen Schutz. Von oben kann man bis auf wenige Meter an die Vögel herankommen, vor allem in den Abendstunden, wenn sie von der Nahrungssuche im Meer zurückkehren.

Beste Aussichten

Kurz hinter **Goksøyr Camping** zweigt ein breiter **Wanderweg** von der einzigen geteerten Straße der Insel ab und führt durch saftiges Weideland auf das Hochplateau. Folgt man der Beschilderung nach **Kaldekloven,** gelangt man zu dem ersten Aussichtspunkt, wo man auf den erklärten Liebling der Touristen trifft, den drolligen, manchmal geradezu tolpatschig wirkenden **Papageientaucher.** Der *lundefugl* ist mit 100 000 brütenden Pärchen der am häufigsten vorkommende Seevogel auf Runde. Er ist etwa 28–30 cm groß und durch seinen dreieckigen, leuchtend gelborangen Schnabel und seine ebenso orangefarbenen Füße leicht zu erkennen. Das Papageientaucher-Paar legt nur ein Ei in die ins Erdreich gegrabene Höhle am oberen Rand der Klippen. Fünf Wochen muss das Weibchen auf dem Ei brüten, bevor das possierliche Küken schlüpft und nach weiteren fünf Wochen mit Flugübungen beginnt.

Ebenfalls am Kaldekloven brütet die **Dreizehenmöwe,** deren Bestand noch vor wenigen Jahren bei 50 000 Paaren lag. Wahrscheinlich gestört durch die wachsende Adlerpopulation, baut sie zwar Nester, brütet indes zzt. nicht. Sie hat graue Flügel mit schwarzen Spitzen und einen gelbgrünlichen Schnabel. Einer ihrer größten Feinde ist die **Raubmöwe.** Immer wieder macht sie den Dreizehenmöwen das erbeutete Futter streitig und schießt bei der kleinsten Unachtsamkeit der Eltern im Sturzflug auf deren wehrlosen Nachwuchs hinab.

Alke, Lummen und Tölpel

Vom Kaldekloven folgt man dem Pfad entlang der Klippen weiter nach Nordwesten bis zum Aussichtspunkt **Raudenipa.** Unterwegs sind Kolonien verschiedener Vogelarten zu entdecken, von denen einige jedoch weit unten brüten und von oben nur schwer auszumachen sind. Der **Tordalk,** von dem es etwa 4000 Paare auf der Insel gibt, gehört zu denen, die ohne Fernglas von Land aus nur schlecht zu beobachten sind. Er ist schwarz mit einem weißen Bauch und einer auffälligen weißen Linie auf den Flügeln und dem Schnabel. Häufig brütet er in kleinen Gruppen inmitten einer Kolonie von **Trottellummen.** Der Bestand der schwarz-weißen Lummen liegt bei 7000–8000 Tieren. Ein weiterer Bewohner dieses Inselteils ist der **Basstölpel,** der größte Seevogel des Nordatlantiks. An seinem weißen Gefieder mit den schwarzen Flügelspitzen und dem gelben Kopf ist er leicht zu erkennen. Am Nest gibt er Laute von sich, die etwa wie ein »rab-rab-rab« klingen, kehrt er zur Brutkolonie zurück, wird daraus ein »arrah-arrah«.

Feuer auf dem Wal

Am nördlichsten Zipfel der Insel gabelt sich der Wanderweg. Ein lohnender,

Kvalneset
Runde
Fyr
SS. Akerendam
(1725)
Raude-
nipa
Terneneset
Runde
Vogelfelsen
Langenes
Kalde-
kloven
Goksøyr
Camping
Start/Ziel
Varden
333 m
Miljø-
senter
Maganeset
Runde
Rimøy
Fosnavåg
0 1 2 km

insgesamt etwa einstündiger Abstecher führt zum **Leuchtturm auf Kvalneset** (*kval* = Wal, *neset* = Landzunge), der 1935 einen bereits vorhandenen Leuchtturm ersetzte. Von Ende Mai bis Ende Juli wird er nicht gebraucht, dann ist es hier rund um die Uhr hell.

In alter Zeit bedeuteten die Sommerwochen eine willkommene Unterbrechung im harten Arbeitsalltag der Feuerwärter: Seit 1767 wurden Torf und Kohle in einem Eisenbehälter verbrannt, um auf diese Weise vorbeifahrende Schiffe vor der klippenreichen Insel zu warnen. Dieses Feuer musste unter allen Umständen vor dem Erlöschen bewahrt werden, was bei Sturm, Wind und Regen eine Strapaze gewesen sein muss. Und doch wurde diese Praxis 58 Jahre lang beibehalten, bevor ein Steinturm mit integriertem Feuerzeichen gebaut wurde.

Die Schatzinsel

Die Errichtung eines Leuchtfeuers kam für so manche Mannschaft in diesem gefährlichen Küstenabschnitt zu spät. Viele Schiffe erlitten Schiffbruch, wie auch die legendäre Akerendam, die östlich vom Kvalneset unweit der Küste

Rundes ihr nasses Grab fand. 1725 sank der niederländische Ostindiensegler mit 200 Menschen und 230 000 Goldgulden an Bord. Fast 250 Jahre später fanden drei Sporttaucher ungefähr 6000 Gold- und an die 40 000 Silbermünzen. 75 % des gehobenen Schatzes durften sie behalten, 15 % gingen an den norwegischen Staat, die restlichen 10 % an die Niederlande.

Im 2009 eingeweihten **Miljøsenter** kann man im Anschluss an die Wanderung mit Hilfe eines Mini-U-Boots die Überreste des **Akerendam-Wracks** studieren. Das Umweltzentrum zeigt auch Teile des **Rundeschatzes.** Nicht ohne Stolz nennt sich Runde auch Schatzinsel und zieht Sporttaucher aller Nationen an, deren heimliche Hoffnung auf einem Kriegsschiff der spanischen Armada ruht: Die schwer mit Gold beladene Castillo Negro zerschellte 1588 an den Schären vor Runde.

Am Abgrund

Zurück auf dem Weg, der entlang der Nordseite der Insel zum Aussichtspunkt **Terneneset** führt, begegnen dem Wanderer vor allem zwei Vogelarten: der Eissturmvogel und die Krähenscharbe. Bei Terneneset können Mutige vorsichtig an den Rand der Klippe robben und so fast direkt in die Nester der ca. 5500 Pärchen starken **Eissturmvogel-Kolonie** schauen. Diese Vögel, die bis zu 90 Jahre alt werden können, sehen Möwen ähnlich, besitzen aber oberhalb ihres Schnabels röhrenartig verlängerte Nasenlöcher. Die **Krähenscharbe** gehört zur Familie der Kormorane, ist aber etwas zierlicher und, vom Schnabel abgesehen, komplett schwarz.

Diese Vogelarten sind nur die am häufigsten vorkommenden. 221 Arten hat man auf Runde gesichtet, 77 von ihnen nisten hier, darunter auch Seeadler, die ganzjährig auf der Insel leben.

Teil aus dem Jahr 1752 stammt, sowie das Bootshaus mit einem rekonstruierten Wikingerschiff aus dem 8. Jh. Ein ca. 1 km langer Spazierweg führt über die Insel, mit herrlichem Blick über die Schären.

Termine

Herøyspelet: Anfang Juli, www.heroy spelet.no. Open-Air-Theater auf Herøy. Eine dramatische, in den Sagas festgehaltene Begegnung zwischen König Olav dem Heiligen und dem Møre-Häuptling Karl liefert den Stoff für das historische Stück samt Liebesgeschichte mit der Tochter des Häuptlings.

Vogelinsel Runde ► E 10

s. auch Entdeckungstour S. 262
Seit Runde 1981 durch eine 432 m lange Brücke landfest wurde, wird die nur 6,4 km^2 große, unter Naturschutz stehende Insel in der Vogelsaison von einem ständig wachsenden Strom von Touristen aufgesucht. Eine Wanderung zu den Vogelfelsen ist auch in der Nachsaison lohnend, wenn ein Großteil der Vögel ausgeflogen ist.

Einen fantastischen Blick über die Insel und die Küste des Festlands hat man vom höchsten Gipfel Rundes, dem 333 m hohen Aussichtspunkt **Varden**. Darüber hinaus ist das **Miljøsenter** (s. Entdeckungstour) interessant.

Übernachten

Modern – **Miljøsenter:** s. Entdeckungstour S. 262, ab 336 NOK pro Pers. Angenehme Apartments (je 5 Betten).
Heiß begehrt, in bester Lage – **Goksøyr Camping:** am Ende der Straße, Tel. 70 08 59 05, www.insel-runde.de, Hütten für 2–4 Pers. 310–1100 NOK, Lotsenhaus (Lotsenstation seit 1996 geschl.)

in atemberaubender Lage ab 470 NOK, Platz für Wohnmobile am Meer.

Aktiv

Bootsrundfahrt – **Goksøyr Camping** (s. o.), Erw. 225 NOK, Kinder 100 NOK, 3 x tgl. (11, 13, 16 Uhr), Dauer ca. 2 Std. In der Brutzeit, Mai–Aug., bieten Tourveranstalter von verschiedenen Orten aus Touren zur Vogelinsel an. Faszinierend sind auch zu den Vogelfelsen führende Inselrundfahrten. Die Touren führen einmal um die Insel herum. Hierbei kann man in Augenschein nehmen, was man von oben nicht gesehen hat – z. B. die Kolonien der Eissturmvögel, der Kormorane und Basstölpel, auch die bis zu 120 m tiefen Grotten am Fuße der Steilwände. Ausgangspunkt ist der Hafen. Vorbuchen!
Vogel- & Seehundsafari – **Goksøyr Camping:** Tel. 70 08 59 05, Erw. 200 NOK, Kinder 100 NOK. Aufregende Bootsfahrten z. B. zu den Seehundkolonien. Dauer 2–2,5 Std. Abfahrt am Hafen.

Infos

Runde Turistinformasjon: Miljøsenter, s. Entdeckungstour S. 262. Ergänzend dazu gibt es noch eine nicht offizielle Internetseite: www.insel-runde.de.

Verkehr
Öffentliche Verkehrsmittel: Vom Anleger Skateflukaia in Ålesund verkehrt mehrmals tgl. ein Schnellboot *(hurtigbåt)* nach Hareid (30 Min.), von dort ein Bus nach Runde (Buswechsel in Fosnavåg). Wer einen Tagesausflug von Ålesund nach Runde machen möchte, sollte das Schnellboot nehmen; um 17.10 Uhr verlässt der letzte Bus die Insel, das Anschlussboot ist gegen 19.30 Uhr wieder in Ålesund.
Mit dem Boot nach Runde: Fähre von Sulesund nach Hareid, bis zu 36 x tgl.

Von Molde nach Kristiansund

Highlight!

Atlanterhavsveien: Eine der schönsten Autostraßen der Welt verläuft über acht Brücken durch die Schärenwelt zwischen Molde und Kristiansund. Gerade bei rauer See hat man das aufregende Gefühl, auf dem offenen Meer zu fahren. S. 272

Auf Entdeckungstour

Klippfisch in Kristiansund: Der gesalzene und getrocknete Fisch brachte dem Venedig des Nordens im 19. Jh. Wohlstand. An der inneren Hafenbucht, dem Vågen, erinnern alte Pack- und Lagerhäuser, kleine Werften und das Klippfiskmuseum an die guten alten Zeiten. S. 278

Klippfisch in Kristiansund
Tustna
Kristiansund
Håholmen
Atlanterhavsveien
Ona
Varden
Molde
Romsdalsmuseet

Kultur & Sehenswertes

Romsdalsmuseet: Mit rund 40 Gebäuden aus der Region ist dies eines der größten Freilichtmuseen Norwegens. Ein nachgebauter Straßenzug zeigt, wie Molde vor dem verheerenden Brand von 1916 aussah. S. 268

Håholmen: Die restaurierte Fischersiedlung in baumloser Schärenlandschaft ist nur per Boot zu erreichen. Hier gibt es jede Menge Wikingergeschichte(n) und alte Fischerkultur. S. 273

Aktiv unterwegs

Sundbåt: Seit über 130 Jahren verbindet das Sundboot die drei Inseln, über die sich Kristiansund erstreckt. Eine gute Möglichkeit, die Stadt vom Wasser aus zu entdecken. S. 282

›Schnupperwanderung‹: Verbunden mit einer Bootsfahrt kann man vom Flughafen Kristiansund aus ein Teilstück der Fjordroute auf der Insel Tustna erkunden. S. 282

Genießen & Atmosphäre

Moldepanorama vom Varden: Zu Fuß oder mit dem Auto erreichbar, hat man vom Hausberg Moldes bei gutem Wetter eine sensationelle Aussicht über die Stadt, den mit Inseln durchsetzten Fjord und die beeindruckenden Romsdalsalpen. S. 269

Ona: Vom Leuchtturm der kleinen ganzjährig bewohnten Fischerinsel bietet sich ein Panoramarundblick über die eng aneinander gekuschelten bunten Holzhäuser und das Meer. S. 271

Abends & Nachts

Dødeladen Café: Direkt am Anleger des Sundbootes in Kristiansund werden im Dødeladen leckere norwegische Mahlzeiten neben rockigen Musikkonzerten geboten. S. 282

Molde, die Stadt der Rosen und des Jazz, bietet fast südländisch heitere Stimmungen am Fjord mit grandiosem Blick auf die schneebedeckten Gipfel der Romsdalsalpen. Vor der schatzträchtigen Küste, die schon vielen Schiffen zum Verhängnis wurde, liegen die Fischerinseln Bjørnsund und Ona als Kleinode im Meer. Mit dem Meer auf Tuchfühlung kommt man auf der Fahrt über die Atlantikküstenstraße, die nach Kristiansund führt. Die Hafenstadt ist auf drei Inseln im Meer verteilt, zwischen den durch Brücken verbundenen Stadtteilen verkehrt – heute wie vor 130 Jahren – das Sundboot.

Molde und Umgebung ▶ D 2/3

Bereits gegen Ende des 19. Jh. war Molde wegen seiner schönen Lage direkt am Romsdalsfjord und dem Panoramablick auf die bis zu 2000 m hohen Gipfel der Romsdalsalpen ein beliebtes Touristenziel, das auch Kaiser Wilhelms Zuspruch fand. Er besuchte Molde zwischen 1890 und 1913 fast jeden Sommer.

Die Berge der Moldeheia schützen den Ort gegen die scharfen Nord- und Westwinde und gewährleisten ein für 62° nördlicher Breite ungewöhnlich mildes Klima. Der Literaturnobelpreisträger und Autor der norwegischen Nationalhymne Bjørnstjerne Bjørnson (1832–1910), der hier zur Schule ging, hat Molde wegen seiner schönen Gärten »Stadt der Rosen« genannt.

Im April 1940 wurde die nach einem Großbrand im Jahr 1916 wieder aufgebaute Stadt von den Deutschen bombardiert und zerstört. In der Hauptstraße, Storgata, stand nur noch ein einziges gemauertes Haus. Das Zentrum um die Storgata und den Marktplatz wurde mit breiteren Straßen und modernen Geschäftshäusern neu errichtet.

Heute ist Molde (ca. 26 000 Einw.) vor allem eine Handels- und Dienstleistungsstadt mit einem breiten Schul- und Ausbildungsangebot. Das seit 1960 jährlich Ende Juli stattfindende Internationale Jazzfestival hat den Ort weit über die Landesgrenzen hinaus bekannt gemacht. Auf dem **Torget** steht die Bronzeskulptur eines jungen Saxophonisten, »**Jazzguten**«, ein Geschenk der Einwohner anlässlich des 250. Stadtjubiläums 1992. In der Festivalwoche werden vor dem Rathaus jeden Tag ab 12 Uhr Gratiskonzerte geboten. Vor dem 1966 aus Beton und Glas errichteten **Rathaus** steht die Statue »**Das Rosenmädchen**«, das Wahrzeichen Moldes.

Infobox

www.visitmolde.com, www.visitkristiansund.com: informative Internetseiten der Städte Molde und Kristiansund sowie ihrer Regionen.

Anreise und Weiterkommen

Auto: Die kürzeste Verbindung zwischen Molde und Kristiansund ist die E 39 und die von ihr abgehende R 70. Das Vergnügen, entlang der Küste und über die Atlantikküstenstraße zu fahren, sollte sich jedoch kein Autofahrer entgehen lassen.

Fähre: Sowohl Molde als auch Kristiansund sind Anlaufhäfen der Hurtigrute. Zwischen Molde und (Helland) Vikebukt verkehrt ein Schnellboot 16 x tgl.

Romsdalsmuseet

Per Amdams veg 4, Tel. 71 20 24 60, www.romsdalsmuseet.no, Mitte Juni–Mitte Aug. Mo–Sa 11–15, So 12–15, im Juli bis 17 Uhr, Erw. 90 NOK,

Überwältigend ist der Blick über Molde vom Varden aus

*Kinder 50 NOK; Malis Café, Volks-
tanzvorführungen*
Das Museum oberhalb des Reknes-
Parks, etwa 15 Min. vom Stadtzentrum
entfernt, vermittelt einen Eindruck von
der Lebens- und Arbeitsweise der Menschen seit dem 15. Jh. bis in die heutige
Zeit. U. a. werden historische Arbeits-
geräte, Trachten und Fotos gezeigt.

Königsbirke

Im Westen der Stadt steht bei Gloms-
tua die berühmte **Kongebjørka.** Hier
suchten Håkon VII. und Kronprinz
Olav Schutz, als Molde im April 1940
bombardiert wurde. Das Foto, das
ein Journalist vom König und seinem
Sohn vor der Birke machte, geriet zum
nationalen Symbol für den Wider-
standswillen der Norweger gegen die
Okkupationsmacht. 1982 pflanzte König Olav eine neue Birke, nachdem die
alte zuvor zerstört worden war.

Fiskerimuseum auf Hjertøya

*Schnellboot ab Kai (gegenüber vom
Rathaus direkt hinter dem Marktplatz) in der Hochsaison 4 x tgl.*

*12–17 Uhr, 10 Min., bei schönem
Wetter auch öfter, Mitte Juni–Anfang
Aug. Mo–So 12–17 Uhr, Erw. 90 NOK,
Kinder 50 NOK, Führungen nach
Ankunft der Boote*
Per Boot gelangt man zum **Fischerei-
museum** auf der Hjertøya (Herzinsel)
direkt vor der Stadt. Hier erhält man
Einblick in die Lebensverhältnisse der
Menschen ab etwa 1850. Sehenswert
ist das **Haus,** in dem der deutsche Ma-
ler und Schriftsteller **Kurt Schwitters**
(1887–1948) in der Emigration lebte.
An heißen Tagen an Badezeug den-
ken, auf der Insel gibt es einen schönen
Strand und einen **Bootsverleih.**

Moldepanorama vom Varden

Zu Fuß oder mit dem Auto erreichbar, trumpft der Hausberg von Molde,
Varden, bei gutem Wetter mit einer
sensationellen Aussicht auf. Es führen
viele Pfade hinauf, einer beginnt an der
Königsbirke. Die Autostraße auf den
Berg ist als Wanderweg nicht so geeignet, weil sie einen großen Bogen macht
und zudem gepflastert ist. Vom 407 m
hohen Gipfel schweift der Blick über

269

Mein Tipp

Sich gut fühlen bei Kaffee und Kuchen

Im **Fole godt** werden neben dem wohl besten Kaffee der Stadt auch Bäckerleckereien wie Schokomuffins und Olivenbrot angeboten. Das Innere des Cafés ist gemütlich eingerichtet, an den Wänden hängen Gemälde, die man auch kaufen kann. Obwohl es hier mit einem Spielzimmer sehr kinderfreundlich zugeht, treffen sich auch viele junge und ältere Leute auf ein Schwätzchen. **Fole godt:** Storgata 61, Mo–Sa 7.45–17, So 10–16 Uhr.

die Stadt, den mit kleinen Inseln durchsetzten Fjord und die beeindruckenden Romsdalsalpen, die sich bei einem bestimmten Licht in Blauschattierungen im Horizont verlieren. Zur Stärkung lädt das **Vardestua** (s. rechts) mit Kaffee, Kuchen und leckeren einheimischen Gerichten ein.

Fahrradtouren in und um Molde

In und um Molde verlaufen landschaftlich schöne Fahrradstrecken, darunter die 200 km lange Tour von Molde über Ona nach Bud zur Atlantikküstenstraße. Aber auch kürzere Fahrten sind zu empfehlen. In der Touristeninformation kann man Fahrräder leihen und das ausführliche Heft »Sykkelguide« mit Routenvorschlägen und Beschreibungen von Sehenswürdigkeiten kaufen.

Übernachten

Luxus – **Quality Hotel Alexandra:** Storgata 1–7, Tel. 71 20 37 50, www.nordicchoicehotels.com, DZ 1170–1570 NOK. Luxushotel am Fjord, mit drei

Restaurants, Sauna, Solarium, Swimmingpool, 163 Betten.

Blockhausstil – **Skaret Touristzentrum:** 12 km nordöstlich von Molde an der R 64, Skaret, Tel.71 26 80 90, www.skarstua.no, Hütten 750–1100 NOK, DZ im Motel 750 NOK. Außer dem Handwerkerhof stehen in Skaret 20 unterschiedlich große, traditionell norwegische Blockhäuser. Spiel-, Bade- und Reitmöglichkeiten für Kinder, Verleih von Kanus und Angelausrüstung, Restaurant.

Angenehm – **Kviltorp Camping:** Fannestrandvegen 142, Tel. 71 21 17 42, www.kviltorpcamping.no, ganzjährig, Hütten 475–1950 NOK. Am Fannefjord, 3 km östlich des Zentrums an der E 39, Wohnmobilstellplätze, Bootsverleih.

Essen & Trinken

Traditionelle Gerichte – **Vardestua:** auf dem Varden, Tel. 90 85 99 02, Hauptgerichte ab 89 NOK. Superlage auf 407 m mit Aussicht auf das Moldepanorama. Cafeteria/Restaurant (Selbstbedienung) mit Kuchen, kleinen Speisen und regionaltypisch zubereiteten Lachs- und Lammgerichten.

Draußen sitzen – **Dockside Pub:** Torget, Tel. 71 21 50 33, Gerichte 150–190 NOK. Wenn die Sonne scheint, sitzt man draußen am Wasser und genießt das Leben bei einem kühlen Bier, häufiger Livemusik mit Blick über den Fjord auf die großen Fährschiffe.

Einkaufen

Handwerkerhof – **Skaret Håndverkergård:** 12 km nordöstlich von Molde an der R 64, Skarstua, Skaret, Tel. 71 26 80 90, www.skarstua.no, tgl. 12–18, Do, So bis 19 Uhr. Im **Klokkargården** findet man kunsthandwerkliche Produkte, darunter Rosenmalereien, Gewebtes, Gestricktes und Töpferwaren. Im **Lysgården,** dem Kerzenhof, gibt es eine Kerzengießerei sowie eine riesige Kerzenauswahl zu für norwegische Verhältnisse erstaunlich günstigen Preisen.

Infos & Termine

Infos

Destination Molde & Romsdal, Turistinformasjon: Torget 4, Tel. 70 23 88 00, www.visitmolde.com, Mitte Juni–Mitte Aug. tgl. geöffnet, in der Nebensaison nur werktags. Fahrradverleih, Internetzugang gratis.

Verkehr

Auto: Der Skålavegen führt über eine Brücke und durch einen Tunnel bis unmittelbar vor Molde.
Flug: ab Årø, 5 km von Molde, tgl. Flüge nach Oslo, Bergen, Trondheim.
Bus: Verbindungen nach Åndalsnes mit Anschluss an die Raumabahn; tgl. Dag-og-Nattekspressen (Tag/Nacht Ålesund/Molde–Åndalsnes–Oslo).
Fähre: Molde–Vestnes, 37 x tgl., ca. 35 Min.; Molde–Sekken, 8 x tgl., ca. 40 Min.
Hurtigruten: Schiffe der Hurtigruten laufen Molde regelmäßig an.

Termine

Molde International Jazzfestival: Juli, www.moldejazz.no, Tel. 71 20 31 50. Norwegens größtes Jazzfestival. Eintrittskarten in allen Postämtern, auch viele Gratiskonzerte.

Ausflüge von Molde

Trollkirka ▶ D 2

25 km nördlich von Molde, Parkplatz an der R 64, dann 1,5 Std. Wanderung, ganzjährig frei zugänglich
Die **Trollkirche** ist eine dreigeteilte Kalksteinhöhle mit unterirdischen Bächen, Wasserfällen und glattgeschliffenen Marmorwänden. Die Wanderung hinauf ist steil, aber ungefährlich.

Oberhalb der Grotten liegt ein kleiner See, auch hier ist weißer Mamor zu bewundern. Die gezackten, spitzen Gipfel hinter der Trollkirche sind sogenannte *nunatak*. Das Inuitwort bezeichnet Bergspitzen, die während der letzten Eiszeit aus dem Eis hervorragten und nicht glattgeschliffen wurden. Wer die Wanderung angeht, sollte unbedingt eine Taschenlampe mitnehmen und, wenn vorhanden, auch Gummistiefel.

Ona ▶ C 2

Unzählige Fischerinseln an der Westküste wurden im Verlauf des 20. Jh. verlassen und dienen heute nur noch als Feriendomizil. Eine Ausnahme ist die Insel Ona, die noch ganzjährig bewohnt ist (ca. 40 Einw.). Junge Familien gibt es nicht allzu viele, die kommen am Wochenende oder in den Ferien zu Besuch. Größtes Ereignis ist die Ankunft der Fähren. Es gibt einen Leuchtturm, ein Geschäft, einen kleinen Laden, ein Café und zwei bis drei Töpferwerkstätten, einen Friedhof am Meer sowie einen schönen Sandstrand.

Wie auf Ona haben sich auch auf der durch eine Brücke angebundenen Husøya mehrere Töpfer niedergelassen.

Übernachten

Am Hafen – **Ona Havstuer:** Tel. 71 27 58 50, www.classicnorway.no, Wohnungen und Zimmer (1–6 Pers.) 1125–1900 NOK/Tag. Schöne Anlage am Hafen, Wochenpreis etwas günstiger.

Infos

Fähre: Die Anreise nach Ona ist etwas umständlich. Vom Fähranleger Hollingsholm, 19 km westlich von Molde, mit der Autofähre nach Aukra, dann per Auto 10 km bis Småge. Hier wird geparkt, Fähre nach Ona 4 x tgl.

Bud ▶ D 2

Das hübsche Dorf Bud liegt direkt am Meer, 47 km nordwestlich von Molde. Die ca. 1000 Einwohner leben primär vom Fischfang und von der Fischverarbeitung. Die alte Bebauung des Ortes konzentriert sich um den Hafen.

Der Hügel Ergan oberhalb des Hafens war im Zweiten Weltkrieg Sitz einer deutschen Befestigungsanlage mit Bunkern, Kommandozentrale, einem Feldlazarett, Frischwasserreservoir sowie einem weiten Netz von unterirdischen Gängen. Die restaurierte Befestigungsanlage, das **Ergan Kystfort** (Ergan Küstenfort, Anf. Mai–Sept. Di–So 11–15, Mitte Juni–Ende Aug. tgl. 10–17 Uhr, Erw. 100 NOK, Kinder 50 NOK, auch Touristeninformation), gewährt Einblick in das düstere Kapitel der deutschen Besatzungszeit in Norwegen; 350 Deutsche waren hier im Zweiten Weltkrieg stationiert.

Übernachten

Fantastische Lage – **Pluscamp Bud Camping:** Tel. 71 26 10 23, www.budcamping.no, Hütten (2–8 Pers.) 450–2000 NOK. Verleih von Booten und Kanus, eigener Bootssteg, Verkauf von Angelausrüstung.

Sandstrand – **Blåhammer Camping:** Tel. 95 75 03 94, www.blaahammercamping.no, Hütten (4 Pers.) 300–380 NOK. Kurz vor Bud, sandiger Badestrand, schöne Sonnenuntergänge, Bootsverleih, gute Angelmöglichkeit.

Essen & Trinken

Maritim – **Bryggjen i Bud:** am Hafen, Tel. 71 26 11 11, www.bryggjen.no, Fischgerichte ab 150 NOK, Havhus (bis 6 Pers.) 1200 NOK. Offene Lage an der Mole, Außenterrasse auf der Brücke, helle, freundliche Einrichtung, viele

Busgruppen kehren hier ein. Fischspezialitäten wie gegrillter Lachs, Bacalao. Auch Angelfahrten und Kurse, etwa zur Herstellung von Klippfisch.

Bjørnsund ▶ D 2

Ein Paradies für Angler und Vogelliebhaber ist das Inselreich Bjørnsund, das aus drei Inseln besteht: Søndre Bjørnsund, Hammarøya und Nordre Bjørnsund; die beiden Letztgenannten sind über Brücken verbunden. Die meisten Tagesbesucher passieren per Schiff das idyllische Søndre Bjørnsund und steigen in Nordre Bjørnsund aus.

Einst lebten auf **Nordre Bjørnsund** 500–600 Menschen. 1970 verließen die letzten Dauerbewohner die Insel, viele verbringen hier aber im Sommerhalbjahr ihre Wochenenden und Ferien. Man kann das Dorf erkunden und auf Steinmolen hinüber nach Hammarøya und zum Leuchtfeuer wandern. In der Sommersaison ist ein kleines Café in der Nähe des Anlegers geöffnet.

Infos

Boot: In der Hauptsaison (Ende Juni–Anf. Aug.) fährt ein Boot von der Molde in Bud nach Bjørnsund tgl. (außer Di) 1–2 x (11 und 17 bzw. 18 Uhr). In der Vor- und Nebensaison nur Mo, Fr, So, Anschluss an Busse von/nach Molde.

Atlanterhavsveien❗

▶ D 2

Auf der **Atlantikküstenstraße**, einer fantastischen, etwa 8 km langen Teilstrecke der R 64 über die durch Brücken verbundenen Inseln und Schären zwischen Vevang und Kårvåg auf Averøya, gelangt man mit dem Auto mitten ins Meer. Um die Wende zum 20. Jh.

wohnten auf den Inseln noch ca. 120 Menschen, die vom Fischfang lebten, inzwischen sind die Eilande verlassen. An der Küste wimmelt es von Fischen, auf den Brücken an der Küste stehen zahlreiche Freizeitangler.

Der bereits 1935 beschlossene Bau der Atlantikküstenstraße wurde erst 1983 in Angriff genommen und 1989 beendet. Die Gesamtkosten lagen mit 122 Mio. NOK niedriger als erwartet; ein Viertel davon wurde durch die Brückengebühr finanziert. 1999 wurde die Mautstation abgebaut.

Westlich von Vevang liegt der Küstenabschnitt **Hustadvika**, der für seine vielen gefährlichen und im Sturm unpassierbaren Stellen berüchtigt ist. Hier sind unzählige Schiffe untergegangen.

Übernachten

Freundlich – **Strømsholmen Sjøsportsenter**: in Vevang, Tel. 71 29 81 74, mobil 90 83 56 50, www.stromsholmen. no, Hüttenschlafplatz 375–750 NOK/ Pers., Zimmer 375 NOK. Übernachtungsmöglichkeit in alten Seehäusern, Café.

Aktiv

Tauchen – **Strømsholmen Sjøsportsenter**: s. o. Tauchen für Anfänger und Fortgeschrittene.

Håholmen

Mitten in der baumlosen Schärenlandschaft liegt das Eiland mit einem winzigen restaurierten Fischerort und der **Saga-Siglar-Halle**, in der die Wikingerexpeditionen des Abenteurers (und Hausherrn) Ragnar Thorseth gezeigt werden, der u. a. auf dem nachgebauten Wikingerschiff Gaia von Norwegen über Island und Grönland bis nach Amerika segelte. Wer mag, kann hier stilvoll

übernachten und essen. Der Anleger liegt nahe dem Atlanterhavsveien.

Übernachten

Eine Perle – **Håholmen Havstuer**: Tel. 71 51 72 50, www.haholmen.no, Juli–Mitte Aug., EZ 1095 NOK, DZ 1690 NOK. Gemütliche Zimmer, Gästehafen, Restaurant (Fisch!), Vermietung von Kleinbooten, Kajaks, Segel-, Schnorchel- und Angeltouren.

Infos

Boot: nach Håholmen im Sommer regelmäßig von der Atlantikküstenstraße.

Averøya ► D/E 2

Landschaftlich reizvoller als der Fortsetzung des Atlanterhavsveien, der R 64, direkt bis Bremsnes zu folgen, ist die Strecke entlang des **Kvernesfjord**s (► D/E 2) im Südteil von Averøya. An der äußersten Südspitze der Insel liegt mit **Håkkårøysa**, (► D 2) Nordmøres größter Grabhügel aus der Wikingerzeit.

Kvernes ► E 2

Die **Kvernes Stavkirke** (Mitte Juni–Mitte Aug. tgl. 11–17 Uhr, Erw. 50 NOK, Kinder Eintritt frei), 1432 erstmals erwähnt und später mehrmals umgebaut, wirkt von außen schlicht. Umso beeindruckender ist dann das schön dekorierte Innere, das in der ersten Hälfte des 17. Jh. neu gestaltet wurde. Das von der Decke hängende Schiff ist typisch für die Kirchen an der Küste.

Des Weiteren lohnt in Kvernes das **Gamle Kvernes Bygdemuseum** (Prestegårdsveien, Tel. 71 51 40 66, Mitte Juni–Mitte Aug. Di–So 12–17 Uhr, Erw. 50 NOK, Kinder 20 NOK) einen Stopp.

Das Schiff in der Stabkirche von Kvernes wurde von Fischern gestiftet

Das Freilichtmuseum zeigt neben zehn Hofgebäuden aus dem 18./19. Jh. eine Ausstellung zur Küstenkultur mit einer Sammlung von Booten. In der archäologischen Abteilung sind Funde aus der Fosna-Kultur zu sehen.

Bei Bremsnes ▶ E2

Südwestlich von Bremsnes (▶ E 2) liegt der **Bremsneshatten**, ein 130 m hoher Bergrücken, in dessen unmittelbarer Umgebung zahlreiche Spuren aus der Steinzeit (8000–1500 v. Chr.) gefunden wurden. Allein wegen der weiten Aussicht lohnt der Aufstieg zur steinzeitlichen Wohnhöhle, der **Bremsneshula**. Im hinteren Bereich kann man eine schwindelerregend hohe Leiter zu einer Seitenhöhle hinaufklettern (Taschenlampe erforderlich).

Übernachten

Hübsch – **Lysø Camping og Rorbu:** Lysø, Tel. 71 51 21 13, www.lysoenrorbuer. com, Hütten 200–1500 NOK. 10 komfortable Hütten und *rorbuer* an der Schärenküste im Nordwesten von Averøya; Bootsverleih; Gefriertruhe vorhanden.

Anglerparadies – **Skjerneset Bryggecamping:** Ekkilsøy, westlich von Bremsnes, Tel. 71 51 18 94, www.skjer neset.com, Hütten 450–920 NOK. Camping am Wasser, mit kleinem Fischermuseum und Aquarium; Verkauf von Anglerzubehör, Vermietung von Booten. Es wird auch deutsch gesprochen.

Infos

Averøy Næringsforum: Sentrumsbygget, Bruhagen, Tel. 71 51 44 77, www. bedriftnordvest.no, ganzjährig Mo–Fr.

Kristiansund ▶ E 2

Im 16. Jh. wuchs ein kleiner Fischerort um den geschützten Naturhafen
Vågen. Gegen Ende des 17. Jh., als
die umliegenden Wälder abgeholzt
waren und damit der einst blühen-
de Holzhandel mit den Holländern
zum Erliegen kam, entwickelte sich
Kristiansund zu einem Zentrum für
die Klippfischproduktion. Es erhielt
im Jahre 1742 die begehrten Stadtrechte sowie den Namen Christians-
und nach dem damals regierenden
dänisch-norwegischen König Christian VI. Im April 1940 wurden große
Teile Kristiansunds von den Deutschen in Schutt und Asche gelegt,
724 Häuser gingen in Flammen auf.
Am südöstlichen Zipfel von Kirkelandet, im eigentlichen Geschäftszentrum der Stadt, überwiegt moderne,
nüchterne Architektur. Die Statue
der Klippfischfrau am Pier wurde
zur 250-Jahr-Feier der Stadt im Jahre
1992 dort aufgestellt.

Kristiansunds Wirtschaft basiert
heute wie einst vornehmlich auf Fisch,
obwohl große Anstrengungen unternommen werden, weitere Einnahme-
quellen zu etablieren. Neue Arbeitsplätze bietet die Zulieferindustrie für
die Ölbohrungen vor der Trøndelag-
küste.

Kristiansund ist erstaunlich übersichtlich. Die einzelnen Stadtteile
bzw. Inseln, über die sich die Stadt
erstreckt, werden vom Sundboot angefahren.

Gomalandet und Kirkelandet

Goma- und Kirkelandet umschlie-
ßen von drei Seiten den Vågen, das
innere Hafenbecken. Bei einem Spaziergang auf der Gomalandet-Seite
erahnt man das alte Kristiansund der
großen hölzernen Pack- und Lagerhäuser, kleinen Werften und großen
Windjammer.

Norsk Klippfiskmuseum [1], Hjelkrembrygga [2], Woldbrygga [3]
Gomalandet, s. Entdeckungstour S. 278

Gomalandet-Friedhof [4]
Wer mag, macht einen kurzen Abstecher zum Friedhof. In der Ballast-
erde, die die Klippfischschiffe auf dem
Rückweg von Spanien oft an Bord
nahmen, um Stabilität und günstige
Schwimmlagen zu erzielen, begrub
man die Toten.

Handelshaus Patrick Volckmar [5]
*Freiveien 8, Øvervagen, Kirkelandet,
Ende Juni–Mitte Aug. Mo–So 11–16,
sonst Sa–So 11–14 Uhr, freier Eintritt;
Ende April–Anfang Oktober an zwei
Samstagen pro Monat Markt*
Das Handelshaus Patrick Volckmar ist
Norwegens älteste Kaffeerösterei mit
einer Ausstellung über den Kaffee-
handel, einem gemütlichen Café und
Fahrradverleih.

Mellemwerft [6], »Klippfischweib« [7]
s. Entdeckungstour S. 278

Brodtkorbgården und Christiegården [8]
*Ecke Kranveien/Hollendergata/
Fosngata, Kirkelandet*
Auf dem weiteren Weg zurück in das
Zentrum von Kristiansund passiert
man das prächtige, unter Denkmal-
schutz stehende Gebäudeensemble
der Kaufmannshöfe aus den Jahren
1786 und 1835. Die Familien Brodt-
korb und Christie verdienten ihr
Vermögen mit Klippfischhandel und
Schiffsbau.

Kristiansund

Kirkelandet Kirke 9

Langveien 41, Kirkelandet, im Sommer tgl. geöffnet

An dem viel befahrenen Langveien liegt die moderne, mit einer Front von mehr als 300 bunten Glasfenstern ausgestattete Kirche. Sie wurde 1964 als Ersatz für den im Jahr 1940 von Bomben zerstörten Vorgängerbau errichtet.

Vanndammene 10

Kirkelandet

Hinter der Kirche zweigt die Straße nach Kringsjå ab. Hier befinden sich die alten **Wassersammelstellen** der Stadt, die heute in eine idyllische Parkanlage integriert sind. **Spazierwege** führen von hier weiter durch die ungewöhnlich baumreiche Küstenvegetation hinaus zu den kahlen Klippen am Meer – zum **Klubba**, einer bei Anglern beliebten Schärenbucht.

Vardetårnet 11

Kirkelandet

Von dem alten Wachturm (78 m ü. d. M.) und höchsten Punkt der Stadt, hat man einen 360°-Rundumblick über die Hafeneinfahrt bis nach Grip.

Petrosenteret 12

Storkaia 9, Kirkelandet, Tel. 91 18 93 93, www.petrosenteret.no, Juni–Aug. 11–16 Uhr

Wer sich für die Entstehung, Förderung und Nutzung von Erdöl und Erdgas interessiert, sollte dieses Dokumentationszentrum besuchen. Es zeigt eine vielseitige Ausstellung, vom Fossil bis zur neuesten Fördertechnik.

Innlandet und Nordlandet

Einen Ausflug lohnen auch diese beiden Stadtinseln. Auf Innlandet, in der Nähe der Bootsanlegestelle, liegen die ältesten Gebäude Kristiansunds: verfallene Lagerhäuser, verblichene, noch bewohnte Holzhäuser, ein Zollhaus aus dem 17. Jh. sowie das erste Krankenhaus der Stadt. Bei einem Spaziergang ist viel zu entdecken, große Sehenswürdigkeiten sind nicht dabei.

Lossiusgården 13

Skippergata 17, Innlandet

Lossiusgården stammt aus der Zeit um 1780 und ist eines der wenigen Patrizierhäuser, die 1940 in Kristiansund

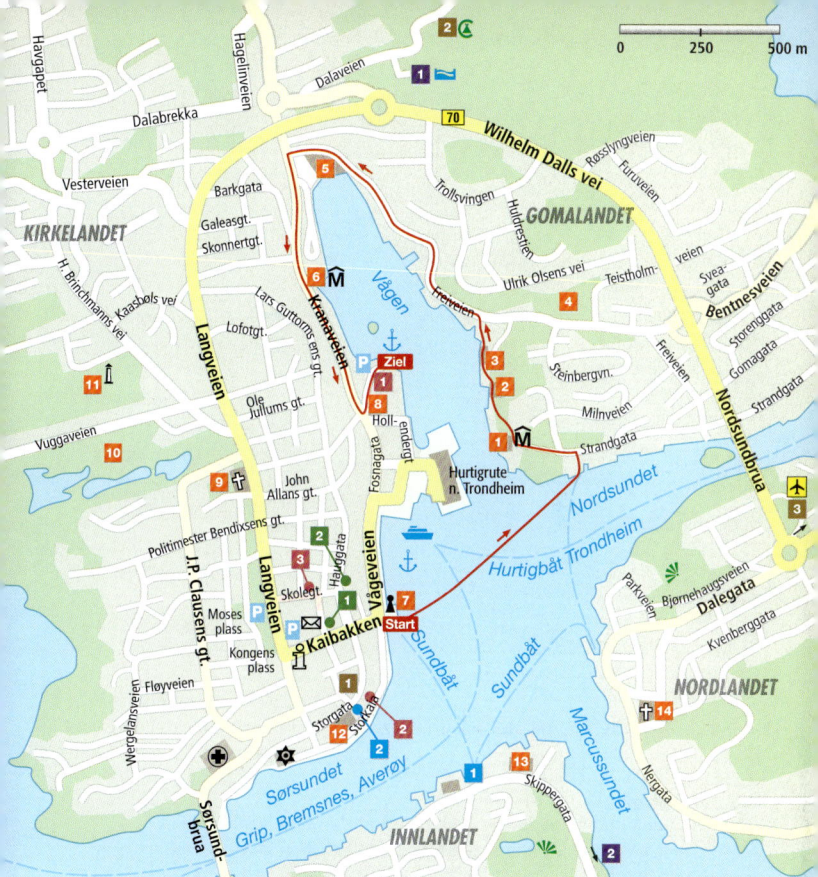

nicht den Bomben zum Opfer fielen. Heute steht es unter Denkmalschutz (in Privatbesitz).

Nordlandet Kirke [14]

Kirkegata 20, im Sommer tgl. geöffnet
Von der Steinkirche, im Jahr 1914 im Jugendstil erbaut, hat man einen weiten Blick über den Hafen und die dicht bebauten, hügeligen Inseln der Stadt.

Übernachten

Business-minded – **Quality Hotel Grand [1]**: Bernstorffstredet 1, Kirkelandet, Tel. 71 57 13 00, www.nordicchoicehotels.no, DZ ab 945–1595 NOK. Das größte Hotel der Stadt verfügt über geräumige Familienzimmer und liegt zentral in der Nähe des Kinos.

Preiswert – **Euro Atlanten Motell og Camping [2]**: Dalaveien 22, Gomalandet, Tel. 71 67 11 04, www.atlanten.no, Motelzimmer EZ 395 NOK, DZ 795 NOK, Hütten 495–1095 NOK. Ein ganzer Komplex für Reisende, die kein Vermögen bezahlen wollen, 1,8 km vom Zentrum, 300 m bis zum Atlantikbad.   ▷ S. 281

277

Auf Entdeckungstour:
Klippfisch in Kristiansund

Der gesalzene und getrocknete Fisch brachte dem Venedig des Nordens im 19. Jh. Wohlstand. An der inneren Hafenbucht, dem Vågen, erinnern alte Pack- und Lagerhäuser, kleine Werften und das Klippfiskmuseum an die guten alten Zeiten.

Cityplan: S. 276

Dauer: ca. 2–3 Std.

Start: Die Statue »Klippfischweib« 7 am Pier. Wer mit dem Pkw kommt, kann am Parkplatz neben dem **Smia Fiskerestaurant** 1 (s. S. 281) gratis parken. Von dort sind es fünf Minuten zu Fuß bis zum Startpunkt der Tour.

Norsk Klippfiskmuseum 1 : Dikselveien, Ende Juni–Mitte Aug. tgl. 12–17 Uhr, Erw. 70 NOK, Kinder Eintritt frei (inkl. Mellemwerft).

Hjelkrembrygga 2 und **Woldbrygga** 3 : Storgata, nur von außen zu besichtigen.

Mellemwerft 6 : Storgata, Ende Juni–Mitte Aug. tgl. 12–16, sonst 10–14 Uhr, Eintritt 70 NOK, gilt auch für das Klippfiskmuseum.

Starke Frauen

Stolz steht das »**Klippfischweib**« **7** am Hafenbecken Vågen (s. Foto links) und erinnert daran, dass Kristiansund seine einstige Bedeutung und seinen Reichtum vor allem den Frauen zu verdanken hat, in deren Hand die Klippfischproduktion lag. Während die Männer auf See waren, versorgten die Frauen Kinder, Haushalt und Hof. Im Frühling, wenn der Fisch vom Winterfang auf den Lofoten angeliefert wurde, kam die Arbeit auf den Klippen dazu. Von 6 Uhr morgens bis zur Mittagspause breiteten die Frauen den Fisch dicht an dicht auf Schären und Klippen aus. Auf dem größten Berg in Kristiansund hatten bis zu 15 000 Fische Platz. Nach der Mittagspause begannen die Frauen mit dem Wenden der Fische, die dann am späten Nachmittag übereinander geschichtet und für die Nacht in einem Lagerschuppen untergebracht wurden. Der Trocknungsprozess dauerte mit wechselweisem Trocknen und Pressen normalerweise 4–6 Wochen.

Stockfisch und Klippfisch

Vermutlich konservierten die Norweger ihren Fisch schon in vorhistorischer Zeit, indem sie ihn draußen in Wind und Wetter ungesalzen zum Trocknen aufhingen. Auf diese Weise entstand der **Stockfisch**, für den vor allem die Lofoten berühmt wurden. Bei einer weiteren Art der Haltbarmachung wird der Fisch vor dem Trocknen eingesalzen. Der **Klippfisch** oder **Bacalao**, wie ihn die Spanier nennen, kann aus Dorsch, Seelachs, Leng und Lumb hergestellt werden und ist selbst in tropischem Klima über viele Jahre haltbar. Dies machte ihn als Fastenspeise im katholischen Süden wie auch bei der Versorgung von Schiffsmannschaften und Soldaten unersetzlich. Ein Kilogramm Klippfisch entspricht rund 3,2 kg frischem Fisch. Die durch den Trocknungsprozess verlorene Flüssigkeit erhält der Fisch – ohne Verlust an Vitaminen und Mineralien – bei der Zubereitung mit Wasser zurück.

Exportgut für Südeuropa

Am Pier hinter dem Klippfischweib hält das Sundboot, das Fußgänger und Radfahrer nach Gomaland hinüberbringt. Auf dem fünfminütigen Weg vom Landesteg zum **Norsk Klippfiskmuseum** **1** passiert man einige der heute zum Großteil bebauten Klippen, auf denen einst die Frauen den Fisch zum Trocknen auslegten. Das Museum in der restaurierten Kaianlage Milnbrygga aus dem Jahre 1749 bietet einen guten Einblick in alle Bereiche rund um das Thema Klippfisch – von der Zubereitung, über Kinderarbeit bis zum Handel. Wahrscheinlich waren es baskische Fischer, die im Verlauf des 16. Jh. als erste das Trocknen von Fisch mit dem Einsalzen kombinierten. Der Klippfisch gelangte sozusagen als fertige Produktidee nach Norwegen, wo man ihn für den Export produzierte. Im 18. Jh. etablierten sich schottische Kaufleute in Kristiansund, die den Klippfisch nach Südeuropa verschifften. Traditionelle Abnehmerländer waren Mitte des 19. Jh. Spanien, Portugal und Italien. Manchen norwegischen Exporteuren gelang es aber auch, ihren Klippfisch bis nach Brasilien, Venezuela und Kuba zu verkaufen, was einige im Klippfischmuseum ausgestellten Warenkennzeichnungen belegen.

Rund um den Vågen

Kurz hinter dem Klippfischmuseum liegen die **Hjelkrembrygga** **2**, ein altes Klippfischlagerhaus, und die **Woldbrygga** **3**, eine ehemalige Fischannahmestelle. Die gut erhaltenen Holzgebäude von 1835 und 1822 sind schöne Beispiele dafür, wie einst die Bebauung um den Vågen aussah. In den Zeiten, als noch regelmäßig mit Klippfisch beladene Schiffe in See stachen, herrschte hier tagsüber stets ein geschäftiges Treiben. In der seit 1867 in Betrieb befindlichen **Mellemwerft** 6 auf der gegenüberliegenden Seite der Bucht wurden schon zu Blütezeiten des Klippfischhandels Segelschiffe gebaut und gewartet. Noch heute werden dort alte Boote mit traditionellen Handwerksmethoden repariert und instand gesetzt.

Kulinarische Rückbesinnung

Nach der Einführung von Gefriertechniken für die langfristige Lagerung von Lebensmitteln wurde es um den Klippfisch still. Im Verlauf der 1950er-Jahre gaben die letzten Produzenten die traditionelle Herstellungsweise auf den Klippen auf und man ging dazu über, den Fisch in Innenräumen zu trocknen, wobei moderne Warmluftanlagen die Sonne ersetzten. Heute wird in Kristiansund nur noch für den Eigenbedarf produziert – und der wächst. Während der Klippfisch zunächst vor allem für den Export bestimmt war – die Norweger selbst aßen lieber frischen Fisch von der heimischen Küste –, sind sich die Bewohner der Westküste im vergangenen Jahrzehnt zunehmend ihres kulinarischen Erbes bewusst geworden und haben begonnen, es zu pflegen. Jedes Jahr im Juni findet beim Klippfischfestival in Kristiansund ein Wettbewerb statt, bei dem das beste Bacalao-Gericht, zubereitet in der Tradition des 19. Jh., gekürt wird. Bereits mehrfach ausgezeichnet wurde das **Smia Fiskerestaurant** 1 . Wer möchte, kann den Klippfisch auch selbst zubereiten. In einer Broschüre, die u. a. im Museum ausliegt, lassen sich Rezepte wie *Bacalao de Kristiansund* finden. Den dazu benötigten Trockenfisch gibt es im Supermarkt.

Die Ausstellung im Klippfiskmuseum veranschaulicht die Klippfischproduktion

Einfaches Naturidyll – **Trollstua** **3** : auf Tustua, 6501 Kristiansund, 1,5 Std. zu Fuß ab Anleger Tømmervågen, www. kntur.no, 330 NOK, DNT-Mitglieder 225 NOK. Unbewirtschaftete Hütte (22 Betten) in herrlicher Lage am Bjønnavatnet. Boot-, Kanuausleihe möglich.

Essen & Trinken

Traditionelle Küche – **Smia Fiskerestaurant** **1** : Fosnagata 30b, Kirkelandet, Tel. 71 67 11 70, www.smia.no, Mo–Sa ab 11, So ab 13 Uhr, Hauptgerichte 265–340 NOK, mittags ab 195 NOK. Uriges Ambiente am Vågen in einer 300 Jahre alten Schmiede. Es gibt viele sehr gute Fisch-, aber auch einige Fleischgerichte. Es gibt eine größere Auswahl an Klippfischspezialitäten, beispielsweise Bacalao à la Kristiansund.

Fisch am Vågen – **Brygge Kanten Brasserie** **2** : Storkaia 1, Kirkelandet, Tel. 71 67 61 60, www.fireb.no, wechselnde Karte, z. B. 3-Gänge-Menü 520 NOK. Durch die Glaswände kann man die Boote auf dem Vågen beobachten.

Familiengeführtes Restaurant – **Sjøstjerna** **3** : Skolegata 8, Kirkelandet, Tel. 71 67 87 78, www.sjostjerna.no, Klippfisch ab 245 NOK. Restaurant und Pub, wo Gegenwartskunst auf Erinnerungsstücke aus der Klippfischproduktion trifft. Auch Fleischgerichte und Pizza.

Einkaufen

Kunsthandwerk – **Huset med det rare i** **1** : Nedre Enggata 17, Kirkelandet, Tel. 71 67 78 00, www.4ubyme.no. Wer besondere Glas- und Keramikarbeiten, ausgefallene Souvenirs, Schmuck, Skulpturen oder Gebrauchsgegenstände sucht, ist hier richtig.

Norwegische Handarbeit und Trachten – **Husfliden** **2** : Hauggata 15, Kirkelandet, Tel. 71 67 17 70, www.nor skflid.no/kristiansund. Neben schönen Trachten *(bunad)* aus der Region und dem ganzen Land Auswahl an Besteck und Geschirr in nordischem Design sowie all die kleinen Dinge, die ein Haus wirklich wohnlich machen.

Aktiv

Schwimmen und entspannen – **Atlanterhavsbadet** **1** : Dalaveien, Gomalandet, Tel. 71 57 51 30, www.atlanter havsbadet.no, Mo 14–21, Di–Fr 10–21, Sa, So 10–18, Di, Do auch 6.30-8.30 Uhr. Erlebnisbad, Sauna und Wellnessbereich.

Windsurfing – **Einstiegstelle für Surfer** **2** : in Skjerva, Innlandet, dort liegt auch ein schöner Badeplatz.

Wassersport – **Hopen Aktivitetsgård**: in Hopen, auf Smøla (▸ E 1), nördlich von Kristiansund, Tel. 71 54 03 99. Kajakverleih, Bootstouren und Übernachtungsmöglichkeiten u. a. im Leuchtturm.

Abends & Nachts

Kulturcafé – **Dødeladen Café** **1** : s. Mein Tipp S. 282.

Treffpunkt – **Christian's Bar** **2** : Storgata 17, Tel. 71 57 03 00, http://ho tell-kristiansund.no/christians-bar. Der beliebte Pub im 2. Stock des Hotell Kristiansund veranstaltet auch Karaoke- und Fußballabende.

Infos

Infos
Destinasjon Kristiansund & Nordmøre: Kongens plass 1, Tel. 70 23 88 00, www. visitkristiansund.com, Mitte Juni–Mitte Aug. Mo–Fr 9–18, Sa 10–15, So 11–16, sonst Mo–Fr 9–15.30 Uhr.

Mein Tipp

Musik im Dødeladen Café [1]

Am Anleger des Sundbootes auf der Stadtinsel Innlandet beherbergt ein ca. 300 Jahre altes, schlichtes Holzgebäude das Kulturcafé und Restaurant Dødeladen. Das Speiseangebot reicht von leckeren Lamm- und Klippfischgerichten mit mediterranem Touch bis zu exquisiten Desserts. In der zweiten Etage finden Rock- und alternative Musikkonzerte statt. Karibisches Flair bekommt das meist noch kühle Kristiansund im Juni beim Tahitifestival, bei dem das Dødeladen Café kräftig mitmischt.
Dødeladen Café: Skippergata 1a, Innlandet, Tel. 71 67 50 30, www.dodeladen.no, Hauptgericht ab 230 NOK.

Verkehr

Auto: KRIFAST (Kristiansunds og Freis fastlandsforbindelse); ist seit 2012 mautfrei. Am Gästehafen (Gjestebrygge) gibt es Parkplätze, ca. 5 Min. zu Fuß ins Zentrum.

Flug: Flugplatz auf Nordlandet, 10 Automin. vom Zentrum, mehrmals tgl. Flüge nach Bergen.
Fähre Kristiansund–(Ringholmen)–Edøya 4 x tgl.; 3 x tgl. legt ein Schiff der Hurtigruten an.
Sundbåt (Sundboot): www.sundbaten.no, tgl. tagsüber alle 20 Min., Erw. 35 NOK, Kinder 15 NOK. Anlegestellen sind Innlandet, Nordlandet und Gomalandet, Juni–Aug. wird auch die Milnbrygga (auf Goma) angelaufen, die Rundfahrt dauert rund 20 Min. Das Ticket ist eine Stunde gültig.

Termin

Klippfiskfestivalen: Juni, www.nordmore.museum.no. Das beste Klippfischgericht von Kristiansund wird im Rahmen dieses Festivals ausgezeichnet.

Auf der Fjordroute ab Kristiansund

Ab Einfahrt Kvernberget-(Kristiansund-)Flughafenparkplatz, Dauer einfache Strecke ca. 3 Std.

Fjordwanderung von Kristiansund nach Tustna

Der Wanderpfad beginnt etwa 100 m von der Einfahrt zum Flughafenparkplatz entfernt. Bevor man den **Anleger Seivika** erreicht, bietet sich eine schöne Aussicht über Wasser und Inseln. Von Seivika setzt die Fähre nach **Tømmervåg** auf Tustna über. Dort angekommen verläuft der Pfad bis zur **Trollstua** (s. S. 281), einer Selbstversorgerhütte, wo man nach der etwa dreistündigen Tour übernachten kann, möchte man nicht direkt zurückwandern.

Wer mag, kann jedoch alternativ auf der **Fjordroute** weiterlaufen. Auf ihren insgesamt 190 km befinden sich viele Selbstversorgerhütten, die alle auch leicht von der Straße aus zugänglich sind, wodurch sich alle Etappen auch für kürzere Wanderungen eignen. Infos und Karten erhält man in der Touristeninformation Kristiansund.

Grip ▶ E 1

Mitten im Meer, 14 km nordwestlich von Kristiansund, liegt die Inselgruppe Grip mit über 80 baumlosen, flachen Inselsplittern und Holmen. Die größte der Felsinseln, Gripøya, war ihrer exponierten Lage und den gewaltigen Nordmeerstürmen zum Trotz bereits seit dem 9. Jh. dauerhaft bewohnt. Zu erklären ist der eiserne Wille, auf diesem Flecken auszuharren, nur mit der Nähe guter Fischgründe. Als während des Fischfangs im Winter 1625 überraschend ein Schneesturm hereinbrach, ertranken fast alle männlichen Bewohner der Insel; kein einziger der ausgefahrenen Fischer kehrte zurück.

In guten, fischreichen Zeiten wohnten bis zu 400 Menschen auf Grip, doch zwischen 1780 und 1820 ging es den Bewohnern schlecht. Der Fisch blieb aus, orkanartige Stürme verheerten die winzige Insel. 1796 rissen meterhohe Flutwellen fast 100 Häuser ins Meer. 1818 notierte der Gemeindepfarrer Hans Grøn Bull: »Nie zuvor haben so wenig Menschen auf Grip gelebt wie jetzt. Hier wohnen nur zwölf Fischer, davon einige Lotsen, außerdem einige Witwen. Die meisten sind äußerst arm«.

Von 1897 bis 1964 bildete Grip eine eigene Gemeinde. 1964 wurde die Insel, auf der noch 104 Menschen lebten, eingemeindet und mit Kristiansund vereint. Zehn Jahre später war sie verlassen. Ihre Häuser halten die ehemaligen Bewohner als Ferienhäuser instand. Hier herrscht im Sommer ein munteres Treiben, überall wird gehämmert, restauriert und gestrichen.

Grip Stavkyrkje

Die kleine rote Stabkirche, die mitten zwischen den dicht gedrängten bunten Holzhäusern auf dem höchsten Punkt der Insel steht, hat die guten wie die schlechten Zeiten überdauert und den Bewohnern Grips Zuflucht gewährt. Das Innere der aus dem 15. Jh. stammenden, um 1621 umgebauten Kirche bezaubert durch die honigfarbene Tönung der Holzwände, Balken und Bänke. Die Wände sind mit Rankenmustern und Motiven aus der Bibel bemalt. Einen Friedhof gab es nicht, weil der Boden zu felsig, die Erdkrume zu karg war. Die Inselbewohner begruben ihre Toten in Bremsnes oder Kristiansund.

Infos

Boote: www.visitgrip.no, Ende Mai–Mitte Aug. 1–2 x tgl. (meist 10 oder 13.30 Uhr), Rundtrip ca. 3 Std. inkl. Führung auf Englisch, Abfahrt vom Pier auf Kirkelandet, Erw. 320 NOK, Kinder 160 NOK.

Sprachführer

Besonderheiten

Es gibt zwei norwegische Sprachen: Bokmål und Nynorsk (s. S. 68), die sich aber ähnlich sind. Die meisten Westnorweger sprechen Nynorsk. Englisch spricht fast jeder. Im Norwegischen werden die bestimmten Artikel an das Hauptwort angehängt, in der Einzahl: -en (männl.), -a oder auch -en (weibl.) und -et (sächl.), z. B.: en fjord = ein Fjord; fjord-en = der Fjord; ei hytte = eine Hütte; hytt a = die Hütte; et fjell = ein Berg/Gebirge; fjell-et = der Berg/das Gebirge. Für die unbestimmte Mehrzahl wird bei allen Geschlechtern -er an das Wort gehängt, für die bestimmte Mehrzahl -ene: hytt-er = Hütten, hytt-ene = die Hütten. Keine ganz leichte Sache ist die Aussprache des Norwegischen. Das o wird häufig wie ein deutsches u (z. B. Oslo, [uslu]), manchmal aber auch o (z. B. konge, König) ausgesprochen. Das u wird meistens wie ü ausgesprochen, bisweilen aber auch wie u.

Aussprache

Das norwegische Alphabet hat drei Buchstaben, die es im Deutschen nicht gibt: æ gesprochen wie ä, ø wie ö, å offenes o wie in ›hoffen‹. In den norwegischen Wörterbüchern stehen æ, ø und å am Ende des Alphabets nach z.

Aussprache der Konsonaten:

g	vor i und y wie j, sonst wie g
gj	wie j
k	vor i und j wie ch in ›ich‹
kj	ch wie in ›ich‹
s	scharfes s wie in ›nass‹
sj, skj	wie sch
sk	vor i und y wie sch
v	wie w
y	zwischen ü und i

Allgemeines

ja	ja
nein	nei
nicht	ikke
und	og
danke/	takk/
tausend Dank	tusen takk
Danke fürs Essen	Takk for maten
Entschuldigung!	Unnskyld!
deutsch	tysk
Deutschland	Tyskland
Norwegen	Norge
bitte	vær så god
Wo ist …?	Hvor er …?
Wieviel Uhr ist es?	Hva er klokka?
Wann …?	Når …?
Um 2, 3, 4 … Uhr	Klokka 2, 3, 4 …
gestern	i går
heute	i dag
morgen	i morgen

Begrüßung/Verabschiedung

Guten Tag!	God dag!
Guten Morgen!	God morgen! (morn)
Guten Abend!	God kveld!
Gute Nacht!	God natt!
Hallo!	Hei!
Ich heiße …	Jeg heter …
Wie heißt du?	Hva heter du?
Tschüss!	Ha det (bra)!
Wir sehen uns.	Vi sees.

Unterkunft

Übernachtung	overnatting
Hotel	hotell
Zimmer	rom/værelse
Einzelzimmer	enkeltrom
Doppelzimmer	dobbeltrom
Hast du ein freies Zimmer?	Har du et ledig værelse/rom?
Wieviel kostet das Zimmer?	Hvor mye koster værelset/rommet?
Ich bleibe eine Nacht (… Tage,	Jeg blir en natt (… dager,

... Wochen)	... uker)
Campingplatz	campingplass
Hütte	hytte
Wohnmobil	bobil
Zelt	telt
Bett	seng
Dusche	dusj
Toilette	toalett

Im Restaurant
(s. auch Kulinarisches Lexikon S. 287)

Frühstück	frokost
Mittagessen	lunsj
Abendessen	middag
Kaltes Abendessen	kveldsmat
Café	kaffe
Imbissstube	snackbar, gatekjøk- ken
Gasthaus	gjestgiveri
Restaurant	restaurant
Salz/Pfeffer	salt/pepper
Messer/Gabel	kniv/gaffel
Flasche	flaske
Glas	glass
Tasse	kopp
gebacken	bakt
gekocht	kokt
geröstet	ristet
gesalzen	saltet
gebraten	stekt
Ich bin allergisch gegen ...	Jeg er allergisk mot ...
Ich bin Vegetarier.	Jeg er vegetar.

Einkaufen
(s. auch Kulinarisches Lexikon S. 287)

Supermarkt	supermarked
Wie viel kostet das?	Hva koster det?
Kannst du mir ... geben?	Kan du gi meg...?
Hast du ...?	Har du ...?
Brot/Brötchen	brød/rundstykke
Butter	smør
Käse	ost
Aufschnitt	pålegg
Marmelade	syltetøy
Milch	melk
Vollmilch	H-Melk
Buttermilch	kulturmelk
Sahne	fløte

Post

Wo ist das nächste Postamt?	Hvor er nærmeste postkontor?
Wo ist ein Briefkasten?	Hvor er det en postkasse?
Was kostet ein Brief nach ...?	Hva koster et brev til ...?
Postkarte	postkort
Briefmarke	frimerke

Unterwegs

nach rechts	til høyre
nach links	til venstre
geradeaus	rett fram
Benzin/Diesel	bensin/diesel
Bitte volltanken!	Full tank, takk!

Die wichtigsten Sätze
In Norwegen duzt man sich, gesiezt wird nur der König.

Allgemeine Floskeln

Entschuldigung!	Unnskyld!
Ich verstehe nicht.	Jeg forstår ikke.
Ich spreche kein/ etwas Norwegisch	Jeg snakker ikke/ litt norsk
Sprichst du Deutsch/Englisch?	Snakker du tysk/ engelsk?

Auf der Straße

Ich will nach ...	Jeg skal til ...
Wo kann man ... kaufen?	Hvor kann man ... kjøpe ...?
Wo ist hier eine Apotheke?	Hvor er det et apotek?
Welcher Bus geht nach ...?	Hvilken buss går til ...?
Wo gibt es/sind die Toiletten?	Hvor er toalettene?

Autowerkstatt	bilverksted
Parken verboten	parkering forbudt
Mautstraße	bomvei
Wo ist/liegt ...?	Hvor er/ligger ...?
der/die/das	nærmeste
nächste ...	
... Touristen-	... turistinforma-
information	sjon
... Tankstelle	... bensinstasjon
Wie weit ist das?	Hvor langt er det?

Öffentliche Verkehrsmittel

Fähre	ferge, ferje
Fahrkarte	billet
Fahrplan	ruteplan, rutebok
Bahnhof	stasjon
Zug	tog
Bus/Expressbus	buss/ekspress-
	buss
Abfahrt	avgang (avg.)
nach	til
von	fra
Ich möchte ...	Jeg vil gjerne ha ...
... eine Hinfahr-	... en enkeltbillet
karte	
eine Hin- und	... tur-returbillet
Rückfahrkarte	
Wo muss ich um-	Hvor må jeg
steigen in den	bytte tog/bus
Zug/Bus nach ...?	til ...?
Wann geht der	Når går

Zahlen (Ordnungszahlen bis 12)

1, 1.	en, første	13	tretten
2, 2.	to, andre	14	fjorten
3, 3.	tre, tredje	15	femten
4, 4.	fire, fjerde	16	seksten
5, 5.	fem, femte	17	sytten
6, 6.	seks, sjette	18	atten
7, 7.	sju, sjuende	19	nitten
8, 8.	åtte, åttende	20	tjue
9, 9.	ni, niende	21	tjueen
10, 10.	ti, tiende	100	hundre
11, 11.	elleve, ellevte	200	tohundre
12, 12.	tolv, tolvte	1000	tusen

nächste Zug/	neste tog/
Bus/Flug	buss/fly
nach ...?	til ...?
Flugplatz	flyplass

Wetter

Es wird schlech-	Det blir dår-
tes/gutes	lig/pent
Wetter	vær
Wetterbericht	værmelding
Unwetter	uvær
Es ist kalt/	Det er kaldt/
warm	varmt
Es regnet	Det regner
Es stürmt	Det blåser
Die Sonne scheint	Sola skinner
bewölkt	skyet
Schnee	snø
Nebel	tåke

Landschaftsbezeichnungen
s. S. 51

Im Krankheitsfall

Arzt/Zahnarzt	lege/tannlege
Kinderarzt	barnelege
Wo kann ich	Hvor kan jeg
einen Arzt finden?	finne en lege?
Unfallstation	legevakt
Krankenversicherung	sykeforsikring
Ich habe Schmerzen.	Jeg har smerter.

Wochentage
zeitl. Begriffe mit den Abkürzungen
(bokmål/nynorsk) auf Fahrplänen:

Montag	mandag (ma/må)
Dienstag	tirsdag (ti/ty)
Mittwoch	onsdag (on)
Donnerstag	torsdag (to)
Freitag	fredag (fr)
Samstag	lørdag (lø/la)
Sonntag	søndag (sø/su)
werktags	hverdager (hvd/kvd)
täglich	daglig (dgl.)
außer (Sa)	uten (u. lø)

Kulinarisches Lexikon

fisk	Fisch	kjøtt	Fleisch
abbor	Barsch	elg	Elch
blåskjell	Miesmuschel	fåre	Hammel
brosme	Lumb	hjorte	Hirsch
hellefisk	Heilbutt	kalkun	Pute, Truthahn
hummer	Hummer	kalv	Kalb
hvitting	Weißling	kylling	Hähnchen
hyse, kolje	Schellfisch	lamm	Lamm
laks	Lachs	okse	Rind
lange	Lengfisch	pølse	Würstchen
makrell	Makrele	rein	Ren
pale	Seelachs	svin	Schwein
piggvar	Steinbutt	vilt	Wild
reker	Garnelen		
rødsprette	Scholle	**frukt**	**Obst**
sei	Seelachs/Köhler	blåbær	Blaubeere
sild	Hering	bringebær	Himbeere
sjøtunge	Seezunge	eple	Apfel
skrei, torsk	Kabeljau, Dorsch	jordbær	Erdbeere
steinbitt	Steinbeißer	kirsebær	Kirsche
ørret	Forelle	moltebær	Multebeere
østers	Austern	plommer	Pflaumen
ål	Aal	tyttebær	Preiselbeere

grønnsaker	Gemüse	drikke	Getränke
agurk	Gurke	kaffe/te	Kaffee/Tee
blomkål	Blumenkohl	saft	Saft
bønner	Bohnen	vann, vatn	Wasser
erter	Erbsen	brennevin	Branntwein
gulrøtter	Mohrrüben	hvitvin/rødvin	Weißwein/Rotwein
kål	Kohl	toddy	Glühwein
sopp	Pilz	vin	Wein
løk	Zwiebel	øl	Bier

Die wichtigsten Sätze

Im Restaurant

Ist hier besetzt?	Er det opptatt?	Noch etwas?	Litt mer?
Herr Ober!	Kelner!	Nein danke,	Nei takk,
Fräulein!	Frøken!	nicht mehr.	ikke mer.
Was wünschst du/ihr?	Hva ønsker du/dere?	Kann ich die Rech-	Kann jeg få
Ich möchte	Jeg vil gjerne	nung bekommen?	regningen?
gerne …	ha …	Behalten Sie den	Behold resten.
Bitte die Speisekarte!	Menuen, takk!	Rest.	
Guten Appetit!	Velbekomme!	Danke für das Essen!	Takk for maten!
Prost!	Skål!	(sagt man nach dem Essen)	

287

Register

Register

Register

Die Autorin: Marie Helen Banck lebte bereits in ihrer Jugend mehrere Jahre mit ihren Eltern in Norwegen. Diese Zeit hat sie sehr geprägt und sie kehrte später immer wieder zurück ins Land der Fjorde und Berge, ob zum Arbeiten oder zum Reisen. Marie Helen Banck studierte Nordistik und Europäische Ethnologie in München und hat mittlerweile bei unzähligen Besuchen fast das gesamte Land bereist. Ihre Lieblingsregion jedoch ist und bleibt das wilde Fjordland.

Abbildungsnachweis

Claudia Banck, Sukow: S. 27

Marie Banck, München: S. 12 o. li. und u. li., 12 u. re., 13 u. re. und li., 81 li., 94, 96, 152 re., 160, 182, 208/209, 210 li., 216, 218, 222/223, 226/227, 235 li., 242/243

Bilderberg, Hamburg: S. 80 li., 90/91 (Steinhilber)

Maria Budnik, Leipzig: S. 6, 292

Corbis, Berlin: S. 120, 122 re., 142/143 (Arthus-Bertrand); 11 (Borchi), 175 li., 198 (Souders)

DuMont Bildarchiv, Ostfildern: Umschlagklappe vorn, S. 174 li., 205

Getty Images, München: S. 59 (Kasmauski); 122 li., 147 (Kveen); 78/79, 210 re., 233 (Lawrence)

Glow Images, München: S. 113 (Deposit); 21 (ImageBroker/ Dietrich); 101 li., 104 (Superstock); 128 (Werth)

Huber-Images, Garmisch-Partenkirchen: Titelbild, S. 179, 234 re., 238, 250 re., 252/253 (Gräfenhain)

laif, Köln: S. 73 (Arcticphoto); 16/17, 63 (Galli); 170 (Grabka); 190 (Harscher); 23, 49 (Heeb); 13 o. li., 56, 132/133 (hemis.fr); 9 (Heuer); 153 li., 155 (Modrow); 50/51 (Plambeck)

Look, München: S. 33, 70, 80 re., 86 (Greune)

Mauritius Images, Mittenwald: S. 152 li., 167 (age); 68 (Alarmy); 55 (Cultura/Harvey); 123 li., 137 (Loken); 234 li., 246/247 (Luhr); 250 li., 262, 266 li., 278 (Römmelt)

Nordiske Festspillene/Helge Skodvin, Bergen: S. 76

picture-alliance, Frankfurt a. M.: S. 211 li., 228/229 (Bäsemann); 7, 13 o. re., 38, 64, 174 re., 185, 194/195, 266 re., 269 (Bildagentur Huber); 47, 60 (dpa); 74 (dpaweb); 251 li., 256/257 (Nowak); 40/41 (ZB)

Transit, Leipzig: S. 52, 100 re., 116, 267 li., 274, 280 (Härtrich)

Kristian Wolff, München: S. 12 o. re., 100 li., 106/107

Kartografie

DuMont Reisekartografie, Fürstenfeldbruck
© DuMont Reiseverlag, Ostfildern

Umschlagfotos

Titelbild: Ulvik am Ulvikfjord
Umschlagklappe vorn: Fußweg zur Gletscherzunge des Briksdalsbreen

Hinweis: Autorin und Verlag haben alle Informationen mit größtmöglicher Sorgfalt geprüft. Gleichwohl erfolgen alle Angaben ohne Gewähr. Bitte schreiben Sie uns! Über Ihre Rückmeldung und Ihre Verbesserungsvorschläge freuen wir uns: **DuMont Reiseverlag**, Postfach 3151, 73751 Ostfildern, info@dumontreise.de, www.dumontreise.de

4., aktualisierte Auflage 2016
© DuMont Reiseverlag, Ostfildern
Alle Rechte vorbehalten
Redaktion/Lektorat: H. Volz, M. Konze, Erika E. Schmitz
Grafisches Konzept: Groschwitz/Blachnierek, Hamburg
Printed in China

MIX
Papier aus verantwortungsvollen Quellen
FSC
www.fsc.org
FSC® C124385